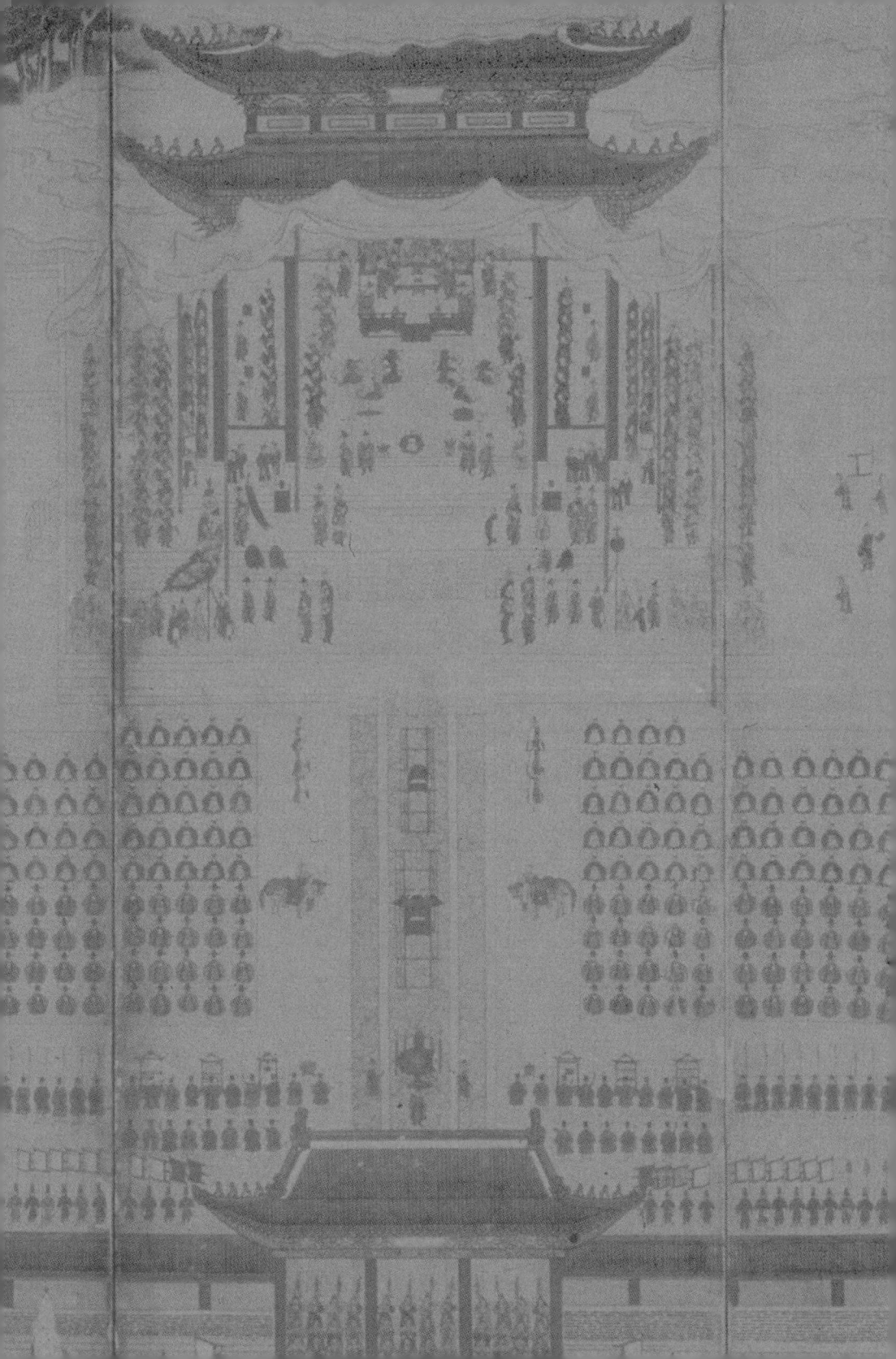

세종, 조선의 표준을 세우다

【이한우의 군주열전】

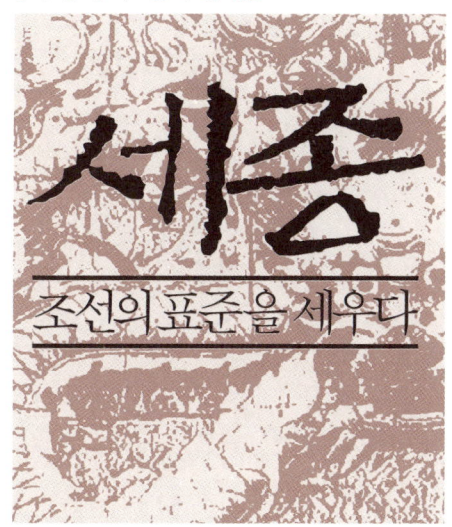

세종
조선의 표준을 세우다

해냄

들|어|가|는|글

조선의 화신(化身), 세종

태종에 이어 세종(世宗)이다. 이렇게 연이어 두 사람의 전기를 내다 보니 뜻하지도 않은 시너지 효과가 생겨났다. 먼저 태종의 연장선에서 세종을 보게 됐다는 점이다. 역사는 단절이 아니라는 평범한 명제를 생각할 때 이는 '살아 있는 세종'을 복원하는 데 큰 힘이 됐다. 세종은 태종이 만든 빛과 그림자 속에서 살았다. 아니, 살아야 했다. 동시에 태종을 다시 보게 만들었다. 미래를 대비했던 리더 태종의 탁월함을 오히려 세종을 살피는 과정에서 새삼 느낄 수 있었다.

같은 저자가 서로 다른 두 인물에 대한 평전을 쓰다 보니 두 사람에 대한 느낌 또한 다를 수밖에 없다. 태종의 일생은 그 자체로 흥미진진 했고, 따라서 쓰는 일은 그다지 어렵지 않았다. 그가 연출하는 드라마를 따라가면서 재구성만 하면 됐기 때문이다.

세종은 달랐다. 그에게 외형적인 삶의 드라마는 별로 없었다. 성품 탓인지 늘 순리를 존중했고 어떤 일을 시작하면 빨라야 10년이고, 20년, 30년 걸리는 대역사(大役事)도 마다하지 않았다. 일처리가 늦어서 그런 게 아니다. 장구한 시간이 걸리는 일을 서슴지 않고 시작한 때문이다. 여기에 화끈한 반전을 담은 드라마가 있을 리 없다. 언뜻 보면 세종의 생애는 평탄하고 단조롭기까지 하다. 따라서 독자를 염두에 두면서 흥미진진하게 쓰는 일이 만만치 않았다.

그러나 세종의 내면으로 들어갔을 때 사정은 전혀 달랐다. 그의 내면에서는 상호 모순되는 원칙과 사안들이 늘 충돌하고 있었다. 겉으로는 너무나도 밋밋해 보이는 일처리에서도 '이 일을 하는 세종의 속마음은 어떠했을까'를 떠올리는 순간 필자의 가슴속은 격렬하게 요동치기 시작했다. 세종은 그런 인물이고 그런 지도자였다. 때로는 깊은 연민에 너무나 마음 아팠고, 때로는 비범한 통찰과 집념이 너무나 존경스러웠다.

세종은 세상 밖의 온갖 문제를 자기 안으로 끌어들여 간결한 해결책을 만든 다음 그것을 집요하게 관철해 내는 지도자였다. 자기 문제까지 밖으로 드러내어 평온한 세상을 시끄럽게 만드는 지금 이 땅의 지도자들과는 큰 대조를 이룰 수밖에 없다. 이 책에서 내가 그리려 했던 세종은 그런 사람이었다. 설사 나의 기술(記述)이 그다지 성공적이지 못했다 하더라도 나의 뜻만은 그러했다는 것을 독자들이 넓은 아량으로 받아들여주면 좋겠다.

세종, 그를 이야기하면서 조선을 떠올리지 않을 수 없다. 그가 수많은 한국 사람들에 의해 조선 최고의 국왕으로 숭배받기 때문만은 아니다. 세종과 조선의 관계는 유난히 각별하다.

먼저 영토를 보자. 현재와 같은 한반도 모양의 강토(疆土)를 최종적으로 확정한 지도자가 바로 세종이다. 그는 조선인의 삶의 공간을 확보한 장본인이다. 조선 문물의 기본 골격도 세종의 주도하에 완성됐다.

국사학계에는 영·정조(英正祖)에 대한 과잉 숭배의 바람이 불었던 적이 있다. 일제의 식민지가 됨으로써 한동안 팽배했던 조선에 대한 비관주의적 해석에 맞서기 위해서인 것 같은데, 아직도 그런 바람이 가셨다고는 할 수 없다. 문예부흥 운운하는 것이 그것이다. 이런 역사론의 가장 큰 맹점은 결국은 공허함으로 귀착된다는 데 있다. 그들의 주장으로는, 18세기에 그렇게 중흥을 이뤘는데 어찌 조선의 19세기사는 졸렬하기 그지없으며 끝내 나라를 잃게 되었는가라는 본질적인 물음에 답할 수 없다. 조선의 역사를 너무 '조선 이후(以後)', 즉 현재의 상황에 비추어 해석하려 할 경우 누구라도 그 같은 영·정조 숭앙으로 나아갈 공산이 크다. 조선은 조선의 역사로 볼 일이다.

조선을 조선의 역사로 보기 위한 첫걸음을 떼기 위해서는 조선 500년이 조선의 틀 속에서 파악되어야 할 필요가 있다. '조선 이후' 관점의 필요성에 따라 일정 시대, 일정 사건만을 파편처럼 뜯어내 '조선 이후' 관점의 정당화를 위한 재료로만 이용하는 한 그것은 사이비 과학은 될지언정 과거에 일어났던 인간과 사건의 실제적인 흐름으로서의 역사는 아닐 것이다.

세종을 주목하는 것은 이런 맥락에서다. 필자가 보기에 세종, 그는 바로 조선이다. 세종은 조선의 화신(化身)이다. 조선의 표준을 세운 임금이 바로 세종이다. 우리가 조선시대라고 부를 때 떠올리는 거의 모든 것의 골조를 세운 이가 세종이다. 세종에 대한 깊은 이해 없이 조선 초기의 실상이 제대로 포착될 리 없고, 나아가 조선 500년에 대한 기본적인 그림을 그리는 것은 애당초 불가능하다. 영조니 정조니 하는 이야기는 조선의 에피고넨, 즉 아류에 관한 모색일 뿐이다.

그런 점에서라도 우리는 "도대체 왜 세종, 그가 바로 조선인가"라는 물음을 염두에 두면서 '조선의 화신' 세종의 생애를 살펴볼 필요가 있다. 자, 이제 조선의 표준을 세운 임금 세종을 만나러 떠나야 할 때다.

그에 앞서 한 가지만 밝혀둔다. 필자는 2003년 9월 『세종, 그가 바로 조선이다』라는 제목의 책을 다른 출판사에서 낸 적이 있다. 그 책은 필자의 『실록』 읽기의 첫 작업이라는 점에서 의미는 있었지만, 동시에 여러 가지 시행착오를 담고 있었다. 인용이 너무 많으면서 길었고 문체도 다분히 논문 스타일이었다.

그러나 우연한 기회에 본격적인 군주열전을 시작하게 됐고, 다행히 첫 번째 결과물인 『태종 : 조선의 길을 열다』가 반응이 좋아 세종도 이번에 완전히 새롭게 고쳐 썼다. 그리고 2003년의 책은 시기적으로도 그의 나이 마흔까지만 다뤄 미완성이었던 반면 이번에 내는 것은 세종의 전 생애는 물론이고 문종 시대까지 일부 포함하고 있다. 그리고 『세종실록』만을 보았던 그때와 달리 이번에는 『성종실록』과 『태종실록』까지 모두 읽은 후에 다시 『세종실록』을 보았기 때문에 당시에는 보지 못했던 여러 가지 착안점들이 새롭게 담길 수 있었다. 일부 비슷한 대목도 있겠지만 전반적인 체제와 내용 면에서 완전히 다른 새 책이라고 감히 자부한다.

2006년 4월
이한우

차 | 례

|들어가는 글| 조선의 화신(化身), 세종 4

1장 태종, 조선의 명운(命運)을 건 주사위를 던지다
1418년 6월 개경 15
충녕, 조선의 4대 국왕에 오르다 26
비극을 품은 거대한 음모 36

2장 인간 세종, 온후 담백한 성품을 갖추다
비극의 소용돌이 속에서 태어나다 53
이도의 호학(好學)하는 성품 58
세종은 비중(肥重)했다 72

3장 정치가 세종, "억지로 남의 잘못을 찾아내는 것은 정치하는 체통이 아니다"
세종도 강력한 왕권을 원했다 81
세종의 홀로서기 96
학문적 역량과 경륜을 쌓아가다 100
선공후사(先公後私)의 리더십 104

4장 학자 세종, "이단(異端)이라도 그 근원을 캐봐야겠다"

학문에 대한 열린 태도 115
조선 국왕의 제왕학 130
경(經)과 사(史)의 균형 139

5장 국방 외교 전략가 세종, 강토를 넓히고 굳건히 하다

군사(軍事)에 대한 관심 155
일본과 외교 관계를 맺다 160
파저강 여진족을 정벌하다 165
세종-김종서, 6진을 개척하다 175
명나라에 대한 지성사대 183

6장 예(禮):집현전의 힘

"집현전 설립을 서둘라" 197
집현전에 대한 세종의 애정 208
"집현전은 옛 제도를 상고하여 아뢰라" 218
집현전 엘리트 신숙주와 성삼문의 엇갈린 운명 225

7장 사(史): "너희가 역사를 아느냐"

『자치통감훈의』를 편찬하다 239
우리 역사를 보는 세종의 시각 249
30년 프로젝트, "『고려사』를 완성하라" 254
『고려사』를 함께 쓴 김종서와 정인지 270

8장 악(樂): 조선의 악을 바로 잡다

혼란에 빠진 조선 초의 음악 291
박연, "아악으로 돌아가야 합니다" 310
조선 소리의 공동기획자 세종과 맹사성 326

9장 법(法): 백성을 위한 법치의 나라를 꿈꾸다

개국에서 태종 때까지의 법제 337
법전 편찬 사업을 이끌다 345
세종의 법치는 애민(愛民) 360

10장 훈민(訓民)을 위한 바른 글자를 만들다

'특급 비밀' 훈민정음 창제 377

언어학에 대한 세종의 식견 384

김화의 살부(殺父) 사건에서 훈민정음 논쟁까지 400

11장 세종 시대의 빛과 그림자

"사대부 중에서 형벌로 죽은 자가 없었다" 409

'적재적소'의 원칙으로 인재를 길러내다 419

흔들리는 세종 427

세종 권한 밖의 신하, 한확 440

12장 비극과 불행 속에서 지다

세종과 가장 가까웠던 세 여인 447

세종을 쏙 빼닮은 장남 문종 453

무(武)의 수양 대 문(文)의 안평 465

'해동요순(海東堯舜)' 세종과의 작별 476

| 사진출처 | 484

1장
태종,
조선의 명운(命運)을 건 주사위를 던지다

1418년 6월 개경

태종은 1418년 6월 3일(이하 연월일 표기는 모두 음력 기준) 일생일 대의 결단을 내렸다. 맏아들인 세자 이제(李禔-양녕대군)를 폐하여 경기도 광주로 추방하고, 셋째 아들 충녕대군을 왕세자로 추대한 것이다.

바로 전날까지 의정부, 6조(六曹), 삼공신(三功臣), 삼군 도총제부(三軍都摠制府), 각사(各司)의 신료들이 양녕의 실행(失行) 패덕(悖德)을 들어 세자 자리에서 내쫓을 것을 건의하는 상소가 이어지자 개경에 머물고 있던 태종은 마침내 6월 3일 자신의 최종 결심을 신하들에게 알렸다.

"백관들의 소장(疏狀)의 사연을 읽어보니 부끄럽고 두려워 몸 둘 바를 모르겠다. 천명(天命)이 이미 떠나가 버린 것이므로 내가 이를 따르겠다."

영의정 유정현, 좌의정 박은, 우의정 한상경을 필두로 한 공신들과 6조판서, 각급 문무대신들이 조계청(朝啓廳)에 몰려들었다. 조계청은 정승 이하 신하들이 국정을 의논하던 곳.
　전날까지 폐세자 상소를 연일 올렸던 신하들의 입장에서는 대환영의 조처였다. 허나 마냥 기뻐할 수만도 없었다. 폐세자 이후 누가 세자를 이을 것인가? 어떻게 보면 더 큰 문제였고 자칫 이 과정에서 피바람이 불어 의외의 희생자가 수도 없이 나올 수 있는 중대 사안이었다. 조계청 안은 극도의 긴장감에 휩싸였다. 누구 하나 쉽사리 입을 뗄 수 없었다. 잠시 후 오늘날의 대통령 비서실장 격인 지신사 조말생과 직속 부하인 좌대언 이명덕이 조계청을 찾아와 태종의 두 번째 지시 사항을 전달하면서 숨막힐 듯한 침묵은 깨졌다.

　"나라의 근본(세자를 나라의 근본이라는 의미에서 '國本'이라고 불렀다)은 정하지 아니할 수가 없다. 만약 정하지 않는다면 인심이 흉흉할 것이다. 옛날 중국에서는 유복자라도 세워 선왕의 유업을 이어받게 하였고, 또 본부인의 장자를 세우는 것은 예나 지금이나 변함없는 법식이다. 양녕에게 두 아들이 있는데, 큰아이는 다섯 살이고 작은아이는 세 살이니, 나는 양녕의 큰아들을 세자에 앉히고자 한다. 장자가 유고(有故)하면 그 동생을 세워 후사(後嗣)로 삼을 것이니, 왕세손(王世孫)이라 칭할는지, 왕태손(王太孫)이라 칭할는지 고제(古制)를 상고하여 의논해서 아뢰어라."

　폐세자를 기정사실화하면서 양녕의 아들 중에서 후사를 고르겠다는 뜻과 함께 그 아이의 호칭 문제를 결정하라는 것이었다. 일단은 성리학의 전통적인 종법(宗法)을 그대로 따르겠다는 의지의 표현이었다. 한

마디로 적장자 상속의 원칙을 적용하겠다는 뜻이다.

태종이 정말 양녕을 폐하고 종법에 따라 그의 아들, 특히 다섯 살짜리 장남에게 '기계적으로' 왕위를 물려주려 했는지는 확인할 길이 없다. 그러나 『실록』에 기록된 바를 봐서는 태종이 이미 어느 정도 방향은 잡고 있으면서도 마지막 순간까지 약간은 갈팡질팡했던 것이 분명하다. 조선의 장래가 걸린 일이었기 때문에 쉽게 결단할 수 있는 일도 아니었다.

택현론이 제기되다

조계청에서 신하들의 의논이 시작되었다. 양녕의 장남을 후사로 삼겠다는 태종의 입장 표명이 있었기 때문인지 우의정 한상경 이하 모든 신하들은 양녕의 장남을 세우는 것이 좋겠다고 말한다. 흥미로운 것은 이때 그들을 제외한 나머지 두 사람, 즉 최고위직인 영의정 유정현과 좌의정 박은이 조심스럽게 어진 사람을 고르자는 택현론(擇賢論)을 제기했다는 점이다.

유정현과 박은, 태종의 총애가 워낙 깊어 하루에도 벼슬을 아홉 번 바꿔서 한다는 말 그대로 일일구천(一日九遷)하던 '투톱'이었다. 유정현이 더 적극적이었다. 유정현은 무조건 어진 사람을 고르자는 입장이었고 박은은 "아비를 폐하고 아들을 세우는 것이 옛날 제도에 정해져 있다면 모르겠지만, 그렇지 않다면 어진 사람을 골라야 한다"는 조건부 택현론이었다. 다소 궁색한 논리였다. 옛날 제도에 그런 경우가 없었을 리 없기 때문이다.

여기서 한 가지 의문을 던지지 않을 수 없다. 유정현이나 박은 두 사람은 태종의 '본뜻'을 거슬러가며 자기 주장을 펼칠 사람이 아니다.

태종은 같은 해(1418년) 2월 4일 끔찍이도 사랑했던 넷째 아들 성녕대군이 14세의 나이로 세상을 떠나고 양녕의 실행 패덕이 도를 더해가자 2월 13일 개경으로 왔다. 중대 결단을 내리기 위해서였다. 실제로 태종은 국가의 진로가 걸린 중대 사안을 결단할 때에는 종종 개경을 찾았다. 세월이 흘러 세종 3년(1421년) 8월 28일 좌의정 박은이 상왕인 태종에게 올린 상소문에 이런 구절이 나온다.

"지난날 양녕대군이 세자로 덕이 없어, 신이 유정현과 함께 개경의 천수정(天水亭)에서 일찍이 밀지를 받고 전하가 장차 종묘와 사직을 위해 큰일을 하시려는 것을 알았습니다."

문제는 태종이 천수정에서 두 사람에게 폐세자 결단을 은밀히 통고할 때 후사에 관한 명확한 언급은 하지 않았다는 데 있다. 그렇지만 따로 부를 만큼 태종과 가까웠던 유정현과 박은은 폐세자 이후에 대한 감은 어느 정도 잡았을 것으로 봐야 한다. 이런 감이 있었기 때문에 '감히' 태종의 지시와는 전혀 다른 의논을 제기할 수 있지 않았을까?

상황은 돌변했다. 이번에는 의정부 참찬 김점, 돈녕부(종친을 관리하는 기구) 지사 김구덕, 공조판서이자 충녕대군의 장인인 심온 등 15명이 나서 "어진 사람을 골라야 합니다"라며 유정현과 박은을 거들고 나섰다. 그 와중에 다소 엉뚱한 의견을 낸 인물이 있었다. 이조판서 이원이었다. "옛사람들은 큰일이 있을 적에 반드시 거북점과 시초점을 쳤으니, 청컨대 점을 쳐서 정해야 합니다." 이게 무슨 소린가? 하지만 마냥 엉뚱한 의견이라고만은 볼 수 없다. 태종이 누구인가? 한양이냐 개경이냐 무악이냐며 천도에 대한 의견이 신하들 사이에 엇갈리자 동전을 던져 한양으로 천도를 결정했던 인물이다.

신하들의 의견을 취합한 지신사 조말생이 태종에게 보고를 올렸다. 토론 내용을 담은 보고서를 읽어본 태종은 처음에는 실제로 이원의 의견을 받아들여 "점을 쳐서 정하도록 하겠다"고 말한다. 즉각 조말생은 태종의 어지(御旨)를 전하기 위해 신하들이 집결해 있던 조계청으로 달려갔다. 조말생은 바빴다. 같은 시각 태종은 내전의 원경왕후 민씨를 찾아가 의견을 묻고 있었다. 원경왕후는 "형을 폐하고 아우를 세우는 것은 화란(禍亂)의 근본이 됩니다"라며 초지일관 양녕을 지지했다.

조말생_ 태종 1년(1401년) 문과에 장원급제해 이조정랑에 올랐다. 태종의 총애를 받아 항상 태종을 측근 보좌했다.

굳이 양녕을 폐한다면 그 아들을 세자로 삼아야 한다는 것이었다. 그러나 『실록』은 "임금도 또한 (처음에는) 이를 옳게 여겼으나, 한참 만에 곧 깨달아 말하기를 '어진 사람을 고르는 것이 마땅하다'고 말했다"고 전한다. 최종 결심이 내려진 것이다.

그런데 이 과정에서 약간의 해프닝이 발생했다. 태종이 택현론으로 최종 결정을 했지만 조말생은 그것을 모른 채 조계청으로 가서 이원의 주장대로 점을 쳐서 결정하기로 했다고 전달한 것이다. 이원이야 내심 좋아했는지 모르지만 다른 신하들은 어리둥절할 수밖에 없었다. 그럴 태종이 아니기 때문이었다. 결국 태종은 잠시 후 조말생을 다시 불러 자신의 택현론 결심을 밝힘으로써 해프닝은 일단락됐다. 그러나 이것으로 끝이 아니었다. 더 큰 문제가 태종과 신하들 앞에 남아 있었다.

'어진 사람'은 누구인가?

태종의 심정은 이루 말할 수 없이 복잡했다. 태종은 누구보다 적장자 상속의 원칙을 지키려 했던 유학자이기도 했다. 1차 왕자의 난이 끝나고서도 결국은 그런 명분 때문에 형님에게 일시적이나마 임금 자리를 양보해야 했다. 6년 전, 그러니까 태종 12년(1412년) 10월에는 왕실 계보를 정리해 『선원록(璿源錄-왕실의 적통(嫡統)만을 정리)』, 『종친록(宗親錄-왕실의 비적통 남자들만 정리)』, 『유부록(類附錄-왕실의 여자와 서얼들을 정리)』의 3록을 만들어 왕실의 존엄을 세웠던 그다.

이때 그는 이숙번, 황희, 이응 등에게 지시하기를 "(아버지의 이복형제인) 이원계와 이화는 태조의 서형제(庶兄弟)이므로 『선원록』에 올리지 말라"고 했다. 평생 그를 도왔던 작은 아버지 이화에 대해서까지 이런 가혹한 조처를 취할 만큼 그는 유교적인 적통 논리를 중시했다. 그 중에서도 왕위가 적장자에게 이어져야 한다는 것은 그에게는 일종의 신앙과 같은 것이기도 했다. 쿠데타로 왕권을 잡은 그로서는 그렇게 해서라도 정당성을 확보하고 싶었다. 그랬기 때문에 수년 동안 계속된 세자 양녕의 실행 패덕에도 불구하고 가능한 한 양녕에게 왕위를 물려주기 위해 온갖 노력을 다했던 것이다. 그것이 지금 물거품이 돼가고 있었다. 인소불감(人所不堪), 사람의 힘으로는 감당할 수 없는 일! 정녕 다음 임금은 자신이 아니라 하늘이 내리는 것인가라고 자탄했을지도 모른다.

게다가 그에게 양녕은 어떤 아들이었던가? 말 그대로 금지옥엽이었

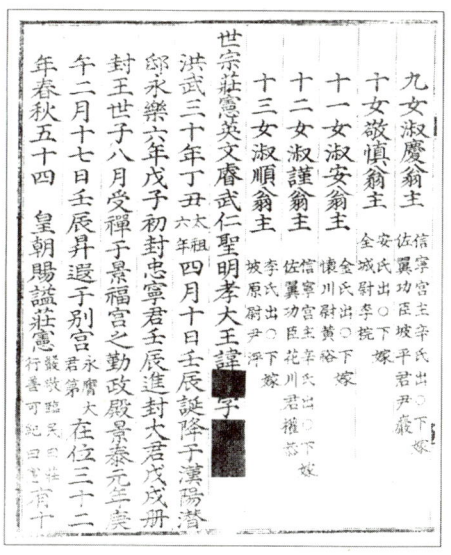

『선원계보기략』 조선 왕실의 족보. 왕위 계승 분쟁을 우려한 태종은 왕실의 위엄을 세우기 위해 『선원록』, 『종친록』, 『유부록』을 만든다. 숙종조에 임진왜란 당시 불타버린 왕실 족보를 복원하는 과정에서 이들을 통합한 『선원계보기략』이 만들어진다.

다. 양녕이 태어난 1394년(태조 3년)은 태종이 정안공으로 있으면서 어려운 시절을 보낼 때였다. 그의 나이 28세였다. 실은 그에 앞서 3남 3녀를 보았고 태어난 순서로 양녕은 일곱째였다. 그런데 3남을 모두 어려서 잃는 비극을 겪어야 했다. 세종 1년 2월 3일자 『실록』에 이와 관련된 태종의 회고담이 나온다.

"내가 젊은 시절에 아들 셋을 연이어 여의었다. 그러고 나서 갑술년(1394년)에 양녕을 낳았는데 그 아이도 죽을까 두려워서 본방댁(本房宅-처갓집인 민제의 집)에 두게 했고, 병자년(1396년)에 효령을 낳았는데 열흘이 채 못 되어 병을 얻었으므로 홍영리의 집에 두게 하였다. 그리고 이듬해인 정축년(1397년)에 주상(主上-세종)을 낳았다. 그때 내가 정도전 일파의 시기로 말미암아 형세가 용납되지 못하게 되니, 실로 남은 날이 얼마 없지 않나 생각되어 항상 가슴이 답답하고 아무런 낙이 없었다. 그래서 나는 대비와 더불어 서로 양녕을 안아주고 업어주고 하여, 일찍이 무릎 위를 떠난 적이 없었으며, 이로 말미암아 자애하는 마음이 가장 두터워 다른 자식과 달랐다."

이런 아들을 내치기로 한 태종의 마음이 어떠했을지는 상상하기 어렵지 않다. 그러나 앞일이 더 중요했다. 태종은 다시 조말생을 불렀다.

"나는 제(양녕)의 아들로써 대신 시키고자 하였으나 여러 신하들이 모두 '불가하다'고 하니 마땅히 어진 사람을 골라서 아뢰어라."

마음속에 점찍어 둔 충녕대군을 지명하면 될 것을 태종은 다시 이런 식으로 신하들에게 택현의 책임을 넌지시 떠넘겼다.

공의로 충녕을 고르다

조말생에게서 이 말을 전해 들은 조계청의 유정현 이하 신하들은 "아들을 알고 신하를 아는 것은 임금만한 이가 없습니다"라며 직접 고르라고 태종에게 다시 미뤘다. 왕과 신하들은 왜 결정을 서로 미루며 핑퐁 게임을 하고 있는 것일까? 신하들로서는 당연히 뒷날 일이 잘못될 경우의 사태를 걱정하지 않을 수 없었을 것이다. 혹시라도 양녕이 부활할 경우 복수의 칼날이 바로 자신들을 향할 수도 있었다.

반면에 태종은 어떤 생각에서 이렇게 한 것일까? 이에 관한 명쾌한 답은 앞서 보았던 박은의 상소문에 나온다.

"뒷세상으로 하여금 전하께서 맏아들을 폐하고 어진 이를 세운 거조(擧措-큰일을 저지름)가 공론으로 되었다는 것을 알리게 하시고, 또 양녕대군으로 하여금 자신이 공론에서 용납되지 못하였음을 알게 하여, 원망하고 미워함이 없게 하는 일입니다."

양녕의 폐세자는 태종 개인의 순간적 결단이나 신하들의 공모가 아니라 태종과 신하들이 함께 의견을 모은 최종 결론, 즉 공의(公義)였다는 형식을 만들어냄으로써 양녕이 되살아날 수 있는 명분 자체를 없애버리는 것, 그것이 이처럼 태종이 계속해서 자신의 의견을 우회적으로 표명하면서 신하들의 동의를 얻어내는 절차를 밟았던 까닭이었다. 이제 결정의 순간이다. 태종은 자신의 최종 결심을 밝힌다.

"옛사람이 말하기를 '나라에 훌륭한 임금이 있으면 사직의 복이 된다'고 하였다. 효령대군은 국왕될 자질이 미약하고, 또 성질이 심히 곧아서 개좌(開坐-벼슬아치들이 사무를 본다는 뜻으로 여기서는 정치를 뜻한다고 볼 수 있다)하기에는 적절치 못하다. 내 말을 들으면 그저 빙긋이 웃기만 할 뿐이므로, 나와 중궁(中宮)은 효령이 항상 웃는 것만을 보았다. 충녕대군은 천성이 총명하고 민첩하고 자못 학문을 좋아하여, 비록 몹시 추운 때나 더운 때에도 밤새 글을 읽어, 나는 그 아이가 병이 날까 두려워 항상 밤에 글 읽는 것을 금하였다. 그런데도 나의 큰 책은 모두 청하여 가져갔다. 또 정치의 요체를 알아서 늘 큰일에 헌의(獻議-윗사람에게 의견을 아룀)하는 것이 진실로 합당하고, 또 그것은 일반 사람들은 생각지도 못할 수준이었다. 중국 사신을 접대할 때면 몸가짐과 말이 두루 예(禮)에 부합하였고, 술을 마시는 것이 비록 무익하나, 중국 사신에게는 주인으로서 한 모금도 능히 마실 수 없다면 어찌 손님을 권하여서 그 마음을 즐겁게 할 수 있겠느냐? 충녕은 비록 술을 잘 마시지 못하나 적당히 마시고 그친다. 또 그 아들 가운데 제법 자란 아들이 있다. 효령대군은 한 모금도 마시지 못하니, 이것도 또한 불가하다. 충녕대군이 대위(大位-임금 자리)를 맡을 만하니, 나는 충녕을 세자로 정하겠다."

이에 유정현 등 신하들은 "신 등이 이른바 어진 사람을 고르자는 것도 또한 충녕대군을 가리킨 것입니다"라며 화답했다. 파란만장한 인생 역정을 헤쳐온 태종도 이 상황에서는 "통곡하여 흐느끼다가 목이 메는" 모습을 보였다.

태종, "충녕은 관홍장중하다"

속전속결. 일단 결심을 내린 태종은 즉시 조말생 등을 불러 "이런 큰일은 시간을 끌면 반드시 사람을 상하게 된다"며 최대한 빨리 절차를 밟도록 지시했다. 문무백관들이 새로운 세자 책봉을 하례하기 위해 태종을 찾았고 이 자리에서 태종은 장차 대마도 정벌의 영웅이 될 장천군 이종무에게 당장 한양으로 가서 양녕의 폐세자와 충녕의 세자 책봉을 종묘에 고하도록 명했다. 또 왕실과 인척 관계인 상호군 문귀를 전지관(傳旨官)으로 임명해 한양에 머물고 있던 양녕에게 백관들이 올렸던 상소를 들고 가서 세자에서 폐하여 내친다는 자신의 뜻을 전하도록 하였다.

태종이 오랜 시간을 두고 미리 치밀한 조처와 준비를 해두었기 때문에 소위 '양녕 세력'의 조직적 반발은 일어나지 않았다. 양녕은 일단 경기도 광주로 내치기로 결정이 났다.

사실 충녕에 대한 신하들의 신망은 오래전부터 컸다. 사람과 말을 보는 눈은 누구에게도 양보하지 않는다고 자신했던 태종은 "충녕은 관홍장중(寬弘莊重)하다"며 칭찬을 아끼지 않았다. 태종의 측근 중의 측근이었던 이숙번도 일찍부터 태종에게 충녕대군을 은밀하게 추천한 적이 있었고 많은 신하들이 충녕의 덕을 경모해 마지않았다. 심지어 그 무렵 조선을 자주 찾았던 명나라 사신 황엄도 충녕을 볼 때마다 칭찬을 아끼지 않았다.

"영명하기가 뛰어나 부왕(태종)을 닮았다. 동국(東國-조선)의 임금 자리는 장차 이 사람에게 돌아갈 것이다."

실제로 원민생이 충녕의 세자 책봉을 승인받기 위한 사신이 되어 북경에 갔을 때 명나라 사신으로 조선을 자주 찾았던 관리 황엄이 무슨 일로 왔는가라고 묻자 원민생은 "세자를 바꾸기를 청합니다"라고 말했다. 이에 황엄은 원민생의 말을 더 듣지도 않고 '필시 충녕을 봉하도록 청하는 것이리라'고 정확하게 예측했다. 국내외의 이 같은 높은 신망이 조선의 세자 자리를 양녕에서 충녕으로 바꿔놓은 것이다.

충녕, 조선의 4대 국왕에 오르다

충녕대군이 세자로 결정되고서 가장 먼저 이뤄진 조처는 세자 책봉의 의례를 준비할 봉숭도감 설치였다. 그리고 수원에 있는 예문관 직이수(李隨)를 한양으로 불러올렸다. 이 둘 다 문제의 6월 3일에 이뤄진 일이다. 이수는 어릴 때 충녕과 효령에게 학문의 기초를 가르친 사람이다. 이수는 태종 12년 8월과 같은 해 5월에 군에서 대군으로 승격된 충녕과 효령의 교육을 맡은 시학(侍學)으로 발탁돼 한동안 공부를 가르친 적이 있었다. 그래서 불러올린 것이다. 이틀 후에는 새로운 세자의 부인 심씨를 경빈(敬嬪)으로 삼고 심씨의 아버지인 심온을 이조판서로 발령 냈다.

그러나 아직 불씨가 남아 있었다. 폐세자 된 양녕이었다. 같은 날 세자 이제는 양녕대군으로 강등되었다. 이때 양녕대군은 한양에 머물고 있었다. 폐세자 통보를 위해 한양에 갔던 문귀가 6월 6일 개경으로 돌아와서 통보 당시의 상황을 상세하게 보고했다. 태종은 "이제가 슬퍼하던가?"라고 물었다. 문귀는 "교지를 전할 때 신은 눈물이 흐르는 것을 참지 못하였으나 양녕은 눈물을 흘리지 않았을 뿐만 아니라 조금도 비탄하는 모습이 없었습니다"라고 답한다. "그 아이가 그렇기 때문에 이렇게 된 것이다. 어찌 허물을 뉘우치겠는가?"

통보를 받은 바로 다음 날 동이 트기도 전에 양녕은 부인과 함께 광주로 떠났다.

충녕을 세자로 삼기로 한 지 보름이 지난 6월 17일 봉숭 행사가 있었다. 정확히 말하면 이때부터 충녕대군은 공식적인 '세자'가 됐다. 태종이 세자에게 책문(冊文)을 내렸고 세자는 전(箋)을 올려 사례했다. 그중에 이런 대목이 있다.

"이 용렬한 사람에게 명하여 높은 지위를 책임지게 하시니, 신은 삼가 마땅히 부탁하신 책임이 가볍지 않은 것을 생각하여, 싫어함이 없이 또한 이를 보전하겠으며, 지극히 간절한 훈계를 받들어 길이 잊지 않을 것을 맹세합니다."

세자 교체가 일단 성공적으로 이뤄진 이상 태종은 더 이상 개경에 머물 이유가 없었다. 이미 개경 체류 4개월을 넘기고 있었기 때문에 신하들의 환도 요청도 거세졌다. 태종이 환도를 서두른 이유 중 하나는 내선(內禪), 즉 왕위를 서둘러 물려주기 위함이었다. 7월 4일 태종은 은밀하게 6대언들에게 내선의 뜻을 밝히자 대언들은 눈물로 만류했다. 6일에도 6대언들을 불러 이미 충녕을 세자로 봉숭하던 날 내선할 계획을 정했다고 밝힌다. 그리고 이날 세자는 어머니를 비롯해 의정부, 6조, 대간들과 한양으로 출발했다. 태종은 27일 한양으로 돌아왔다.

태종의 전격적인 양위(讓位)

세자가 된 지 두 달 남짓밖에 안 된 태종 18년 8월 8일 세자 충녕대군은 갑작스레 보평전(報平殿)에서 부왕인 태종이 급히 찾는다는 환관의 전갈을 받았다. 그는 영문을 몰라 어리둥절해하며 급히 달려갔다. 불과 두 달 전인 6월 3일 갑작스레 큰형님 양녕의 세자 자리를 넘겨받은 미래의 국왕 충녕은 보평전에 들어서서 눈앞에 벌어진 광경을 보고 어리둥절할 수밖에 없었다. 의정부, 6조, 공신, 삼군총제, 6대언 등이 통곡을 하고 있었고 태종은 국왕의 상징인 옥새(玉璽)를 곁에 둔 채 자신을 맞았기 때문이다.

"태종이 곧 옥새를 주므로 임금이 엎드려 일어나지 아니하니, 태종이 임금의 소매를 잡아 일으키고 옥새를 주며 곧 안으로 들어갔다. 임금이 황급히 옥새를 상 위에 올려놓고 뒤를 따라 안으로 들어가서 지성껏 사양하였고, 여러 신하들도 통곡함을 그치지 않았다."

사실 태종은 양녕이 세자이던 시절 두 차례나 선위 파동을 일으키면서 신하들의 의중을 떠본 일이 있었기에 충녕과 신하들은 더 당혹스러웠는지 모른다. 게다가 세자로서 교육과 훈련을 전혀 받지 않은 충녕이 갑자기 세자로 봉해진 지 겨우 두 달밖에 안 된 시점이었다.

충녕은 옥새를 받들고 태종의 침전까지 따라가 밤늦도록 사양의 뜻을 강력하게 밝혔다. 이에 태종은 "나의 뜻을 말한 것이 이미 두세 차례에 이르렀거늘, 어찌 나에게 효도할 생각은 하지 않고 이다지 요란하게 구느냐"며 충녕의 손을 잡고 "북두(北斗)를 향해 맹세하거늘 내 뜻은 변하지 않을 것"이라고 했다. 결국 충녕은 감히 직접 옥새를 받들 수 없어 자신의 지신사 이명덕을 시켜 옥새를 들게 하고 경복궁으로 물러나야 했다.

그러나 이렇게 끝날 사안이 아니었다. 다음 날에는 문무백관과 성균관 학생들까지 글을 올려 양위 의사 번복을 청했다. 이틀 후인 10일에는 태종이 한사코 자기 뜻을 굽히지 않을 뜻을 밝히며 "내 명을 따르지 않으려거든 더 이상 이곳에 오지 말라"는 말에 충녕은 어쩔 수 없이 글을 올려 다시 한 번 사양의 뜻을 밝힌다.

태종의 결심은 확고했다. 신하들이 궁궐 안뜰까지 들어와 통곡하니 태종이 효령대군을 시켜 자신의 단호한 뜻을 그들에게 전하기도 했다.

"내가 다른 성(姓)에게 자리를 넘긴다면 경들의 청이 당연하지만, 내가 아들에게 넘기겠다는데 어찌 이와 같이 하는가."

태종은 기어코 국왕의 상징인 익선관(翼善冠)을 직접 세자 충녕의 머리에 씌워주고 경복궁에 가서 즉위시킨다. 신하들도 익선관을 쓴 충녕의 모습을 보고서는 현실을 받아들이지 않을 수 없었다. 그러나 그것은 철저한 '조건부' 양위였다. 태종은 즉위식 직후 신하들에게 이같이 말한다.

"주상이 장년이 되기 전까지 군사 문제는 내가 친히 결정할 것이고, 또한 국가에 결단하기 어려운 일이 있을 때마다 정부와 6조로 하여금 함께 그 가부(可否)를 의논하게 할 것이며, 나도 또한 함께 의

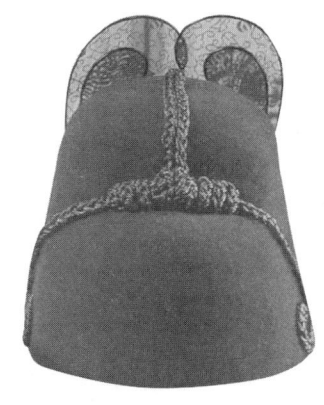

익선관_ 조선시대에 왕이 평상시 국가 일을 볼 때 머리에 썼던 관.

논하리라."

이 말은 군사 문제뿐만 아니라 모든 주요 분야에서 섭정(攝政)의 의사를 밝힌 것이다. 실제로 태종의 섭정을 받는 동안 세종의 모습은 수습 과정을 밟는 신입 사원에 가깝다. 이런 과정을 거쳐 세자 충녕대군은 8월 10일 경복궁 근정전에서 즉위식을 하고 조선의 네 번째 국왕 자리에 오르게 된다.

태종, "군국의 큰일은 내가 친히 청단할 것이다"

즉위식이 끝난 직후 분명 "18년 동안 호랑이를 탔으니 이미 족하다"고 말했던 상왕 태종이 좌의정 박은 등에게는 "주상이 장년이 되기 전에는 군국(軍國)의 큰일은 내가 친히 청단(聽斷)할 것"이라고 밝힌다. 아직 호랑이 등에서 내려올 생각은 없었던 것이다.

실은 그보다는 준비 없이 세자로 책봉되는 바람에 국왕이 되기 위한 실전 훈련을 거의 받지 못한 충녕이었기에 현장에서 집중적인 임금 수업을 시켜야 한다고 판단했을 것이고, 그렇다면 세자의 위치보다는 임금의 위치에 두고 자신이 직접 강도 높은 훈련을 시키는 게 훨씬 효과적이라고 생각했을 것이다. 이것이 세자 책봉 불과 두 달 만에 왕위를 넘겨준 태종의 본뜻이었다.

그러나 이는 세종의 입장에서 보자면 허수아비 임금이 될 수밖에 없다는 뜻이다. 군사뿐만 아니라 여타의 국사(國事)도 중요한 것은 다 관여하겠다고 했으니, 사실 세종은 중요하지 않은 일만 혼자 결정할 수 있었다.

사정이 이렇다 보니 상왕 밑에서 임금 수업을 받아야 했던 4년 동안 세종의 입에는 "상왕께 아뢰어보겠소"라는 말이 입에 붙어 있다시피 했다. 세종이 즉위한 지 6일째 되던 8월 16일 상왕이 자신의 지신사 하연을 불러서 나누는 이야기를 보면 여전히 실제의 국왕은 상왕인 태종임을 확연하게 알 수 있다. 그때 세종의 지신사는 이명덕이었다.

"내가 전일에 건원릉(建元陵-태조 이성계의 능)에 나아갈 때에 길에서 보니 화곡(禾穀)의 결실이 잘 되지 못하였으니 필연 기근의 근심이 있을 것이다. 경기의 백성들은 경성에 쌓아둔 곡식으로 구휼할 수 있고, 전라·경상·충청의 3도는 약간의 저축이 있어 구휼할 수 있겠으나 함길도는 땅이 적국과 경계가 연접하여 있으며, 또한 거기에 경원부(慶源府)를 다시 세워 새로이 백성들을 옮겨 보내었으니 더욱 걱정이 된다. 정부와 6조로 하여금 구제할 방책을 의논하도록 하라."

여기서 보듯 태종은 군사뿐만 아니라 주요한 민생 문제까지 챙기고 있었다. 오히려 세종은 다음 날 사헌부에서 올라온 사소한 건의에 대해 "그대로 시행하라" 식의 언급만을 하고 있다. 8월 21일 세종은 형조에 명하여 "민무구, 민무질, 민무휼, 민무회의 처자에게 외방으로 가서 편할 대로 살게 하고 이거이의 자손에게는 경외(京外-서울 밖)에서 자유롭게 살게 함을 허락하고 김한로는 청주로 옮겨 살게 하라"고 한다.

이들은 하나같이 세종을 왕위에 올리는 과정에서 태종에게 희생당한 인물들이다. 민씨 4형제는 세종에게는 외삼촌들이다. 이거이(李居易, 1348년 고려 충목왕 4년~1412년 태종 12년)는 태조의 장녀 경신공주와 혼인한 이저와, 태종의 장녀 정순공주와 혼인한 이백강의 아버지이다. 고려 말에 문과에 급제하고, 태조 2년(1393년) 우산기상시를 거쳐 평안도 병마도절제사, 문하부 참지사, 문하부 참찬사, 한성부 판사 등을 역임하였다. 1, 2차 왕자의 난 때 큰 공을 세웠으나 사병 혁파 등의 문제로 태종 이방원과 갈라서게 된다. 태종 때 진천에 유배되었다가 다시 등용되어 좌의정을 거쳐 영의정에 이르렀다. 그러나 결국 태종에 의해 배척당했던 인물이다. 김한로는 양녕의 장인으로 양녕이 폐세자 될 때 나주로 귀양을 갔다. 태종으로서는 일단 세종을 왕위에 올렸기 때문에 주변 '위험 인물'들에 대한 경계 조처를 일단 완화할 수 있었다.

그것이 세종으로서는 임금이 되고 행한 첫 번째 정사(政事)였다. 그런데 형조판서 조말생 등은 "이 무리들은 모두 불충한 죄를 범한 자들이오니, 전하께서 즉위하옵신 첫 정사에 가볍게 용서할 수 없습니다. 그리고 김한로를 서울 가까이 둘 수는 없습니다"라며 강하게 반대했다. 이에 대한 세종의 대답은 간단하다. "상왕께서 명하옵신 것이니, 감히 좇지 않을 수 없다."

견습왕 세종, "상왕께 아뢰어보겠소"

두 달 후인 10월부터는 2차 왕자의 난을 일으켰다가 유배 생활을 하고 있던 이방간·이맹균 부자에 대한 상소가 잇따랐다. 10월 12일 대사헌 허지는 이방간 부자를 죽여야 한다고 청했다. 그후 사헌부뿐만 아니라 6조의 대신들도 같은 의견을 올렸다. 그러나 이에 대한 세종의 대답은 일관되었다.

"나도 또한 방간을 죄가 없다고 여기지 않는다. 그러나 상왕께서 그를 보전시키고자 하니, 내가 어찌 부왕의 마음을 어길 수 있느냐?"

이처럼 신하들의 주청은 의당 옳지만 자신의 판단 범위를 넘어서 있다는 이야기는 판에 박힌 듯이 계속된다.

해가 바뀌어 세종 1년(1419년) 4월 14일 사간원에서 정수홍 등이 상소하여 상왕과 사돈 관계이기도 한 박신에게 죄주기를 청했다. 박신(朴信, 1362년 고려 공민왕 11년~1444년 세종 26년)은 정몽주의 문하생으로 조선 개국에 참여하여 태조 때 성균 대사성을 지냈고 태종의 총애를 받아 대사헌, 한성부윤, 공조·호조·이조판서를 두루 역임했다. 그런데 이조판서로 있던 그때 부정 사건에 연루되어 신하들의 탄핵을 받게 된 것이다. 이때 세종은 신하들을 향해 "너희들 말이 옳다. 박신은 사람됨이 바르지 못하나, 아직 그대로 두라"고 말한다. 실은 상왕의 뜻을 들은 후에 판단하겠다는 말이다.

결국 이 문제는 4월 16일 영의정 유정현이 나서 상왕에게 박신을 의금부에 하옥해 국문해야 한다고 청을 올리면서 실마리가 잡혔다. 상왕은 박신을 통진으로 유배 보내기로 결심한다. 한편 이런 사정을 모르고 있던 세종은 신하들의 상소가 이어지자 "너희들이 박신의 죄를 청하는 것은 당연한 일이다. 그러나 내 마음대로 결단할 바가 아니니, 마땅히 부왕께 아뢰어야 한다"는 말만 반복하고 있다. 4월 19일 박신은 통진으로 유배되었고 13년이 지난 세종 14년(1432년)에야 풀려나게 된다.

세종이 홀로서기를 하는 게 세종 4년(1422년)임을 감안할 때 자신이 권력을 잡고서도 10년 동안 박신을 풀어주지 않았다는 이야기다. 그것은 곧 박신에 대한 세종 자신의 생각도 지극히 부정적이었음을 보여주는 증거다. 그런데도 이때 박신을 유배 보낼지 여부를 자기 뜻대로 결정할 수 없었던 것이다.

세종 1년 8월 10일 태종은 대마도 정벌을 성공적으로 마치고 돌아온 신하들의 노고를 치하하는 잔치를 벌였다. 여기서 유정현이 세종을 향해 "바라옵건대 전하께서는 날마다 창업의 어려움과 수성(守成)의 쉽지 않음을 생각해야 하실 것입니다"라고 말하자 상왕은 유정현의 말이 옳다며 세종에게 잘 들어두라고 타이르듯이 말한다.

견습왕(見習王) 세종의 처지를 적나라하게 보여주는 일화이다. 세종 3년 5월 20일에는 변계량이 지은 병서 『진설(陣說)』에 대해 이야기하면서 변계량과 의견이 엇갈리자 세종은 이렇게 말한다.

"나의 말한 바와 경의 말한 바를 빠짐없이 써서 올리라. 내가 장차 부왕께 아뢰겠다."

태종이 말로는 군사에만 한정하겠다고 했지만 사실상 거의 모든 분야에서 전권을 행사하는 바람에 세종은 섭정 기간 동안 이렇다 할 정치적 결정을 한 번도 스스로 내리지 못하는 어려움을 겪어야 했다. 태종이 사망하고 세종 5년부터 편찬 작업에 들어간 『태종실록』의 사초(史草)를 수집 정리하는 문제를 이야기하던 세종 6년 12월 1일 세종은 변계량 등에게 아주 오래간만에 자신의 본심을 이렇게 말한다.

"기해년(1419년)부터 임인년(1422년)까지 내가 비록 임금 자리에 있기는 하였으나, 그동안 국정은 모두 태종에게 말한 뒤에 시행하고, 내가 내 마음대로 한 일은 없으니, 그 4년 동안의 사초를 모두 수납하여 태종실록에 기재하는 것이 어떠냐."

이에 신하들은 모두 옳다고 대답하였다. 세종 원년(1419년)부터 세종 4년(1422년)까지의 시기는 태종의 시대에 포함시켜야 한다는 뜻이다. 은근한 불만이 묻어나는 듯하다. 세종으로서는 그만큼 힘들었던 4년이었음을 보여주는 말이다.

오히려 이런 발언을 보면 세종은 꼭두각시 국왕이 되고 싶은 생각은 전혀 없었다는 것을 알 수 있다. 사실 이때 그의 나이 26세를 넘고 있었다. 그는 권력의 생리를 일찍부터 체득하고 있었고 성품 또한 안으로 삭이는 스타일이었기 때문에 아버지 앞에서는 한 번도 상왕의 독주에 대한 불만을 나타내지 않을 수 있었다. 세종은 젊었을 때나 늙었을 때나 늘 그랬다.

비극을 품은 거대한 음모

즉위 2주일째인 8월 25일 세종으로서는 평생 잊지 못할 비극적 사건이 시작되고 있었다. 즉위는 했으나 당시 창덕궁은 개축 중이었기 때문에 세종은 장의동의 본궁에 머물고 있었다. 그의 생가이기도 했다. "군사 문제는 직접 청단하겠다"는 상왕의 엄명에도 불구하고 병조에서 군사 문제를 세종에게 먼저 아뢰자 세종은 "어찌하여 부왕께 주상하지 않느냐"며 물리쳤다. 그런데 이 사실이 상왕의 귀에 들어갔다. 아직 실권, 즉 병권(兵權)을 넘길 생각이 전혀 없던 상왕으로서는 참을 수 없었다. 상왕은 당장 병조참판 강상인과 좌랑 채지지를 의금부에 가두라고 명했다.

강상인(姜尙仁, ?~1418년 세종 즉위년)은 정안공(훗날 태종)의 가신으로 태종 2년(1402년) 강계 지방에 파견되어 임팔자실리(林八刺失里) 등의 여진을 제압하였다. 태종 18년(1418년) 병조참판이 되었다. 세종이 즉위한 후에도 태종이 국가의 중대사와 병권만은 친히 관장하기로 함에 따라 병조판서인 박습과 함께 병권 행사의 핵심 인물로 위촉되었다. 그러나 태종의 의도와 달리 병조의 일을 세종에게만 보고하다가 이런 일을 당하게 된 것이다. 태종은 배신감에 분노했다. "내 일찍이 군국의 중요한 일은 내가 친히 청단하겠노라고 말하였는데, 강상인 등이 모든 군에 관한 일을 임금에게만 아뢰고 나에게는 아뢰지 않았다." 게다가 세종이 30세가 되어야 군권을 넘기겠다고 공언해 온 상왕이다. 이때 세종의 나이, 아직 22세였으니 8년은 더 남은 셈이었다.

다음 날에는 병조판서 박습을 비롯한 병조 관리 6명이 의금부로 압송되었다. 박습(朴習, ?~1418년 세종 즉위년)은 여말선초의 문신으로 태종과 같은 해 문과에 급제한 과거 동기생이었다. 태종 때 강원도·경상도 관찰사를 거쳐 대사헌에 임명되어 이방간 등의 죄를 다스릴 것을 상소했으나 이루지 못하였다. 1418년 형조판서에 오르고 곧바로 병조판서를 맡았다. 군사만은 청단하겠다는 상왕 체제에서 병조판서를 맡았다는 것은 그만큼 과거 동기생 박습에 대한 태종의 신임이 컸다는 뜻이기도 하다.

8월 27일 의금부에서 조사 결과를 보고하자 상왕은 "박습은 재임한 날짜가 얼마 안 되니 그대로 두고, 강상인은 젊어서부터 나를 따라 오늘에 이르기까지 상의원[尙衣院-조선시대 임금의 의복과 궁내의 재화·금·보화 등을 관리하고 공급하는 일을 맡았던 관청] 제조[提調-큰일이 있을 때 임시로 임명되고 그 관아나 조직의 일을 지휘 총괄하던 종1품, 정2품의 관리. 그 위에 총책임자로 도제조(都提調)가 있었다]가 되었고, 또 병조에서도 중요한 직임들을 맡겼거늘 나의 은혜를 생각하지 않고 거짓으로 속일 마음만 품었다. 단단히 고문을 하되 죽지 않을 한도까지만 하라"고 명했다. 이때까지만 해도 세종은 이 사건을 원래 상왕이 밝혔던 대로 군무(軍務)와 관계되는 일을 신하들이 어긴 데 대한 징벌 정도로만 받아들였다. 그러나 참극의 실상은 그게 아니었다.

세종의 장인 심온을 향한 태종의 칼날

9월 2일 상왕이 세종의 장인 심온을 영의정으로 임명했다. 9월 10일에는 창덕궁의 인정전이 준공되어 9월 13일 세종은 거처를 장의동 본궁에서 창덕궁으로 옮겼다. "이로부터 임금이 매일 상왕전에 나아가 문안하게 되어 생활 방식이 안정되고, 종일토록 있다가 돌아오며 일체 사무를 모두 상왕에게 품신하였다." 상왕과 멀리 떨어져 있음으로 인해 생긴 일종의 오해와 불신에서 비롯된 강상인 사건도 이로써 마무리되는 듯했다.

의금부전도(義禁府全圖)_ 의금부는 조선시대에 왕명을 받들어 죄인을 추국하는 일을 맡아 하던 기관이다. 정선, 1729년.

그러나 두 달 뒤인 11월 13일 상왕이 의금부로 하여금 병조판서 박습 등을 다시 불러 국문(鞫問)케 하면서 사건은 일파만파로 확대된다. 이날 국문에서 박습은 강상인이 자신의 부하이긴 하지만 오랫동안 상왕을 모셨고 병조에도 자기보다 훨씬 일찍부터 있었기 때문에 강상인이 "모든 군무는 마땅히 주상전에 아뢰어야 한다"고 해서 그래야 하는 줄 알았다고 변명했다. 또 병조참의 이각(李慤)은 일전에 자신과 강상인이 예전에 귀양 가 있던 곳을 지나면서 자신이 "군사는 마땅히 상왕전에 아뢰어야 될 것이다"라고 말했는데 강상인은 이 말에 빙긋이 웃으면서 대답하지 아니했다고 털어놓았다. 물론 이런 변명과 토설이 실제로 그러했던 것인지 지금으로서는 확인할 길이 없다. 그러나 이 두 진술은 군사는 직접 챙기겠다고 한 상왕의 엄명에 정면으로 반하는 것이었다. 열흘 후인 11월 23일 의금부는 그동안의 국문 결과를 상왕에게 상세하게 보고했다. 그에 대한 상왕의 반응이다.

"과연 내가 전일에 말한 바와 같이 그 진상이 오늘날에야 나타났구나. 마땅히 대간(大奸)을 제거하여야 될 것이니 이를 잘 살펴 문초하라."

이날 세종은 청천벽력 같은 소식을 듣게 된다. 상왕이 머무는 수강궁으로 문안 가려고 나서는데 내관 김용기가 달려와 의금부에서 있었던 일을 전하며 "심본방(沈本房-임금의 장인집을 가리켜 본방이라고 했으니 심온을 가리킨다)이 군사가 한곳에 모여야 된다는 말을 들었다고 하옵니다"라고 말했다.
세종은 서둘러 수강궁으로 나아가 뭔가 오해가 있음을 밝히고 장인 심온에 대한 올바른 일처리를 부탁했다. 그러나 상왕은 단호했다. "내가 들은 바는 다르다. 과연 (주상의 말대로라면) 무슨 죄가 있으리오."

상왕은 그것을 확연히 판가름해 줄 일종의 증인으로 좌의정 박은을 부르기로 했다. 태종의 심복인 박은은 심온과는 오랜 정치적 라이벌이다. 이때 박은은 병으로 집에 머물고 있었다.

상왕은 측근인 원숙을 불러 박은에게 전후 사정을 전하게 한 후 마치 자신이 원하는 대답이 무엇인지를 일러주듯 이렇게 말한다.

"심온이 군사가 한곳에 모여야 된다는 말을 듣고 대답하기를 '군사가 반드시 한곳에 모이는 것이 옳다'고 하였다 하니 경은 이를 알아야 할 것이다."

박은은 즉각 맞장구를 쳤다.

"심온이 말한 한곳이 어찌 우리 상왕전을 가리킨 것이겠습니까? 반드시 주상전을 가리킨 것이오니 그 뜻은 묻지 않아도 알 수 있습니다. 신도 또한 아뢰올 일이 있으니 마땅히 두 임금 앞에 가서 친히 아뢰겠나이다."

태종과 세종이 함께 있던 수강궁에 모습을 드러낸 박은은 강상인 건과는 전혀 무관한 이야기를 늘어놓는다. 자신이 예전에 심온에게 좌의정을 대신 맡으라고 사람을 시켜 권했더니 답이 오기를 박은 자신에게 그런 방향으로 일이 되도록 노력해 달라고 했다는 것이었다. 영의정은 실권이 없는 자리이니 자신이 좌의정을 맡도록 노력해 달라고 심온이 박은에게 부탁을 했다는 것이다. 상왕은 국문을 계속하라고 지시했다. 강상인, 성달생, 이관 등이 차례로 압슬형이라는 무릎을 내리누르는 고문을 당해 억지 실토를 했고 급기야 심온의 동생인 심청까지 고문을 이기지 못하고 다음과 같은 진술을 한다. "형이 '군사는 마땅히 한곳에서 명령이 나와야 된다'고 하므로 내가 '형의 말이 옳다'고 대답했다." 이로써 심온은 빠져나갈 길이 없는 대역(大逆)의 죄를 덮어쓰게 됐다.

11월 25일자 기사는 심온의 일이 상왕과 그 측근들이 억지로 도모한 것임을 간접적으로 보여주는 술자리를 묘사하고 있다.

"상왕은 박은, 이원, 조말생, 원숙을 불러 일을 의논하고 술을 주었다. 술이 어지간하여 박은과 이원이 아뢰기를 '두 전하가 일체(一體)이옵신데 험악하고 편협한 간신들이 두 길로 갈라서 일을 꾀하오니, 이 무리들은 모두 임금(여기서는 상왕)의 은혜를 특별히 입었는데도 그 범죄한 바가 이와 같사오니 신 등이 모두 분하게 여기는 바입니다'라고 하였다."

상왕이 감읍하여 "내가 두 정승의 마음을 아노니 육척의 고아를 부탁할 만하다"고 화답했다. 술을 상당히 많이 마신 듯 조말생이 박은과 이원이 과음으로 실수할까 봐 말리자 상왕은 "이것이 진정이니 무엇이 해로울 것이 있느냐"며 내버려두라 하였다.

바로 다음 날 상왕은 전날 술을 함께했던 네 사람을 불러 "강상인과 이관은 죄가 중하니 지금 마땅히 죽일 것이요, 심청과 박습은 상인에 비하면 죄가 경한 듯하다. '괴수' 심온이 돌아오지 않았으니 아직 남겨두었다가 대질시키는 것이 어떠한가? 그렇지 않으면 인심(人心)과 천의(天意)에 부끄러움이 있지 않겠는가"라고 하자 박은은 "대질시키고자 한다면 상인만 남겨두고 세 사람은 형벌하는 것이 옳습니다. 그러나 심온의 범한 죄는 사실의 증거가 명백하니 어찌 대질할 필요가 있겠습니까"라며 속히 형을 집행할 것을 아뢰었다. 결국 이날 강상인, 박습, 이관, 심정은 사형을 당했다. 강상인은 형장으로 가는 수레에서 이렇게 울부짖었다.

"나는 실상 죄가 없는데 때리는 매를 견디지 못하여 죽는다."

무술년의 옥사(獄事)로도 불리는 이 사건의 진상은 훗날 사건 당시 의금부 제조였던 변계량이 세종에게 털어놓음으로써 알려지게 된다. 그러나 그것은 말 그대로 먼 훗날의 이야기일 뿐, 세종에게 당장 닥친 것은 장인의 죽음과 처가의 철저한 몰락이었다.

이틀 후인 11월 29일 경연에 나아가 『대학연의』를 토론하던 중 우문사급(宇文士及)이 당나라의 태종 곁에서 탄복하여 태종을 칭찬하였다는 대목에 이르러 세종은 이런 말을 한다.

"예로부터 간사하고 아첨하는 신하가 그 임금에게 아양을 부리는 그 형상이 이와 같았지마는 그러나 그 신명(身命)을 끝까지 보전한 자가 없었다."

무술년의 옥사를 주도한 박은을 염두에 둔 말로 볼 수도 있는 의미심장한 언급이 아닐 수 없다.

심온의 죽음과 처가의 몰락

세종 즉위년(1418년) 11월 25일 상왕의 명을 받은 전의감(의료 행정과 의학 교육을 책임지던 기관) 판사 이욱은 세종의 즉위를 명 황제에게 고하고 북경에서 돌아오는 심온을 체포하기 위해 의주로 향했다. 심온이 의금부에 잡혀온 것은 그로부터 약 한 달 뒤인 12월 22일이다. 그러나 이미 그 전인 12월 4일 의금부에서는 심온의 아내와 여러 딸들을 천인(賤人)에 속하게 하자는 청을 올렸고 상왕은 허락하면서 "비록 천인에 속하게 하더라도 역사(役事)는 말도록 하라"고 일말의 동정을 보였다. 또 그에 앞서 11월 26일에는 "심청의 형 중[僧] 도생(道生)을 옹진으로, 심인봉(沈仁鳳)을 해진으로, 심징(沈澄)을 동래로, 조카 심석준(沈石雋)을 낙안으로 귀양 보내고, 심온의 서자 심장수(沈長守)를 사천으로, 성달생을 삼척으로 귀양 보냈다."

영문도 모른 채 의금부에 붙들려온 심온은 강상인 등이 죽은 것도 모르고 그들과의 대질신문을 요구했다. 그리고 유정현이 주도한 매질과 압슬형 등 고문이 이어지자 "상인 등 여러 사람이 아뢴 바와 모두 같습니다. 신은 무인인 까닭으로 병권은 홀로 잡아보자는 것뿐이고, 함께 모의한 자는 상인 등 여러 사람 외에 다른 사람은 없습니다"라고 실토 아닌 실토를 하고 말았다. 이로써 모든 것은 끝났다.

12월 23일 심온에게는 사약을 내려 스스로 목숨을 끊게 하라는 상왕의 명령이 내려졌다. 그 무렵에 세종은 무엇을 하고 있었을까? 12월 24일 힘없는 국왕 세종은 수강궁의 상왕을 찾아 헌수(獻壽-장수를 비는 뜻으로 잔을 올림)했다. 이 연회에는 박은, 이원, 최이, 정역, 맹사성, 허조, 조말생, 조연, 변계량, 이징, 허지, 이명덕, 원숙 등과 통사(通事-통역관) 김을현, 임밀 등이 배석했다.

술이 여러 순배 돌고 다들 거나하게 취하자 여러 사람이 한 구씩 불러 한 편의 시를 짓기도 했다. 이날 상왕이 일어나서 춤을 추고, 여러 신하들도 일어나 춤을 추었고 이 자리에서 세종은 장인의 목숨을 살려달라는 한마디 말도 할 수 없었다.

12월 25일 심온은 수원에서 사약을 받고 44세의 나이로 세상을 떠났다. 야사에 따르면 "내 후손들은 절대로 박씨 집안과 혼인을 맺지 말라"고 했다고 한다. 박은을 염두에 둔 말이다. 실제로 여기서 우리의 관심이 가는 인물은 태종을 도와 사실상 심온을 죽음에 이르게 한 박은이다. 아마도 세종 4년 5월 10일 태종이 사망한 후에도 그가 살아 있었다면 세종을 둘러싼 신하들로부터 그가 어떤 조처를 당할지 아무도 모르는 상황이었다. 게다가 세종 자신도 박은에 대해서는 단단히 벼르고 있었는지 모른다. 그도 사람이기 때문이다. 그러나 우연이라고 하기에는 너무나도 절묘하게 박은은 태종이 세상을 떠나기 하루 전인 5월 9일 숨을 거둔다.『실록』에 기록된 그의 졸기(卒記)는 태종 및 심온과의 관계 등 당시 상황을 내밀하게 살펴볼 수 있는 단서들을 제공해 준다.

"금천부원군 박은이 졸하였다. 전라도 나주 반남현 사람이요, 고려

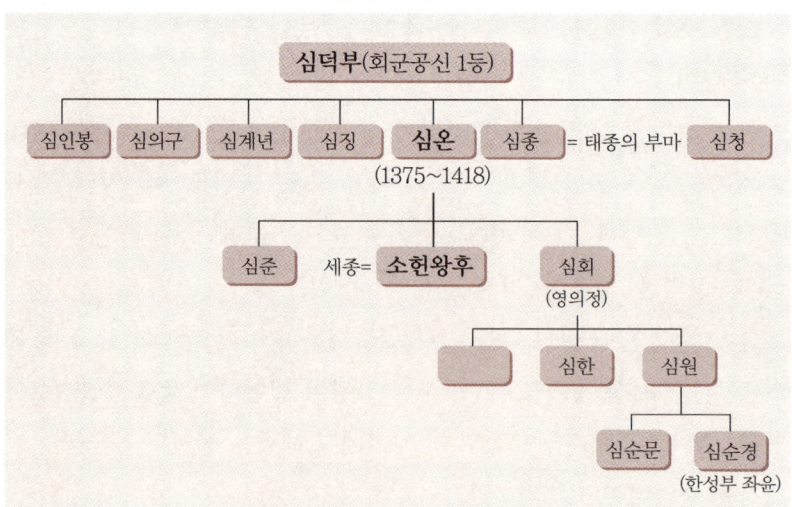

심온 가계도

전교시 판사 박상충(朴尙衷)의 아들이다. (중략) 태종 18년에 태상왕 (태종)이 임금(세종)에게 선위하려고 하였으나 드러내놓고 말하지 못하였다. 좌의정 박은이 그 뜻을 짐작하여 알고 심온에게 이르기를 '요사이 임금의 의향을 그대가 아는가' 또 말하기를 '임금의 처사는 잘되지 않는 것이 없으니, 끝내 아무 일이 없을 것이라' 하였는데, 그 뜻은 내선(內禪)한다 할지라도 아무 탈 없을 것이라고 말한 것이다. 심온이 박은의 말을 임금에게 알리니, 임금이 박은의 말을 옳게 여기지 아니하고, 더욱이 그것을 심온과 말한 것을 옳게 여기지 아니하여 곧 태상왕에게 계하였다. 태상왕이 선위한 뒤, 임금이 태상왕께 사뢰기를 '박은이 어느 날 심온에게 내선한다는 일을 말하였으니, 이것으로 보면, 박은은 순결한 신하가 아닙니다'라고 하니, 태상왕이 말하기를 '내가 장차 내선하겠다는 말을 하였고, 박은이 직접 이것을 들은 까닭에 그런 말을 한 것이라'며 박은을 변호하였다. 심온이 죄를 받게 되자, 박은이 태상께 계하기를 '심온이 이조판서가 되었을 때 자기 사람을 많이 등용하였습니다' 하니, 태상은 듣고 잠자코 대답하지 않았다. 그때 사람들이 박은을 비웃기를 '박은은 자기 반성은 할 줄 모르고 심온의 세력 부린 것만 허물한다'고 하였다."

유정현의 사망과 장모 안씨의 복권

심온은 죽어서도 '중죄인'이었다. 세종은 아버지 태종이 세상을 떠나고 자신이 전권을 행사할 수 있는 왕위에 있음에도 불구하고 처갓집 문제에 대해 아무런 조처도 취하지 못했다. 이런 상황은 상당 기간 계속된다. 왜 그랬던 것일까?

결론부터 말하면 아버지의 충복이면서 택현론을 제기해 세종이 왕위에 오르는 데 결정적인 기여를 했던 유정현 때문이었다. 유정현은 의금부 제조를 맡아 심온 사건의 조사를 주도한 장본인의 한 명이기도 하고 심지어 세종의 부인인 소헌왕후를 폐비시켜야 한다고 주장했던 인물이다. 그런데도 세종은 유정현을 계속 좌의정, 영의정 자리에 남겨두었다. 아니, 남겨두어야 했는지 모른다. 여기서 세종 특유의 은근과 끈기의 정치력이 드러난다.

세종 8년 5월 15일 유정현이 세상을 떠난다. 유정현의 졸기 중에 "정치를 함에 가혹하고 급하여 용서함이 적었다"는 평은 심온 가족의 처리 문제를 둘러싼 그의 처사를 지적한 것인지 모른다. 그로부터 이틀 후 세종은 기다렸다는 듯이 대신들을 불러 아주 조심스럽게 심온의 아내이자 자신의 장모인 안씨의 천인 신분을 면하게 해주는 문제를 논한다. 장장 4년을 기다린 것이다.

좌의정 이직, 우의정 황희, 의정부 참찬 최윤덕·허조, 호조판서 안순, 예조판서 신상, 형조판서 정진, 이조참판 성엄, 호조참판 최사강, 병조참판 이천, 형조참판 정초, 공조참판 조뇌 등 신하들은 기다렸다는 듯이 글을 올려 안씨를 천안(賤案-천민의 명부)에서 제명해야 한다고 청을 올린다. 명분은 태종도 살아 있을 때 안씨를 용서해 주려고 했으나 갑자기 세상을 떠나는 바람에 미처 교지를 내리지 못해서 그랬을 뿐이라는 것이었다. "신 등은 삼가 바라건대 태종의 뜻을 계승하시어 천안을 삭제하고 작첩을 돌려주어, 신민들의 국모를 떠받드는 마음을 위로하여 주신다면 매우 다행하겠습니다." 이렇게 해서 세종은 신하들의 건의를 받아들이는 형식으로 장모 안씨를 천안에서 제명하였다.

그렇다고 세종이 '무술년의 옥사'라는 사건 자체의 성격을 바꾸는 데까지 나아가지는 못했다. 장모의 천역만을 면하는 데도 '태종의 뜻'이 강조되고 있다. 아마도 부왕이 한 일인 데다가 역사를 함부로 후대에 재단해서는 안 된다고 생각한 세종 자신의 역사관, 그리고 남에게는 관대하면서도 자신에게는 한없이 엄격했던 특유의 성품과 연관된 것으로 봐야 할 것이다.

장인 심온의 복권은 끝까지 허락되지 않다

장모 안씨의 복권이 이뤄진 마당에 심온의 복권은 시간문제처럼 보일 수도 있었다. 신하들도 심온의 복권을 이야기하는 것이 일종의 충성 맹세였기 때문에 굳이 피할 이유가 없었다. 안씨의 복권 이후 3년의 세월이 흐른 세종 11년 심온의 유죄 여부에 대한 논의가 본격 제기된다. 드디어 사건의 본질이 재론되기 시작한 것이다. 그런데 세종은 여전히 신하들을 의식해 조심스러운 태도를 취하면서도 한걸음 진전된 생각의 일단을 내보인다.

3월 16일 의정부에서는 장모 안씨를 천안에서 면제할 때와 같은 논리로 심온의 복권을 청하는 계를 올린다. 심온은 죄목을 승복하지 않았고 만일 죽지 않았으면 직첩도 돌려받았을 텐데 태종이 갑자기 승하하는 바람에 그 같은 조처를 취하지 못했을 뿐이니 심온의 직첩을 되돌려주어 명예를 회복해야 한다는 논리였다. 이에 대한 세종의 답변이다.

"이는 부왕 때의 일이므로 경솔히 논의할 수가 없다. 부왕께서 심온이 북경에서 돌아왔을 때에 추국하지 않고 외방으로 유배하려고 하셨지마는, 그때 집사자(執事者) 한 사람이 국문을 굳이 청하므로 비로소 이를 허락하셨던 것인데, 온이 드디어 '병권은 마땅히 한곳으로 돌아가야 한다'는 말을 승복하였고, 또 '이른바 한곳이란 것은 어느 곳을 뜻하는 것이냐'고 물으니, 대답하기를, '한곳이란 곧 주상을 가리키는 말이라' 하였고, 또 병권이 '한곳으로 돌아간 뒤에는 어떻게 하겠다는 것이냐' 하니, 대답하기를, '나도 무반이다. 병권을 장악해 보려는 것이다' 하였으니, 이것으로 보더라도 온이 문초에 승복하지 않았던 것은 아니요. 그렇다고 반역한 신하도 아니니, 경들은 마땅히 의금부의 문안을 가지고 이를 잘 살펴보라."

일단 문헌상으로는 심온도 승복한 것으로 나와 있는데 자기 뜻대로 사건의 성격과 본질을 바꿀 수는 없다는 것이다. 다만 여기서 세종이 태종은 원래 외방에 유배하려고 했는데 추국을 집행했던 집사자 한 사람이 굳이 국문을 청하는 바람에 심온이 죽게 되었다고 말하는 대목은 의미심장하다. 집사자는 다름 아닌 유정현이다.

결국 다음 날 세종의 명을 받은 의정부와 6조의 관리들은 당시 사건의 기록을 재검토한다. 대부분의 신하들은 독특한 논리를 내세운다. 대질심문을 하지 않고 심온이 돌아오기 전에 강상인을 비롯한 관련자들을 처형한 것은 태종이 심온을 살리기 위한 방책이었는데, 유정현의 국문 주장 때문에 심온은 억울하게 죽음에 이르게 됐다는 것이다. 이때 이조참판 정초가 나선다. 그는 심온 사건 당시 사간원 관리로 심온의 국문현장에 있었던 장본인이다.

"심온이 하루 만에 두 차례나 장형을 당하고 세 차례나 압슬형을 당하여도 굴복하지 않았습니다. 그런데 이때 국문을 지휘하던 도제조 유정현이 온에게 이르기를 '공의 지위와 권세로 미루어 오늘 이 국문하는 정세를 본다면 가히 알 것이니, 끝내 승복하지 아니하고 배기겠는가' 하니, 온이 이 말을 듣고는 다시 한마디의 말도 없이 일일이 승복한 것입니다."

결국 태종의 뜻과 상관없이 유정현이 일종의 농간을 부려 심온을 죽음에 이르게 했으니 억울함을 풀어주어야 한다는 뜻이었다. 이런 취지의 보고를 받은 세종은 일단 "마땅히 헤아려보겠다"고 유보적인 입장을 보인다.

그 이후에도 심온의 무죄를 청하는 상소들이 이어졌지만 세종은 묵묵부답이었다. 자칫 장인의 복권을 시도하다가 아버지 태종을 욕되게 하는 것은 물론이고 조정 내부에 숨어 있는 친 유정현 세력의 반발을 부를 것이 분명했기 때문이다. 게다가 세종 특유의 역사를 보는 시각도 작용했다.

2장
인간 세종,
온후 담백한 성품을 갖추다

비극의 소용돌이 속에서 태어나다

　세종은 할아버지 태조 이성계가 조선을 건국한 지 5년 만인 1397년 4월 10일 훗날 조선의 제3대 임금에 오르는 정안공(靖安公) 이방원과 여흥 민씨(원경왕후)의 셋째 아들로 한양의 준수방(俊秀坊-오늘날의 효자동 근처) 잠저에서 태어났다. 이름은 이도(李祹).

　1397년이면 피비린내 나는 1차 왕자의 난이 일어나기 바로 1년 전이었다. 이 무렵 아버지 이방원은 정도전, 남은, 심효생을 정점으로 하는 개국공신 세력과 피말리는 권력투쟁을 하고 있었다. 이성계는 신의왕후 한씨와 6남 2녀, 신덕왕후 강씨와 2남 1녀 그리고 후궁과 2녀를 두고 있었다. 발단은 이성계가 건국 직후인 1392년 8월 여덟 번째 아들이자 둘째부인의 소생인 11세의 방석을 세자로 책봉한 데서 시작되었다. 정도전 등과 함께 아버지를 도와 조선 건국에 결정적 기여를 했음에도 불구하고 신덕왕후 강씨의 견제와 정도전의 야심 때문에 세자의 자리는커녕 개국공신 명단에도 끼지 못한 이방원은 절치부심하며 재기를 도모하고 있었다.

1398년 정도전은 권력 강화를 위해 병권을 정부 중심으로 둔다는 명분으로 왕족들이 거느리고 있던 사병(私兵)을 해체하기 위한 사병혁파론을 들고 나왔다. 그것은 대규모 사병을 거느리며 거사를 도모하고 있던 이방원에게는 직접적인 선전포고나 다름없었다.

이에 위기를 느낀 이방원 세력은 "정도전 등이 한씨 소생 왕자들을 살육하려 한다"는 명분을 내세워 정도전 일파를 살해하고 세자 방석을 폐위시킨 다음 그의 형 방번과 함께 방석을 살해했다. 이로써 강씨 소생은 모두 척살됐다. 이도의 나이 두 살 때의 일로 물론 그는 이런 일을 먼훗날 알았겠지만 그 같은 유혈(流血)의 분위기 자체가 어린 시절 그에게 음으로 양으로 깊은 영향을 미쳤을 것이 분명하다.

이도가 네 살 되던 1400년 1월에는 2차 왕자의 난이 발생했다. 아마도 이때 한씨의 다섯째 아들이던 이방원이 넷째 이방간 세력에게 패퇴했다면 이도의 운명은 어떻게 됐을까? 어쩌면 어린 나이에 역적의 자식으로 몰려 일찌감치 세상을 떠나야 했을지도 모른다. 둘째 형인 정종 이방과의 배후에 있던 이방원은 난을 진압했다. 이 사건을 계기로 이방원은 아예 2월에 세제(世弟)로 책봉된 다음 11월 왕위를 차지한다.

여기서 한 가지 지적해 두고 싶은 사항은 제3대 국왕에 오른 이방원이 친형제인 이방간을 끝까지 죽이지 않았다는 것이다. 한참 지난 후의 일이긴 하지만 이때 이방원이 겪어야 했던 마음고생의 한 자락을 보여주는 일화가 태종 9년 5월 19일자 『실록』에 전한다.

"(태종은) 세자 이제, 효령군 이보(李補), 충녕군, 막내 아들 종(種-훗날의 성녕대군)을 불러 형제간 화목의 도리를 일깨워주고 말을 마치자 마침내 눈물을 주르르 흘렸다."

그러면서 태종은 황희에게 "너는 구신(舊臣)이므로 나의 뜻을 미루어 알 것이다"라고 말한다. 비록 이복형제들이긴 하지만 그들을 자기 세력의 손으로 죽여야 했고 친형과는 목숨을 건 일전까지 벌여야 했던 권력투쟁의 격동을 헤치고 나온 회한의 눈물이었다. 또 혹시라도 자기 자식들 사이에서는 그와 비슷한 일이 절대 일어나지 않기를 바라는 절절함을 읽어내기란 그리 어렵지 않다.

극으로 치닫는 부모의 불화

태종 9년이면 1409년으로 이때 이미 이도는 충녕군으로 책봉되고 우부대언 심온의 딸 심씨[훗날의 소헌왕후]와 혼인한 지 1년이 됐다. 이도의 나이 열세 살이었다. 그 시절 열세 살은 왕실에서 일어나고 있던 대소사의 윤곽은 어렴풋하게나마 알아차릴 수 있는 나이다. 게다가 부모와 직접 관계된 일이라면 어떻게든지 몰랐을 리 없고 그로부터 정신적으로 상당한 충격도 받았을 것이 분명하다. 적어도 피를 부르는 권력투쟁의 비정함을 무의식중에라도 깨달았을 것이다.

사실 그때 태종의 눈물은 더 직접적으로는 1407년 민무구 형제의 '반역 음모'와 관련된다. 민무구 형제라면 민제의 아들로 이도에게는 외삼촌들이었다. 민무구 형제 사건은 이도의 생명 혹은 죽음과도 바로 관계되는 일이었다.

태종은 재위 6년째이던 1406년 8월 선위 파동을 일으켰다. 얼마 후 그 말을 거둬들임으로써 이 일은 해프닝으로 끝나는 듯했다. 그러나 이 일은 1년 후 자신을 도와 1차 왕자의 난 때 결정적인 공을 세웠던 처남들인 민무구·민무질 형제의 죽음으로 이어진다. 두 사람은 태종이 양위할 의사를 밝혔을 때 슬퍼하기는커녕 어린 세자를 끼고 정권을 잡으려 했다는 혐의를 받았다. 이도의 나이 열 살 때였다.

태종이 처남들과 암투의 관계를 맺게 된 데는 원경왕후 민씨와의 불화가 크게 작용했다. 태종의 입장에서는 왕의 권위를 세우기 위해 외척을 배제할 필요가 있었고 원경왕후로서는 자신의 아버지를 비롯한 형제들이 목숨을 걸고 남편을 국왕의 자리에 올려놓았는데 많은 후궁을 들여 여성 편력을 일삼고 친정 식구들을 멀리하는 태종에게 극도의 배신감을 느끼지 않을 수 없었다.

이런 거창한 권력투쟁을 떠나 태종과 원경왕후 두 사람은 열 살 안팎의 이도에게는 부모였다. 어려서부터 부모가 걸핏하면 싸우는 모습이 이도에게 좋지 않은 영향을 줬음은 불문가지다. 영민했던 그는 책에 파묻힘으로써 분란이 그치지 않는 부모 관계로부터, 그리하여 왕궁을 감싸고 도는 음모와 모략의 권력투쟁으로부터 도피했는지 모른다. 또 그는 아버지나 어머니 어느 한쪽에 쏠리지 않고 일정하게 거리를 유지한 것으로 보인다. 반면 세자 양녕은 아버지의 독선적 처사에 저항감을 느꼈고 어머니 쪽으로 쏠렸으며 때로는 외삼촌들을 옹호하기도 했다.

외가의 불행은 이것으로 그치지 않았다. 1415년 태종 15년 민제의 3남 민무휼이 한 송사(訟事)와 관련해 충녕대군에게 부탁했다가 그것이 빌미가 돼 동생 민무회까지 귀양을 가야 하는 일이 일어났다. 결국 그들은 1년 후 사형을 당하고 만다. 외가의 멸족(滅族)을 지켜봐야 하는 이도의 심정은 끔찍했을 것이다. 게다가 그런 일로 환멸 속에 살아야 했던 어머니를 가까이서 보는 그의 처지는 쉽게 상상할 수 있다. 아버지 태종에 의해 왕위에 오르는 순간까지도 이도의 주위를 떠돌고 있었던 것은 죽음의 그림자였다.

불행을 승화시킬 줄 아는 조숙의 인간형

아버지를 매우 존경하면서도 아버지와 달리 불교에 심취하게 되는 훗날 세종의 인간적 고뇌는 이때의 불행한 체험들과 무관치 않았을 것이다. 특히 세종과 가장 가까웠던 세 여인, 즉 어머니 원경왕후와 부인 소헌왕후 심씨 그리고 맏딸인 정소공주는 모두 불행한 삶을 살았다. 어머니와 부인은 남자 형제들이 몰살되었고, 부인은 특히 아버지까지 잃고 자신의 어머니가 노비로 지내야 하는 고통을 곁에서 지켜봐야 했다. 정소공주는 일찍 세상을 떠남으로써 세종에게 말할 수 없이 큰 상처를 남겼다.

한마디로 이도의 어린 시절은 인간의 즐거움보다는 뜻하지 않은 비극과 익숙해지는 훈련의 시간이었다. 사실 이런 비극과 불행은 세종이 죽을 때까지 계속됐다. 다만 그의 심성이 심약했다면 삶과 죽음을 넘나드는 참사의 연속으로 극단적인 히스테리를 보일 수도 있었지만 실상은 그렇지 않았다. 비극은 인간을 좌절케 하지만 급성장시킬 수도 있다. 그는 뒤주에서 죽어간 아버지 사도세자를 지켜봐야 했던 정조와 마찬가지로 조숙(早熟)의 인간이었다. 그래서 그는 오히려 눈앞에서 일어나는 일을 묵묵히 목도하면서 상처를 이해하는 단계로 자신을 승화시켜 간 것으로 보인다. 그는 이 같은 실존적 불행을 보복으로 풀려 하지 않고 인간의 허물을 있는 그대로 받아들이는 성숙한 인간관을 갖게 된다. 여기서 인간 세종의 깊은 매력을 발견하게 된다.

이도의 호학(好學)하는 성품

　오늘날과 달리 왕조시대에는 차기 국왕이 누가 될 것인지는 대략 예측 가능했기 때문에 소위 제왕학(帝王學)에 대한 체계적인 교육이 이뤄질 수 있었다. 물론 국왕의 아들이라고 하더라도 세자로 책봉된 아들과 그렇지 않은 아들의 교육은 완전히 달랐다. 충녕의 경우에는 셋째 아들이었기 때문에 서연(書筵)과 같은 세자 교육을 받지는 않았지만 여러 가지 정황과 호학(好學)의 성품으로 볼 때 거의 세자에 준하는 교육을 받기도 하고 스스로 공부하기도 했다고 봐야 한다. 다만 이도의 학문적 능력과 성향이 과연 어떠했는지에 대한 규명은 학교 제도나 교과 과정과는 별도의 문제로 남는다.

　조선시대에는 원자(元子)가 태어나면 곧바로 보양청(輔養廳)이라는 기관을 설치했다. 말 그대로 원자를 보호하고 양육하는 일을 맡는 곳이었다. 그러다가 유아기가 끝나는 서너 살쯤 되면 글을 가르치는데 이때부터는 보양청이 교육을 담당하는 강학청(講學廳)으로 바뀐다. 이때부터 『천자문』에서 시작해 『소학(小學)』 등으로 이어지는 본격적인 글공부가 시작된다. 특히 『소학』은 이도가 훗날 국왕이 되고 나서 자신의 세자(문종)를 교육할 때도 별도로 지시해 가르칠 만큼 조선의 왕가에서 중시하던 유아 교육서였다.

『소학』은 중국 남송(南宋)시대 주희의 감수 아래 그의 제자 유청지 등이 편찬한 책으로, 1187년 주희가 58세 되던 해에 완성하였다. 노년에 주희가 『소학』을 펴낸 까닭은 자라나는 어린 세대들이 인간의 착한 본성을 회복하여 기본적인 윤리를 실천할 때 비로소 당시의 위기를 극복할 수 있을 것으로 보았기 때문이다. 내용은 바람직한 마음가짐에서 출발해 올바른 몸가짐과 언행으로 이어지도록 유학의 이론을 아주 쉽게 정리한 것이다.

그러나 강학청이란 요즘 식으로 하면 유치원에 해당되기 때문에 특별히 어려운 내용을 배우는 게 아니라 앞으로 글공부를 위한 기초가 되는 기본적인 글자를 깨치는 단계이다. 물론 교육 내용은 유학이 핵심일 수밖에 없었다. 기록에 따르면 교육 방식은 스승이 한문 글자의 음과 뜻을 풀이해 주면 원자는 그대로 따라 읽고 외우는 식이었다. 서당 교육과 별반 다를 게 없었다. 다만 그때부터 이미 오전, 오후, 저녁, 하루 세 차례의 강의가 있었기 때문에 명민하지 못하다든가 학문에 흥미가 없는 원자의 경우에는 여간 고통스러운 시간이 아니었을 것이다. 양녕이 그랬고 연산군이 그랬다.

원자가 세자로 책봉되는 여덟 살 무렵이면 본격적인 세자 교육을 위해 강학청이 서연으로 바뀐다. 대부분의 왕들이 20세를 전후해 왕위에 오른 것을 감안하면 서연은 오늘날의 중·고등학교 교육 수준에 해당된다고나 할까? 본격적인 학문 연마가 이뤄지고 교재에 담긴 유학의 정신을 이해하면서 실천을 위한 정신적 훈련을 받는 시기인 것이다. 반면 왕이 학덕이 뛰어난 신하들과 학문과 정치를 주제로 이야기를 주고받는 자리는 경연(經筵)이라 했다. 이처럼 조선에는 보양청-강학청-서연-경연으로 이뤄지는 4단계 제왕학 과정을 갖추고 체계적으로 국왕을 가르쳤던 자랑스런 전통이 있었다. 유감스럽게도 이도의 경우에는 보양청과 강학청의 단계는 거치지 못했고 개인 교사에게 '적정 수준'의 글공부만 배워야 했다. 그는 세자가 아니었기 때문이다.

이도의 어린 시절은 건국 초기로 제도도 제대로 갖춰지지 않았고 왕위 계승 관계도 분명치 않았기 때문에 그가 여기서 말하는 전반적인 단계를 체계적으로 밟았을 것으로 보기는 어렵다. 다만 공부를 좋아했던 그도 어느 정도는 이와 비슷하게나마 거쳤을 것으로 본다면 그의 학문적 수준과 성향을 짐작하는 데 큰 도움이 될 것이다.

잠깐 옆으로 새는 이야기가 될지 모르겠지만 원래 태종에 의해 세자로 책봉됐던 양녕대군은 바로 이 서연의 시기를 제대로 통과하지 못했기 때문에 왕위를 차지할 수 없었다고 볼 수도 있다.

그렇다면 왜 조선은 이렇게도 국왕이 되기까지의 과정과 국왕이 된 연후에도 '학문'을 강조했을까라는 질문을 던져봐야 한다. 조선은 전형적인 유교 국가를 지향했다. 유교 통치의 핵심은 맹자가 말한 왕도(王道)정치, 인정(仁政), 위민(爲民) 통치를 펴는 데 있었고 그에 이르는 구체적 방법은 수기치인(修己治人), 즉 자신의 마음을 갈고닦은 다음에 다른 사람들을 다스려야 한다는 것이었다. 수기(修己)의 길은 공자가 말한 극기복례(克己復禮), 즉 자신을 이겨내고 넘어서서 인간사의 보편적인 법칙이라 할 수 있는 예(禮)의 경지로 스스로를 끌어올리는 것이다. 따라서 유교 이념에 따르자면 수기나 극기복례에 이르지 못한 자는 통치자의 자격이 없다. 결국 서연의 과정은 바로 이 수기와 극기복례의 학습인 것이다.

  그런데 유감스럽게도 이도의 경우에는 1418년 6월 갑자기 세자로 책봉되고 8월에 왕위에 올랐으니 왕세자 교육을 위한 정규 과정으로서의 서연에서 국왕 훈련을 공식적으로 받은 것은 두 달도 안 되는 셈이다. 다만 『실록』의 단편적인 기록을 보더라도 국왕으로서 갖춰야 할 학문, 예를 들면 『대학』이나 『대학연의』 등은 공개적으로 파고들 수 없었겠지만 그 밖의 다른 학문들에 대한 전반적인 수련의 수준은 일찌감치 세자인 양녕을 능가하고 있었다.

하루가 다르게 깊어가는 학문

  1412년 5월 이도는 충녕군에서 충녕대군으로, 둘째 형 효령군은 효령대군으로 승격되었다. 이때 충녕대군 이도의 나이 16세였다. 태종은 이에 맞춰 효령과 충녕 두 아들에게 대군으로서 갖춰야 할 학식을 심어주기 위해 그해 8월 성균(관) 대사성 유백순을 불러 의논한다. 유백순(柳伯淳, ?~1420년 세종 2년)은 고려 말 대학자 이색의 문하에서 성리학을 배웠고 관리로서보다는 학자로서 면모가 뛰어났다. 경사(經史)에 통달해 태종 6년(1406년) 성균관 대사성에 올랐다. 이때 태종이 왕자들의 학문을 돌보아줄 시학(侍學)을 천거토록 하자 유백순은 원래 김과나 권근을 추천하려다가 두 사람 다 조정 업무가 바쁘고 태종과의 학문 토론에 전념해야 했기 때문에 성균관 유생 중에서 이수를 천거했다. 충녕대군이 세자로 지명되던 그날 수원에서 불려 왔던 바로 그 이수다. 그리고 세자도 아닌 두 대군을 위해 당대 최고의 학자가 나서서 가르칠 필요도 없었다.

  이수(李隨, 1374년 고려 공민왕 23년~1430년 세종 12년)는 생원시에

효령대군_ 태종의 둘째 아들 이보의 초상화. 문장과 활쏘기에 능했으며, 독서를 즐겼다. 세종과의 우애가 깊고 효성이 지극한 온후한 성품이었다.

합격했으나 아직 문과에는 급제하지 못한 채 수원에서 공부를 하고 있다가 한양으로 불려 왔다. 태종은 이수에게 옷 한 벌을 내려주면서 "듣건대, 그대에게 학행(學行)이 있다 하니, 마땅히 두 대군을 가르치되 게을리 하지 말 것이다. 경서에서 의심나는 곳은 나도 질문하겠다"고 말한다. 결국 세자의 교육을 담당하던 서연에는 당대 최고의 학자들이 대거 참여했던 것과 달리 왕권과 관계없는 대군들에게는 면무식(免無識) 차원에서 생원급의 이수를 붙여준 것이다.

이수는 그후 태종 14년(1414년) 문과에 급제하여 공조와 예조의 정랑을 역임하였다. 태종 18년 세자시강원 문학을 지내고 세종 즉위와 함께 파격적 승진을 거듭해 특별히 오늘날의 수석비서관 격인 승정원의 동부대언, 우부대언, 좌부대언 등을 역임하며 세종을 가까이에서 보좌하게 된다. 세종 6년(1424년) 이조참판을 거쳐 세종 7년 중군 도총제가 되었고 이듬해 예문관 대제학을 거쳐 의정부 참찬사를 지내는 등 탄탄대로를 걸었다. 한때 황해도 관찰사로 있으면서 기생을 늘 옆에 끼고 다니면서 업무를 보다가 탄핵을 받기도 했다. "이수는 임금이 일찍이 그에게 배웠으므로, 초야(草野)에서 일어나 몇 해가 되지 않아 벼슬이 재추(宰樞)에 이르니, 조정과 민간에서 놀랍게 보았는데, 하루아침에 감사가 되어 함부로 음탕하고 마음대로 행동하여 나라의 법을 범하니, 식자들이 그를 비웃었다." 세종 11년(1429년) 다시 복직해 중군 도총제, 예문관 대제학, 이조판서 등 핵심 요직에 오르고, 이어 병조판서가 되었으나 취중에 말에서 떨어져 죽는다.

이처럼 세자에 비해 열악한 교육 여건에서도 충녕의 학문이 날로 늘고 있음은 『실록』에서 여러 차례 언급된다. 이도의 나이 17세 되던 태종 13년(1413년) 12월 30일 태종을 위해 열린 잔치의 한 장면이다.

"이해 겨울에 세자와 여러 대군과 공주가 임금에게 술을 올리고 노래와 시를 아뢰었다. 임금이 충녕대군에게 시의 뜻을 물었는데, 심히 자세하니 임금이 가상하게 여겨 세자에게 말하였다. '장차 너를 도와서 큰일을 결단할 아이다.' 세자가 대답하였다. '참으로 현명합니다.'"

왕권을 이어받을 수 없는 대군들이 할 일은 음악이나 시와 같은 기예나 익히면서 인생을 즐기는 게 전부일 수밖에 없었다. 그러나 워낙 호학했던 이도는 사실 예체능에 큰 관심이 없었다. 이 무렵 태종은 또 충녕대군에게 "너는 할 일이 없으니 편안히 즐기기나 하여라"라고 말한다. 이 말은 특히 학문을 좋아했던 충녕에게 한 것이라는 점을 감안해 볼 때 '괜히 임금 되어보겠다며 학문을 닦는다고 김칫국부터 마시지 말고 인생을 즐기는 게 네 신상에도 좋을 것이다'라고 해석할 수 있다. 그렇다고 태종이 충녕의 자질이나 호학하는 성품을 몰라서 그랬던 것은 아니고 적장자가 아닌 충녕이 그런 욕심을 품어봤자 자신처럼 형제간의 비극만 생기지 않을까 걱정해서였다.

그러나 세자 양녕의 음행(淫行)과 실덕(失德)이 커가는 데 반비례해 충녕의 학문은 깊어만 가고 있었다. 태종 16년 2월 태종이 술자리에서 "집에 있는 사람은 비가 오면 반드시 길 떠난 사람의 노고를 생각한다"고 말하자 충녕대군이 이를 받아 "시경에 이르기를 '황새가 언덕에서 우니, 부인이 집에서 탄식한다'고 했습니다"라고 답한다. 그 전까지만 해도 세자와 충녕을 비교하는 것 자체를 싫어했던 태종도 이때는 "(충녕의 학문은) 세자가 따를 바가 아니다"라고 말한다.

같은 해 9월 7일에는 세자의 스승인 이래와 변계량이 충녕의 호학을 부러워하면서 노골적으로 충녕을 칭찬해 세자를 자극해 보기도 했다. 또 변계량은 충녕의 공부를 가르치는 시관에게 '현재 대군은 무엇을 읽고 있는가'라고 물어서 대답을 듣고 나면 반드시 충녕을 칭찬하고 탄복했다고 한다. 훗날 변계량은 세종 집권 초기 국정의 대들보 역할을 하게 된다.

세자의 학습, 서연(書筵)

충녕대군은 태종 18년(1418년) 6월 3일 벼락같이 세자의 자리에 오른 만큼 본격적인 세자의 학문 수련을 담당할 서연을 설치하는 일이 급했다. 이틀 후인 6월 5일 서연을 담당하게 될 인사 발령이 이뤄졌다.

세자좌빈객에는 예문관 대제학 유관, 세자우빈객에는 공조판서 맹사성이 임명됐다. 그 밑으로 좌부빈객에는 호조참판 이지강, 우부빈객에는 예문관 제학과 승문원 판사를 겸하고 있던 권우, 보덕에는 예문관 직제학 김익정, 필선에는 정초, 문학에는 이수가 임명됐다. 6월 7일에는 서연의 교육 방향을 총책임지게 될 세자사(世子師)와 세자이사(世子貳師)로 좌의정 박은과 옥천부원군 유창이 임명되었다.

당대 최고의 학자와 관리들이 학문과 정치를 강의하게 된 것이다. 그리고 서연에서 공부를 가르친다는 것은 곧 훗날 임금의 스승이 된다는 뜻이기 때문에 그들로서는 향후 정치적 출세를 보장받은 것이기도 했다.

면모를 보면 대부분 학문적 깊이와 인격 면에서 높은 평가를 받던 인물들이다. 유관, 맹사성, 정초 등은 뒤에 상세하게 언급될 것이기 때문에 여기서는 그 밖의 다른 인물에 대해 간략하게 정리해 둔다.

좌부빈객 이지강(李之剛, 1363년 고려 공민왕 12년~1427년 세종 9년)은 고려 우왕 8년(1382년) 문과에 급제하여 조선 개국 후 의정부 사인(舍人)을 지냈다. 이때 이방원의 측근이라는 이유로 태조 2년(1393년) 정도전 일파의 탄핵을 받아 투옥되기도 하였다. 태종 즉위 후에는 사헌부 장령으로서 풍기 단속과 공신 세력 제거에 공을 세웠다. 태종 14년(1414년) 예문관 제학을 지냈고 이후 호조참판이 되어 재정 체계를 바로 하는 데 크게 기여했다. 세종 대에는 호조판서, 예조판서, 의정부 참찬으로 대사헌을 겸임하였으며 세종 7년(1425년) 중군 도총제가 되어 군권을 총지휘하게 되었으나 곧 신병으로 사임하였다. 성품이 단정하고 검소하였으며 특히 재정 부서에 오래 근무하였음에도 결코 축재하지 않았다. 문장에 능하였고 행정 업무에 있어 결단력이 있었다고 한다.

권우(權遇, 1363년 공민왕 12년~1419년 세종 1년)는 어려서 형인 권

권근·권우 가계도

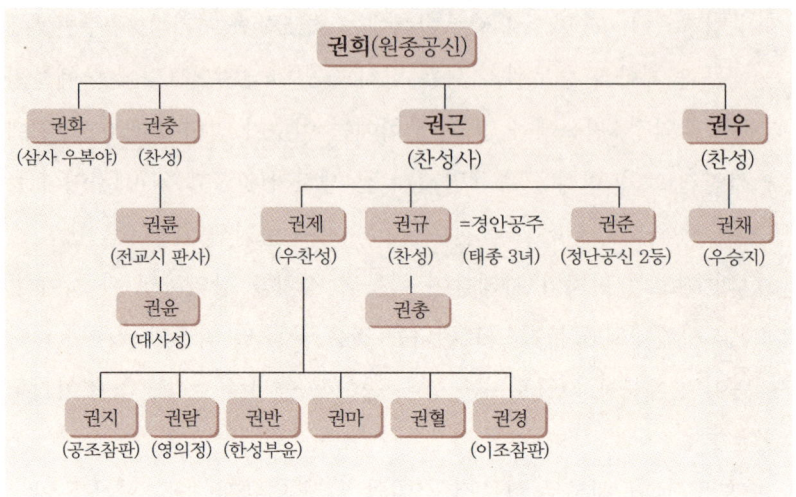

근에게 학문을 배웠고 정몽주의 문하에서 성리학의 정신을 익혔다. 고려 우왕 11년(1385년) 문과에 급제해 성균관과 사헌부를 오가며 경력을 쌓았고 성균관 대사성과 예문관 제학을 지냈다. 시문과 『주역』에 밝았다고 한다. 두 번이나 과거를 주재하는 시관이 되어 인재 선발에 큰 공을 낳았고 그중 대표적인 인물이 정인지다. 학문적으로도 정인지와 안지에게 큰 영향을 주었다. 아들은 세종 때 『삼강행실도』를 편찬한 권채다.

김익정(金益精, ?~1436년 세종 18년)은 한성윤을 지낸 김휴(金休)의 아들로 태조 5년(1396년) 문과에 급제했고 태종 때 직제학, 우대언을 지냈다. 세종 즉위 후에는 충청·전라·경기 등의 감사를 두루 역임하고 세종이 본격적으로 홀로서기를 하게 된 세종 4년(1422년) 승정원 지신사를 맡기 시작한 이래로 대사헌과 이조, 예조, 형조의 참판을 두루 지냈다. 1434년에는 한성부윤을 지냈고 효성이 뛰어나다는 평판을 받았다.

　유창(劉敞, ?~1421년 세종 3년)은 고려 공민왕 20년(1371년) 문과에 급제한 후 성균(관)에서 경력을 쌓은 전형적인 학자형 관리다. 조선 개국에 참여해 개국공신 2등에 책록되었으며 성균관 대사성에 올랐다. 관료로서는 이렇다 할 활약을 보이지 못했으나 늘 조선 초 왕실과 가까이 지내며 궂은일을 도맡아 했다. 태종 8년(1408년) 태조 이성계가 사망했을 때는 의정부 참지사로 3년간 태조의 묘인 건원릉을 지켰고 태종 13년(1413년)에는 양녕의 세자이사를 맡은 바 있었다.

　새로운 세자의 첫 번째 서연은 보름 정도가 지난 6월 20일에 열렸다. 그러나 이때 무슨 책을 어떻게 공부했는지에 관한 언급은 유감스럽게도 『실록』에 나오지 않는다.

뛰어난 기억력과 정독하는 태도

　일생 동안 경사체용(經史體用)의 학문관, 즉 4서 5경의 경학을 철학적 원리론〔體〕으로 삼고 『자치통감(資治通鑑)』 등 중국의 역사적 사례들을 구체적인 방법론〔用〕으로 삼은 세종의 이론적 세계관에 대해서는 뒤에 더 자세하게 살펴볼 것이다. 다만 여기서는 공부하기 좋아하는 그의 성품과 관련해 두 가지 사항을 지적해 둘 필요가 있다. 하나는 세종이 뛰어난 기억력의 소유자였다는 점이고, 또 하나는 책을 읽을 때 다독보다는 정독을 했다는 사실이다.

　그가 사망한 후 『실록』에 기록된 행장(行狀-생전의 행적을 기록한 추도의 글)에는 "진귀한 서적이나 전하는 글들을 한번 보면 잊어버리지 않았다"고 적고 있다. 또 『실록』을 보면 자신의 입을 통해 여러 차례 자신의 뛰어난 기억력에 대한 자부심을 드러내는 모습이 나온다. 세종이 즉위 후 경연에서 신하들과 나눈 대화를 담고 있는 세종 5년(1423년) 12월 23일자 기사는 자신의 기억력, 다독보다는 정독을 하는 독서 습관, 책을 손에서 놓지 않았던 '수불석권(手不釋卷)'의 자세, 중국어를 배웠던 까닭 등이 실려 있다는 점에서 주목을 요한다.

이날 세종은 정사를 보고 나서 경연에 나갔다. 이 자리에서 세종은 『자치통감강목』을 강독한 끝에 경연 동지사(經筵同知事-경연청에 속한 종2품의 관직) 윤회에게 이렇게 말한다.

"진서산(眞西山-송나라 유학자)이 말하기를, 『자치통감강목』은 권질(卷帙)이 많아서, 임금은 다 보기가 쉽지 않다고 했지만 내가 경자년(1420년)부터 강독을 시작하여 지금까지 이르렀는데, 그 사이에 혹은 30여 번을 읽은 것도 있고, 혹은 20여 번을 읽은 것도 있기는 하나, 참으로 다 보기는 어려운 책이다."

너무 책을 좋아하는 것이 자칫 자식들 사이에 일어날지 모르는 환란의 불씨가 될 수도 있다고 생각했는지 태종은 어릴 때 충녕이 보던 책을 숨기기도 했다. "임금이 잠저에 있을 때부터 학문을 좋아하고 게을리 하지 않아서, 일찍이 경미한 병환이 있을 때에도 독서를 그치지 아니하므로, 태종께서 환관을 시켜서 그 서책을 다 가져다가 감추게 하고 구소수간(歐蘇手簡-구양수와 소식의 서간문)만을 곁에 두게 했더니, 드디어 이 책을 다 보시었다."

그의 독서열은 즉위 후에도 전혀 변하지 않았다. 수라를 들 때에도 반드시 책을 펼쳐 좌우에 놓았으며, 밤중이 되어도 책읽기는 계속됐다. 종종 근신들에게는 "내가 궁중에 있으면서 손에서 책을 놓은 채 한

가롭게 앉아 있을 때는 없다"고 말하기도 했다. 세종의 기억력에 대한 『실록』의 극찬은 끝이 없다.

"임금이 특히 서적만을 한번 보고 문득 기억하시는 것만이 아니라 무릇 수많은 신하들의 성명(姓名), 내력(來歷), 세계(世系) 등을 비록 미세한 것이라도 한번 들으시면 잊지 않으셨으며, 한번 그 얼굴을 보시면 비록 여러 해 동안 전혀 보시지 못했더라도 다시 보실 때에 반드시 아무라고 성명을 부르셨으며, 사물의 정밀하고 소략하고 아름답고 추악한 것에 이르러서도 한번 눈에 접하시면 반드시 미세한 차이라도 정밀히 분변하셨다."

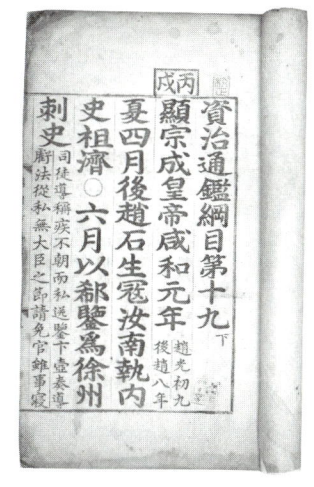

『자치통감강목』 세종 20년(1438년)에 간행된 중국 역사서. 보물 제552호.

다음으로 주목해야 할 것은 세종의 독서 습관이 전형적인 정독형이었다는 점이다. 그것은 그의 성격과도 관련이 있다. 사람이 정독을 하게 되는 경우는 크게 두 가지다. 첫째는 좋아하는 책이 정독에 어울리는 것이어야 하고, 둘째는 독서자의 성격이 차분하고 끈질기게 어느 하나를 깊이 있게 파고드는 쪽에 가까워야 한다. 실제로 세종은 정독하지 않을 수 없는 책들인 경사(經史)를 좋아했고 성격 또한 바로 그러했다.

세종은 세종 15년 2월 2일 자신의 이런 독서법을 예로 들면서 학자들의 과시형 다독 독서법을 비판한다. 이 비판은 어쩌면 오늘날의 소위 책상물림 학자나 지식인에게도 그대로 해당되는 것인지 모른다.

"지금 사람들이 글을 읽어서 한유(漢儒-한나라의 유학자)만큼 얻음이 있어도 좋겠다. 한유들은 각각 한 가지 학문만 오로지하였기 때문에 극히 자세히 보고 깨쳤는데, 지금 사람은 겨우 이것 한 가지를 보고는 또 저것 하나를 보기를 요구하므로, 나중에 도무지 연구해 얻음이 없다. 이것이 내가 학자들에게 걱정하는 것이다. 사서오경, 백가제사(百家諸史) 등을 어찌 하나같이 정밀하게 읽고 익힐 수 있으리오. 지금 학자들이 사서오경을 두루 익히고자 하므로 소득이 없을 것은 명백하다. 반드시 정숙(精熟)하여 관통(貫通)하고자 하면 하나의 경전에 전념하는 학문 방법이 가장 효과적이다."

이처럼 뛰어난 머리, 성실한 자세, 정밀한 독서가 한데 어우러진 학문 연마의 결과 세종은 당대의 내로라는 학자들도 따르기 어려운 최고의 학식과 논리적 언변을 갖추게 된다.

세종이 경사체용의 학문관을 갖고 있던 반면 신하들은 철저하게 경학 중심이었다. 세종 7년 세종이 집현전 학사들에게 역사서를 나눠 읽히겠다고 하자 제학(提學-조선시대 예문관이나 집현전, 규장각에 속한 종1품이나 정2품의 벼슬) 윤회가 반대하고 나섰다. 경학을 위주로 해야지 사학에 치중하는 것은 옳지 못한 태도라는 것이었다. 이에 대해 세종은 경연에서 중국 사서에 기록된 고사를 물어도 아는 자가 하나도 없었다며 "지금의 선비들은 말로는 경학을 한다고 하나, 이치를 궁극히 밝히고 마음을 바르게(窮理正心) 한 인사가 있다는 것을 아직 듣지 못하였다"고 정면으로 반박한다. 역사서는 고사하고 당신네들이 치중한다고 하는 경학이나 제대로 심득해서 파악하고 있느냐며 오히려 맞받아치는 장면이다. 여기서 우리는 풍부한 학식을 바탕으로 한 세종의 거침없는 논리적 언변의 일단을 보게 된다.

중국말도 배우다

세종은 경사에 그치지 않고 중국과의 역대 외교문서인 사대문적(事大文籍)까지 통달했다. 그러면서 근신들에게 "나는 서적을 본 뒤에는 잊어버리는 것이 없었다"고 자랑하기까지 한다. 우리가 흔히 생각하는 '세종다운' 모습은 아니다.

그의 이 같은 기억력은 특히 중국어를 배울 때 맘껏 발휘되었다. 그는 주자소(鑄字所 - 국가에서 운영하던 인쇄 기관)로 하여금 한어(漢語)를 풀이한 여러 서적을 인쇄토록 한 다음 총제 원민생과 승문원 판사 조숭덕으로 하여금 읽어 올리도록 하여, 한번 들으면 반드시 기억했다. 원민생은 당대 최고의 동시통역사이자 외교관이었고, 조숭덕은 중국계 귀화인으로 외교문서를 담당하는 기관인 승문원의 책임을 맡고 있었다. 그러면서 세종은 근신들에게 "내가 한어의 역서(譯書 - 이것은 번역서라기보다는 어학 교재라고 봐야 한다)를 배우는 것은 다른 뜻이 있어서가 아니다. 명나라의 사신과 서로 접할 때에 미리 그 말을 알면 그 대답할 말을 빨리 생각하여 준비할 수 있기 때문"이라고 말한다.

세종은 비중(肥重)했다

국어학자 이숭녕은 『세종대왕의 학문과 사상』(아세아문화사)이라는 책에 흔히 우리나라 역사학자들이 기피하는 연구 주제라 할 수 있는 세종의 기호, 체질, 사생활 등을 정리한 「세종대왕의 개성의 고찰」이라는 아주 흥미로운 논문 한 편을 남겼다. 먼저 이숭녕은 『실록』에 열거된 세종의 인품에 관한 찬사나 수식어를 분석한다. 관홍(寬弘-관대하고 넓은 마음), 장중(莊重), 중후(重厚), 총명(聰明), 영명(英明), 강과(剛果-과단성이 있음), 온순(溫順), 인자(仁慈) 등이 그것인데, 이숭녕은 "이런 덕성은 다 수긍되기는 하지만 구체적인 뒷받침 없이는 여기서 더 논란할 수 없다"면서도 분명한 것은 모든 기록에서 반복되고 있는 호학, 즉 무서운 공부꾼이라는 점과 머리가 뛰어났다는 점은 채택할 만하다고 말한다. 이에 관해서는 이미 앞에서 다룬 바 있다.

덧붙이자면 태조 이성계의 호용(豪勇), 과단(果斷), 적극(積極)의 행동 지향성은 태종 이방원을 거쳐 양녕으로 이어진 듯이 보인다. 그렇다면 내성적이고 사색적이며 끈기, 인내, 신중의 학자적 면모는 모계로부터 왔을 가능성이 크다는 게 이숭녕의 주장이다.

그런데 필자는 졸저 『태종: 조선의 길을 열다』를 쓰면서 이숭녕의 가설에 약간 의문이 들기 시작했다. 어머니 원경왕후는 내성적이기보다는 외향적이었고 자기주장이 퍽 강했

세종대왕 표준 영정_ 온후하고 깊은 포용력을 지녔던 세종. 그는 탁월한 거인적 풍모를 갖추고 있었다.

던 여성이기 때문이다. 조선의 여인이라기보다는 자유분방한 고려의 여인이었다. 그렇다면 아버지나 어머니와는 다른, 즉 안으로 두루 포용하는 성품은 부모보다는 할아버지 태조 이성계로부터 온 것이 아닐까 하는 생각을 하게 된 것이다.

이런 생각에 결정적으로 힘을 실어준 계기는 『정치가 정조』(푸른역사)의 저자이기도 한 박현모 박사가 《월간중앙》에 연재한 세종 시리즈 중 하나를 보고 나서였다. 거기서 무릎을 치지 않을 수 없는 대목을 발견했다. 박현모 박사는 이긍익의 『연려실기술』에 나오는 내용을 바탕으로 인재를 중시하고 사람들을 융합시키는 세종의 타고난 재능을 태조와 연관지어 이렇게 서술하고 있다.

"태조는 말수가 적고, 눈을 지그시 감은 채 앉아 계시고는 했기 때문에 보통 때는 범접하기 어려웠다. 그러나 일단 사람들과 대화를 나누기 시작하면 그분은 '온통 한덩어리의 화기(和氣)로 변화'되곤 했다. 이 때문에 사람들은 그분을 두려워하면서도 사랑하였다."

실제로 이는 태조에 대한 적절한 표현임과 동시에 세종에게도 그대로 적용할 수 있는 지적이다. 이성계는 무인으로서 온유하면서도 그릇이 큰 인물이었다. 대표적인 사례가 정몽주에 대한 그의 태도다. 아들 이방원은 서둘러 정몽주를 제거했다. 그러나 애당초 이성계의 생각은 달랐다. 정몽주 정도는 얼마든지 포용하고 갈 수 있다고 자신했다. 이성계 주변에 전혀 다른 성품의 수하들이 광범위하게 몰려들었던 것도 그의 이 같은 포용력과 무관치 않다. 이런 맥락에서 세종은 분명 태조 이성계의 손자였다.

잡기를 싫어했다

세종은 어릴 적부터 바둑 같은 잡기는 천시하고 흥미 없어 했다. 또 매사냥에 사용되는 개를 기르는 데도 관심이 없었다. 그것은 양녕이 좋아하는 취미였다. 왕위에 오르지 못하는 대군들은 중국의 사례에 따라 새와 같은 동물이나 화초 등에 흥미를 갖도록 교육받기 마련이었지만 세종은 천성적으로 그런 것을 좋아하지 않았다. 어떻게 보면 참으로 재미는 없는 인간형이었는지 모른다. 왕이 되고 나서 세종 7년 12월 그가 했던 말이다.

"사슴을 키우고 화초를 기르는 것은 진실로 긴요한 일이 아니다. 나는 꽃이나 새들과 즐기는 것을 좋아하지 않는다. 해당 관청은 뽕나무, 닥나무, 과실나무를 채우기에 힘써야 할 것이니 이것들은 모두 일용(日用)에 긴요한 것들이다."

나무와 화초를 보는 시각에서 드러나는 세종의 일관된 실용주의는 그의 말과 글에도 그대로 적용된다. 그의 말과 글이 수식이나 장식을 싫어하고 정곡(正鵠)과 적중(的中)을 지향하고 있음은 이 같은 그의 성품과 직결되는 것이다. 실리주의 성향 때문인지 서예나 시작(詩作)에 대해서도 별로 관심이 없다는 것을 스스로 털어놓는다. 세종 12년 5월 경연에서 신하들과 이야기를 나누던 중 그는 "두시(杜詩)와 같은 것은 풍월을 읊조리는 것이므로 유자(儒者-유학을 공부하는 사람)의 정식 학문이 아니다"라고 말한다.

음악과 관련해서는 어려서 약간의 악기를 익혔으나 능숙한 수준은 아니었던 듯하고 대신 음악 이론에 대해서는 해박한 지식이 있었고 음감은 상당히 날카로웠던 것으로 보인다. 훗날 박연을 통해 악기의 개혁을 주도하게 되는 데서도 음악에 관한 세종의 조예는 상당한 수준이었음을 알 수 있다.

잡기를 싫어했던 세종이지만 의외로 춤 공연의 일종인 나희(儺戱)에 대해서는 관심이 많았다. 나희란 민가나 궁중에서 묵은 해의 악귀를 쫓기 위해 음력 섣달 그믐날에 벌이던 의식이다. 세밑의 바쁜 와중에서도 각 가정에서는 집 안에서 불을 피워 잡귀를 모두 몰아내고, 깨끗하게 새해를 맞기 위해서 부뚜막의 헌 곳을 새로 바르고, 거름을 치워내고, 가축 우리를 치워 새로 짚을 넣어 깔아주며 집안을 청소하고 정돈했다. 또한 궁중에서는 대궐 안을 청소하고 정돈하는 한편 벽사(辟邪-사악함을 물리침)를 위해 나례 의식을 거행했다. 이 행사는 중국에서 비롯되었는데 우리나라에서는 고려 정종 6년 무렵에 전래되었다. 조선조 들어서 태조 때 단 한 번, 태종 때는 전혀 나오지 않던 나희 공연 기록이 세종 때는 재위 기간에만 여덟 차례나 나온다.

이숭녕은 『세종대왕의 학문과 사상』에서 이 무렵 『실록』에 나오는 "(세종은) 예기(藝技)에 정통하지 않는 바가 없었다(於藝無不精)"는 표현은 자신의 종합적인 검토 결과 지나친 표현임을 지적하고 있다. 오히려 이숭녕은 『실록』에 대한 정밀한 연구를 기초로 충녕대군의 취미나 기호와 관련해 "바둑두기를 즐기지 않았고", "양녕과 달리 화초나 애완동물에도 그다지 취미가 없었으며", "서도(書道)에 대해서도 이해는 하고 있었으나 서도를 취미로 가진 것이라고는 보이지 않고", "최소한의 운동 차원에서 매사냥을 취미로 했지만 궁술이 뛰어났던 것도 아니고" 따라서 이런 제반의 사항들을 종합할 때 세종은 기본적으로 "실무가적이고 이지적이고 실리주의적인 성격"이라고 추정했다. 또 그는 "세종은 결코 서생형, 순수 학자형, 예술가형의 인물이 아니라고 하겠다"고 단정지었다. 이런 추정과 단정은 즉위 후 세종이 보여준 여러 모습과도 정확히 일치한다.

과도한 업무 스트레스와 비만

세종은 하루에 네 차례 식사를 할 만큼 식성이 좋았다. 특히 육류를 좋아해 고기가 없으면 식사를 하지 않을 정도였다고 한다. 세종 즉위년(1418년) 10월 9일자에는 왕위를 물려준 태종이 사냥을 즐기지 않는 세종의 건강을 염려하며 신하들에게 이런 유시를 하는 대목이 나온다.

"주상은 사냥을 좋아하지 않으시나, 몸이 비중(肥重-살이 찌고 몸

무게가 많이 나감)하시니 마땅히 때때로 나와 노니셔서 몸을 존절히 하셔야 하겠으며, 또 문과 무에 어느 하나를 편벽되이 할 수는 없은 즉, 나는 장차 주상과 더불어 무사(武事)를 강습하려 한다."

세종 13년의 한 기록에는 세종 자신이 이렇게 말하는 대목이 있다. "30세 이전에 대던 띠(帶)가 모두 헐거워졌으니 이것으로 허리둘레가 줄어든 것을 알겠다." 과도한 업무 스트레스 때문에 살이 빠졌다는 이야기를 하고 있다. 이때 세종의 나이 35세였다.

태종이 언급한 바 있듯이 술은 즐겨 먹지 않았고, 먹어야 한두 잔 정도였다. 대신 신하들의 과음을 경고하는 대목이 『실록』에 종종 나온다. 세종의 두드러진 심성으로 이숭녕은 불노(不怒)와 끈기를 들었다. 태종의 경우 수시로 크게 화를 냈다는 뜻의 '상노(上怒)', '상대로(上大怒)' 등의 표현이 등장하는 데 반해 세종은 신하들의 집중적인 상소로 곤경에 빠져도 좀처럼 화내는 모습을 보이지 않았다. 태종은 표범, 세종은 곰 같은 품성의 소유자였다. 그것은 탁월한 거인적인 풍모의 소산이기도 했다. 물론 경우에 따라 신하들이 지나치다거나 자신이 중시하는 문제에 대해 반대가 거셀 때는 단호한 투지를 보였다.

좋은 식성에 비해 그의 체질은 훗날의 잦은 병치레를 감안할 때 그리 좋았다고는 할 수 없다. 세종 5년 27세 때 약을 먹기 시작했다는 기록이 나오고, 세종 7년 29세 때는 여러 달 동안 두통으로 고생했다는 기록이 있다. 그리고 세종 8년 30세 때부터는 그의 고질병인 소갈증(오늘날의 당뇨병)이 시작되고 있다. 당연히 고혈압도 뒤따랐다. 이는 그가 20세를 넘기면서 비교적 뚱뚱한 몸매의 소유자였을 것이라는 앞에서의 추정과도 부합되는 사실이다.

세종 11년 33세가 되면 구레나룻이 세기 시작했다. 두뇌를 많이 써야 했던 세종으로서는 스트레스로 인한 백발화가 남들보다 일찍 진행된 것으로 볼 수 있다. 그리고 이때부터는 거의 한 해도 거르지 않고 풍질, 어깨 부종, 피부병, 두통, 안질, 요도결석, 기력 감퇴 등에 관한 기사가 나온다. 심지어는 과도한 스트레스로 인해 세종 24년 46세 때는 동신언어(動身言語), 즉 몸을 움직이거나 말만 해도 심한 통증을 느끼는 진기한 병까지 앓기에 이르렀다. 국왕으로서는 치명적이지 않을 수 없었다. 특히 말년에는 정신적으로도 피폐할 대로 피폐해져서 신하들의 거센 반대에도 불구하고 노골적으로 불교에 귀의하게 되는 것도 이런 좋지 못했던 건강과도 무관치 않은 것으로 보인다.

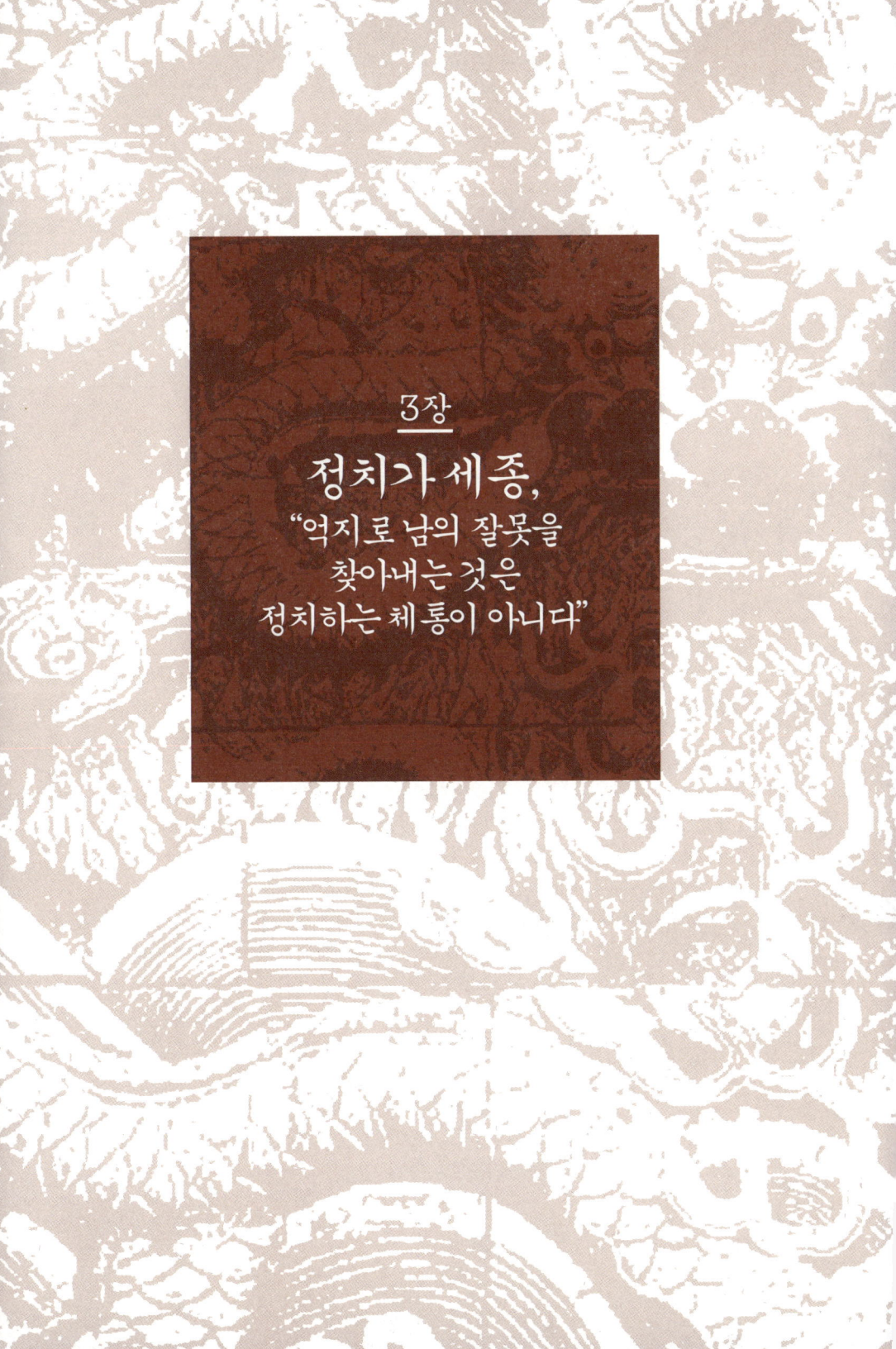

3장

정치가 세종,
"억지로 남의 잘못을
찾아내는 것은
정치하는 체통이 아니다"

세종도 강력한 왕권을 원했다

태종도 왕권을 강화한 인물이지만 세종도 그에 못지않다. 차이가 있다면 태종이 생사를 넘나드는 쟁투의 파고를 넘은 카리스마와 출중한 정치력으로 새 왕조의 골격을 갖췄다면 세종은 가히 초인적인 인내와 노력으로 문치(文治)의 이상을 실천함으로써 신하들을 설복해 왕권 강화를 이루었다. 태종이 실체의 권력을 다루는 혁명적 정치가였다면 세종은 여백의 권력까지 활용할 줄 아는 경륜의 정치가였다. 태종의 정치가 죽임을 통한 정치였다면 세종의 정치는 살림에 의한 정치다. 태종은 집중(執中)을, 세종은 집념(執念)을 통해 일을 했고 신하들을 장악했다. 태종은 표범의 정치, 세종은 곰의 정치였다고 할까?

흔히 생각하는 것처럼 세종이 신하들의 아무런 견제도 받지 않은 채 탄탄대로를 달리며 자신의 이상을 실현하고 권력을 유지했던 것은 결코 아니다. 그는 흔히 생각하듯이 이상주의자가 아니다. 그도 아버지 못지않은 현실주의자였다. 그의 생애는 여타의 조선시대 국왕들과 마찬가지로 지긋지긋하기까지 한 권력투쟁으로 점철돼 있었다. 어린 시절 형을 제치고 태종의 인정을 이끌어내 왕권을 차지한 것도 보기에 따라서는 양녕과의 권력투쟁이었으며, 여기서 그는 피 한 방울 흘리지 않고 완승을 거뒀다. 다만 아버지는 냉혹한 현실주의자, 아들은 온화한 현실주의자였다고 할 수 있을 것이다. 양녕과의 관계를 권력투쟁의 차원에서 볼 수 있느냐에 대해서는 의견이 엇갈릴 수도 있다. 그러나 필자는 세종 또한 권좌(權座)에 대한 야심을 가진 사람으로 본다.

세종의 '옥좌' 견습 기간 4년도 일종의 부자간 권력투쟁이 물밑에서 치열하게 진행되던 시기였다. 만일 그때 세종이 서둘렀다면 그의 운명은 완전히 바뀌었을 것이다. 태종의 섭정 기간 4년 동안 세종이 자세를 낮추고 마침내 끝까지 권좌를 유지했다는 것도 대단한 정치력으로 읽힌다. 권력은 늘 휘두를 때만 존재하는 것이 아니라 일체의 움직임을 중단하고 그냥 있을 때에 더 큰 위력을 발휘할 수도 있고 혹은 일시적으로 힘의 행사를 중단하는 고통을 이겨낼 때 더욱더 권력 자체일 수 있기 때문이다.

그리고 부왕이 세상을 떠난 후 그를 기다리고 있는 것은 왕권과 신권의 투쟁이었다. 단계별로 세종의 정치적 자원은 조금씩 달라지긴 하지만 기본적으로는 그의 국왕으로서의 자의식과 특출한 학식에서 찾아야 할 것이다. 어린 시절부터 남모르게 국왕의 꿈을 키워온 세종이다. 태종이 충녕을 세자로 삼겠다며 신하들에게 최종적인 결심을 밝힐 때 그는 이런 말을 한다. "충녕대군이 천성이 총민하고 학문을 게을리 하지 않아, 비록 몹시 춥고 더운 날씨라도 밤을 새워 글을 읽고 또 정치에 대한 대체(大體)를 알아, 매양 국가에 큰일이 생겼을 제는 의견을 내되, 모두 범상한 소견이 의외로 뛰어나다." 다른 사람도 아닌 태종의 판단이기에 믿을 만하다. 또 그는 국왕은 어떠한 존재이며 특히 왕조 초기의 국왕은 어떠해야 하는가라는 역사의식을 확고하게 갖고 있었다.

재위 기간 동안 신하들과의 투쟁에서 세종에게 늘 불리하게 작용했던 문제가 두 가지 있었다. 하나는 양녕 문제이고 또 하나는 불교 문제였다. 여기서는 좀더 심각했고 정치적 함의가 컸던 양녕 문제를 중심으로 하고 일종의 사상 문제인 불교 문제는 보완적 소재로 사용하면서 세종의 왕권 장악 과정을 살펴보겠다.

아버지 태종의 두 가지 당부

세종 4년(1422년) 5월 10일에 아버지 태종이 세상을 떠났다. 이때 세종의 나이 26세였다. 지난 4년 동안 자신에게 왕위를 물려준 아버지는 상왕으로서 최고 권력을 행사하면서도 틈틈이 세종에게 이렇게 당부했다.

"역사의 모든 악업(惡業)은 내가 짊어지고 간다. 주상은 성군의 이름을 만세에 남기라."

이 말을 세종은 뼛속 깊이 새겨들었다. 그렇지 않았다면 자신의 장인까지 서슴지 않고 죽이는 아버지를 쉽게 이해할 수 없었을 것이다. 그리고 그 말이 아버지 태종의 본심에서 한 치도 어긋나지 않는다는 것을 세종은 누구보다 정확하게 인식했다. 게다가 세종은 타고난 효자였다.

막상 삶과 정치의 거대한 지주였던 아버지 태종이 승하하자 세종은 혼자였다. 할아버지, 할머니는 말할 것도 없고 어머니인 원경왕후 민씨도 이미 2년 전인 1420년 한 많은 일생을 마쳤다. 남은 혈육이라고는 세자에서 쫓겨난 맏형 양녕과 마음씨 좋은 둘째 형뿐이었다. 말할 수 없는 고독감과 고립감이 밀려들었다. 두 형은 세종을 도울 수 있는 처지에 있지 않았다. 오히려 걸림돌이 될 수 있었다. 양녕의 경우 특히 그랬다. 그나마 처가 쪽도 아버지가 몰살시키다시피 했다. 모든 게 세종의 두 어깨에 달려 있었다.

집안 쪽은 이랬던 반면 자신을 둘러싼 조정 신하들은 아버지를 따랐던 구신(舊臣)들 일색이었다. 상왕 밑에서 보낸 '견습 국왕 4년'은 자신과 호흡이 맞는 새로운 인사들을 길러내기에는 너무나 짧았다. 아버지 태종은 생전에 "내 신하들은 다 버리고 새로 인재들을 뽑아서 쓰라"고 누차 당부했다. 두 번째 당부였다. 그러나 솔직히 쓰려야 쓸 수 있는 자기 신하들은 한 줌도 되지 않았다.

물론 아버지 태종의 배려로 인해 양녕의 복귀를 도모할 수 있는 신하들은 철저하게 제거되었다. 거대한 집단 차원에서 세종의 왕위 자체를 위협하는 세력은 없었다고 볼 수 있다. 하나하나 생각할수록 아버지의 선견지명이었다. 그러나 사태는 이상하게 돌아가기 시작했다. 구신들은 큰형 양녕을 세종에 대한 가장 위협적인 '잠재적 정적'으로 보고 제거하려 했다. 양녕의 폐세자에 동조했던 구신들은 양녕의 복귀를 두려워하고 있었다.

태종, 세종 그리고 양녕

큰형 양녕을 제치고 셋째인 자신이 왕위에 올랐지만 세종이 가장 위험할 수도 있는 '잠재적 정적(政敵)' 양녕을 대하는 태도는 따뜻한 형제

애였다. 세종은 즉위년(1418년) 8월 15일, 즉 즉위 5일 만에 양녕과 관련된 첫 조처를 취하는데 그것은 양녕에게 술과 고기 그리고 면포·주견 각 10필과 포 100필을 보내주는 것이었다.

10월 16일에는 상왕 태종이 아버지로서의 애틋한 정이 있어 양녕을 불러 위로하고 신하들의 눈도 있고 하니 거처를 광주(廣州)에서 좀더 먼 강화로 옮기라고 이른다. 이때 세종도 밤늦게 상왕전을 찾아 형인 양녕을 위로했다. 그리고 11월 1일 상왕은 신하들에게 "양녕의 성품이 안정되지 못하므로 간사한 무리들이 몰래 서로 유인할까 염려되니 강화에 집 백여 칸을 지어 들어가 거처토록 하라"고 지시한다.

세종 1년 1월 29일 자정, 양녕이 편지를 써놓고 광주의 집에서 도망쳤다. 다음 날 보고를 받은 세종은 "양녕대군은 골육의 지친(至親)이니, 경기 감사는 심력을 다해서 찾아주기 바란다"고 당부한다. 다음 날 양녕을 찾아내 상왕이 수강궁으로 불러들이자 양녕은 스스로 부끄러워서 옷소매로 낯을 가리며 문안했다. 상왕은 "슬픔과 기쁨에 잠겨" 훈계를 했으나 양녕은 듣는 둥 마는 둥 하다가 방으로 돌아와 비파를 타며 전혀 회개하는 빛을 보이지 않았다.

조금 다른 이야기가 되겠지만 여기서 우리는 양녕에 대한 태종의 이중적인 생각을 짚고 넘어갈 필요가 있다. 후일 태종이 세상을 떠난 후에 세종이 양녕을 대하는 문제와 관련해서도 그것은 상당히 중요한 의미를 갖기 때문이다.

세종 1년 2월 3일 상왕이 편전에 앉고 세종과 양녕도 자리를 함께했다. 여기에 병조판서 조말생, 참판 이명덕, 지신사 원숙, 좌대언 김익정, 좌부대언 윤회를 불러 이렇게 말한다. 문맥으로 봐서 거의 거짓이 없는 언명이다.

"나는 여러 날을 두고 양녕을 처우하는 방법을 깊이 생각하여 이제야 단안을 얻었다. 경들은 다 고금을 통달한 선비들이니, 나의 말을 분명히 들으라. 양녕이 하는 짓이 광패하여 가르쳐도 고치지 못하고 드디어 이 지경에 이르게 되었다. 그러나 반역을 도모한 죄는 전혀 없기 때문에 서울 근방에 두고 목숨이나 보존케 하려고 하였는데, 또 다시 오늘 같은 일이 있게 되니, 부끄러운 일이다."

이어 대단히 중요한 말을 한다. 태종이 자신의 쓰라린 경험에 비추어 자기 자식들 간에는 절대 골육상쟁이 일어나지 않도록 하다 보니 결과적으로 군사 문제에 대해서는 섭정을 하지 않을 수 없게 된 속사정을 솔직하게 털어놓는다.

"내가 주상에게 자리를 넘긴 것은 본시 세상일을 잊어버리고 한가롭게 지내고자 함에서이다. 유독 군사 관계만은 아직도 내가 거느리고 있는 것은, 주상은 나이 젊어 군무를 모르기 때문이나 나이 서른이 되어 일에 대한 경험이 많아지면 다 맡길 생각이다. 지난날처럼 만약 여러 아들을 원수(元帥)로 삼아 각도 병마를 갈라 맡고 장사(將士)들을 접견하게 했다면, 주상이 어찌 지금까지 군무를 모르겠느냐. 그러나 내가 감히 그렇게 못 한 것은 저런 험상한 위인이 동궁에 있었는데, 여러 아우들이 각기 병권을 잡는다면, 어떻게 서로 용납될 수 있겠느냐."

앞으로 보게 될 세종의 주도면밀하고 사려 깊은 성향은 실은 아버지 태종에서 비롯되었음을 알게 해주는 대목이다. 이어 태종은 양녕을 꾸짖는다.

"네가 도망해 갔을 적에, 나나 대비는 너의 생사를 알지 못하여 늘 눈물을 흘리니, 주상이 곁에 있어 역시 눈물을 흘렸다. 가령 네 몸은 편안한데, 아우들에게 무슨 사고가 있다면, 너는 주상의 처사와 같이 하겠느냐. 주상은 효도와 우애가 참으로 지극하여, 너희 형제가 다 같이 보전될 수 있을 것이니, 나는 근심이 없다. 내가 눈물을 흘리는 것은 너를 위한 것이 아니라, 국가의 수치이기 때문이다."

이를 보면 8개월 전에 이루어진 세자 교체의 깊은 뜻 중 하나는 자식 모두를 살리는 길을 찾으려 했던 것이다. 그러면서 "매사냥이나 하며 살라"고 말하자 여전히 정신을 차리지 못한 양녕은 "매를 길들이는 자 등 종 세 명을 붙여달라"고 했다가 태종에게 단호하게 거절당한다.

훗날 두고두고 논란거리가 되지만 양녕을 어디에 거처토록 할 것인가는 상왕 태종이 살아 있을 때에도 문제였다. 세종 1년 신하들 사이에 양녕을 철원이나 포천에 두자는 의견이 있어 환관을 시켜 현지 사정을 물색하게 하기도 했다. 그런데 그해 12월 20일 광주목사 문계종이 "양녕이 남의 첩을 뺏으려 한다"는 극비 보고를 올리자 내관 이촌을 보내 즉시 조사해 보니 사실이었다. 그 때문에 세종 2년 1월 26일에는 3정승이 양녕을 궁벽한 곳에 둘 것을 청했으나 세종은 허락지 않았다.

양녕을 둘러싼 왕권과 신권의 충돌에서 참패하다

태종의 장례가 진행 중이던 5월 19일 사헌부에서는 장남으로서 상(喪)을 치르기 위해 궁궐에 머물고 있던 양녕을 "밖으로 내보내서 왕래를 끊으라" 하고, 사간원은 "열흘이 지나도 궁궐에 머물러 있으니 대소신료들이 대단히 혐의스럽게 생각한다"며 당장 거처인 광주로 돌려보낼 것을 상소했다. 그러나 이때는 세종이 장례를 주관하느라 너무 바빴기 때문에 대간의 상소가 직접 보고되지는 않았다. 5월 28일에는 의정부와 6조가 나서 "사헌부와 사간원이 양녕대군을 외방에 돌려보내기를 청하였으니 허락하시기 바랍니다"라고 했으나 세종은 허락하지 않았다.

6월 1일부터 양녕 문제를 둘러싼 본격적인 왕권과 신권이 정면충돌한다. 이날 의정부, 6조와 함께 대사헌 성엄이 계하기를 "기해년(1419년) 봄에 제가 광주에 있을 때 양녕이 밤중에 걸어나와 도망하였는데, 태상왕께서 여러 면으로 수색하여 겨우 잡아서, 정부와 6조의 대신을 불러 이르기를, '이제 제(양녕)를 경들에게 넘긴다'고 하였습니다"라고 하였다. 또 그는 이렇게 말한다. "제의 거취는 신들이 위임받은 것이니, 전하도 사적으로 어떻게 할 수 없는 것입니다. 대비(태종의 부인인 원경왕후)의 초상 때에, 제가 와서 시빈(侍殯)하다가 졸곡 뒤에 돌아갔으나, 그때에는 위로 태상왕이 계셔서 국가의 일을 처단하지 아니한 것이 없어 지금과는 다르니, 대간의 청에 의하여 외방으로 돌려보내는 것이 옳으며, 또 효령대군 이하 종실들도 항상 궐내의 상차(喪次)에 있을 것이 아니라 각기 사택의 상차로 돌려보내고, 다만 조석전(朝夕奠-아침저녁으로 잔을 올리는 의례)에만 참예하도록 하소서."

양녕의 거취는 신들이 위임받았다? 성엄의 이 말은 보기에 따라서는 부왕이라는 후견인이 사라진 젊은 신참 국왕에 대한 무시 또는 사실상의 협박에 가깝다. 양녕 문제는 우리가 위임받았으니 국왕이라고 해서 당신이 나서지 말라는 것이며, 양녕과 세종의 어머니인 대비의 초상 때야 태상왕이 살아 계시니 걱정할 게 없었지만 당신을 믿기에는 아무래도 위태롭지 않느냐는 것이다. 심지어 효령대군까지 서둘러 내보내야 한다고 했다. 세종은 이미 깨닫고 있었다. 이것이 바로 냉혹한

성엄 가계도

정치 현실이다!

　성엄은 구신들의 일반적인 인식을 대변하고 있었다. 성엄이 누구인가? 예조판서를 지낸 성석인의 아들로 그의 딸은 세종의 동생 성녕대군과 혼인을 했다. 태종과 사돈지간이었다. 성녕을 아꼈던 태종은 성엄 집안을 공신(功臣)의 예로 대할 것을 명하기도 했다. 누구보다 왕실과 깊은 인연이 있던 인물이었다. 그러나 그도 역시 신하였다.

　성엄의 이 같은 상소에 세종은 "여러 왕자들이 상차에 있는 것이 무엇이 불가하냐. 양녕의 일은 내가 다시 생각하여 보아서, 만일 대의상 돌려보내야 한다면 내가 직접 말하여 보내도록 하겠다"고 힘없이 답한다.

　5일 후인 6월 6일 정부와 6조에서 다시 계를 올렸다. "신들이 전일에 양녕의 일을 청하였을 때 말씀하시기를, '내가 친히 말해서 보내겠다'고 하셨는데, 지금까지 내보내지 않고 있으니 실로 미안한 일입니다." 말꼬리까지 잡으며 자못 임금을 윽박지르는 형세다. 그에 대해 세종은 이렇게 맞선다.

"대비의 초상 때에, 태상께서 양녕을 시빈(侍殯)시키고 졸곡 뒤에 돌아가게 한 것은, 장례가 사람의 도리로서 마지막이기 때문이다. 이제 부친상을 당하였으니, 졸곡 전에 어찌 차마 돌려보내겠는가. 비록 여러 달 동안 있는다고 할지라도 그가 무엇을 할 수 있겠는가. 산릉 조성이 끝나면 반드시 돌아갈 것이리라."

그러나 이원을 비롯한 신하들은 "신들은 기어코 허락을 얻겠나이다"라며 강력하게 대응했다. 장례 기간이 끝나기도 전에 서둘러 양녕을 궐 밖으로 내보내는 문제를 둘러싸고 진행된 약 열흘 간의 1차 파워게임에서 세종은 패했다. 『실록』은 바로 다음 날인 6월 7일 "양녕대군 이제가 이천으로 돌아갔다"고 쓰고 있다. 세종으로서는 고립감에 무력감까지 더해졌을 것이다.

1차 파워게임에서 압승을 거둔 신권은 초보 국왕 세종을 사정없이 몰아친다. 양녕이 이천으로 돌아간 다음 날, 즉 6월 8일 사헌부는 양녕의 장인인 김한로를 먼 지방으로 보내 두 사람 간의 접촉을 차단해야 한다고 상소했다. 1차 파워게임에서 참패한 세종은 극도의 불쾌감을 보인다.

"사헌부에서 근일에 양녕의 일을 청하여 허락을 얻으니, 또 허락을 얻을 줄 알고 이러한 말을 하는 것이냐. 또 김한로는 쫓아버린 것이지, 유배를 보낸 것이 아니며, 장인과 사위 사이에 소식을 서로 주고받는 것이 무엇이 불가한가. 다시는 이러한 말을 하지 말라."

"다시는 이런 말을 하지 말라"는 세종의 명령이 무색하게도 사헌부는 6월 20일 다시 상소를 올려 "신들이 전일(6월 8일)에 그 전말을 가지고 상소하였는데 허락을 받지 못하여 유감으로 생각하는 바입니다"라며

사헌부_ 시정을 논의하고 감찰 행정을 맡아보던 기관. 세종 집권 초기, 양녕과 불교 문제를 두고 사헌부와 사간원의 상소가 끊이지 않았다.

노골적으로 세종을 압박한다. 그해 연말까지 계속되는 2차 파워게임이 조금씩 뜨겁게 달궈지기 시작한 것이다.

7월 25일 사간원은 양녕과 사통(私通)한 김인달의 처형을 상소한다. 새로운 항목이 추가된 것이다. 물론 앞서 본대로 양녕과의 사사로운 통교는 국법으로 금지되어 있었다. 사헌부도 이에 뒤질세라 7월 27일 김인달을 사형에 처해야 한다는 상소를 올린다. 또 11월 14일에는 성엄에 이어 대사헌 원숙 등이 상소에서 양녕이 "위로는 전하께 아뢰지도 않으며, 아래로는 현관(縣官)에게 알리지도 않고 함부로 마을 사람을 불러서 돌을 실어다가 집을 꾸미었는데, 소주를 지나치게 먹여서 인명을 상하게 하니, 이천현수(利川縣守) 박고가 그 마을 사람을 문초한 것은 진실로 그의 직책이온데, 도리어 원한을 품고 박고에게 죄를 돌려, 글을 올려 죄주기를 청하되, 말이 불손하여 '만약에 청을 들어주시지 않는다면 소신과 전하의 사이가 이로부터 소원해질 것'이라는 말까지 하였사오니, 이는 본디 불충한 마음이 속에 쌓여 있다가 은연중에 이처럼 말로 나타낸 것이온즉, 명의죄(名義罪)를 범함이 이보다 큰 것이 어디 있겠습니까. 삼가 바라옵건대, 특히 해당 관청에 명을 내리

시어 국문하시면 매우 다행하겠습니다"라고 주장하였다. 양녕이 마치 대역죄라도 지은 듯이 죽음을 의미할 수도 있는 국문을 청하고 있는 것이다.

11월 18일 원숙 등은 또다시 "양녕의 죄주기를 청했으나 윤허를 받지 못했다"며 "대의로서 결단하소서"라고 촉구한다. 물론 세종은 이번에도 윤허하지 않는다. 그러나 신하들의 위세에 눌린 때문일까? "임금이 원숙을 내정(內庭)으로 불러서 친히 윤허하지 않는 뜻을 타일렀다." 원숙(元肅, ?~1425년 세종 7년)은 태종 1년(1401년) 문과에 급제하여 사관(史官)이 되고, 좌우대언을 지냈다. 세종 3년(1421년) 의금부 제조, 이조참판 등을 역임하였고 이 무렵 대사헌에 올랐다. 원로라고는 할 수 없고 비교적 중진에 속하는 그였음에도 불구하고 세종을 이처럼 압박하고 있었다.

11월 24일에도 사헌부와 사간원이 합동으로 양녕에게 죄주기를 청하니 세종은 지신사 김익정을 불러 이렇게 전하라고 말한다.

"풍문(風聞)의 일을 들어 다스릴 수 없거늘, 하물며 나의 형제 사이에 어찌 이런 말을 할 수 있겠느냐. 한 번만 더 이런 상소를 올리면 마땅히 그대들에게 죄를 주어야 할 것이니, 다시는 말하지 말라."

그럼에도 불구하고 이미 국왕의 약세(弱勢)를 봤던 신하들은 조금도 물러설 기미가 없었다. 11월 30일 대사헌 원숙 등이 다시 소를 올려 "김한로와 양녕이 전하께서 보전해 주시는 은혜를 생각지 않고 틈을 타서 반역의 마음을 가지는 것은 신들만이 의심할 뿐만 아니라 온 나라 신민이 함께 의심하는 바입니다"라며 근거도 없는 유언비어를 인용하며 김한로에 대한 처벌을 주청한다. 사간원도 소를 올려 "지난 가을에 양녕이 감히 사사로운 분노로써 갑자기 글을 올려 불경한 말을 내어 신하의 도리를 잃고 스스로 그 죄를 범하였건만, 오히려 죄를 묻지 않은 채 오늘날까지 이르렀사오니, 신들은 깊은 섭섭함이 있습니다"라며 또다시 양녕을 국문할 것을 청한다.

바로 다음 날인 12월 1일 원숙 등은 궁정에 엎드려 "신들이 두 번이나 소를 올려 양녕에게 죄주기를 청하였으되 윤허를 얻지 못하고, 또 김한로를 먼 곳에 안치하기를 청하였으나, 역시 윤허를 얻지 못하였습니다. 신들이 아뢴 바는 실로 대체(大體)에 관계되오니, 원컨대, 세 번 생각하기를 바랍니다"라고 하자 세종은 "김한로를 경기도 안에 두는 것은 태종의 명령이시니 어찌 고칠 수 있겠느냐"고 반박했다. 12월 2일에는 6조의 당상관들까지 대간과 같은 의견을 제출하니 세종은 화를 내며 "경들은 더 이상 말하지 말라"고 명했다.

그러나 2차 파워게임도 세종의 일방적인 패배였다. 12월 24일자 기록은 "김한로를 충청도 연기에 옮겨 안치하니, 이는 대간의 청을 따른 것이었다"고 전한다.

그 다음달인 윤12월 26일 양녕은 세종의 이런 고통을 아는지 모르는지 또 새로운 사고를 저지른다. 그 일을 처리하는 세종의 모습에서 연민의 정이 느껴질 정도다.

"양녕대군 이제가 태종이 기르던 좋은 개가 민가에 있다는 말을 듣고 그 개를 빼앗아가지고 사냥하며 오리를 잡고 하여 못하는 일이 없으며, 조금도 애모하는 뜻이 없었다. 그 마을 사람 임도하 등이 서울 안에 왁자하게 전하여 도총제 이순몽이 이 말을 듣고 아뢰니, 임금이 말하기를 "아들로서 아버지의 상중에 어찌 이러한 일이 있을 수 있겠느냐" 하고 내시를 보내어 그 사실을 물으니, 양녕이 하늘에 맹세하고 불복하므로, 임도하를 의금부에 내려 국문하게 하니 증인들도 모두 복죄(服罪)하지 않았으나 도하는 무고죄를 받게 되매, 의복을 팔아서 그 죄를 갚았다. 임금이 이를 의심하여 도하와 증인을 다시 불러서 비밀을 물으니, 모두가 틀림없는 사실이었으므로, 임금이 몹시 놀래어 도하에게는 돈을 돌려주게 하고, 국문했던 문서들은 모두 거두어 궐내로 들어오게 했다. 이를 대간이 알면 탄핵할까 염려한 때문이었다."

그러나 세종의 염려는 현실로 나타났다. 다음해인 세종 5년 2월 1일 사헌부 장령 이숙치 등이 상소를 올렸다. 의금부의 '임도하 추문' 문안을 재검토한 결과 임도하가 증언을 바꾼 것이 분명하므로 다시 추문을 해서 양녕의 불충불효를 밝히자는 것이었다. 세종은 윤허하지 않았다. 2월 19일에는 의정부, 6조의 관원들이 대궐에 나아가 내정(內庭)에 서고 대간은 외정(外庭)에 서서 양녕에게 죄주기를 굳이 청하면서 해가 져도 물러가지 않았다. 결국 세종은 "법에 처하려고 한다면 나는 차마 할 수 없다"면서도 적절히 알아서 처분하겠다고 했다.

2월 25일 세종은 "양녕대군은 녹봉 과전(祿俸科田)으로 농사짓는 것을 없애고 월봉으로 돈을 내리게 하고, 또 거느리고 있는 노비는 숫자를 정하여, 잡인으로 하여금 사적으로 통하지 말게 하라"고 발표했다. 그 자신도 실상을 알고 있었기 때문에 어쩔 수 없었는지 모른다.

이 무렵 양녕은 청주에 거처하고 있었다. 결국 세종은 3월 11일 추가적인 조처로 "친척이라 할지라도 임금의 명을 받은 사람이 아니면 교통하지 못하게" 하고 또 만일 양녕이 도망칠 경우에는 "그가 이르는 곳에 예(禮)로 접대하고 공급할 것이며, 즉시 관(官)에 알려서 역마로 달려 바로 와서 아뢰어라. 무례하게 대접하는 자가 있다면 중한 죄를 줄 것이며, 그를 숨기고 알리지 않는 자는 크게 징계하여 뒷사람들에게 경계할 것이다. 이 뜻을 너희 헌사(憲司)는 중앙과 지방에 공문을 보내어 알리라"며 사실상 양녕의 활동을 제한하는 교지를 발표했다. 3차 파워게임에서도 신하들에게 패배를 당하는 세종의 모습이다.

그러나 5월 21일 대사헌 하연 등이 태종과 효빈 김씨 사이에서 난 세종의 이복동생인 경녕군(敬寧君) 이비(李裶)의 문제로 상소했을 때부터 사정은 조금 달라진다. 경녕군이 자신이 사랑하는 여인의 죄를 면하게 해주려고 옥졸에게 뇌물을 주었다가 들킨 사건인데, 세종이 이비에게 별다른 조처를 취하지 않자 상소를 한 것이다. 이에 대한 세종의 반박은 경녕군의 죄는 인정하면서도 신하들에 대해 아주 드물게 직설적이다.

"이제 비의 추악을 나도 당연히 용서할 수 없으나, 다만 양녕이 종사의 죄를 얻어 이미 밖으로 내쫓겼는데, 이번에는 또 경녕의 일이 뒤를 이어 일어나니, 종실의 변고는 가히 한심한 일이다. 하지만 그대들이 굳이 청한다 하더라도 형벌로 장(杖)이나 살(殺)을 할 수야 있겠는가. 내가 할 수 있는 것은 다만 밖으로 내쫓는 수밖에 없도다. 그러나 밖으로 내쫓는 것도 뉘우치어 깨닫게 하고자 함이다. 내쫓더라도 깨닫지 못한다면 마침내 어떻게 하겠는가. 만일 그대들의 말과 같이 한다면 종실로서 보전할 자가 얼마나 되겠는가. 다시 말하지 말라."

이렇게 직설적인 면모를 보이는 것은 태종 승하 1년을 넘기면서 그나마 세종이 조금씩 독립된 국왕으로서의 위상을 확립해 간 때문으로 봐야 할 것이다. 물론 그후에도 양녕 문제와 불교 문제를 비롯한 중대 사안을 둘러싸고 신하들과 밀고 당기는 충돌이 계속되지만 세종 4년과 5년 사이에 일어난 것 같은 세종의 일방적인 패퇴는 더 이상 없다.

세종의 홀로서기

　세종 6년 신하들과의 파워게임에서 한숨을 돌린 세종은 반격에 나선다. 2월 6일 세종은 의정부와 6조에 일러 청주로 '귀양' 보낸 양녕을 다시 이천으로 불러올리면 어떠한가라고 조심스럽게 묻는다. 그러나 좌의정 이원과 이조판서 허조는 "이천으로 옮겨둔다는 것은 전하께서 결정할 바가 아니옵니다" 하며 일언지하에 거절한다.
　그러나 이 일은 세심하게 들여다보면 세종의 패배가 아니라 오히려 자신감의 발로였다. 즉 양녕을 좀더 나은 곳으로 옮기자는 내용 등을 볼 때 세종 자신이 이런 이야기를 할 수 있었다는 것 자체가 세종 나름의 생각이 이미 있었음을 시사한다. 실제로 나흘 후인 2월 10일 심복이라 할 수 있는 지신사 곽존중까지 반대하는 가운데 내시 이귀를 청주로 보내어 양녕을 이천으로 옮기도록 했다. 자기 뜻대로 밀어붙인 것이다.

곽존중(郭存中, ?~1428년 세종 10년)은 태조 5년(1396년) 문과에 급제했으며 세종 1년(1419년) 대마도 정벌 때는 삼도 도통사로 군사를 총지휘한 영의정 유정현의 종사관으로 원정에 참여했다가 세종 3년(1421년)부터 승정원에서 동부대언, 지신사 등으로 일했다. 여러 차례 명나라를 다녀왔고 세종 9년 (1427년)에는 이조판서에 오른다.

마침내 세종의 대반격이 시작되다

묘하게도 이때부터 불교를 둘러싼 신하들과의 논쟁에서도 세종은 만만찮은 면을 보인다. 세종 6년 2월 7일에는 대사헌 하연 등이 불교는 교설 자체가 반(反)인륜적이어서 유교에 득이 될 게 없고 고려 말부터 이어져온 불교의 폐단이 심하니 사찰을 대폭 축소하고 중들에 대한 국가의 관리를 강화해야 한다는 상소를 올렸다. 이에 거의 모든 신하들이 동의하고 이조판서 허조만이 단계적 개혁론을 펴는 가운데 세종은 허조의 편을 들면서 이렇게 말한다.

> "불법을 이미 이단이라 하면 그것이 나라에 이익이 없는 것도 필연적이나, 이 법이 세상에 행한 지가 오래되어, 어떻게 사람마다 그것이 이단이어서 쓸데없는 것이라는 것을 실지로 알려주겠는가. 나도 또한 급작스럽게 개혁할 수는 없는 일이라 생각한다."

이처럼 양녕을 이천으로 옮겨서는 안 된다는 자신들의 상소나 불교를 대대적으로 혁파해야 한다는 상소를 모두 세종이 무시하자 신하들은 2월 16일 날도 밝기 전에 대궐로 나아가 자신들의 상소를 받아들일 것을 강청했다. 왕권과 신권이 정면으로 충돌하는 장면이다.

세종은 이들에 대해 "경들은 앎이 고금을 통달하면서도 어찌 이치를 알지 못하는가? 대저 신하가 간하는 법이, 세 번 간하다가 듣지 아니하면 벼슬을 그만두는 것이거늘, 이제 10여 차례를 두고 들어와 청하는 것은 너무 심한 일이 아닌가?"라고 짜증을 낸다.

그러자 하연 등은 "신들의 직분이 언관(言官)에 있기 때문에, 청한 것은 기어이 윤허를 얻으려는 것이므로, 10여 차례가 넘은 줄도 알지 못하였습니다. 이제 전교(傳敎)를 받고 보니 황공하기 그지없나이다. 벼슬 자리에 있기가 어려우니 모두 물러가려고 사직하나이다"라고 맞받았다. 이에 세종도 한발 물러서며 말한다.

"옛날 신하가 세 번 간하다가 듣지 아니하면 벼슬을 버리고 간다는 것은 이와 다르다. 임금이 혹 행실이 부정하였다거나, 혹 환관이나 궁첩(宮妾)의 말을 들어서 일을 그르치는 경우에 세 번 간하였다가 듣지 아니하면 가는 것이 마땅하려니와, 지금 양녕을 이천으로 돌아오게 하는 것은 비록 조금 불편한 점은 있을지 몰라도 대의에 해로울 것은 없는 것인데, 어찌하여 사직하려는가. 경들은 그 직책에 그대로 있으라."

4월 23일에도 대사헌 유영이 양녕을 다시 청주로 보내고 김한로도 먼 변방으로 옮기게 할 것을 상소했지만 세종은 아무런 반응도 보이지 않았다. 유영(柳穎, ?~1430 세종 12년)은 태종 때에는 중간급 내직에서 주로 활동하다가 세종 즉위와 함께 동부대언을 거쳐 세종 1년(1419년) 좌부대언으로 발탁되었다. 세종 5년(1423년) 충청도 관찰사를 거쳐 다음해 대사헌에 올랐다.

그후 양녕이 새로운 물의를 빚기까지 양녕 문제는 더 이상 부각되지 않는다. 결국 세종은 태종 사후 불과 2년 만에 새로운 권력의 중심으로 자리잡아 가고 있었다. 세종 7년의 기록을 보면 신하들과의 갈등은 가라앉고 국정에 전념하고 있는 세종의 모습이 대부분인 것을 통해서도 이 점을 확인할 수 있다.

학문적 역량과 경륜을 쌓아가다

세종은 즉위식 다음 날 발표한 즉위 교서에서 "나는 학문이 얕고 거칠며 나이 어리어 일에 경력이 없으므로" 태종이 양위하려 할 때 여러 차례 사양했었다고 말했다. 단순히 행사용 문장으로 그냥 보아 넘길 수 없는 이유는 바로 여기에 즉위 당시 22세 정치인 세종의 3대 약점이 그대로 표현되어 있기 때문이다. 따라서 그가 이 얕은 학문, 어린 나이, 부족한 경륜이라는 3대 약점을 왕위에 오른 후에 어떻게 극복해 가는지를 살펴보면 그의 정치적 자원을 어느 정도 알 수 있다.

먼저 학문의 문제다. 앞서 세종은 신하들의 공세에 반격하면서 "경들은 앎이 고금을 통달했다면서도 어찌 이치를 알지 못하는가"라고 말하고 있다. 이 말은 곧 세종 6년 무렵 세종의 학문이 신하들과 대등한 토론이 가능한 수준에 이르렀음을 보여준다. 조선 사회는 학식이 곧 권력이던 전형적인 지식인 사회였다는 점을 고려하면 세종의 정치적 잠재력 혹은 자원으로서 학식이 그 사이에 그만큼 급성장했다는 뜻이기도 하다.

이런 점에서 우리는 먼저 신하들과의 학문 및 정치 토론장이었던 경연을 주목할 필요가 있다. 앞서 본 대로 세종은 태종의 지도를 받던 4년 동안은 이렇다 할 중요한 국사에 관여하지 못하는 관찰자일 뿐이었다. 대신 그는 신하들과의 학술 토론인 경연에 열성을 다했다. 그러나 여기서도 여전히 수세(守勢)였다.

즉위년 11월 13일 세종은 경연에서 쓸 교재로『대학연의』가 끝나고 나면『자치통감』을 읽었으면 좋겠다고 했다가 신하들이 "책의 수효가 너무 많다"고 거부하는 바람에 좌절했다. 세종 1년 1월 30일 세종이 경연에서『시경(詩經)』을 이야기하던 중 "칠월편(七月篇)은 백성의 가난한 것만을 갖추어 말했고 그것을 구원하는 방법은 말하지 아니하였으니, 장차 무슨 방법으로 해나간단 말이냐"고 묻자 변계량은 "백성을 구원하는 요령은 사람됨을 잘 알고 쓰는 데에 있사옵니다. 사람됨을 알고 잘 쓴다면 국가를 다스리는 데 무엇이 어렵겠사옵니까"라고 현답을 주고 있다.

세종 2년 1월 10일에는 정사를 보던 중 서계(誓戒)가 무슨 뜻이냐고 묻자 변계량이 답한다. "서계의 뜻은 오로지 더러움을 범하지 않으며, 술을 먹지 말며, 냄새나는 것을 먹지 말며, 방심하지 않는 것입니다. 옛날에는 삼사(三司)에 서계하였고, 지금은 의정부에 서계하니, 의정부는 백관의 으뜸이 되기 때문입니다." 이처럼 아직은 세종이 묻고 경연관들은 답하는 형식이다.

세종 3년 10월 2일자 기사는 상당히 의미가 있다. 당시에는 논란이 될 경우 상왕의 결정을 기대할 수 있지만 상왕의 사후에는 결국 옛일, 즉 고대 중국이나 우리 역사에서 있었던 모범적 사례들을 정확히 아는 사람이 사안의 결정권을 가질 수 있었음을 보여주기 때문이다. 앞으로 보게 되겠지만 세종이 집현전에 대해 1차적 과제로 부여한 것이 옛일에 대한 정확한 상고(詳考)였음은 따라서 파워게임의 주도권 장악이라는 면에서 상당히 주목해서 봐야 할 대목이다.

"호조에서 개경에 있는 대청관(大淸觀)을 수리하기를 청하니, 임금이 변계량에게 '경은 대청관을 설치한 뜻을 아는가'라고 물었다. 이에 변계량은 '총제 김첨이 일찍이 그 일을 맡아보았기 때문에 신은 정확히 알지 못합니다' 하였다. 이에 이조판서 맹사성이 아뢰기를, '대청관은 고려 때에 시작되었는데, 그 동쪽에 사청(射廳)이 있어서, 장수들이 명을 받아 나갈 때에는 거기서 제사를 올리는 것이 옛날부터 내려온 전례이며, 또 요동에 가보면, 학관(學館)의 동쪽에 성수영전(星宿影殿)이 있고 그 동쪽에 또 사청이 있는 것을 보았으니, 아마 대청관은 여기서 모방하여 설치된 것 같습니다' 하였다. 임금이 변계량에게 이르기를, '대청관이 진실로 필요한 것이라면 마땅히 서울 가운데에 둘 것이지, 어찌하여 반드시 유후사(留後司-개경)에 둘 것이냐. 다시 옛일을 상고하여 아뢰라'고 하였다."

경연에서 보여준 자신감

조금이라도 의문 나는 것은 피하지 않고 언제든지 질문을 던지는 세종 자신의 성격 때문이기도 하겠지만 아무래도 20대 초반 세종의 학문이 노회한 신하들의 그것을 따를 수는 없었을 것이다. 그러나 양녕을 둘러싼 세종과 신하들의 공방전이 절정에 이르렀던 즉위 4년과 5년 전반기를 넘기고, 앞서 본 것처럼 경녕군 문제를 계기로 주도권을 쥐기 시작한 세종은 경연에서도 조금씩 자신감을 보이기 시작했다.

이제 세종은 더 이상 경연에서 질문만 던지는 학생의 입장이 아니었다. 세종 5년 12월 29일에는 『고려사』를 다시 고쳐 쓰는 문제와 관련해 신하들과 논쟁이 벌어졌는데 당대의 석학 변계량의 의견에 대해서까지 논리적으로 반박하기도 한다.

이처럼 세종 6년을 전후해서 세종은 신하들과 학문적 대등 관계를 확보하면서 정치적 힘 또한 그만큼 키워나갔다. 그후 세종은 경연에서건 정사를 볼 때건 자신의 생각을 구체적으로 제시하며 당당한 국왕의 모습을 보인다. 동시에 학문 역량만 키운 것이 아니라 자신이 모르는 사항들에 대해서는 조금도 꺼리지 않고 끊임없는 질문을 던짐으로써 국정의 대강(大綱)은 파악하게 되었다. 경륜의 문제를 학문을 통해 빠른 속도로 보완해 갔던 것이다.

결국 남는 것은 나이의 문제다. 국왕의 자리에 올랐을 때 세종의 나이는 22세였다. 그리고 태종의 사망으로 섭정에서 벗어나 홀로서기를 할 때 그의 나이 26세였다. 세상사의 이치를 모두 알 만큼 많은 나이는 아니었다. 앞으로 보게 되겠지만 세종은 관대하고 폭넓은 성품으로 연소(年少)의 문제를 극복했다. 특히 인간의 허물을 이해하는 포용력과 중용의 정신은 그가 다양한 사람을 품는 원동력이 되었고 그것을 활용한 세종은 원대한 계획과 끈질긴 인내에 바탕을 두고서 위대한 업적을 이룩해 냈다.

정확히 언제부터 그런 모습이 갖춰졌다고 판별하기는 어렵지만 세종은 한마디로 일이 뭔지를 알았고 동시에 일을 할 줄도 아는 리더였다.

선공후사(先公後私)의 리더십

세종 4년(1422년) 10월 28일 세종은 태종 사망 이후 국왕으로서는 처음으로 요즘 식의 개각을 단행했다.

"유관을 의정부 찬성사, 황희를 의정부 참찬, 변계량을 예문관 대제학, 신상을 이조참판, 원숙을 사헌부 대사헌, 심보를 한성부윤, 황보인과 이숙치를 사헌부 장령, 조극관과 남지를 사헌부 지평으로 삼고, 집현전에 다섯 명의 관원을 더 두었다."

대부분 부왕 태종의 총애를 받던 사람들이다. 여기서 특히 눈여겨 봐야 할 인물은 황희다. 황희가 누구인가? 태종의 총애를 받다가 세자교체 2년 전 양녕이 구종수의 꾐에 놀아나 기생들과 방탕하게 지낸 적이 있었는데 이를 알고 있던 황희가 사실을 고하지 않았다는 이유로 세자교체 직전인 태종 18년(1418년) 5월 경기도 파주의 교하로 귀양을 갔다가 그후 남원으로 이배된 인물이다. 태종의 명으로 한양으로 돌아와 한직에 머물던 황희를 과감하게 발탁해 올린 것이다. 당시 26세의 어린 나이였음에도 불구하고 사람 보는 눈을 갖추고 있었다고 볼 수밖에 없다.

허물을 감싸 안는 포용력

세종 4년 2월 29일 어릴 때부터의 스승이자 그런 인연으로 벼락출세를 한 황해도 관찰사 이수의 문제가 불거졌을 때다. 이수가 관기를 거느리고 도내를 돌아다니면서 음탕한 일을 일삼고, 임기가 끝나 한양으로 돌아오면서도 기생을 데리고 왔다가 사헌부의 탄핵을 받은 것이다. 세종은 특별히 용서했다.

세종 6년 1월 29일에는 영의정 유정현이 구설수에 올랐다. 한성부 판사를 지낸 정역의 노비가 유정현에게 이잣돈을 꾸어 썼다가 흉년이 들어 갚지 못했다. 유정현의 돈놀이는 유명했다. 그러나 유정현이 사람을 보내 노비의 집에서 가마와 솥을 모조리 빼앗아버렸다. 이를 들은 정역은 자신의 사위인 효령대군에게 이 사실을 알렸고 효령은 당장 유정현의 아들인 총제 유장을 불러 호통을 쳤다. "네 아비가 지위가 수상에 이르러 녹(祿) 받는 것이 적지 아니하고, 또 주상이 백성을 아끼어 주시는 뜻을 본받아 백성이 살게끔 구휼하여 주는 것이 그의 직분이다. 그런데 궁핍한 종놈의 솥과 가마를 빼앗아 가니, 수상된 본의가 어디에 있는가. 만일 돌려보내지 아니하면 내가 솥과 가마를 앗아간 자를 잡아다가 엄하게 때리고 임금에게 아뢸 것이니, 너는 돌아가 너의 아비에게 고하라."

당시 유정현의 악명에 대해 『실록』은 이렇게 기록하고 있다. "유정현의 성질이 심히 인색하여 추호도 남을 주는 일이 없고, 집 정원에 있는 과실도 모두 시장에 내다 팔아서 조그마한 이익까지 챙기며, 그의 수하들에게는 자신이 빌려준 돈을 다 받아들인 자에게 상을 주며, 이로써 부자가 되어 곡식을 쌓은 것이 7만여 석이나 되었다. 백성들이 원망하기를, '비록 죽을망정 다시는 영의정의 이잣돈은 꾸어 쓰지 않겠다'고 하였다."

이수와 유정현의 예에서 보듯 세종은 직무상의 잘못이 아닌 개인적인 비리나 잘못에 대해서는 자못 관대하였다. 보기에 따라서는 측근들 감싸기라고 할 수도 있겠지만 이수를 제외하고는 황희나 유정현을 처음부터 세종의 측근이라고 보기는 어렵다. 오히려 인간의 허물을 이해할 줄 알았다고 봐야 한다. 세종은 "정치하는 요체는 인재를 얻는 것이 급선무"(세종 5년 11월 25일)라는 견해의 소유자였다.

"사헌부에서 박곤은 처가에 문제가 있어 감사(監司)에 적임이 아니니 바꾸라고 청한다. 내 생각으로는 처족의 허물쯤은 무방할 것 같다. 감사로 보내는 것이 어떨까?"(세종 14년 2월 15일)

"억지로 남의 잘못을 찾아내는 것은 정치를 하는 체통이 아니다."
(세종 15년 2월 29일)

세종 6년 5월 12일 의정부 찬성 유관이 나이가 들어 자리에서 물러나겠다는 청을 올렸다. "거의 팔순에 이르렀으니 조정이나 벗들 보기에도 부끄럽다"는 게 사직을 원하는 이유였다. 이에 대한 세종의 답을 보면 할아버지뻘 되는 신하들을 '모시며' 국정을 끌어가야 했던 세종의 마음 자세를 어느 정도 알 수 있다.

"물러나기를 청하고 부귀영화를 사양하는 것이 비록 신하의 높은 마음씨이나, 어진 이를 높이고 옛 신하를 임용하는 것은 실상 나라의 아름다운 법이다."

그러면서 사직을 허락지 않았다. 세종 7년 12월 10일에도 옛날에 황희와 함께 자신의 세자 책봉을 반대했던 영의정 이직이 사직을 청하고 이를 물리치자 다시 청하고 세종이 재차 이를 물리치면서 하는 말이 인상적이다. 먼저 이직이 자연재해에 대한 책임을 지겠다면서 사직을 청했을 때 세종의 대답이다.

"하늘의 기운이 불순한 것은 실로 과인의 잘못으로 말미암은 것이다."

그리고 세종은 즉시 집현전 응교 유효통을 보내어 사직서를 돌려주었다. 얼마 후 이직이 입궐하여 굳이 사직의 뜻을 밝히면서 이번에는 나이가 너무 들어 힘들다고 말했다. 이에 대한 세종의 대답이다.

"바삐 뛰어다니고 체력을 써야 하는 일이라면 나이 젊은 사람을 임용하는 것이 옳지만, 앉아서 도리를 논하는 일이라면 경을 버리고 누가 있겠소. 갑자기 굳이 사퇴하여서 나의 근심을 더하게 하지 말라."

세종 9년 9월 3일 의금부에서 엽기적인 사건을 보고한다. 집현전 응교로 있던 권채가 자신의 노비이자 첩인 덕금을 쇠고랑에 채워 집 안에 가두었는데 부인 정씨가 질투하여 덕금의 머리털을 자르고 똥을 먹이고 항문을 침으로 찌르는 등의 학대를 여러 달 동안 해오다가 거의 죽기 일보 직전까지 가는 사건이 발생한 것이다. 이 때문에 권채는 파면되지만 훗날 중용되어 우부승지까지 오르며 국내 한약재를 총정리한 『향약집성방』을 편찬하는 업적을 내게 된다.

앞서 본 대로 태종은 아들 세종에게 자기의 신하들은 다 버리고 새로 인재들을 뽑아서 쓰라고 했다. 그러나 이것은 현실적으로 불가능한 일이었다. 세종은 구신들은 고위직에 중용하고 자기가 뽑은 젊은 신하들은 하위직에 포진시켜 신구 세대 혹은 신구 세력의 조화를 도모하였다. 그것은 급진적인 개혁을 싫어하는 세종의 성품과도 맞고, 부왕에 대한 존경과도 부합되는 것이었다. 세종 10년 9월 25일 세종은 경연에서 신하들에게 이런 말도 했다.

"자고로 새로 벼슬에 오른 선비는 어지러이 고치는 것을 좋아해서 기존의 법을 변경하여 요란하게 하는 자가 자못 많다."

결국 세종은 인재를 키우는 데 있어 집현전의 모델을 보여줬고, 기존의 인재들을 구하면서는 허물을 이해하는 관대함을 바탕으로 그 사람이 가진 능력을 국정에 활용할 줄 아는 실용적인 용인술(用人術)을 갖춘 인물이었다고 볼 수 있다. 이런 인재관, 용인의 철학은 아버지 태종의 그것을 빼닮았다. 차이가 있다면 아버지는 이력복인(以力服人), 즉 힘으로 사람들을 휘어잡았다면 세종은 이덕복인(以德服人)의 지도자였다는 것이다.

아버지의 측근들에 대한 부정적 인식

그 때문인지 흔히 세종은 마냥 인격자이고 따라서 좋은 게 좋은 것이라는 식의 이미지와 종종 연결된다. 결코 그렇지 않다. 좋아하는 사람이 있었고 싫어하는 사람이 있었다. 세종 13년 9월 8일 세종은 자신이 크게 신임하던 측근 안숭선을 불러 국정 현안에 대해 이런저런 이야기를 나눈다. 안숭선(安崇善, 1392년 태조 1년~1452년 문종 2년)은 세종 2년(1420년) 다소 늦은 29세에 문과에 장원으로 급제하여 사헌부 지평에 발탁된 전형적인 세종 시대 인물이다. 세종의 두터운 신임을 바탕으로 승지로서 인사행정에 깊이 간여했다. 그에 대한 비판이 일어 세종은 승지들의 전주권(銓注權-인사권)을 제약하는 조처를 취하기도 하였다. 그후에도 세종의 총애가 깊어 형조·병조판서 등을 지내지만 정실 인사 문제로 유배를 당하기도 한 인물이다. 이날 세종은 아주 드물게 아버지 태종이 총애했던 신하들에 대한 인물 총평을 하는데, 대단히 부정적이다.

"지나간 대신들에 대해 말하자면, 하륜, 박은, 이원 등은 모두 재물을 탐한다는 이름을 얻었다. 하륜은 자기의 욕심을 채우기를 도모하는 신하이고, 박은은 임금의 뜻만을 맞추려는 신하이며, 이원은 이(利)만 탐하고 의(義)를 모르는 신하였다."

하륜이나 박은은 이미 졸저 『태종 : 조선의 길을 열다』에서 상세하게 살펴본 바 있으므로 여기서는 이원에 대해서만 간략하게 정리하고 넘어간다. 이원(李原, 1368년 고려 공민왕 17년~1430년 세종 12년)은 고려 우왕 11년(1385년) 문과에 급제해 공조·예조의 좌랑과 병조정랑을 지냈고 2차 왕자의 난 때 공을 세워 좌명공신으로 책록되면서 출세의 길을 걸었다. 태종 때에는 대사헌, 경기도·경상도 관찰사, 이조·병조판서 등을 거쳐 세종이 즉위했을 때는 우의정으로 발탁되었고 태종이 사망하던 1422년에는 좌의정에까지 올랐다. 그러나 4년 후인 세종 8년 많은 노비를 불법으로 차지했다가 사헌부의 탄핵을 받고 귀양을 가서 그곳에서 죽었다. 세종의 지적이 적확했던 것이다. 세종의 언급은 계속된다. 특히 태종이 가장 아꼈던 하륜에 대한 세종의 인식은 극도로 부정적이다.

"태종께서 황희를 지신사로 삼고자 하여 하륜에게 의논하시니, 하륜이 말하기를, '희는 간사한 소인이오니 신뢰할 수 없습니다'라고 하였으나, 태종께서는 듣지 아니하시고 마침내 제수하셨다. 이때부터 하륜과 황희는 서로 사이가 나빠서 늘 상대에 대한 단점만을 말하였다. 조말생은 하륜의 편인데, 하륜이 집정(執政)하자 조말생에게 집의를 제수했다. 그때 황희가 대사헌으로 있어서 고신(告身)에 서명하지 아니하니, 하륜이 두 번이나 황희의 집에 가서 청하였으나 황희가 듣지 아니하였다. 하륜이 항상 말하기를, '태종께서 황희를 지신사로 삼기를 의논하시기에 내가 헐뜯어 말하였더니, 황희가 이 말을 듣고 짐짓 내 말을 이처럼 듣지 않는다'고 하였다."

이런 이야기를 하던 중에 안숭선은 심온의 문제를 재론한다. 앞으로 세자(문종)가 왕이 될 텐데 외조부가 죄인이어서는 곤란하지 않느냐는 논리였다. 세종은 단호했다. "다시 말하지 말라. 내가 기필코 듣지 않겠다." 이것은 세종의 단순한 제스처가 아니었다. 또 이날 안숭선이 심온의 집안과 혼인을 맺은 이유로 직첩을 빼앗기고 서인이 된 이하라는 사람의 복권을 청하자 세종은 이렇게 말한다.

"왕법을 두려워하지 아니하고 심온과 더불어 혼인을 하였으니, 죄가 진실로 작지 아니한데 어찌 도로 줄 수 있으리오. 다시 말하지 말라."

그러면서도 세종은 변계량이 했던 말이라면서 자신의 솔직한 심정을 숨기지 않는다.

"예전에 변계량이 내게 말하기를, '무술년(1418년) 의금부에서 심온의 옥사(獄事)를 국문할 때, 허지가 형조판서로 있으면서 압슬형을 가할 것을 먼저 발언하였는데, 허지가 오래지 않아서 죽으니 신도(神道)가 과연 헛되지 않다'고 하더라."

허지는 태종이 사망한 지 한 달여 만인 세종 4년 6월 20일 세상을 떠난 인물이다. 심온 복권에 대한 세종의 입장은 그후에도 불변이다. 세종 17년 8월 6일 영의정 황희, 전 좌의정 맹사성, 우의정 노한 등이 심온의 복권을 주청했으나 윤허하지 않는다. 그러나 관련된 원로 신하들에 대한 세종의 분노는 겉으로 터지지 않아서 그렇지 이렇게 깊었다.

다음해 5월 26일에도 신하들이 정사를 논의하던 중 세종에게 심온문제를 거론했으나 여전히 미온적이다. 결국 세종의 입장은 부왕의 결정을 존중하는 범위 내에서 심온의 유죄는 그대로 유지하면서 주변 인물들에 대한 법률 신분상의 규제는 최대한 풀어주는 해법을 끝까지 견지했다. 그 바람에 세종 27년 2월 장모인 삼한국대부인(三韓國大夫人-임금의 장모를 높여 부르는 명칭) 안씨가 사망했을 때 그 묘비에 쓸 호칭 문제로 신하들 간에 약간의 논쟁까지 생겼다.

집현전 직 이계전에게 삼한국대부인 안씨의 묘비를 쓰게 했는데 여기서 문제가 발생한 것이다. 이계전은 "부인의 작위는 지아비의 벼슬을 따르는 것이온데, 안씨가 비록 중궁의 모친이기는 하나 심온이 죄를 받아서 벼슬이 삭탈되었으니, 지아비가 벼슬이 없는데 그 아내의 칭호를 대부인이라 하면 의리에 합당하지 않습니다. 대부인의 칭호를 삭제하고 그저 죽계 안씨(竹溪安氏)라고만 쓰사이다"라고 글을 올렸다. 심온 문제에 대한 세종의 어정쩡한 입장 때문에 필연적으로 발생할 수밖에 없는 모순이 여기서 표출된 것이다.

이에 고사에 밝았던 세종은 승정원에 "이번 사안은 한나라 상관황후(上官皇后) 모친의 일과 같으니, 그것을 이계전과 더불어 의논하라"고 말한다. 이미 방향을 제시하면서 승정원이 나서 이계전을 설득해 보라는 뜻이다. 노련한 정치가로서 세종의 면모가 드러나는 대목이다.

이계전(李季甸, 1404년 태종 4년~1459년 세조 5년)은 이색의 손자로 세종 9년(1427년) 문과에 급제해 집현전에서 성장한 전형적인 세종대의 인물로 동부승지, 좌부승지, 도승지 등을 지냈다. 훗날 집현전 출신이면서도 세조의 정변에 참여해 정난공신 1등에 녹훈되고 호조·병조판서를 지내게 된다.

반면에 승정원에서는 승지 박이창 등이 나서 "대저 묘지라는 것은 그 평생의 사실을 기록하는 것이온데, 살았을 때는 대부인이라 일컫고 죽은 뒤에는 안씨라고만 하는 것은 옳지 못합니다. 더군다나 옛글에 이르기를 '어미는 자식으로써 귀하게 된다' 하였는데, 안씨는 중궁의 모친인지라 어찌 가장(家長)의 벼슬 있고 없음을 논하여 그 칭호를 버릴 것입니까. 청하옵건대, 이미 쓰던 칭호를 그대로 쓰도록 하옵소서"라며 이계전의 논리를 반박했다. 세종이 원하던 논리였다.

물론 세종 개인적인 심정이야 사랑하는 부인의 아버지이자 억울하게 죽었다고 할 수 있는 장인 심온을 신원해 주고 싶었을 것이다. 성품이나 세계관을 보면 천민일지라도 형벌은 신중하게 해야 한다고 늘 강조했던 세종이다. 그러나 아버지, 신하 그리고 국왕 자신이라는 거대한 체제 앞에서 세종은 결국 '개인'을 버리는 선택을 했다고 봐야 할 것이다.

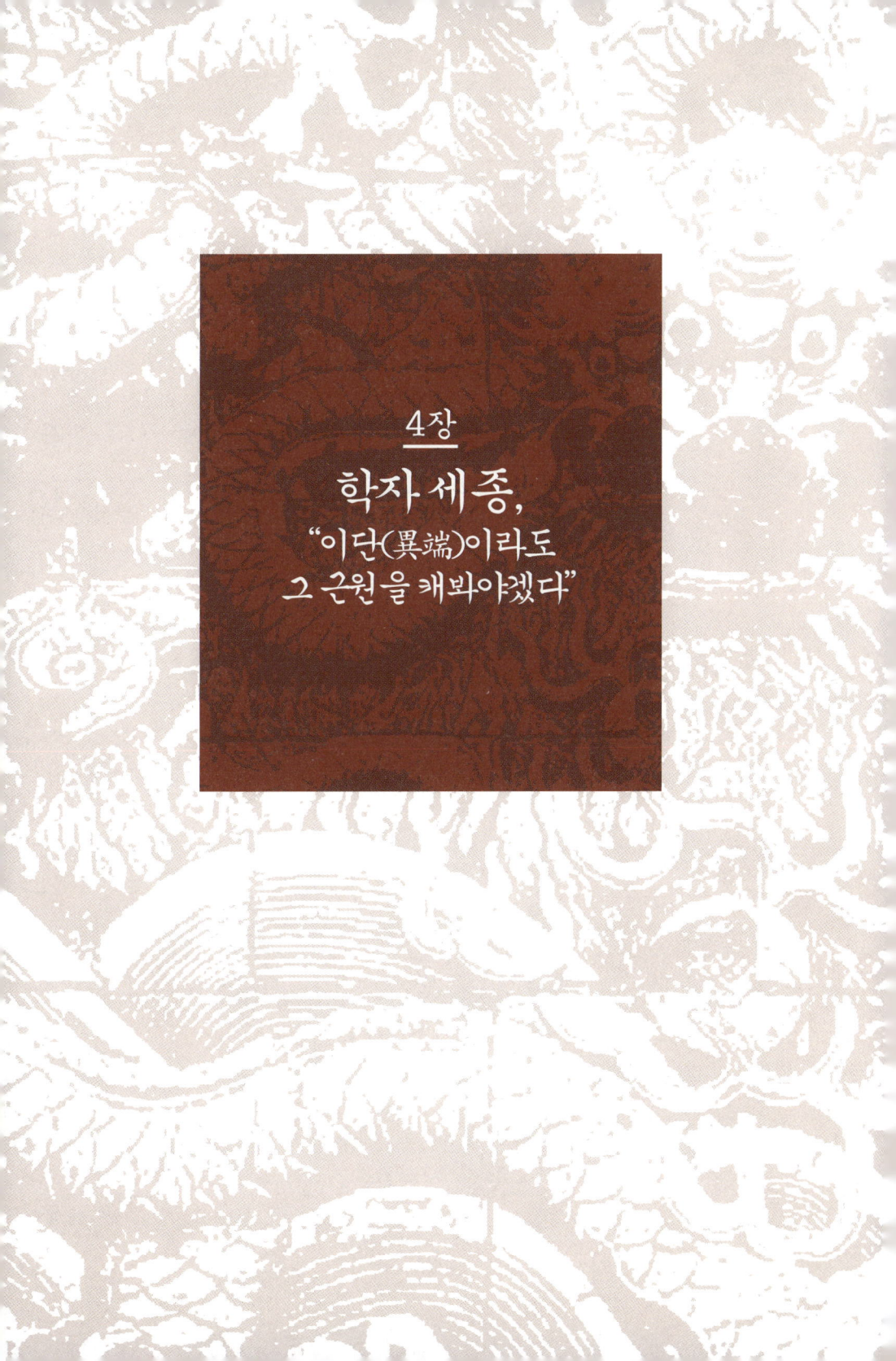

4장
학자 세종, "이단(異端)이라도 그 근원을 캐봐야겠다"

학문에 대한 열린 태도

통치자로서 세종의 정신세계를 지배한 것은 두말할 나위도 없이 유교(儒敎), 그중에서도 성리학이었다. 그러나 조선 초기만 해도 유교는 국가 이데올로기로서 정립되는 과정에 있었기 때문에 조선 중기 이후처럼 과도한 교조성을 띠지 않았다. 더욱이 세종 자신이 조선 최고의 석학으로 불리고도 남을 만큼 뛰어난 학식을 갖추었기때문에 자구(字句) 해석에 얽매이는 2류나 3류 유학자와는 거리가 멀었다. 오히려 신하들의 경직된 경서(經書) 해석을 나무라는 장면이 『실록』에는 수시로 등장한다. 남녀유별(男女有別)에 대한 신하들의 해석이 경직되다 못해 우습기까지 한 지경에 이르렀음을 보여주는 사례가 있다. 세종 5년 10월 5일 사헌부에서는 "남녀가 따로 길을 걷게 하자"는 안을 올리자 세종은 일언지하에 거부한다.

깊고도 넓은 정신세계

성리학뿐만 아니라 여타의 학문 세계에 대해서도 뿌리까지 파고든 세종 특유의 깊고도 개방적인 학문 스타일은 워낙 유연한 천품(天稟)에서 비롯된 것으로 볼 수 있다. 여기에다가 세종 개인의 불행했던 가족사와 중년 이후 계속된 질병은 그로 하여금 늘 삶과 죽음의 문제를 생각하게 함으로써 유교뿐만 아니라 풍수나 도가 혹은 불교, 심지어 무속에까지 관심을 갖게 만들었던 것으로 보인다.

지금도 계속되는 논쟁 중의 하나가 '유학(儒學)이냐 유교(儒敎)냐'이다. 단순한 학문의 하나이기를 거부하고 일상의 삶을 지배하는 거대한 가치관이나 세계관을 강조하고 싶은 기존의 유림들은 유교 쪽을 선호하는 편이다. 그런데 종교적 차원으로 끌어올린 유교를 상정할 때 가장 큰 취약점이 바로 '삶과 죽음의 문제'이다. 유학일 뿐 유교일 수 없다는 주장을 하는 진취적 견해의 소유자들은 유학에는 바로 이 삶과 죽음, 특히 죽음의 문제에 대한 나름의 해답이 있지 않기 때문에 종교로서의 유교는 성립될 수 없다고 말한다. 이런 사정은 세종 때라고 크게 다르지 않았다. 유가의 관심사는 살아 있는 사람들 간의 관계, 즉 윤리이다.

이런 맥락에서 다른 사람도 아니고 주자의 다음과 같은 견해는 의미심장하다. "불교의 고상함과 인생의 마지막 의지처가 되어주는 점은, 시와 문장을 외우고 지어서 재산과 명성을 얻으려는 기존 유학과는 비교도 안 되게 뛰어나다."

미리 세종의 개략적인 가치관을 살펴보면 그는 세상사를 다루는 데는 철저하게 유교의 원칙을 준수하고 나라를 통치하는 데서도 중국의 모범을 따랐지만 개인의 내면이나 죽음 혹은 초월적인 상황을 맞았을 때는 불교건 도교건 풍수건 샤머니즘이건 가리지 않고 해당되는 현상에 가장 적합한 학설을 선택하는 탄력적인 태도를 보여주었다.

태종도 꺾지 못한 불심

어려서부터 두루 학식을 갖추는 과정에서 세종은 불교에 대한 조예를 갖게 된 것으로 보인다. 그리고 정도전이나 태종의 강력한 숭유억불 정책이 있었다고 하지만 여전히 조선 초기에는 민간에 불교 나라 고려의 유습이 강하게 남아 있었다. 세종 또한 거기서 자유로울 수 없었을 것이다. 어떤 의미에서 보자면 세종의 정신세계는 공적 영역에서는 유가, 사적 영역에서는 유가와 불교의 정신이 함께 지배했다고 할 수 있다. 이 같은 태도는 즉위 초부터 세상을 떠날 때까지 일관되게 나타났으며 특히 인생의 말년으로 갈수록 불교색이 더욱 짙어졌다. 재위 기간 내내 신하들과 갈등을 빚은 문제가 바로 양녕에 대한 처리 문제와 함께 세종의 숭불(崇佛) 문제였을 정도로 세종의 정신세계에서 불교가 차지하는 비중은 컸다.

이는 태종과는 완전히 달랐다. 태종의 불교관은 정도전의 숭유억불과 거의 비슷하다. 그 때문인지 태종이 상왕으로 살아 있는 동안에는 세종의 숭불 문제가 크게 불거지지는 않았다. 그런 아버지 앞에서 세종이 자신의 숭불 의식을 보이려 하지 않았을 것이기 때문이다. 실제로 세종이 태종의 이 같은 철저한 유교 중심 세계관을 은연중에 의식하고 있었음을 알 수 있는 대목이 있다. 세종 3년 1월 3일 정사를 보던 중 세종은 어머니의 죽음과 관련해 신하들에게 이렇게 말한다.

"불교가 인간 화복(禍福)에 아무런 유익한 것이 없다는 것은 분명한 일이다. 부왕께서도 믿으시지 아니하시는데, 내가 만약 불교를 신실하게 믿는다면 이번 모후께서 승하하시었는데 애모하는 때를 당하여 어찌 크게 불공드리는 일을 베풀어서 명복을 빌지 아니하였겠는가."

물론 이 말을 액면 그대로 믿을 수는 없다. 사실 세종은 불교를 믿고 있었다. 다만 태종과 신하들의 배불론(排佛論)이 워낙 강했기 때문에 그렇게 이야기한 것으로 봐야 한다. 그럼에도 불구하고 이미 세종 원년 11월 1일 이런 기사가 나온다.

"임금이 '산릉에 나아가는 의식에 불교 의식을 겸용하는 것이 옳겠소'라고 하니, 변계량은 겸용하여도 좋다고 하였으나 홀로 허조가 옳지 못하다고 대답하였다."

세종 2년 5월 27일 대비(어머니)가 학질을 앓기 시작하자 29일부터 병석을 지키면서 환관을 개경사(開慶寺)로 보내 관음께 빌도록 지시한다. 개경사는 지금의 경기도 구리시에 있던 절로 태조 이성계의 능인 건원릉의 재궁(齋宮)이었다. 태종 13년에는 해인사의 대장경을 인쇄해서 이곳에 봉안하기도 했던 중요 사찰이다. 6월 1일에는 자신의 매형인 청평부원군 이백강을 개경사에 보내 질병 치료에 효험이 있다고 믿었던 약사여래(藥師如來)에게 기도하게 했고 심지어 신하들을 나눠 "송악, 백악, 감악, 양주의 성황(城隍)의 신에게 기도"하게 했다. 지극한 효성의 발로이겠지만 유학자들의 세계관에서 보자면 성황당을 찾았다는 사실은 경악스러운 일이 아닐 수 없다.

6월 10일에는 맹인 승려 일곱 명을 불러 기도하게 한 것이 효험이 없었던 때문인지 도가(道家)에 조예가 있는 승려를 방문한다.

"임금과 양녕, 효령이 대비를 모시고 도가류(道家流)의 중 해순(海恂)으로 하여금 먼저 둔갑술을 행하게 하고, 풍양 오부(吳溥)의 집으로 향하려 하였다가 길을 잃어 다른 집에 이르니 집이 심히 좁고 누추한지라, 풍양 남촌의 주부〔注簿-조선시대 여러 관아에 딸린 종6품의 낭관(郎官) 벼슬을 말하는데 여기서는 한약방 주인을 이른다〕 최전의 집을 찾아가서 이에 머물러 기도하였으나 병이 오히려 낫지 아니하였다."

심지어 7월 10일에는 점쟁이까지 불렀으나 결국 같은 날 대비는 56세의 나이로 별전에서 사망하고 만다. 그로부터 일주일 후인 7월 17일 조정에서는 대비의 능에 절을 두는 문제로 상왕인 태종, 세종, 신하들 간에 일대 논쟁이 벌어졌다. 태종은 "주상이 절을 산릉에 설치코자 하나, 불법(佛法)은 내가 싫어하는 바이라, 나로 하여금 이 능에 들어가지 않게 한다면 절을 짓는 것도 가하나, 만일 이 능에 내가 들어갈 터라면 절을 설치하는 것이 마땅치 않다"고 말했다. 이에 세종은 "절을 두려는 것은 불도를 좋아함이 아니요, 건원릉과 제릉에도 다 있고, 이제 명나라 금상황제(今上皇帝)가 태조 고황제를 위하여 보은사를 세웠으며, 오늘날에는 사대부가 그 부모를 위하여 다 재사(齋舍)를 두거늘, 만일 대비 능에 이르러서 절을 두지 않으면 깊은 한을 남기게 될 것입니다"라고 반발했으나 거의 모든 신하들은 "(태종의 말씀이) 지극히 옳으니 어찌 감히 절을 두오리까" 하며 태종의 편을 들었다.

부왕의 말씀이라면 무조건 따랐던 세종이었기 때문에 부왕을 거역하면서까지 불교에 대해 이 정도의 집착을 보였다는 것은 그에게 실제로는 훨씬 깊은 불심이 있었던 것으로 봐야 할 것이다.

세종 3년 7월 2일에는 사간원에서 당장 불교를 금할 수 없다면 우선

출가를 엄격히 통제하고 승려들의 기록을 정리하며 승적에 없는 승려들은 단속하는 등의 법률을 제정할 것을 건의했지만 세종은 거부했다. 세종 4년 5월 10일 섭정하던 태종이 사망했다.

이때부터 세종의 숭불 문제는 본격적으로 불거지기 시작한다. 그것은 이미 예고된 사건인지 몰랐다. 불과 한 달여 후인 6월 21일 세종은 신하들을 불러 태종의 후궁이었던 신녕궁주 신씨가 돌아가신 태종을 위하여 『법화경』을 금자(金字)로 사경코자 한다는 사실을 전하며 은근슬쩍 "나는 본래부터 옳지 못한 것으로 아나, 그의 원함이 정중하여 중지시킬 수 없다"는 입장을 밝힌다.

같은 해 11월 22일에는 우대언 조서로가 성비(誠妃)의 청이라며 아뢰기를 "전내(殿內)의 퇴락한 곳을 이미 다 수리하였으니 중으로 하여금 경을 외고 사례하는 기도를 드리기를 청합니다"라고 하자 이렇게 답한다.

"성비의 말은 마땅히 들어줄 것이나, 불사(佛事)를 행하지 않는 것은 이미 작정한 나랏법이 있으며, 또 근일에는 (영의정) 유정현이 불사를 통절히 금지하도록 청한 일이 있으니, 다만 기도만 하고 불경은 외지 말게 하라."

나름의 타협책을 제시하고 있는 것이다. 태종 사후에도 다른 문제, 심지어 자신의 처갓집 식구들의 신원(伸冤) 문제에 관해서까지도 여간해서는 태종의 뜻을 어기지 않는 세종이었다. 그런데 유독 불교 문제에 관해서만은 늘 수세에 밀리면서도 자신의 의사를 전혀 굽히지 않았다.

이 점을 신하들도 알고 있었던 듯 세종 6년 2월 7일에는 사헌부 대사헌 하연 등이 상소를 올려 "엎드려 바라옵건대 전하께서는 태종의 뜻을 잘 계승하셔서 우리 도(道-유가)를 넓히시고 이단은 배척하시어……"라며 불교를 대폭 축소할 것을 건의했다. 그러나 세종은 이미 세상에 다 퍼져 있는 것을 어떡하겠냐는 현실론을 바탕으로 부정적 입장을 나타냈다.

2월 13일에는 영의정, 좌의정, 호조판서 등이 불교 혁파에 관한 논쟁을 벌이고, 3월 8일에는 집현전이, 3월 12일에는 성균관 생원 101명이, 4월 5일에는 예조에서 불교 이론, 사찰들의 부정적 행태 등을 거론하며 억불 방안을 촉구했다.

그러나 집현전 상소에 대한 답변에서 드러나듯 세종은 그렇게 할 생각이 전혀 없었다. 오히려 유머가 담긴 동문서답으로 신하들의 건의를 피하는 지혜를 보여준다.

"경 등의 상소가 실로 이치에 합당하지마는, 다만 불씨(佛氏)의 법이 그 유래가 이미 오래되어 급격히 한 번에 다 개혁하기는 어려울 것이다. 경 등은 날로 나의 좌우에 모시고 있어 다른 외신(外臣)에 비할 바가 아니니, 무릇 지금 시정(時政)의 잘되고 못된 것에 거리끼지 말고 직언하여 나의 생각하는 기대에 따르게 하라."

세종은 이후 세상을 떠나기 직전까지도 불교에 대한 심취나 궁궐 내에 절을 설치하는 문제로 여러 차례 신하들과 갈등을 빚게 된다. 그러면서도 세종은 끝까지 불교에 대한 심취를 버리지 않았다. 그것은 그의 내면세계가 현세 중심의 유가를 훌쩍 뛰어넘어 초월적인 세계에 대한 경외에 이를 만큼 깊고 웅혼했음을 보여주는 사례로 해석해도 될 것이다. 동시에 자신이 직접 숙고하여 판단을 내린 것에 대해서는 끝까지 밀고 가는 집요함을 불교 논쟁의 예에서도 볼 수 있다.

풍수에 대한 깊은 조예

풍수에 대한 세종의 조예 또한 만만치 않다. 즉위한 첫해에 이미 풍수에 대한 식견을 보여주는 기사가 나온다. 11월 3일 신하들에게 이렇게 말한다.

"태실(胎室)의 돌난간을 설치하면서 땅을 파서 지맥(地脈)을 손상시켰으니, 지금 진주(晉州)의 태실에는 돌난간을 설치하지 말고, 다만 나무를 사용하여 난간을 만들었다가 썩거든 이를 고쳐 다시 만들도록 하라. 이를 일정한 법식으로 삼을 것이다."

세종대왕 왕자 태실 _ 경북 성주군 월항면 인촌리에 있는 세종대왕 왕자 태실이다. 세종의 적서 열여덟 왕자와 왕손 단종의 태를 안장한 곳이다.

물론 풍수에 대한 집중적인 관심 표명은 신병이 악화되던 세종 15년 7월 이후부터의 일다. 그는 신하들의 반대에 봉착하면 일단은 소극적인 태도나 부정적인 태도로 변명하나 내심은 그렇지 않았고 결국 행동으로 자기 뜻을 관철했다. 세종의 이런 태도는 비단 풍수 문제뿐만 아니라 앞서 보았던 불교 문제에서도 똑같았다. 세종이 신하들과의 논쟁(혹은 권력투쟁)을 풀어가는 그 특유의 스타일이었다.
　『세종실록』에서 간헐적으로 나오던 풍수 관련 언급이 실제로 세종 15년 7월이 되면 집중적으로 등장한다. 자신의 부모를 모신 헌릉의 풍수적인 적합성과 관련해 세종은 7월 7일 승정원에 다음과 같은 지시를 내린다.

　"역대의 거룩한 임금은 (서로 다른 학문 세계에까지도 두루) 통하지 않음이 없었다. 그러므로 천문 지리까지도 이치를 모르는 것이 없었고, 설사 뛰어나지 못한 임금이 천문 지리의 이치를 몸소 알지는 못하더라도 아래에서 그 직무를 받들어 세대마다 각기 인재가 있었으니, 진나라의 곽박(郭璞)과 원나라의 순신(舜臣)이 그러했고, 우리나라도 도읍을 건설하고 능 자리를 정하는 데에 모두 술수(풍수) 전문

> 태실이란 옛날 왕가에 출산이 있을 때 그 출생아의 태(胎)를 묻던 석실(石室). 태봉(胎封)이라고도 한다. 조선시대에는 태실도감(胎室都監)을 임시로 설치하여 이 일을 맡게 하였다. 태실은 대개 대석(臺石), 전석(磚石), 우상석(遇裳石), 개첨석(蓋檐石) 등으로 만들었으며, 이것을 묻을 땅을 물색하여 안태사(安胎使)로 하여금 묻게 하였다. 그 영향으로 지금도 우리나라 곳곳에는 태봉(胎峰), 태산(胎山), 태봉지(胎封址) 등의 이름이 많이 남아 있다.

가의 말을 채용해 왔다. 지금 헌릉 내맥(來脈-풍수상 서로 연결된 과정이나 경로)의 길 막는 일에서 이양달과 최양선 등이 각기 제가 옳다고 고집하여 분분하게 굴어 정하지 못하고, 나도 역시 그런 이치를 알지 못하기 때문에 그 옳고 그름을 결단하지 못하겠다. 장차 집현전의 유신들을 데리고 이양달과 함께 날마다 그 이치를 강론하겠으니, 지리에 밝은 자를 널리 선택하여서 보고하게 하라."

여기에는 약간의 해설이 필요하다. 이 문제는 34년 동안 계속되는 소위 '헌릉단맥(獻陵斷脈) 논쟁'의 연장선에서 나온 이야기다. 지금의 서울 내곡동에 헌릉의 자리를 잡은 이는 이양달이다. 세종 14년 세종에 의해 문신 출신이 아니면서도 1품에 해당하는 서운관 판사에 제수된 당대 최고의 풍수 전문가였다. 그런데 이양달과 함께 당시 풍수의 양대 산맥 중 한 사람인 최양선이 상소를 올려 무덤 뒤의 고개로 사람과 우마차가 계속 다니면 맥이 끊길 수 있으니 사람의 통행을 막아야 한다고 주장했다. 그러나 풍수를 불신하는 유학자인 신하들은 그렇게 할 경우 백성들의 통행에 불편을 줄 수 있기 때문에 반대했다. 이런 와중에 세종은 이 문제를 풀기 위해 다른 곳도 아닌 집현전에서 유신들과 함께 풍수를 강론하겠다고 밝힌 것이다.

신하들은 즉각 거세게 반발했다. 경연이 어떤 자리인가? 단적으로 말하면 신하들이 유학의 세계관을 임금에게 '주입'하는 곳이라 할 수 있다. 지신사 안숭선 등은 '거룩한' 유학을 논하는 경연의 자리에서 풍수가 될 말이냐며 부정적인 의견을 내놓았다.

그러나 세종은 이에 굴하지 않고 "이단이라도 그 근원을 캐봐야겠다"며 강력한 의지를 보였다. 신하들도 세종의 강력한 뜻을 거스르지 못한 듯 7월 9일 영의정 황희, 예조판서 신상, 지신사 안숭선 등이 직접 목멱산에 올라 산수(山水)의 내맥을 탐지해 본 다음 풍수학 하는 이들을 시켜 최양선의 말을 서로 변론하게 했다. 현장에서 직접 전문가들의 이야기를 들어 판단하겠다는 것이었다.

여기서도 의견이 갈렸다. 이양달, 고중안, 정앙은 백악(白岳)을 현무(玄武)라 하여 경복궁의 터가 명당이라 하고, 이진, 신효창은 최양선을 지지했다. 그러자 황희 등은 화공을 시켜 삼각산의 지형을 그림으로 만들어 올리게 하고, 풍수학 하는 이들을 시켜 각기 소견을 써 올리게 하여 곧 집현전으로 보냈다. 당시 『실록』은 "사람들은 이진과 신효창 등이 가만히 최양선을 사주하여 지리의 요망한 학설을 가지고 자신의 승진에 이용하려 한다고 비평하였다"고 적고 있다.

그런데 이 건은 이양달과 최양선의 또다른 논쟁과 결부된 사안이다. 소위 '경복궁 명당 논쟁'이다. 이양달 쪽은 경복궁이 명당이라는 기존의 학설을 견지했고 최양선은 그것을 부정하고 다른 곳이 명당이라고 주장했다. 경복궁을 계속 주궁으로 삼을 경우 자손이 쇠해진다고 덧붙였다. 세종으로서는 귀 기울이지 않을 수 없었다. 이 논쟁이 진행되는 와중에 풍수, 지리 등을 관장하는 예조참판 권도는 이런 논쟁 자체가 한갓 망령된 술수에 지나지 않는다고 비판을 했다가 세종의 노여움을 사기도 했다. 그만큼 세종은 풍수에 나름의 의미가 있다고 보았다.

다음 날 세종은 다시 한 번 자신이 지리에 관한 이론으로서 풍수에 대해 관심을 갖는 이유를 대언들에게 상세하게 설명한다.

"저번에 지리서를 보려고 하였으나 그다지 내키지는 않았고, 그래서 경 등의 말을 듣기만 하였다. 그러나 지리의 설은 비록 다 믿을 수는 없지만 또한 다 없앨 수도 없는 것인데, 천문은 높고 멀어서 알기는 어려우나, 널리 퍼져 있는 것 또한 분명하다. 지리에서는 맥과 형

남산(목멱산)과 삼각산의 옛 그림_ 강세황, 〈南山과 三角山〉, 선면 지본담채.

백악산의 옛 그림_ 안중식, 〈白岳春曉〉, 견본담채.

세가 심히 복잡하여서 진실로 정밀하게 살피지 아니하면 그 요령을 알기 어려운지라. 옛날 곽박은 전문으로 술수를 숭상하였으나 제 목숨도 좋게 마치지 못하였으매 후세에서 허황하다고 지칭하지마는, 소자첨(蘇子瞻)은 그 어머니를 숭산(崇山-중국의 명산)에 장사 지냈고, 주원회(주자)는 자기가 묻힐 땅을 미리 정하였으니, 통달한 선비와 큰 현인도 역시 이것을 싫어하지 아니하였거든, 하물며 우리 조종께서도 도읍을 건설하고 능소(묘자리)를 정하는 데에 모두 지리서를 이용하셨음에랴. 그러므로 내가 유신(儒臣)으로 하여금 그 요령을 강구하여 밝히게 하겠다."

세종의 풍수에 대한 애착에 사헌부는 7월 26일 상소를 올려 정면으로 비판했다. 예조참판 권도와 비슷한 맥락에서다. 그중 일부다.

"지리의 술법은 요사하고 궁벽하며 지리하고 망령된 것이어서 성경(聖經) 현전(賢傳)에 보이지 아니하고, 유식한 선비가 모두 말하기를 부끄러워하는 바입니다. 옛말에 군자는 복을 구하여도 굽은 길로 하지 아니한다 하였습니다. 이제 최양선과 이진 등이 좁고 옹색한 편견으로 지리를 약간 배워 가지고서 그것을 매개로 승진할 욕심으로 글을 올려 망령하게 궁궐의 이해(利害)를 말한 일이 있습니다. 이 같은 무엄하고 망령된 무리를 죄주지 아니하면 요망한 말과 괴상한 행위로 술법을 내세워 승진을 희망하는 무리가 잇달아 나올 것이 깊이 두렵사옵니다. 신효창 역시 거짓 술법하는 자의 당파가 되어 이러니저러니 좋으니 궂으니 말이 많사오니 아울러 죄로 다스리시고, 글하는 선비들에게 분명히 명을 내려 거짓 술법을 배우지 못하게 하시어 풍속을 철저히 다스리신다면 다행으로 알겠습니다."

그러나 세종은 이에도 전혀 굴하지 않고 오히려 신하들에게 좀더 깊이 있게 공부한 다음에 판단하라는 식으로 반박한다.

"그대들이 언관으로서 본 바와 들은 바를 말로 하여 아뢰니 매우 가상하게 생각한다. 그러나 지리의 논설을 배척함은 너무 과하지 않은가. 세상 사람들이 집을 짓고 부모를 장사 지낼 때에 모두 지리를 쓰고, 또 우리 태조, 태종께서도 도읍을 건설하고 능침을 경영하심에 모두 지리를 쓰셨는데, 어찌 그대들이 아뢴 말과 실제 행한 것이 서로 다르냐. 이는 말과 행위가 틀린 것이다. 또 최양선은 자기가 공부한 것을 임금에게 진술하였으니 충성된다고 말하는 것이 옳을 일이지, 요망한 말과 괴상한 술법이라고 논하여 죄를 다스리려 함은 무슨 까닭이냐."

풍수를 둘러싼 신하들과의 논쟁에서 세종은 답답함을 넘어 화가 치밀었던 것 같다. 그것은 단순히 풍수에 대한 선호의 문제라기보다는 사물의 이치를 규명하는 데 유학이라는 틀에서 한 걸음도 벗어나지 않으려는 신하들의 편협한 세계관에 대해 세종은 혐오에 가까운 감정을 갖고 있었기 때문이다.

"사헌부에서 지리의 술법은 요괴하고 허망하여 경전에 보이지 아니하므로 유식한 선비들이 모두 말하기를 부끄러워하는 것이라 하였으니, 이 말은 과한 것이다. (중략) 최양선이 공부한 바를 가지고 숨김 없이 극력 말하는 것은 충성이겠거늘, 어찌 그것을 매개로 승진하려 한다고 논란하여 죄책을 가하려고 하는가. 하물며 임금으로서는 포용하는 것으로 아량을 삼는 것이어서, 비록 꼴 베는 사람의 말이라도 반드시 들어보아서 말한 바가 옳으면 채택하여 받아들이고, 비록 맞지 아니하더라도 죄주지 않는 것이 아래의 사정을 얻어 알고 자신의 총명을 넓히게 되는 것인데, 이제 말을 올린 사람을 죄주려 하는 것은 나로 하여금 아래의 사정을 듣지 못하여 몽매한 데로 빠지게 하자는 것이냐. 대간의 말이 과연 이래도 되는 것인가. 하물며 신효창은 내가 가서 보라고 명령했는데 그것도 승진을 희망해서 그리한 것이냐. 또 경복궁은 명당에 물이 없으므로 개천을 파고 나무를 심으려 하는 것인데, 이것이 나라에 유익한 것이 아니냐. 근일에 혹은 글을 올리어 양선을 배척하는 자도 있고, 혹은 정면에서 비난하는 자도 있어 내가 매우 그르게 여겼다. 그런데 대사헌은 국가의 대체도 알고 또 친히 나의 말을 들었으면서 어찌 일의 앞뒤를 생각지 않고 급작스레 이따위 글을 올려 아뢰는가. 만일 집현전에서 풍수학을 강습한다면 그것은 그르다 할 것이다. 그런데 풍수학을 규명하는 것이 어찌 유자(儒者)의 분수를 넘어서는 일인가."

일찍부터 극한 상황이 닥쳐오면 도가나 무속에까지 의탁했던 것을 감안한다면 이미 당시에 널리 유행하고 있던 풍수에 대해 세종은 기초적인 지식은 갖고 있었던 것으로 봐야 할 것이다. 또 세종은 노장(老莊) 사상에 대해서도 관심이 있었던 것 같다. 그렇지 않다면 세종 7년 1월 17일자의 기사 "주자소에서 인쇄한 『장자』를 문신들에게 나누어주었다"는 것은 이해할 길이 없어진다.

조선 국왕의 제왕학

1418년 6월 3일 갑작스레 양녕대군이 세자의 자리에서 쫓겨나고 충녕대군이 세자로 책봉되었다. 그러나 충녕을 더욱 당혹스럽게 했던 것은 세자 책봉 후 불과 두 달여 만에 왕위에 올라야 했던 일이다. 『실록』 편찬 과정에서 삭제됐는지 아니면 실제로 그런 발언을 안 했는지 몰라도, 세자의 자리가 자신에게 왔을 때 충녕이 거부하는 반응을 보였다는 기록은 『실록』에 없다. 다만 자신의 감격을 표명한 글은 『세종실록』 총서에 실려 있다.

"조회에서 책봉하는 대명(大命)을 내리시어 세자를 세워 나라의 근본을 바로잡으시려 하는데 그 뜻이 신의 몸에 이르오니, 송구한 마음 진실로 간절하오며 더욱 감격하옴이 깊사옵나이다. 엎드려 생각건대 신 도(祹)는 식견이 천박하고 성품이 우매하여 부모를 모심에 말씀을 순순히 좇는 도리를 알지 못하옵고, 경전(經傳)을 스승에게 이어받았으나 깊고 오묘한 뜻을 밝게 연구하지 못하였는데, 뜻밖에 거룩하신 은혜가 이 누추한 몸에 깊이 젖게 하옵셨습니다. 대개 주상 전하께옵서는 장엄하옵시고 정대하옵시며 깊고 밝으시온데, 임금의 자리는 반드시 돌아갈 곳이 있고 민심은 미리 정한 바가 있다 생각하시어, 변변하지 못한 저가 높은 지위를 받게 하셨습니다. 신은 삼가 마땅히 맡기신 책임이 가볍지 않음을 생각하여 길이 보전하기를 싫어하지 않으며, 지극히 간절하옵신 교훈을 받들어 영원히 잊지 않사옵기를 맹세하옵나이다."

의례적인 표현으로 보기에는 여러 가지 면에서 충녕의 본심이 읽히는 글이 아닐 수 없다. 굳이 주어진다면 거부할 생각은 없다는 것이며 일단 맡으면 제대로 해보겠다는 결의 또한 쉽게 알아차릴 수 있다.

태종 9년 9월 4일자 기사에는 태종이 가까운 신하들을 불러 민무구가 세자 이외의 왕자들, 특히 효령과 충녕을 제거하려 했던 일에 대해 탄식하는 장면이 나온다. 이 자리에서 태종은 김과(金科)에게 "일전에 너는 네 살, 다섯 살 된 충녕과 효령을 가리키며 '이 작은 왕자들이 장(長)을 다투는 마음이 있다'고 했고, 그후에도 이 두 자식에 관해 그와 비슷한 말을 해 내가 심히 불쾌했던 적이 있다"고 말한다. 효령이나 충녕 또한 권좌에 대해 무욕(無慾)의 입장은 아니었음을 보여줄 수도 있는 의미 있는 언급이다. 먼저 시도하지는 않겠지만 국왕이 될 기회가 온다면 굳이 피할 필요는 없다는 게 충녕의 솔직한 생각이었을 것이다.

그러나 앞에서 살펴본 것처럼 세자가 된 후 불과 두 달 만에 양위가 결정되었을 때 누구보다 당황했던 사람은 바로 세종 자신이다. 여러 가지 이유가 있겠지만 두 달이라는 기간은 국왕 준비 기간으로서는 너무나 짧았다. 아무리 그 전에 독서를 많이 했다고 해도 그냥 책을 읽는 것과 통치를 위한 책을 탐구하며 국왕의 일을 준비하는 것은 전혀 다른 차원이다. 충녕이 태종의 양위 의사를 전해 듣고 사양하며 했던 말 중 "신은 학문이 아직 이루어지지 못하여 위정(爲政)의 방도에 대하여 어리둥절하고 깨달음이 없사온데"라는 대목은 겸양이라기보다는 당시의 솔직한 본심이었을 것이다.

　세자를 위한 서연은 두 달밖에 못했지만 대신 국왕을 위한 경연을 강화함으로써 그 대안을 찾고자 했던 것이 세종의 생각이었다. 그래서 즉위 두 달도 채 안 된 10월 7일 세종은 첫 번째 경연을 여는데 그때 채택한 교재가 『대학연의』라는 송나라의 책이었다. 왜 하필이면 하고 많은 책 중에 『대학연의』를 첫 번째 경연 교재로 사용한 것일까? 경연을 책임지고 있던 경연 동지사 이지강은 10월 12일 두 번째 경연에서 세종에게 『대학연의』를 강의한 후 이 책을 선택한 이유를 다음과 같이 간략하게 이야기한다.

　　"임금의 학문은 마음을 바르게 하는 것이 근본이 되옵나니, 마음이 바른 연후에야 백관이 바르게 되고, 백관이 바른 연후에야 만민이 바르게 되옵는데, 마음을 바르게 하는 요지는 오로지 이 책에 있습니다."

　이지강은 『대학연의』라는 책은 한마디로 '마음을 바르게 하는 책'이라고 정곡을 찔러 말하고 있다. 세종이 『대학연의』를 독파하는 데 걸린 시간은 대략 4개월 정도였던 것 같다. 세종 1년 2월 17일자 기사다.

　　"탁신은 또 아뢰기를, 『대학연의』라는 책은 선과 악이 분명하여, 경계가 되기에 족하니, 진실로 인군의 귀감이옵니다. 전하께서 등한

히 마시고 항상 익히 보시옵소서'
하니, 임금이, '그렇다. 내가 어려
서부터 학문에 뜻을 독실히 하여
일찍이 조금도 게을리 하지 아니했
다. 『대학연의』는 마땅히 다시 자
상히 읽겠다'고 하였다."

그래서 세종은 3월 27일 강독이
끝나자 다시 3월 30일부터『대학연
의』로 경연을 열었다. 그러나『대학
연의』에 대한 강독은 왕권이 안정
되면서 줄어들고 대신 신하들과 종
친 등 주변 사람들에게 선물하는
장면이 종종 나온다.

『대학연의』 『대학』을 알기 쉽게 풀어 쓴 이 책은 조선의 국왕들이 성리학적 교양을 갖추는 데 큰 영향을 주었다.

태조 이성계와『대학연의』

『대학연의』에 대한 조선왕실의 각별한 관심은 태조 이성계로 거슬러 올라간다.『태조실록』은 총론에서 이렇게 말한다. "태조는 본디부터 유교를 존중하여 비록 군중(軍中)에 있더라도 창을 던지고 휴식할 동안에는 유학자 유경 등을 불러 경사를 토론하였으며 더욱이 진덕수(眞德秀)의『대학연의』보기를 좋아하여 혹은 밤중에 이르도록 자지 않았다."

태조 이성계는 무인이었다. 따라서 체계적 학문으로서의 유학을 제대로 익혔다고 보기는 어렵다. 그러면서도 유학의 기본 정신에 동조했기 때문에 그에 대한 관심 표명의 일환으로 『대학연의』를 즐겨 읽었던 것으로 보인다. 태조에 대한 강론은 주로 성균 대사성 유경이 도맡아 했다. 그러나 매일 열리는 경연에서 강론한 것은 아니고 조회가 끝난 후 부정기적으로 이뤄진 때문인지 태조 1년 11월 12일 기사에 따르면 사간원에서는 매일 경연을 개최토록 청하고 있다. 이에 태조는 자신이 이미 수염이 허옇고 육신도 늙었으니 강론까지 들을 필요야 없지 않느냐고 은근한 거부 의사를 밝힌다. 그래도 지신사 안경공은 전혀 굴하지 않고 "사간원 간관의 뜻은 다만 전하에게 글을 읽게 하려고 함이 아니옵고 대개 정직한 사람을 가까이 하여 바른 말을 듣게 하려고 함입니다"라며 재차 그 취지를 설명한다. 이에 태조는 "내가 비록 경연에는 나가지 않더라도 늘 편전에서 유경으로 하여금 『대학연의』를 강론하게 하고 있다"며 자신의 뜻을 굽히지 않는다. 그럼에도 이틀 후 사간원에서 아예 매일 경연을 열어야 한다고 상소를 올리자 결국 태조는 윤허한다.

아마도 "경연을 설치하고서도 한갓 그 명칭만 있을 뿐이지 나아가 강론하는 때가 있다는 말을 듣지 못하였습니다"라는 직설적인 지적과 함께 "창업한 군주는 자손들의 모범이 되니 전하께서 만약 경연을 중요하게 여기지 않으신다면 뒷세상에서 이를 평계하여 구실로 삼아 그 폐해는 반드시 학문을 하지 않는 데 이르게 될 것이니 어찌 작은 일이겠습니까"라며 아픈 곳을 찔렀기 때문일 것이다.

그럼에도 불구하고 태조가 경연에 참석하기 시작한 것은 태조 6년에 이르러서이며 그나마도 연로한 나이를 이유로 몇 차례 참석하지 않았다.

태종 이방원과 『대학연의』

태종 이방원은 『대학연의』에 대해 어떤 입장이었는가? 태종 2년 6월 18일 사간원은 현안과 관련해 네 가지 건의 사항을 올리는데 그중 두 번째가 경연에 참석하라는 권고이다. 여기 보면 "전하께서는 옛날 동궁에 계실 때 『대학연의』를 읽으시어 격물(格物), 치지(致知), 성의(誠意), 정심(正心), 수신(修身), 제가(齊家), 치국(治國), 평천하(平天下)의 학문에 대하여 강구하신 바가 지극하였고"라는 대목이 있다. 젊어서 학문 연마에 열심이던 태종이 왕자의 난 등을 겪고 왕이 되어서는 무인 기질이 더욱 발휘된 때문인지 공부를 등한시하고 있음을 은근히 비판하고 있는 것이다.

그후 태종은 태종 3년 5월 21일 상서사(尙瑞司-옥새나 지휘봉처럼 국왕이 직접 사용하거나 신하들에게 하사하는 물건을 만드는 관청)에 명하여 『대학연의』의 서문과 표문을 병풍으로 만들게 해서 늘 가까이하고, 태종 11년 12월 15일에는 우부대언 한상덕에게 명을 내려 『대학연의』의 글을 편전의 벽에 크게 써놓도록 하기도 했다.

사실 태종과 『대학연의』의 인연은 오래고 깊다. 그가 왕위에 오를지 불투명하던 시절 개국공신으로 아버지 이성계를 도와 조선을 건국하고 토지제도를 정비하는 등 큰 공을 세운 재상 조준(趙浚)의 집에 어느 날 정안공 이방원이 들렀다. 술자리까지 이어진 이날 만남에서 조준은 이방원에게 은밀히 『대학연의』를 건네며 "이것을 읽으면 가히 나라를 만들 것입니다"라고 말했다. 이심전심으로 '당신은 왕위에 오를 수 있을 것이며 나는 음으로 양으로 도울 것'이라는 메시지를 전한 것이다. 사람을 알아본 때문일까 결국 조준은 태종 때 좌정승과 영의정까지 지냈다.

조선 초기 왕실에서 『대학연의』는 이처럼 다음 왕위를 시사해 주는 책이기도 했다. 예를 들어 태종 9년 3월 25일자의 기사는 세자이던 양녕대군과 관련된 일화로 결국 양녕의 폐세자와도 연결될 수 있다는 점에서 주목할 필요가 있다.

"임금이 세자에게 이르기를 '내가 마땅히 너의 글 읽은 바를 강(講)한 뒤에 활쏘기를 익히게 하겠다' 하고 『대학연의』를 강론하니 세자가 능히 다 대답하지 못하였다."

같은 해 9월 9일자에는 태종과 김과, 세자와 『대학연의』가 얽힌 관계를 보여주는 기사가 나온다. 김과는 "효령과 충녕 두 왕자가 (세자에 대해) 장을 다투는 마음이 있다"고 발언했다가 태종으로부터 크게 책망받은 장본인이다. 이 점은 용서하면서도 태종은 김과의 결정적인 잘못을 지적한다.

"세자가 『대학연의』를 배울 때 권수가 많아 고루 보기가 쉽지 않기에, 내가 너를 시켜 가장 거울이 되고 경계가 될 만한 것을 뽑아 분류 편찬해서 세자가 늘 마음과 눈에 두게 하려고 하였다. 그런데 네가 친인척에 대한 것을 가르치는 편을 빼내었다. 마땅히 친인척의 겸손공근(謙遜恭謹)한 복(福)과 교만방일(驕慢放逸)한 화(禍)는 세자가 올바르게 강습해야 할 것인데, 네가 이것을 빼버렸다. 이것은 온전히 세자의 외척(여기서는 효령과 충녕을 죽이려 한 민무구 형제)을 두려워한 것이다. 옛사람이 저술한 글을 읽는 것도 또한 두려운가?"

결국 김과는 대궐에서 쫓겨나고 만다. 한편 『실록』을 보면 양녕도 어렵사리 『대학연의』 강독을 끝내기는 하지만 거기에 걸린 시간이 장장 6년이다. 세종이 4개월 만에 독파한 것과 극단적 대조를 이룬다.

『대학』과 『대학연의』

동양 3국 제왕학의 교과서로 존중받았던 『대학(大學)』은 원래는 『예기(禮記)』 49편 중 42번째 편에 들어 있던 것이다. 또 하나의 사서(四書) 중 하나로 꼽히는 『중용(中庸)』도 여기에 31번째로 포함돼 있었다. 아마도 중국의 정치 상황이 변화함에 따라 사상가들이 당대의 흐름을 포착하기에 적확하다고 생각되는 부분들을

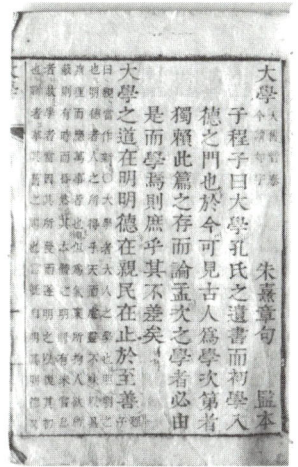

『대학』_ 사서(四書)의 하나로 동양의 제왕학 교과서로도 중요시해 온 유교 경전이다.

추려내 편찬하는 과정에서 그 같은 분리가 이뤄진 것으로 보인다. 또 과거에는 그러한 출판이 일반적이기도 했다. 교훈을 목적으로 한 독서가 중시된 때문이다.

『중용』은 이미 한나라 때부터 중시되었고, 『대학』의 경우는 송나라 때 사마광(司馬光)이 그것을 해설한 『대학광의(大學廣義)』를 지었다. 이어 흔히 주자로 불리는 주희가 '대학'과 '중용'을 별도로 떼어내 『논어』, 『맹자』와 함께 '사서'의 지위를 부여하면서 본격적으로 유교의 핵심 경전으로 자리잡게 되었다. 따라서 우리가 『대학』이나 『중용』을 『예기』의 본문 중 일부가 아니라 별도의 경전으로 보는 순간 자신도 모르게 주자의 학문 분류 체계와 성리학적 세계관을 은연중에 수용하는 것이 된다. 실제로 조선 500년 주류의 학문 전통은 그러했다. 당초 『예기』에 포함되어 있을 때의 '대학'을 『고본대학(古本大學)』이라 한

다. 그리고 주희가 이를 경(經) 1장과 전(傳) 10장으로 나눠 재해석한 것을 『대학집주(大學集註)』라고 한다.

그러면 『대학연의』를 지은 진덕수는 누구이고 또 『대학연의』는 어떤 책인지 간략하게 알아보자. 진덕수는 중국 송나라의 대유학자로 『대학』의 뜻과 이치를 통치 차원에서 재해석하고 풍부한 역사 사례를 덧붙임으로써 『대학』의 정신을 알기 쉽게 풀이하였다.

그는 1234년 경연의 자리에서 이 책을 황제에게 바쳤고, 1264년 마정난(馬廷鸞)이 황제 앞에서 강론한 후부터 중국에서는 제왕학의 보전(寶典)으로 숭앙받아 왔다. 즉 『대학연의』는 이미 중국에서부터 옥좌를 보장받은 사람만이 읽어야 하는 금단(禁斷)의 책이었던 것이다.

따라서 세종이 그 어떤 책보다 『대학연의』의 뜻을 그 밑바닥에서부터 완전히 이해하기 위해 어마어마한 지적 노력을 쏟아 부었다는 점을 상기해 본다면 그가 어떤 정치를 꿈꿨으며 또 그런 이상을 향해 스스로를 어떻게 채찍질하려 했는지 그 윤곽이 어느 정도 잡히는 것을 알 수 있을 것이다.

경(經)과 사(史)의 균형

세종의 학문은 이론과 실제, 오늘날의 학문 체계로 말하면 철학과 역사를 오가며 양자를 변증법적으로 통합하는 방식으로 이루어졌다. 경과 사가 그것이다. 이때의 경(經)은 유교의 경전인 사서오경(四書五經)이며 사(史)는 중국의 역사서이다. 경사체용(經史體用)은 고대 중국에서부터 학문하는 올바른 방법이었다. 세종도 그러한 학문 방법의 신봉자였다. 훗날이긴 하지만 세종 20년 12월 15일 세종은 신하들과 경연을 하던 중 경과 사에 대한 자신의 생각을 다음과 같이 분명하게 밝혔다.

"경서(經書)와 사기(史記)는 체와 용이 서로 필요로 하는 것과 같으니 어느 한쪽만을 편벽되게 해서는 안 된다."

철학과 역사의 통합적 접근

어떻게 보면 원리를 익힌 다음 현실에 적용하고 다시 현실의 방대한 사례에서 새로운 원리를 끌어내려면 경사체용의 방법은 지극히 당연한 이야기일 수 있다. 그런데 바로 이 당연한 이치를 당시 신하들, 즉 학자들은 외면하고 있었다. 세종이 경사체용을 말한 바로 다음에 나오는 구절이다.

"그러나 지금 학자들은 오로지 경서를 연구하는 데 끌려서 사학(史學)을 읽지 아니하고, 그 경서를 배우는 자도 주로 제가(諸家)의 주석에만 힘쓰고, 본문과 주자(朱子)가 집주(輯註)한 것을 연구하지 아니한다."

한반도에서 학자라는 사람들의 탁상공론의 역사가 이리도 깊은가? 아무리 뛰어난 머리를 가진 세종이라 하더라도 학자들보다는 공부할 시간이 많지 않았을 텐데 오죽하면 그런 국왕으로부터 학자 겸 신하들이 공부하는 방법과 관련해 이런 비판을 받았겠는가? 그런데 세종의 비판은 바로 오늘날의 지식인에 대한 비판으로서도 전혀 손색이 없다. 사상의 원전은 읽지 않고 해설서 두세 권 훑어보고 사상가입네 하는 학자들이나, 역사를 한다고 철학은 몰라도 된다든가 철학을 하니 역사는 알 필요가 없다는 학문분과주의자들에 대해 이보다 더 통렬한 비판은 없을 것이다.

사정이 이렇다 보니 재위 기간 내내 세종은 신하들의 역사에 대한 무지를 비판하고, 신하들은 역사보다는 경학을 중시해야 한다는 경학우선론으로 맞섰다. 세종 7년 11월 29일의 기록이다.

"대제학 변계량에게 명하여 사학(史學)을 읽을 만한 자를 뽑아 올리라고 하였다. 계량이 집현전 직 정인지, 집현전 응교 설순, 인동현감 김빈을 천거하니, 임금이 즉시 빈에게도 집현전 수찬을 제수하여, 3인으로 하여금 모든 사기(史記)를 나누어 읽게 하고, 임금의 자문에 대비하게 하였다. 이보다 먼저 임금이 윤회에게 묻기를, '내가 집현전의 선비들에게 모든 사기를 나누어주어 읽게 하고자 한다' 하니, 윤회가 대답하기를, '옳지 않습니다. 대체로 경학이 우선이고, 사학은 그 다음이 되는 것이니, 오로지 사학만을 닦아서는 안 됩니다'라고 하였다.

임금이 말하기를 '내가 경연에서 『좌전(左傳)』, 『사기(史記)』, 『한서(漢書)』, 『강목(綱目)』, 『송감(宋鑑)』에 기록된 옛일을 물으니, 다 모른다고 말하였다. 만약 한 사람에게 읽게 한다면 고루 볼 수 없을 것이 분명하다. 지금의 선비들은 말로는 경학을 한다고 하나, 이치를 궁극히 밝히고 마음을 바르게[窮理正心] 한 인사가 있다는 것을 아직 듣지 못하였다'고 하였다."

세종이 지향했던 학문관은 소위 박학다식과는 거리가 멀었다. 지금도 크게 다르지 않지만 식자라는 사람들은 자신이 어떤 지식을 알고 있다는 사실 자체에 스스로 도취되는 경향이 있다. 그러다 보니 그들은 그 지식의 소용됨, 왜 지식을 탐구하는지 등은 망각한 채 과시형 학습에 몰두한다. 그들이 정독보다는 다독을 무기로 삼는 것도 그 때문이다.

그래서 세종은 경학도 마음으로 깨치지 못하고 역사서는 제대로 살피지도 않으면서 한갓 단편적 지식에 불과한 제자백가의 책에 마음을 빼앗겨 있는 신하와 학자들의 공부하는 태도에 대해 수시로 비판을 가했다. 사실 경사체용을 강조했던 세종의 생각 속에 이미 제자백가의 책들에 대한 배제 의도가 담겨 있다고 봐야 한다.

세종 5년 9월 7일 경연에 나아간 세종은 앞으로 경연에서 채택할 교재에 대해 언급하면서 이렇게 말한다.

"나는 제자백가의 글은 보고 싶지 않고, 다만 사서오경『통감강목(通鑑鋼目)』을 돌려가면서 강독하고자 한다."

『치평요람』을 편찬하게 하다

경서로는『대학연의』, 사서로는『통감강목』을 중심으로 했던 세종의 경사(經史) 연구는 세월이 흐름에 따라 훨씬 높은 수준으로 나아간다. 경의『성리대전(性理大典)』과 사의『자치통감』이 그것이다. 그런데 이를 살피기에 앞서 왜 세종은 신하들과 달리 사서에도 경서에 버금가는 비중을 두었던 것일까 하는 문제를 간략히 짚고 넘어갈 필요가 있다. 세종 23년 6월 28일 세종은 정인지를 불러 다음과 같이 지시한다.

"임금이 중추원 지사 정인지에게 이르기를, '무릇 잘된 정치를 하려면 반드시 전대(前代)의 치세(治世)와 난세(亂世)의 사적을 보아야 할 것이요, 그 사적을 보려면 오직 역사의 기록을 상고하여야 할 것인데, 주나라 이래 대대로 역사가 있으나 편찬한 것이 방대하여 쉽게 두루 상고할 수 없다. 내가 근래에 송유(宋儒)가 편찬한 자경편(自警編)을 보니 좋은 말과 선행을 절(節)로 나누어서 유형에 따라 편찬하였다. 간결하게 요약하려고 힘썼으니, 예전의 서적을 저작한 자가 사람들이 즐겨 보도록 하려고 한 것을 알 수 있다. 진실로 사람마다 학문에 대하여 골고루 살펴보기가 어려운 것인데, 하물며 임금이 만기(萬機)를 보살피는 여가에 능히 다 살펴볼 수 있겠는가. 경이 사적(史籍)을 상고하여 열람해서 그 선하고 악한 것에 가히 권할 만한 것과 피해야 하는 것을 뽑아 하나의 서적으로 편찬하여, 두루 보기에 편케 하여 후세 자손의 영원한 거울이 되게 하라. 또 동방(東方)에도 나라가 생긴 것이 오래이니 흥폐존망(興廢存亡)을 역시 알지 않을 수 없을 것이다. 아울러 편입시키되 너무 번잡스럽게 하지도 말고 너무 간략하게 하지도 말라.' 하고, 책의 이름은 『치평요람(治平要覽)』이라 정해서 내려주었다. 진양대군 이유(李瑈)에게 명하여 그 일을 감독하게 하고, 드디어 글하는 선비를 집현전에 모아서 역할을 나눠 추진토록 하였다."

『치평요람』은 일종의 요약판 역사 교훈서였다. 세종은 경학과 사학 모두 국왕의 치세를 위한 필수 요소라는 관점에서 접근하고 있었던 것이다. 이를 조남욱은 『세종대왕의 정치철학』에서 정치력 배양이라는 독특한 시각으로 분석하고 있다.

"(세종이) 정치력을 배양하는 데에는 우선 유교 경전과 역사서의 탐독이 선행되고 있음을 알 수 있다. 즉 세종 정치력 함양에는 기존의 신하들이 발의하는 실무적 경험도 중요한 것이었으나 그보다 더욱 높은 수준의 것은 그 자신이 열중하였던 오랜 전통의 학문 세계에서 찾아지고 있었던 것이다."(205쪽)

경사체용의 궁극적 지향점은 실용(實用)

여기서 우리는 세종 자신이 그 같은 경사체용의 학문 수련을 하면서 실제 정치를 했던 7년째, 그가 남긴 짧은 언급에 주목할 필요가 있다.

세종 7년 12월 8일 의정부와 6조 신하들과 정사를 보던 중 세종이 한 말의 일부다.

"경서를 깊이 연구하는 것은 실용(實用)하기 위한 것이다. 바야흐로 경서와 사기를 깊이 연구하여 다스리는 도리를 차례로 살펴보면, 그것이 보여주는 나라 다스리는 일은 손을 뒤집는 것과 같이 쉽다. 그러나 실지의 일에 당면하면 어찌할 바를 모를 것이 있는 것이다. 내가 비록 경서와 사서를 널리 찾아 읽었으나, 아직도 능하지 못하니, 이와 무엇이 다르겠는가."

"실지의 일에 당면하면"이라는 말이 크게 와닿는 것은 세종과 같은 출중한 인물도 집권 8년째가 되어갈 때까지 여전히 어찌할 바를 모르는 일을 당하고 있다는 사실 때문일 것이다. 과연 한 통치자가 즉위해서 적정한 수준의 통치를 펼치는 데 필요한 기간은 과연 얼마나 되는지에 대한 연구가 필요한 것도 그 때문인지 모른다.

이로써 일단 우리는 왜 어떤 목적으로 세종이 경사체용의 학문 방법론을 견지했는지를 어느 정도 확인할 수 있었다. 이제 조남욱이 말한 "더욱 높은 수준의 것"을 살펴볼 차례다. 그것은 다름 아닌 경의『성리대전』과 사의『자치통감』의 변증법적 종합이다.

당시의 첨단 사상을 담은 『성리대전』

세종은 명나라로 가는 사신에게 명하여 『성리대전』과 사서오경 대전을 입수토록 했는데, 세종 원년 12월 7일자 기사의 일부다.

"(명의 황제는) 어제 서문(御製序文)이 붙은 『신수성리대전(新修性理大全)』과 사서오경대전 및 황금 100냥, 백금 500냥, 색비단·채색 비단 각 50필, 생명주(生絹) 100필, 말 12필, 양 500마리를 하사하여, 별나게 총애하였다."

당시 명나라 황제는 영락제였다. 그는 호광(胡廣) 등 42명의 학자들을 동원하여 송나라와 원나라의 성리학설을 집대성토록 했는데 그것이 바로 70권으로 된 『성리대전』이다. 이때가 영락제 13년으로 1415년이었다. 이 책이 나온 지 불과 5년 후에 세종이 입수토록 명한 것이다. 그래서 황제가 직접 쓴 '어제 서문'이 붙은 최신 『성리대전』을 5년 간격을 두고 조선도 갖출 수 있게 됐다. 당시 영락제는 『사서대전』과 『오경대전』도 함께 편찬케 했다. 그래서 이들 3대전을 '영락 삼대전'이라고 불렀다.

『성리대전』의 내용은 대략 다음과 같다. 책머리에 영락제의 어제 서문과 호광이 지은 진서표(進書表-책을 지어 올리는 글), 선유성씨(先儒性氏-선배 유학자들), 목록(目錄)이 있다. 1~25권까지는 태극도(太極圖), 주돈이의 '태극도설(太極圖說)', 장재(張載)의 '통서(通書)'·'서명(西銘)'·'정몽(正蒙)', 소옹(邵雍)의 '황극경세서(皇極經世書), 주자(朱子)의 '역학계몽(易學啓蒙)'·'가례(家禮)'·'율려신서(律呂新書)', 채침(蔡沈)의 '홍범황극내편(洪範皇極內篇) 등 단행본을 수록하고 주석을 달았다. 26~70권까지는 이기(理氣), 귀신(鬼神), 성리(性理), 도통(道統), 성현(聖賢), 제유(諸儒), 학(學), 제자(諸子), 역대(歷代), 군도(君道), 치도(治道), 시문부(詩文賦) 등의 주제로 나누어 제가(諸家)의 어록(語錄), 문장(文章)을 분류해 수록했으며 이 책에 실린 학자는 118명에 이른다. 내용은 송원학(宋元學)으로 도학(道學)과 성리학(性

理學)의 근본 문제를 다루면서 이기와 성리를 중심으로 송원학의 정통성과 다른 학파에 대한 견해, 중국 역사에 대한 인식과 정치의식 등을 체계적으로 이해할 수 있도록 편집해 놓았다.

이렇게 입수한 『성리대전』에 대해 세종이 처음 직접적인 관심을 보인 것은 6년 후인 세종 7년 10월 15일이다.

"『성리대전』, '오경', '사서' 등을 인쇄하려고 하니, 그 책에 쓸 종이를 값을 주고 닥으로 바꾸어 충청도는 3,000첩(貼), 전라도는 4,000첩, 경상도는 6,000첩을 만들어 진상하라."

그리고 세종 8년 11월 24일 중국을 방문하는 사신에게 또다시 『성리대전』의 입수를 부탁한 결과가 『실록』에 나온다. 그리고 세종은 『성리대전』을 구하는 즉시 듬성듬성이나마 읽어보았던 것이 분명하다. 2주 후인 세종 8년 12월 8일에는 이런 기록이 나온다.

"경연에 나아갔다. 검토관(檢討官) 설순이 말하기를, '신이 황제가 주신 『성리대전』을 보건대 그 글이 진서산(『대학연의』의 저자)의 갑집(甲集)을 모방한 것 같으나, 의논이 정통하고 여러 설(說)이 구비되었사오니, 진실로 배우는 자들이 마땅히 익히 보아야 할 것입니다. 원컨대 이 책을 간행하여 널리 펴서 과거에 오를 나이 어린 선비들로 하여금 습독하게 하여 이학(理學)을 연구하게 하시고, 또 문장(文章)을 하는 자들도 반드시 이학에 정통해야만 비로소 능히 크게 통달할 것이옵니다' 하니, 임금이 말하기를, '그렇다. 내가 갑집을 보니, 의논이 통달하여 진실로 가히 익히고 볼 만하였도다. 그러나 비단 갑집뿐만 아니라 을집도 역시 좋더군'이라고 하였다."

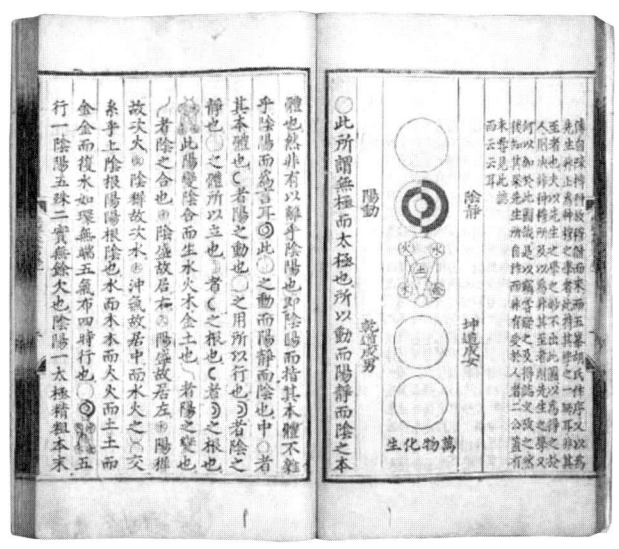

『성리대전』_ 명나라 성조의 명을 받아 호광 등 42명의 학자가 송·원나라의 성리학설을 집대성한 책이다.

이렇게 어렵사리 구한 『성리대전』을 세종은 다음해 경상감사 등에게 인쇄토록 명하였다. 그에 관한 세종 10년 3월 2일 세종 자신의 반응을 보자.

"윤대를 행하고 경연에 나아갔다. 임금이 집현전 응교 김돈에게 이르기를, '『성리대전』이 지금 인쇄되었는지라, 내가 이를 읽어보니 의리가 정미(精微)하여 궁구(窮究)하기에 쉽지 않으나, 그대는 치밀한 사람이니 마음을 써서 한번 읽어보라' 하니, 김돈이 아뢰기를, '스승에게 배우지 않으면 쉽사리 궁구해 볼 수 없지마는, 신(臣)이 마땅히 마음을 다하겠습니다'라고 답하였다. 임금이 말하기를, '스승을 얻고자 하나 진실로 얻기가 어렵다'고 하였다."

그러나 책을 읽어본 결과 뜻이 쉽게 파악되지 않자 세종은 특유의 집요한 성격답게 이해되지 않는 부분을 독파하기 위하여 백방으로 노력한다. 심지어 4월 16일 조선을 찾은 명나라 사신에게까지 그 책에 관한 질문을 던지도록 한다.

"김돈에게 명하여 통역인 김청, 판관 이변과 더불어 『성리대전』에 관해 두 사신에게 물으니, 대답하지 못하고 말하기를, '우리들을 허물하지 마시오. 감히 망령되어 말할 수 없습니다' 하였다."

물론 그것은 사신들조차 그 책의 뜻을 이해할 수 없다는 뜻이다. 의문 나는 것을 그냥 우회하지 않고 그 자리에서 바로 질문을 던지는 방식은 전형적으로 세종이 즐기던 공부법이었다. 세종 14년 12월 22일 경연의 한 장면이다.

"경연에 나아가 의심되고 어려운 곳이 있어서, 임금이 경연관(經筵官)에게 물으니 모두 대답하지 못하매, 임금이 말하기를, '이 말은 의심할 만하나 강론을 하지 아니하는 것이 옳다. 대개 그 의심할 만한 것을 알고 더욱 연구하면 거의 얻음이 있을 것이다. 무릇 배우는 자들이 스스로 모른다고 하는 자는 옳다 하겠지만, 스스로 알지 못하는 것이 없다고 하는 자는 이른바 '용류(庸流-어리석기 그지없는 부류)'인 것이니, 그대들은 알지 못하는 것을 창피하게 여기지 말라' 하였다."

궁극적으로 경사 통합의 학문 방법은 철학 자체나 역사 자체에 매몰되지 않고 우리의 현실을 개선하는 대안(代案)을 찾아내는 것을 목적으로 한 것이었다. 세종 15년 8월 13일의 기록은 이런 점을 확연하게 보여준다.

"경연에 나아가 『성리대전』을 강론하는데, '성음(聲音)으로 귀를 수양하고 채색(彩色)으로 눈을 수양한다'는 데에 이르러서 임금이 말하기를, '옛날 주나라가 융성할 때에는 문물이 크게 정비되어서 성음과 채색의 수양을 중하게 여기었는데, 내가 생각하기에 주나라가 평화로웠던 시절에는 좋지만 후세에는 성음이 사치에 빠지기 쉬우니 마땅히 이것으로 경계를 삼아야 할 것이다' 했다."

즉 세종은 경서를 읽더라도 그 원리에 해당되는 중국 역사 속의 사례를 점검한 다음 그것이 기계적으로 적용되는 것이 아니라 여러 가지 형편에 따라 다르게 우리의 현실에 적용될 수 있음을 잘 알고 있었다는 사실을 이 짧은 인용은 명확하게 보여주고 있다. 이것은 세종의 일관된 방법이다. 결국 세종은 세종 10년(1428년) 3월부터 4년 동안의 준비 작업을 거쳐 세종 14년(1432년) 2월부터 세종 16년 3월까지 경연에서 그 방대하고 난해한 『성리대전』을 마침내 2년 만에 독파하게 된다. 『성리대전』의 독파는 뒤에 보게 되겠지만 한글 창제의 이론적 원리를 제공하는 계기가 됐다는 점에서 대단히 중요하다.

"『자치통감』을 읽고 싶은 마음이 간절하다"

『자치통감강목』은 『자치통감』의 해설서다. 이단이라도 뿌리를 캐려 했던 세종으로서는 해설서에 만족하지 못하고 원전인 『자치통감』을 읽으려 했을 것이 분명하다. 앞서 본 것처럼 즉위하자마자 경연에서 『대학연의』를 끝낸 후 두 번째 교재로 『자치통감』을 읽으려 했던 세종이다. 물론 그때는 신하들의 반대로 좌절당했다.

『자치통감』이란 어떤 책인가? 중국 북송의 사마광(司馬光, 1019～1086)이 1065년부터 1084년 사이에 편찬한 편년체(編年體) 역사서로, 총 294권이며 줄여서 흔히 『통감(通鑑)』이라고도 한다. 주(周)나라 위열왕(威烈王)이 진(晉)나라 3경(卿 - 韓·魏·趙氏)을 제후로 인정한 기원전 403년부터 5대(五代) 후주(後周)의 세종(世宗) 때인 960년에 이르기까지 1362년간의 역사를 1년씩 묶어서 편찬한 것이다. 주기(周紀) 5권, 진기(秦紀) 3권, 한기(漢紀) 60권, 위기(魏紀) 10권, 진기(晉紀) 40권, 송기(宋紀) 16권, 제기(齊紀) 10권, 양기(梁紀) 22권, 진기(陳紀) 10권, 수기(隋紀) 8권, 당기(唐紀) 81권, 후량기(後梁紀) 6권, 후당기(後唐紀) 8권, 후진기(後晉紀) 6권, 후한기(後漢紀) 4권, 후주기(後周紀) 5권 등 모두 16기(紀) 24권으로 구성되었다.

먼저 사마광이 '통지(通志)' 8권을 찬진(撰進)하자 영종(英宗)이 편찬국(編纂局)을 개설하고 사마광의 주재하에 유반(劉攽)이 전·후한(前後漢)을, 유서(劉恕)가 삼국(三國)부터 남북조(南北朝)까지를, 범조우(范祖禹)가 당(唐)나라와 5대를 각각 분담하여 기술하였다. 정사(正史)는 물론 『실록』(實錄), 야사(野史), 소설(小說), 묘지류(墓誌類) 등 322종의 각종 자료를 참고로 하여 『춘추좌씨전(春秋左氏傳)』의 서법(書法)에 따라 완성하여 신종(神宗)이 『자치통감』이라 이름을 붙이고 자서(自序)를 지었다.

'자치통감'이라 함은 치도(治道)에 자료가 되고 역대를 통하여 거울이 된다는 뜻으로, 곧 역대 사실(史實)을 밝혀 정치의 규범으로 삼으며, 또한 왕조 흥망의 원인과 대의명분을 밝히려 한 데 그 뜻이 있었다.

『자치통감』을 읽으려는 세종의 마음이 일찍부터 컸음에도 불구하고 그 길은 멀고도 멀었다. 세종 3년 11월 7일에는 『자치통감』도 아닌 『자치통감강목』을 읽겠다고 했다가 변계량이 아직은 성리의 글을 더 읽어야 한다며 사서(四書)를 읽도록 권하는 바람에 그것도 좌절됐다. 세종이 주자의 『자치통감강목』을 처음 접하게 되는 것은 세종 4년 윤12월 20일이다. 그리고 4년 후인 세종 8년 1월 4일부터 이 책을 다시 읽는다. 이 무렵 세종은 경연에서 검토관 설순에게 이렇게 말한다.

"내가 이학(理學-경학)에 대해서 비록 능통하지는 못하지만 그러나 이미 한 번씩은 모두 보았다. 그러나 유독 사학(史學)만은 익숙하지 못하다."

설순(偰循, ?~1435년 세종 17년)은 고려 말 귀화한 위구르족 출신 설손(偰遜)의 손자이며 태종 8년(1408년) 문과에 급제하여 교리, 시강관 등을 거쳐 인동현감이 되었다. 세종 13년(1431년)에 집현전 부제학으로 『삼강행실도』 편찬에 참여했으며, 세종 16년(1434년)에는 이조우참의가 되어 윤회 등과 함께 『자치통감훈의』를 저술한다. 그는 학문이 넓고 역사에 뛰어났으며, 문장으로도 이름이 높았다.

그런데 세종 8년 12월 4일부터 다시 경연에서 『통감강목』을 강독하기 시작했다는 기록이 나온다. 같은 해에 두 차례나 강독을 했다는 것은 그만큼 세종이 역사 문제에 깊이 빠져 있었다는 뜻이다.

그리고 세종 12년에는 경연에서 『통감속편』을 신하들과 함께 읽고 토론하였다. 우리나라 국보 283호이기도 한 『통감속편』은 『자치통감』과는 직접 관계가 없는, 원나라 때 저술된 중국의 역사서이다. 그러나 『자치통감』을 직접 독파하지 않는 한 역사에 대한 세종의 갈증은 풀릴 수가 없는 것이었다. 결국 세종 17년 3월 10일 『자치통감』을 구해 올 것을 명한다.

"내가 이 책을 보고자 하는 마음이 지극히 간절하니, 금번에 가는 부사(副使) 심도원으로 하여금 이를 사 오도록 하는 것이 어떻겠는가?"

세종의 명에 따라 세종 17년 7월 7일 마침내 심도원 등이 북경에서 돌아와『자치통감』한 부를 바친다. 그리고 세종 18년 1월 19일『자치통감』을 보내준 데 대해 명나라 황제에게 감사의 글을 보냈다. 이처럼 20년 가까운 세월에 걸쳐 세종이『성리대전』과 더불어『자치통감』을 입수하고 강독함으로써 자신의 사상적 지평을 얼마나 크게 넓힐 수 있었는지는 쉽게 짐작이 가고도 남는다. 물론 세종 자신이 밝힌 바 있듯이 빠짐없는 이해에 이르렀는지는 모르겠지만 경과 사에서 학문적으로 최고의 경지에 접근했었다는 데 대해서는 이론의 여지가 없을 것이다.

그리고 뒤에 밝혀지겠지만 세종이 무슨 독서광이라서『자치통감』을 읽으려 했던 것은 아니다. 가장 바람직한 역사 서술 모델을 찾으려는 과정에서 당대 최고의 역사서로 꼽히는『자치통감』을 읽지 않을 수 없었다. 그래야 제대로 된 우리의 역사, 특히『고려사』를 완성할 수 있기 때문이었다. 보편을 철저하게 익힌 다음 특수로 나아가려는 세종의 태도는 여기서도 그대로 드러난다.

5장
국방외교 전략가 세종,
강토를 넓히고 굳건히 하다

▎군사(軍事)에 대한 관심

 세종은 분명 무인(武人)이 아니다. 따라서 세종이란 인물을 군사전략이나 외교 전략이라는 말과 연결해 생각하기란 쉽지 않다. 그러나 『실록』을 꼼꼼히 들여다보면 세종은 적어도 세월이 흐를수록 국왕으로서 갖춰야 할 국방 외교 전략 혹은 이를 구체화할 수 있는 일정 수준의 군사전략에 대한 안목을 체득해 가고 있었다.
 세종은 원래 당대 최고의 무인 집안 출신이다. 아버지 태종은 문과에 급제는 했지만 어려서부터 전장을 누볐고 자타가 공인하는 문무겸전(文武兼全)의 전형이었다. 할아버지 태조는 우리 역사에서 첫 번째로 손꼽힐 수 있는 장수다. 세종의 피 속에도 무인의 피가 흐르지 않았을까?
 세종이 즉위했지만 상왕 태종은 "주상이 장년이 되기 전에는 군국(軍國)의 큰일은 내가 친히 청단할 것"이라고 밝혔다. 이 말은 뒤집어 말하면 견습 기간 동안 군사와 병권의 문제를 어떻게 다루는지를 집중적으로 가르치겠다는 뜻이다.

할아버지나 아버지와 달리 곱게 자란 세종에게 무술(武術)이 요구되었던 것은 아니다. 국왕인 그에게는 최고 국가지도자로서 필요한 전략에 대한 이해, 병권 장악술, 군사 관련 인재의 육성과 배치 등이 긴요했다.

즉위하자마자 장인 심온이 제거당한 것도 형식적으로는 군권의 귀속 문제 때문이었다. 아들에게도 함부로 내줄 수 없는 것이 군권이라는 엄연한 사실을 상왕 태종은 이 사건을 통해 분명하게 세종의 가슴속에 각인해 주었다.

대마도 정벌 또한 세종에게는 살아 있는 국방전략 교육이었다. 태종은 정벌을 의논하는 자리에 반드시 세종을 참여시켰다. 나라를 지킨다는 것이 무엇인지 머리 좋은 세종이 알아차리지 못했을 리 없다.

일찍이 병학(兵學)에 관심을 쏟다

세종의 병학 공부는 비교적 일찍 시작됐다. 세종 3년 5월 20일 세종은 변계량이 지은 병서 『진설(陣說)』에 대해 이야기를 하다가 논쟁을 벌인다. 당시 문신들은 군사 이론에도 능해 태조 시절 정도전도 여러 종의 진법서를 지었고 변계량도 그와 비슷한 진법서를 썼던 것으로 보인다. 만만찮은 군사 이론가인 변계량과 논쟁을 할 정도였다면 세종도 진법에 대한 나름의 기초 지식은 갖췄던 것으로 봐야 할 것이다.

간단히 말하면 당시 군사는 북을 치면 전진했고 징을 치면 후퇴했다. 이를 위해서는 효과적인 대형(隊形)이 중요했는데 각종 대형에 관한 그림이 진도(陣圖)이고 그것을 상세하게 해설한 것이 진설이었다.

세종과 변계량의 쟁점은 이랬다. 변계량의 『진설』을 읽어본 세종은 "경의 『진설』을 보니 적군과 싸울 때 후위나 전위의 병사들이 먼저 나가서 맞붙어야 한다고 되어 있는데 차라리 가운데 있는 중위의 장수가 상황에 따라 전후좌우로 기동하는 것이 낫지 않겠느냐"고 따졌다. 이에 대한 변계량의 대답은 지극히 문인적이다. 후위설과 전위설은 둘다 옛 문헌에 있다는 것이다. 변계량은 실전 경험이 거의 없는 학인(學人)이었다. 물론 그렇다고 옛 전투에 대해 아는 바가 없는 필자로서는 세종의 견해가 더 낫다고 말할 수도 없다. 두 사람의 논쟁은 결국 상왕 태종에게 물어보기로 하고 끝을 맺었다. 유감스럽게도 두 사람의 상충하는 견해에 대해 병법의 대가인 태종이 누구의 손을 들어주었는지에 대한 언급은 『실록』에 나오지 않는다.

병서에 대한 세종의 관심이 꾸준히 이어졌다는 것은 태종 사후 2년이 지난 세종 6년 8월 30일 편전에 훈련관의 병서습독관을 친히 불러 병서를 강의했다는 대목에서 확인된다. 병서습독관이란 3품 이하 관원 중에 20명을 선발해 직업군인들에게 군사 이론을 가르치던 자리였다. 이런 습독관들에게 세종은 친히 강의를 했던 것이다. 당시 병서(兵書)로는 '무경 7서(武經七書)'가 기본 교재였고 그 밖에 『장감(將鑑)』과 『박의(博議)』가 보충 교재로 사용됐다.

'무경 7서'란 중국의 대표적인 일곱 가지의 병서를 한데 묶은 것으로 태조 이성계의 즉위 교서에는 무과에 응시하려면 반드시 숙독하도록 규정하고 있다. 여기에는 『육도(六韜)』, 『손자(孫子)』, 『오자(吳子)』, 『사마병법(司馬兵法)』, 『황석공삼략(黃石公三略)』, 『위요자(尉繚子)』, 『이위공문대(李衛公問對)』 등이 포함된다. 세종 사후 그의 둘째 아들 수양대군은 형님인 문종의 명을 받아 '무경 7서'에 대한 주해 작업을 한다. 이렇게 해서 10권 5책의 『무경 7서 주해』가 나오게 된다. 한편 세종도 세종 19년 집현전 응교 남수문에게 명하여 『장감』과 『박의』에 실려 있는 명장들의 지략과 작전술 등을 정리하여 별도의 책으로 펴낸다. 이것만 봐도 세종은 적어도 이론적인 면에 관한 한 군사를 소홀히 여기지 않았다. 오히려 그는 "평안할 때 위태로운 것을 잊을 수 없다"며 늘 국방력 강화를 위해 전방위의 노력을 다했던 국왕이었다.

문무(文武)에 대한 세종의 인식

세종 4년 10월 2일이면 태종이 세상을 떠난 지 5개월이 되던 때다. 이때 여진족 올량합 200여 명이 경원부에 쳐들어오자 첨절제사 전시귀를 보내 반격을 가해 내쫓았다. 이와 관련해 세종은 10월 8일 세 의정(議政)과 6조의 참판 이상을 모두 불러 향후 방어 대책을 의논한다. 그런데 신하들은 한결같이 그런 일은 늘 있는 것이니 굳이 서울의 병사를 보낼 것까지 없고 함길도(함경도)의 병사만으로도 막아낼 수 있다고 말한다. 이에 대한 세종의 반박이 인상적이다.

"싸움에 이기고 지는 것은 장수 한 사람이 용맹한지 비겁한지에 달렸다."

뜻밖에 26세 세종은 실전(實戰)의 본질을 꿰뚫어보고 있었다. 즉시 세종은 상호군 김효성을 함길도 조전(助戰) 첨절제사로 명하여 함길도에 연고가 있는 중앙의 군관(장교) 23명을 데리고 경원으로 가서 사태에 대비할 것을 명한다. 호군이라 하면 오늘날의 장군에 해당하며 대호군, 상호군 등의 직위가 있었다.

김효성(金孝誠, ?~1454년 단종 2년)은 무과에 급제하여 태종 14년

(1414년) 호군이 되었다. 세종 1년 경상우도 병마사에 임명됐고 이때 세종이 함길도 조전 첨절제사를 맡기면서 북방 개척과 인연을 맺게 된다. 세종 15년 파저강 정벌 때 큰 공을 세워 중추원 부사로 특진하고 이어 병조참판을 거쳐 함길도 병마절제사에 오른다. 단종 1년에는 수양대군 쪽에 가담하여 함께 북방 개척을 하며 보좌했던 황보인과 김종서의 제거에 결정적인 공을 세워 정난공신 1등에 책록된다.

일본과 외교 관계를 맺다

　　여말선초 왜구의 문제는 조선이나 명나라에게 모두 큰 골칫거리였다. 연일 두 나라의 연안을 침략해 노략질을 일삼고 백성들을 살해하는 일이 빈번했기 때문이다. 특히 지리적으로 가까운 조선은 이미 고려 말부터 수많은 피해를 입어야 했다. 그러면서도 일본 본국, 구주, 대마도 등과의 형식적인 교류를 하지 않을 수 없었다. 특히 이중에서 문제가 되는 것은 대마도였다. 이들은 형식적으로는 조선에 조공의 예를 다하면서도 다른 한편으로는 왜구들에게 전진기지를 제공하고 있었기 때문이다.

　　당시 조선과 일본의 관계가 얼마나 복잡했는지는 태종 14년 2월 공조참의 박분을 최초의 통신사로 삼아 일본에 파견하려던 계획이 결국은 취소된 데서도 잘 알 수 있다. 당시 영의정 성석린은 명나라가 왜구 토벌을 위해 일본을 공략하려는 준비를 하고 있는 시점에서 일본과 교류를 갖는 것은 위험을 자초하는 일이며 또한 왜구들의 발호에 대해 일본 정부가 소극적으로 임하고 있으니 통신사를 보내지 않는 게 좋겠다고 건의했다. 태종은 이 견해를 받아들여 통신사를 파견하지 않았다.

오히려 태종은 그후 세종에게 왕위를 물려주고 상왕으로 있으면서 대마도 정벌을 주도했다. 이때도 구주의 동요를 우려해 "이번 정벌은 왜구들을 치기 위함이니 구주 절도사는 걱정할 필요가 없다"는 외교 문서를 보내기까지 했다.

대마도 정벌을 주도한 것은 태종이다. 당시 논의를 보면 대부분의 신하들이 반대했고 조말생만이 나서 "대마도가 허술한 틈을 타 기습하는 것이 좋겠다"는 의견을 냈다. 아직 군사에 익숙지 못했던 세종도 왜구 대책과 관련된 나름의 의견을 낸다. 애당초 정벌론과는 거리가 멀었다. "각 도와 포구에 병선들이 있기는 하나 수효가 많지 않고 방어가 허술하니 오히려 전함을 없애고 육지에서 방어토록 하는 것은 어떤가"라고 했다가 "전함을 둔 후에야 국가가 편안하고 백성이 안도하는 것"이라는 이종무를 비롯한 신하들의 반박을 받는다. 사실 대마도 정벌에 관한 한 세종의 역할은 아무것도 없었다고 해도 과언이 아니다. 그러나 대마도 정벌을 통해 세종이 배운 바는 한두 가지가 아니다. 국왕으로서 변경 수호의 중요성을 깨달았고 군사 동원의 명분과 절차 등에 대해서도 실무적인 이해를 갖출 수 있었다. 이런 경험은 훗날 파저강 여진족 정벌 때 중요한 밑거름이 된다.

결과적으로 대마도 정벌은 절반의 성공으로 끝났고 적어도 상당 기간 동안 왜구의 활동을 억제하는 효과를 발휘한 것은 사실이다. 게다가 일단 한 차례 정벌을 단행함으로써 세종 집권기에는 이따금 재정벌 운운하는 것만으로 왜구들에 대한 위협 효과를 톡톡히 볼 수 있었다. 대마도 정벌은 왜구 대책과 대일 외교 차원에서 태종이 아들 세종에게 물려준 커다란 선물이었다.

왜구와 싸운 대마도 사람 평도전

평도전(平道全), 당시 조선과 대마도 그리고 왜구의 복합적인 관계를 생생하게 보여주는 인물이다. 원래 평도전은 대마도 도주 종정무(宗貞茂)의 부하로 조선을 자주 찾았다. 태종 7년 7월 평도전은 조선에 눌러 살기를 원해 조선 조정에서는 특별히 사재감 소감이라는 관직을 내려주었다. 사재감은 주로 전함의 관리 운용을 담당하던 기관이며 소감은 3품관에 해당하는 직위였다. 이듬해 평도전은 호군으로 승진했다. 오늘날로 말하면 장군이 된 것이다. 또 평도전은 조선의 사신이 되어 대마도를 방문하기도 한다. 그러나 조정은 그를 전적으로 신뢰할 수는 없었다. "평도전은 마음씨가 사나워서 측량할 수 없습니다. 그 무리들이 한데 모여 서울에 사는 것은 온당치 않습니다." 그래서 태종 10년 2월 평도전과 그의 아들 망고 등을 경상도, 전라도, 강원도 등에 분산시켜 왜적을 방비하는 업무를 맡도록 했다. 말 그대로 이이제이(以夷制夷)였다.

태종은 평도전으로 하여금 왜선(倭船)을 만들게 한 다음 조선의 병선과 속력을 비교하게 했다. 한강에서 이뤄진 실험에서 왜선이 조선의 배보다 훨씬 빠른 것으로 드러나자 태종은 이를 개선하라고 지시한다. 그후 다시 한양으로 돌아온 평도전은 대마도와의 교류에 많은 공을 세웠다.

세종 1년 5월, 대마도 정벌의 발단이 되는 왜구의 충청도 비인현 침략이 있었다. 이에 조정에서는 평도전을 충청도 조전(助戰) 병마사로 임명해 귀화한 일본인 16명을 붙여준다. 그러나 이때 백령도 전투에서 평도전은 소극적 태도로 일관하다가 결국 평양으로 귀양을 간다. 또 그의 아들 망고는 군법에 의해 처형되었다.

세종 8년 대마도 도주 종정성(宗貞盛)이 사람을 보내 평도전을 대마도에 되돌려 보내줄 것을 청했으나 세종은 단호하게 거부한다. 국법에 저촉되었음에도 불구하고 목숨을 살려둔 것만으로 고맙게 생각하라는 것이었다. 사실 평도전은 위장 귀화했을 가능성이 더 크다. 그는 수시로 조선을 찾는 일본 중들에게 각종 정보를 넘겨주었고 비인현의 왜구 침략 때도 "조선의 변경을 공격한다면 조선이 대마도를 처음처럼 제대로 예우할 것"이라는 등의 밀서를 대마도에 전달했기 때문이다.

명나라의 견제 속에 조선통신사를 파견하다

조선 초까지 일본에 보내던 사신은 흔히 회례사, 보빙사 등으로 낮춰서 불렀고 대마도에 보내는 사신은 국내에 보내는 경차관이라는 직함을 사용했다. 그러나 일본의 국왕에게 보내는 사신을 본격적으로 통신사라고 부르고 실제로 사람을 보낸 것은 세종 때다.

세종 2년 윤1월 15일 일본에서 사절을 보낸 데 대한 답례로 인녕부 소윤 송희경을 일본에 보냈다. 이는 회례사였다. 송희경은 일본에 억류돼 있던 조선인 70여 명을 데리고 그해 10월 25일 돌아왔다.

제대로 격식을 갖춘 통신사가 처음 일본에 가는 것은 세종 10년 12월 7일이다. 이때 구성원을 보면 통신사에는 대사성 박서생, 부사에는 대호군 이예, 서장관에는 전 부교리 김극유가 임명되었다. 정사, 부사, 서장관의 기본 골격을 갖춘 사신단이었던 것이다. 박서생이 이끄는 사신단은 1년 후인 세종 11년 12월에 조선에 돌아온다.

사실 일본과의 교류는 명나라의 눈치를 보면서 진행해야 했다. 세종

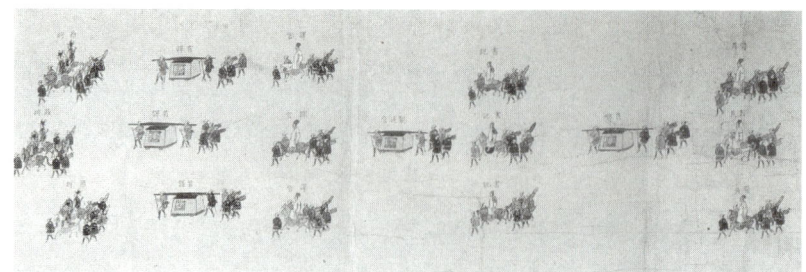

통신사, 일본 에도성에 들어가다_ 일본의 국왕에게 보내는 사신을 본격적으로 통신사라고 부르고 실제로 사람을 보낸 것은 세종 때 부터다. 인조 14년(1636년) 제작.

11년에는 일본에 억류돼 있던 명나라 사람을 조선으로 데리고 왔는데 이 사람을 명에 돌려보내야 하는지를 놓고 조정에서 격론이 벌어진다. 한쪽에서는 그렇게 할 경우 명나라에서 조선과 일본이 잘 지내는 것을 알고 견제할 가능성이 있다고 보았고, 다른 한쪽에서는 어차피 명나라가 그런 사정을 모를 리 없으니 그 사람을 명에 돌려보내는 것이 도리에 맞다고 보았다. 세종은 태종 때도 비슷한 경우가 있었지만 도리를 선택했다는 전례를 들어 후자의 입장에 선다.

세종 21년 7월 고득종이 두 번째로 통신사가 되어 일본으로 떠난다. 이때 세종은 일본 내의 정세와 여행 중에 보게 되는 일본 사정을 상세하게 파악하여 보고할 것을 당부한다. 세종이 통신사를 보내는 목적 중 하나는 일본에 대한 정탐이었던 것이다. 실제로 다음해 5월 세종은 통신사의 서장관으로 갔던 김예몽을 불러 일본의 지형과 국내 정치 정세 등에 대해 상세하게 캐묻는다. 그후에도 통신사는 두어 차례 더 파견된다.

파저강 여진족을 정벌하다

세종 13년(1431년) 7월 30일 백전노장 박초가 강계 절제사로 임명되어 임지로 떠나기 전 인사를 위해 세종을 찾았다. 이 자리에서 세종은 "가서 사졸(士卒)을 훈련하고 농상(農桑)을 권장하며, 또 야인(野人-여진 오랑캐)이 쳐들어오거든 어루만져 위로하고, 물러나거든 추격하지 않는 것이 좋겠다"고 당부한다.

그리고 정확히 1년 4개월 9일 후인 세종 14년 12월 9일 평안도 감사가 긴급 보고를 올렸다. 야인 400여 기(騎)가 여연(지금의 중강진 근처)에 쳐들어와 우리나라 사람과 물건을 노략질하여 가므로 강계 절제사 박초가 군사를 거느리고 추격하여 붙들려 가던 사람 26명과 말 30마리, 소 50마리를 도로 빼앗아 왔으나 우리나라 사람으로 전사자는 13명, 적의 화살에 맞아 부상한 자가 25명이나 되었는데, 마침 날이 저물어 끝까지 추격하지 못했다는 내용이었다. 기습을 당했고 반격에 실패했다.

그들은 파저강 일대의 야인들이었다. 파저강이란 압록강의 중류로 지금의 중강진 근처를 흐르는 강을 말했다. 세종은 진노했다. 다만 당시 압록강 이북의 관할권이 명나라에 있었기 때문에 섣불리 강을 건너 추격을 했다가는 외교 문제로 비화할 수 있었다.

그런데도 세종의 마음속에서는 이미 결심이 섰다. 그전에도 수십 명에서 백여 명 규모의 여진족들이 1년에 한 번꼴로 노략질을 했지만 그것은 생계를 위한 것이었기 때문에 가능하면 여진족의 요구를 들어주고 무마하는 방식으로 해결하려고 노력했다. 강계 절제사로 떠나는 박초에게 세종이 그처럼 말한 것도 이런 원칙 때문이었다. 이번에는 달랐다. 세종은 움직이기로 했다. 하지만 요란하지 않게 조용히 일을 추진했다. 군사는 정보와 비밀이 생명이었기 때문이다.

해가 바뀐 세종 15년 1월 11일 의정부, 6조, 삼군 도진무 등이 모두

파저강_ 압록강의 중류로 지금의 동가강을 이른다. 세종은 이 일대의 여진족을 정벌한다.

모인 가운데 그간의 조사를 바탕으로 박초뿐만 아니라 그의 상관인 평안도 도절제사 문귀에 대한 처벌이 이뤄진다. 이 자리에서 세종은 자신의 단호한 입장을 밝힌다.

"경들이 논의하기를, '파저강 야인들의 소행은 모르는 체하고 그냥 그대로 두고 논하지 말자'고 하여서 나도 그렇게 여겼다. 하지만 지금 다시 생각한즉 야인들이 우리 국경에 가까이 있으면서 이유 없이 변경을 침범하여 인민을 죽이고 사로잡아 가는데, 나라에서는 가만히 앉아서 보고 걱정 없이 돌아보지 아니하면 후일에 자주 침범하는 근심을 열어놓는 것이 아니겠는가?"

그러면서 야인들을 회유하는 방식으로만 대하는 것은 중국 같은 대국이 취하는 방책이고 우리는 입장이 다르다며 신하들을 책망하기까지 한다. 이 정도 되면 방향은 잡혔다. 이 자리에서 신하들과의 논의를 거쳐 문귀의 후임으로 신임 평안도 절제사에 최윤덕, 군을 통할하게 될 도진무에는 호조참의 김효성을 임명했다. 포석은 끝났다.

세종-최윤덕, 여진 정벌을 진두지휘하다

두 사람이 임지로 떠난 바로 다음 날인 1월 15일 세종은 앞서 본 대로 영의정 황희에게 화포의 적극적 활용 방안을 연구토록 지시했다. 장차 대규모 정벌 작전에 대비하기 위함이었다. 이런 가운데 사흘 후인 1월 18일 이조판서 허조는 정벌론의 위험성을 지적하고 나섰다. 허조는 곧기로 정평이 있는 신하였다. 세종의 굳은 결심을 아는 허조는 아주 조심스럽게 말을 꺼낸다.

"신이 지난밤에 되풀이해서 생각해 보니, 성상께서 마음속으로 큰 일을 이미 정하셨는데, 신이 여우같이 의심하는 말로써 감히 천총(天聰)을 모독하옴은 불가하온 줄 아옵니다. 그러나 속으로 이런 마음이 있으면서 상달하지 아니한다면, 이는 안팎이 일치하지 않는 것이므로 중지하시기를 울면서 청하옵니다."

허조는 여진족이 사는 산천은 '열 그루의 나무를 베고 한 개의 별을 본다'고 할 만큼 험한 곳이기 때문에 자칫 야인들을 토벌하지도 못하고 우리 군사들만 고통을 겪을 수 있다며 대안으로 변경의 성책을 강화하는 것이 옳다고 말했다. 실은 이것이 현실적이고 합리적인 방안일 수 있다. 그러나 당시 세종은 한 나라의 국왕으로서 자존심에 큰 상처를 입었다. 세종은 설사 이기지 못하더라도 군사를 일으키는 것 자체가 저들에게 우리의 의지를 보여줄 수 있는 기회라며 정벌 강행 의사를 밝힌다. 예조판서 신상은 세종을 거들었다.

다음 날 최윤덕과 김효성, 경력 최치운 등이 임지로 가기 위해 세종을 찾았다. 이 자리에서 세종은 오랑캐 정벌의 당위성을 장황하게 설명한다. 중국의 경우를 보면 역대로 오랑캐를 "오면 어루만지고 가면 쫓지 아니하였다"면서 그것은 모기를 내쫓듯 한 것이라고 말한다. 옛사람의 이 같은 지혜를 자신도 모르는 것은 아니지만 "파저강의 도적은 이와 다르다. 그동안 베푼 은덕을 잊고 무고한 백성을 죽이고 잡아갔으니 그대로 두면 앞으로도 이 같은 폐단이 이어질 것이다"라며 맹자의 말을 인용한다. "외환(外患)이 없으면 나라가 망한다"고 했으니 지금의 일이야 비록 오랑캐들이 일으킨 것이지만 실은 하늘이 우리로 하여금 경계하도록 하기 위함이라는 것이다.

오히려 최윤덕의 견해가 조심스럽다. 함경도 쪽의 오랑캐 동맹가첩목아보다 평안도 쪽의 이만주 세력이 훨씬 강하며 대마도의 경우 100년을 준비한 일인데 이번 일은 겨우 10년밖에 준비하지 않았다는 것이다. 세종은 단호했다. "대마도 토벌도 별로 만족스럽진 못하지만 적들이 우리를 두려워하는 마음을 갖게 한 효과는 있었다." 대신 세종은 "군사의 진퇴에 대해서는 전적으로 경의 처분을 따르겠노라"며 최윤덕에게 전권을 부여한다. 더불어 최윤덕을 '중추원 판사'로 승진 제수했다. 전장으로 나가는 장수에게 힘을 실어주기 위함이었다.

다시 평안도 절제사가 된 최윤덕

예순을 바라보는 나이에 평안도 절제사가 되어 임지로 향하던 최윤덕의 발걸음은 가볍지 않았다. 최윤덕(崔潤德, 1376년 고려 우왕 2년~1445년 세종 27년)은 조선 초의 명장으로 이름을 날린 최운해의 아들이다. 어려서부터 힘이 세고 활을 잘 쏘았던 그는 아버지를 따라 여러 전투에서 공을 세웠고 태종 10년(1410년) 무과에 급제했다. 이후 주로 동북 지방의 여진족을 방어하는 임무에 종사하다가 대마도 정벌에 참여해 무인으로 용맹을 떨쳤다. 그후 공조판서를 거쳐 세종 5년(1423년) 평안도 절제사로 임명받았다. 따라서 평안도 절제사는 이미 최윤덕이 10년 전에 거친 자리였다. 실은 그때도 원래 임기 1년을 마쳤으나 세종이 특별히 유임을 명해 1년 더 근무해야 했다. 굳이 이때 세종이 최윤덕을 다시 부른 것은 10년 전 최윤덕의 일처리가 믿음직스러웠기 때문이다.

당시 서울로 돌아와서도 최윤덕은 병조판서를 비롯해 각 도의 도순찰사 등 군부의 요직을 두루 경험한 말 그대로 제1의 무장이었다. 이런 인물을 사지(死地)로 다시 보내는 세종의 마음은 더욱 무거웠을 것이다.

그에 앞서 세종은 세종 14년 6월 9일 좌대언 김종서를 불러 "그대는 최윤덕을 아는가"라며 최윤덕의 인물됨에 대해 물어본다. 이에 대해 김종서는 "사람됨이 비록 학문의 실력은 없으나 마음가짐이 정직하고 뚜렷한 잘못이 없으며, 용무(用武)의 재략(才略)은 특이합니다"라고 답한다. 그러나 세종은 이미 최윤덕에게 훨씬 더 큰 것을 기대하고 있었다. 세종의 말을 듣고 김종서는 내심 깜짝 놀랐을 것이다.

"곧고 착실하여 거짓이 없으며, 근신하여 직무를 수행하므로 태종께서도 인재라고 생각하시어 의정부에 시용(試用-의정부 참찬)하였노라. 고려 때와 조선 초에 간혹 무신으로서 정승을 삼은 이가 있으나, 어찌 그 모두가 윤덕보다 훌륭한 자이겠는가. 그는 수상(영의정)이 되어도 좋을 인물이다. 다만 말이 절실하지 못한 것이 단점이다. 하륜이 정승이 되어 모든 정무를 처리할 때에 무신 출신 정승 조영무가 거기에 옳으니 그르니 하는 일은 없었다. 만약 한 사람의 훌륭한 정승을 얻으면 나랏일은 근심이 없게 될 것이다."

그러나 막상 임지에 도착한 최윤덕은 오랑캐들을 회유하는 데 쓸 물건을 보내줄 것을 요청하는 글을 조정에 올렸다. 세종 15년 2월 17일의 일이다. 이에 대해 세종은 일단 최윤덕의 의견을 따르면서도 다음과 같은 단서를 단다. 예전보다 후하게 주면 마치 우리가 그들에게 겁을 먹은 인상을 줄 수 있으니 전례대로 그냥 적당히 줘서 무마할 것을 명한다. 여전히 최윤덕은 싸움을 피하고 싶었고 세종은 단호했다.

2월 21일 조정에서는 마침내 토벌 결정이 이뤄진다. 중군은 최윤덕, 좌군은 이순몽, 우군은 최산해가 맡아서 기습키로 했다. 이에 따라 서울에 있던 이순몽과 최산해도 급히 현지로 급파한다. 동원 병력은

3,000명이었다.

2월 26일 우군을 맡게 된 중추원 부사 최산해에게 세종은 밀지를 내린다. 압록강을 건너기 위한 부교(浮橋) 건설의 특명을 맡긴 것이다. 여기서 세종의 치밀함이 드러난다. 자칫 부교 건설 과정에서 현지 백성들이 전쟁이 임박한 것을 눈치 채고 동요할 수 있으니 목책(木柵) 건설을 위해 왔노라고 거짓 선전을 한 다음, 작전에 임박해 순식간에 부교를 건설토록 하라는 것이었다.

이틀 후 세종의 모습은 완벽한 군사전략가의 그것이다. 이날 여진족 거주 지역을 정탐 중인 박호문이 보낸 첩보를 근거로 의정부, 6조, 삼군 도진무 등 문무 고위 대신들과 작전 개시일을 언제로 할 것인지를 놓고 격론이 벌어진다. 이미 저쪽에서 조선의 동태를 파악하고 기습에 대비하고 있는 것이 문제였다. 결론은 세종이 내렸다. "4월 풀이 무성

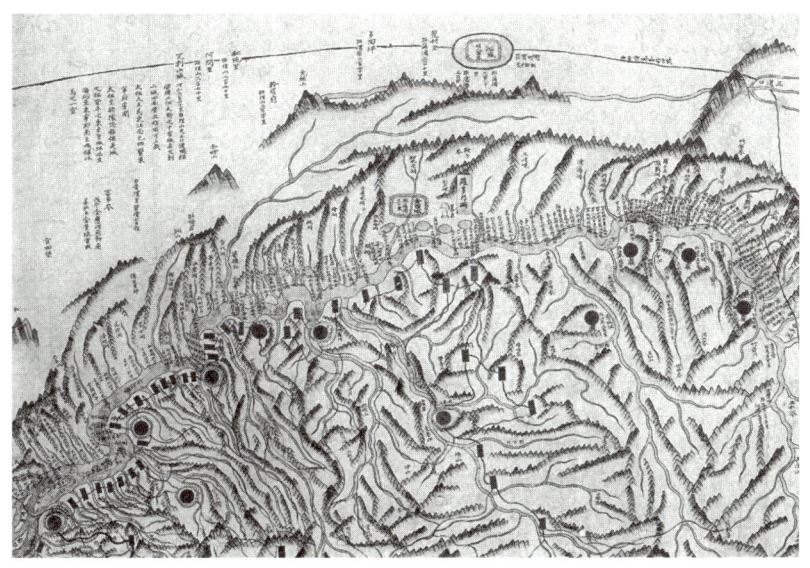

압록강 국경 지도_ 한국과 중국의 국경을 흐르는 강으로, 이민족의 침입이 끊이지 않았다.

할 때 군사를 내도록 하라!"

3월 7일 최윤덕은 경력 최치운을 세종에게 은밀하게 보냈다. 작전 계획은 이미 수립되었으며 3,000명으로는 작전 수행이 곤란하니 병사를 1만 명으로 증원해 달라는 요청이었다. 당연히 받아들였다.

3월 19일 야인 토벌을 종묘와 사직에 고하였다. 이로써 작전은 시작됐다. 3월 25일 세종은 최윤덕에게 내린 비밀 명령 또한 세종의 세심함을 보여주기에 족하다. 두만강 쪽의 오랑캐 동맹가첩목아가 북경을 방문하고 돌아가다가 마주치게 되거든 그가 적을 도우면 모른 체하고 사살하고 그렇지 않거든 죽이지 말 것을 당부했다. 이는 언젠가는 두만강 쪽 여진족에 대한 정벌을 염두에 두고 있었다는 뜻이기도 하다.

대승을 거둔 파저강 전투

세종은 최윤덕에게 최종 명령을 내리고 3월 25일 충청도 온양으로 행차한다. 온천에 가기 위함이었다. 일부 신하들은 변경에서 군사들이 토벌에 나섰는데 국왕이 도읍을 비우는 것은 적당치 못한 행동이라며 온천행을 늦춰줄 것을 청했으나 세종은 허락하지 않았다. 왜 하필이면 이 순간에 세종은 온천행을 선택한 것일까?

무엇보다 백성을 안심시키기 위함이었다. 병사 1만 명이 동원되었으니 소문이 나지 않았을 리 없다. 그때 임금이 평안하게 휴양을 취하는 모습을 보여줌으로써 백성들을 안심시키고 자신감을 불어넣으려 했던 것이다. 온천에 머물면서 병 치료보다는 백성들과 활발하게 접촉하는 세종의 모습을 보면 더욱 그렇다.

세종은 한 달 가까이 머물다가 4월 20일 길을 떠나 4월 23일 환궁했다. 그날 한양 장안의 모습을 『실록』은 이렇게 전한다. "풍악이 연주되고 앞을 인도하여 홍례문 안 영제교(永濟橋)에 이르러 그쳤다. 홍인문에서 광화문까지 좌우 길가에는 부고를 매고 관광하는 자가 만 명으로 계산되었다." 한편 한양으로 오는 길에 아버지 태종이 묻힌 헌릉에 들러 친히 제사를 올렸다. 태종이 주도한 대마도 정벌의 정신을 다시금 되새겼을 것이다.

이틀 후부터 승전보가 연이어 올라왔다. 4월 25일 평안 감사 이숙치는 중군 절제사 이순몽의 승전 소식을 알려왔다. 포로만 56명을 잡았다. 다음 날에는 최윤덕이 거둔 승전 소식을 알려왔다. 대승이었다. 그리고 최윤덕에게는 마지막까지 실수가 없도록 최선을 다할 것을 당부했다.

5월 3일 세종은 연이은 승전보에 감격하면서도 조심하는 태도를 보였다. 이날 영의정 황희를 비롯한 신하들과 정사를 이야기하던 중 자신의 솔직한 소회를 털어놓는다.

"내가 왕위에 오른 뒤로 매양 문치(文治)에 힘을 쓰고 군사의 일에는 마음을 두지 아니하였는데, 내가 어찌 큰 일을 좋아하고 공을 이루기를 즐겨서 야인을 정벌하였겠느냐. 적이 먼저 우리에게 해를 끼치므로 할 수 없이 거행하게 된 것인데, 다행히 크게 승리하였으니, 진실로 기쁜 일이나, 역시 두려운 것이다. 지금은 비록 성공하였을지라도 어떻게 이 공을 보전하여 영구히 후환을 없게 할 것인가."

작전 경과는 이랬다. 3월 27일 세종의 토벌 명령을 받은 최윤덕은 20여 일 가까이 상황을 살피다가 4월 19일 새벽 일곱 개의 공격로를 통해 기습 작전을 실시했다. 평안도 병사 1만 명과 황해도 군마 5,000여 기가 동원된 작전이었다. 대성공이었다. 대략 포로 220여 명, 사살 200여 명이었고 아군의 희생은 10여 명 정도였다.

5월 16일 세종은 한양으로 돌아온 최윤덕에게 '우의정'을 제수했다. 조정이 발칵 뒤집혔다. 이조판서 허조는 차라리 '중추부 영사' 같은 자리를 만들어 공을 치하하는 게 낫지 의정부 자리는 곤란하지 않느냐는 의견이었다. 반면 좌의정 맹사성은 자신의 자리라도 내줄 수 있다고 말했다. 신하들의 논란이 계속되자 세종은 김종서를 불렀다. 1년 전 자신이 했던 이야기를 일깨우기 위함이었다.

"경은 작년의 말을 기억하는가. 경과 더불어 일찍이 말하기를 '윤덕이 가히 수상(首相)이 될 만하다'고 하였는데, 수상은 그 임무가 지극히 중하므로 전공(戰功)으로 그 벼슬을 줄 수 없는 것이다. 지금 윤덕이 비록 전공이 있다 할지라도 덕이 없으면 단연코 제수할 수 없는 것이다. 내가 사람을 취하고 버리는 것이 이와 같으니, 경은 작년에 내가 말한 바와 오늘의 의논한 바를 가지고 다시 여러 대신들과 잘 의논하여 보고하라."

이에 맹사성 등도 하나같이 세종의 뜻에 동의했다. 이에 세종은 흐뭇해하며 이같이 말한다.

"내가 작은 벼슬을 제수할 적에도 반드시 마음을 기울여서 고르는데 하물며 정승이리오. 윤덕은 비록 배우지 않아서 임금에게 건의를 올리는 일에는 능숙지 못하나 밤낮으로 게으르지 아니하고 일심봉공(一心奉公)하여 그 자리를 잘 해낼 것이다."

파저강 정벌은 최윤덕이라는 우리 역사의 작은 영웅을 만들어낸 것이다. 그 배경에 세종이 있었다.

세종-김종서, 6진을 개척하다

파저강 일대의 여진족 추장 이만주의 병사 400여 기가 조선을 침략하기 10개월 전인 세종 14년 2월 10일 세종은 자신을 가까이서 보좌하는 대언들에게 다음과 같은 은밀한 지시를 내린다.

"우리 나라의 외환은 북방에 있다. 야인이 중국의 경역(境域)을 침노하지 못하는 것은 중국의 화포(火砲)와 궁노(弓弩)를 두려워하기 때문이다. 근래 10여 년 동안에 야인이 우리의 국경을 침략하지 못한 것은 전시귀(田時貴), 이징옥(李澄玉), 하경복(河敬復) 등과 같은 장수들이 전승하였기 때문이었다. 비록 적변(賊變)이 있더라도 만약 능히 연대(烟臺)를 높이 쌓고 수비와 방어에 필요한 물건을 구비하여 지킨다면, 야인은 반드시 오래 머무르지 못할 것이었다. 병조에서 미리 연대, 신포(信砲), 소화포(小火砲) 등의 물건을 준비하게 하라."

연대나 신포(신호탄) 등은 긴급 통신 체계를 갖추려는 조처였다. 이미 이때부터 세종은 착착 토벌 준비를 하고 있었다.

보름 후인 2월 25일 오랜만에 신하들과 함께 강원도 쪽으로 강무(사냥)를 떠난 세종은 좌대언 김종서를 은밀히 불러 "항상 차고 있다가 짐승을 쏘라"며 활과 화살을 하사한다. 최윤덕을 정승에 보임하기 1년 전에 김종서에게 최윤덕의 인품을 묻고 자신의 은근한 뜻을 밝혔던 세종이다. 당연히 김종서에게 활과 화살을 내린 데는 깊은 뜻이 있었을 것이다. 다만 이 시점에 김종서가 그 뜻을 알아차렸는지는 알 수 없다. 어쩌면 뜨악했을지도 모른다. 자신은 전형적인 문신이다. 군사와는 거리가 멀었다. 자신에게 왜 '활과 화살'을? 그것도 '항상 차고 있으라고?'

파저강 정벌로 기세가 올라 있던 세종 15년 12월 9일 세종은 김종서를 이조우참판으로 낙점한 다음 함길도 관찰사로 명한다. 병으로 물러난 조말생의 후임이었다. 그리고 12월 18일 하직 인사를 위해 찾아온 김종서에게 특별히 털옷과 털모자를 하사한다. '북방을 부탁한다'는 뜻이 담겨 있음은 물론이다.

이 무렵 세종은 북방 정세, 정확히 말하면 명나라와 조선 사이에서 벌이는 주요 여진족들의 이합집산을 손바닥 보듯이 꿰뚫어보고 있었다. 첩보전에서 주도권을 쥐고 있었기 때문이다. 파저강 쪽 이만주는 일단 기선을 제압했다. 이후 이만주는 일단 조선에 대해 고분고분해졌다. 반면 함길도와 두만강을 사이에 두고 접해 있던 건주좌위(建州佐衛)의 여진족은 여전히 불안정했다. 동맹가첩목아가 일찍부터 외교술을 발휘해 명나라와 조선 사이에서 절묘한 줄타기를 하고 있었다. 그러나 그를 시샘하는 양목답올이 곁에 있었다. 몇 차례 공방전 끝에 세종 15년 10월 19일 오랑캐 800명을 동원한 기습 작전에서 양목답올은 동맹가첩목아를 살해하고 그의 아들 동창을 포로로 잡았다. 이상의 사건 진행에 대해서도 세종은 즉각 보고를 받아 상황을 정확하게 파악하고 있었다.

11월 6일 함길도 도절제사 성달생이 알목하(斡木河-두만강 남쪽으로 오늘날의 함경북도 서북부 지방)를 이끌던 괴수(동맹가첩목아)가 죽어 오랑캐들이 동요하고 있다는 보고를 올렸다. 바로 다음 날 세종은 병조좌랑 우효강을 함길도에 파견한다. 이때만 해도 조심스런 입장을 보인다.

"지금 남의 위급한 것을 노려서 군사를 일으켜 공격하여 승리를 얻더라도, 그것이 무공(武功)이 될 수는 없으며, 남의 재난을 이롭게 여겨 군사를 일으켜 쳐서 빼앗는 것은 잔인한 것 같다. 또 함부로 움직여서 패배를 자취(自取)하는 일이 생기지나 않을까 염려하지 않을 수 없다."

이 무렵 세종은 몸이 편찮았다. 병상에서 아마도 많은 생각을 했던 것으로 보인다.

영토 확장을 위한 기회를 잡다

열흘여가 지난 11월 19일 세종은 영의정 황희, 좌의정 맹사성, 우의정 권진과 무장 하경복, 심도원 등을 불러 비밀리에 북방 정책을 논의한다. 병을 앓으면서도 세종의 관심은 오로지 북방이었던 것이다.

"수성(守成)하는 임금은 대체로 사냥놀이나 성색(聲色)을 좋아하지 않으면, 반드시 큰 것을 좋아하고 공을 세우기를 즐겨 하는 폐단이 있다. 이것은 예로부터 지금에 이르기까지 조상의 왕위를 계승하는 임금이 마땅히 경계해야 할 일이다.

 전일에 파저강 전역(戰役) 때에는 대신과 장수와 재상들이 다 불가하다고 말하였다. 이 말들은 바로 만세에 변함이 없는 정론이다. 그런데 내가 마침내 정벌을 명하여 성공하였다. 그러나 그것은 특히 행운일 뿐이고 숭상할 만한 것은 못 된다. 지금 동맹가첩목아 부자가 함께 사망하고, 또다른 여진 추장 범찰이 그의 무리를 거느리고 우리의 경내(境內)에 와서 살고자 한다. 여러 대신들에게 의논하였더니 모두가 경솔하게 허락할 수 없다고 말하였는데, 그 언론이 지당하다. 줄곧 생각을 해보니, 알목하는 본래 우리나라의 영토 안에 있던 땅이다. 혹시 범찰 등이 딴 곳으로 옮겨 가고, 강적이 나타나 알목하에 와서 살게 되면, 우리나라의 변경을 잃어버릴 뿐 아니라, 또 하나의 강적이 생기게 된다. 그러므로 나는 그곳의 허술한 기회를 타서 영북진(寧北鎭)을 알목하에 옮기고, 경원부(慶源府)를 소다로(蘇多老)에 옮겨서 옛 영토를 회복하여 조종(祖宗)의 뜻을 잇고자 하는데 어떤가?"

 고토(古土) 회복을 위한 천재일우의 기회가 왔으니 반드시 붙잡아야 하지 않겠느냐고 강하게 묻고 있다. 그리고 고토 회복의 정신이 어디에서 나왔는지를 명확하게 밝힌다.

 "태조께서는 경원(慶源)을 공주(孔州)에 두었고, 태종께서는 경원을 소다로에 두었는데, 그 뒤에 한흥부가 전사하고 곽승우가 화살에 맞아 패하였건만, 태종이 차마 버리지 못하여 부거참(富居站)에 목책(木柵)을 설치하고 군사를 주둔시켜 지키게 하셨다. 이것은 조종(祖宗)이 알목하를 우리의 땅으로 삼으려는 마음인 것이다. 일찍이 이것을 마음속에서 잊은 적이 없다."

태조의 손자, 태종의 아들 세종이다. 그러면서 그는 "내가 경원을 옮겨서 배치하려고 하는 것은 큰 일을 좋아하거나 공 세우기를 즐겨 하기 때문은 아니다"라고 다시 한 번 강조한 후 정확한 방향을 제시한다.

"조종(祖宗)이 번리(藩籬-새 영토)를 설치하였다면 자손 된 자가 좇아서 이것을 보충하여야 한다. 두 진(鎭)을 설치하여 옛 국경을 개척하는 것은 조종이 이미 이루어놓은 법이다. 그것이 어찌 나의 공이 될 수 있겠는가. 내 생각으로는, 동맹가첩목아 부자가 일시에 사망한 것은 마치 하늘이 멸망시킨 것 같다. 이제 그 시기가 이와 같으니 그것을 잃어버릴 수가 있겠는가. 나의 결의는 이미 섰으니, 경들은 충분히 의논하여 의견을 올리도록 하라."

여기서 문치의 임금 세종의 모습은 온데간데없다. 이런 결심이 내려졌는데도 불구하고 곧바로 김종서를 함길도 관찰사로 임명하지 않고 시간이 지체된 것은 그때 명나라 사신이 한양에 머물고 있었고 김종서가 접대 업무를 담당했기 때문이다. 명 사신이 한양을 떠난 것이 12월 7일이고 김종서가 관찰사 제수를 받은 것이 12월 9일이다. 명나라에 대해서도 비밀을 유지해야 했다.

김종서, 함길도 관찰사가 도절제사 되다

그렇다고 하루아침에 파저강 토벌처럼 알목하를 공략할 수는 없었다. 일단은 현재 확보된 함길도의 민생과 국방을 안정시키는 일이 급선무였다. 함길도 관찰사 김종서의 임무가 바로 그것이었고 세종은 김종서의 업무 처리에 대해 늘 그랬듯이 대만족이었다.

사실 세종의 입장에서는 6진(鎭) 개척을 밀어붙이는 게 다소 부담스럽기도 했다. 명분은 태조와 태종이 확보해 놓은 영토를 되찾는다는 것이지만 신하들이 볼 때는 다소 추상적인 명분으로 백성들을 궁지에 몰아넣는 것처럼 보였기 때문이다. 세종도 이 점을 잘 알고 있었다. 그래서 4년 가까이 대언으로 데리고 있으면서 누구보다 자신의 심중을 잘 아는 김종서를 일단 관찰사로 파견해 함길도의 정세를 정확히 파악토록 한 것이었다.

세종 17년(1435년) 3월 27일 세종은 김종서를 함길도 절제사로 임명했다. 관찰사가 절제사가 되었다는 것은 승진 좌천 여부를 떠나 문신이 군사 업무를 관장하게 됐다는 뜻이다. 전선(戰線)으로 나가라는 뜻이었다. 그러나 그것은 분명 세종의 무한한 총애에서 나온 것이다. 노모의 병환 때문에 한양에 왔다가 4월 13일 사정전에서 김종서를 맞은 세종은 자신이 입고 있던 홍단의(紅段衣)를 벗어 김종서에게 내려주었다. 임금이 자신의 옷을 벗어 신하에게 내리는 일은 좀처럼 보기 힘든 것이다. 네가 곧 나요, 내가 곧 너라는 뜻이 아니었을까? 4월 25일 김종서는 병든 어머니를 뒤로하고 다시 북방으로 길을 나서야 했다.

1년여가 지난 세종 18년 11월 9일 김종서의 비밀 상언이 올라왔다. 10개월 정도의 준비를 거쳐 세종 19년 8월이나 9월쯤 군사를 움직이자는 내용이었다. 그러나 세종은 부정적이었다. 파저강 때와 달리 소굴까지 들어가는 데 7~8일이 걸리고 도중에 각종 야인들이 섞여 살아 기습 작전을 펼치는 데 어려움이 많다는 이유에서였다. 김종서가 서둘고 있었고 세종은 침착했다. 대신 세종은 세종 19년 4월 3일 오랑캐 내부에서 우리를 위해 간첩 행위를 할 만한 사람을 잘 골라 활용하는 계

육진 세종 때 동북 방면 여진족의 침입을 막기 위해 두만강 하류 지역에 설치한 종성, 온성, 회령, 경원, 경흥, 부령, 여섯 진(鎭)이다.

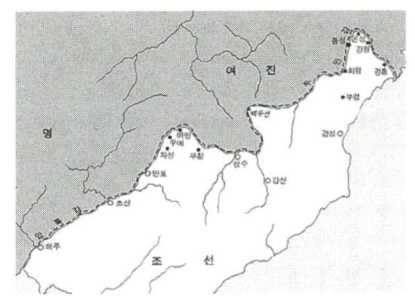

책을 강구할 것을 김종서에게 지시한다. 모든 군사작전의 시작은 정탐이다.

6진 개척은 지구전이었다

최윤덕의 파저강 토벌을 통해 압록강 상류 지역의 여연, 자성, 무창, 우예 등 4군(郡)을 일거에 확보한 것과 달리 김종서의 6진 개척은 끈질긴 공방이 이어진 오랜 지구전의 결과였다.

태종 말년 이후 오랫동안 방치해 두다시피 했던 북방 영토 경략에 본격 나서기 시작한 것은 세종 14년(1432년)부터였다. 조정에서는 경원의 서쪽에 있는 석막(石幕―지금의 부령)에 영북진(寧北鎭)을 설치하고 여진의 침입을 막아내는 교두보로 삼았다.

그후 1434년 김종서가 함길도에 부임하면서 6진 개척이 본격화된다. 먼저 영북진을 종성으로 옮긴 다음 그곳에 종성군을 설치했다. 뒤이어 알목하의 여진들이 침략할 수 있는 예상로가 있는 곳에 새롭게 회령진을 세웠다. 이곳은 6진 전체를 방어하는 전략적 요충지였기 때문에 곧바로 도호부로 승격시켰다.

또 후방으로 옮겨놓았던 경원부를 지금의 경원으로 옮겨 설치했다.

이로써 부령, 종성, 회령, 경원 등 4진이 확보된 셈이었다. 김종서는 세종 22년(1440년) 형조판서로 승진해 한양으로 돌아오기 전까지 1437년 경흥군, 1440년 온성군을 설치함으로써 마침내 두만강을 경계로 하는 영토, 세종의 꿈을 실현시켰다.

그후에도 김종서는 세종의 지근거리에 있으면서 늘 직책과 상관없이 군사와 북방 정책에 관한 최고 자문위원이었다.

명나라에 대한 지성사대

세종의 대명 외교의 출발점은 아버지 태종이 쌓아놓은 명나라와의 관계였다. 세종 1년(1419년) 1월 초 세종의 즉위를 승인하는 고명을 받든 명나라 사신 황엄과 유천이 한양을 찾았다. 황엄은 태종 때 수시로 조선을 찾았던 인물이다. 그리고 같은 해 8월에 다시 황엄과 왕현이 사신으로 조선을 방문한다.

당시 조선을 찾는 사신들은 황제를 받드는 환관이거나 예부 소속의 학자들인 경우가 많았다. 환관들은 뇌물이나 기생 등 무리한 요구를 해서 태종 때부터 수시로 갈등을 빚었던 반면 학자 출신이 올 경우에는 여간 깐깐하지 않았다. 사소한 선물도 거부하고 때로는 함께 온 환관 출신 사신과 싸우는 경우도 적지 않았다. 환관 출신인 황엄은 태종 3년부터 조선을 들락거리며 갖은 횡포를 부리다가 태종의 기세에 눌려 그 다음부터는 조선의 이익을 대변하는 친조(親朝) 인사로 바뀌어 있었다. 그러나 뇌물 좋아하는 버릇은 여전했다. 그랬기 때문에 더욱 더 학자 출신 사신은 함께 온 황엄을 경계했고 선물을 주어도 과민 반응을 일으켰다.

세종 2년에는 예부 출신 학자 조량과 역절이라는 인물이 조선을 찾았다. 두 사람은 처신이 맑았다. 조정에서 안장 갖춘 말과 값비싼 의복을 선물했으나 단호하게 거절했다. 대신 공식적으로 필요한 것만을 요청해서 받아 갔다. 세종 3년 9월에는 해수라는 사신이 조선에서 말을 가져가기 위해 서울을 찾는다. 그러나 조선에는 준마가 없다고 핑계를 대며 잡마 50여 마리만을 주어서 보낸다. 이것이 명나라와 조선의 외교 관계의 실상이었다.

그러나 명나라를 지성으로 섬긴다는 뜻의 '지성사대(至誠事大)'는 형식적이나마 태종이 세운 일종의 대명 외교의 준칙과도 같은 것이었다. 이 말은 태종 1년 2월 명나라 사신 육옹이 조선에 왔다가 돌아갈 때 처음으로 했던 말이다. 태종이 지성사대로 명나라를 받들어 모시니 태종이 요청한 고명을 황제가 쉽게 내줄 것이라고 장담하면서 나온 말이다.

'지성사대'라는 말과 관련해 『실록』을 검색해 보면 모두 여덟 건의 기사가 나오는데 흥미로운 것은 여섯 건의 기사는 다른 사람들이 태종의 대명 외교를 표현한 것이고 태종이 자신의 '지성사대'와 관련해 언급한 두 건은 전혀 다른 맥락에서라는 점이다. 첫째, 태종 17년 8월 16일 태종은 여러 신하들과 편하게 둘러앉아 이런저런 이야기를 나누다가 한 신하가 지금이야말로 태평성대가 아니냐고 말하자 다음과 같은 경계의 말을 한다.

"내가 부덕(否德)한 몸으로서 '정성을 다하여 중국을 섬기었다.' 지나간 일은 그렇다고 하지만 앞으로 오는 일이야 알기가 어렵도다.

정성이 조금만 부족하면 흔단(釁端-큰일을 일으키는 단서)이 반드시 생길 것이니 두렵지 않겠는가?"

이 한마디에 왜 태종이 대명 관계에서 형식적으로나마 '지성사대'를 폈는지 단적으로 알 수 있다. 태종은 10년 전 명나라가 안남(安南-베트남)을 침공한 사실을 결코 잊을 수 없었다. 명나라 영락제는 1406년 7월 주능과 장보 등을 원정군 사령관으로 삼아 안남을 침공했고 결국 1년 후인 1407년 안남을 교지(交趾)라고 개칭하고 교지 포정사라고 하는 일종의 총독부를 설치했다. 이때는 영락제가 바다로는 환관 정화를 파견해 일곱 차례에 걸쳐 인도양 해로 개척에 나서던 때였고, 육지에서는 직접 북정(北征)을 통해 몽골제국을 붕괴시키던 때였다. 정화의 제5차 원정이 시작된 것도 마침 1417년, 태종 17년이었다. 영락제의 영토 팽창은 현재 진행형이었던 것이다.

한편 교지 포정사를 설치했음에도 불구하고 안남의 저항이 계속되자 영락제는 1411년 1월 또다시 장보를 안남에 보내 정벌토록 했다. 한동안 잠잠하던 안남 사람들은 1418년 1월 본격적인 독립전쟁을 시작했고 10년 가까운 투쟁 끝에 1427년 11월에야 명나라는 교지의 독립을 공식적으로 승인하고 교지 포정사를 폐지하게 된다.

이 사건은 태종 7년 명나라 사신이 와서 공식적으로 통보했기 때문에 조선 조정에서도 잘 알고 있었다. 태종이 '지성사대'를 직접 언급하는 두 번째 경우이다. 안남 정벌과 관련하여 태종이 어떤 생각을 갖고 있었는지는 안남 정벌 7년 후인 태종 14년 6월 20일 신하들에게 국방에 힘쓸 것을 당부하면서 했던 다음과 같은 언명에서 정확하게 알 수 있다.

"근래 황제가 북정(北征)하였다는 말을 들었는데, 그것은 곧 문 앞의 적이라 하니, 부득이한 데에서 나온 것이라 할 수 있다. 그러나 지난번 안남(安南)에 출정한 것은 황제의 실책이었다. 스스로 우리 동방(東方)을 생각하면, 땅은 메마르고 백성은 가난하며 국경이 중국과 연접하였으므로, 진실로 마음을 다하여 사대(事大)하여 한 나라를 보전하는 것이 마땅하다. 만약 피할 수 없는 경우이면, 곡식을 축적하고 병사를 훈련하여 봉강(封疆-우리 영토)을 고수함이 마땅하다. 그러나 내가 가만히 생각해 보니, 황제가 나를 대우함이 심히 두터운데, 또 남정북벌(南征北伐)하여 진실로 편안한 해가 없으니 우리를 정벌하는 일은 없을 것 같다. 다만 잦은 전쟁으로 피폐한 명나라 백성이 우리 강토에 뛰어들어서 신축년의 사건(고려 말 10만 홍건적이 고려를 침공했던 일)이 재발되지나 않을까 두려울 뿐이다."

태종이 생각했던 약소국 조선의 생존 전략으로서의 '지성사대'는 세종에 의해 더욱 강화된다. 그러나 세종 또한 명나라에 대한 경계 의식을 조금도 늦추지 않았다.

사신들의 횡포

명나라 사신들을 대하는 데에 태종은 단호했고 세종은 유화적이었다. 세종이 홀로서기를 시작하고서 명나라 사신이 처음 조선을 찾은 것은 세종 5년 3월이다. 3월 17일 평안도 감사가 미리 명나라 사신의 의주 도착을 알린 보고서를 보면 당시 명나라 사신단의 평균적인 규모를 짐작할 수 있다.

"명나라 사신이 3월 15일 의순관(義順館-의주에 있는 사신 숙소)에 도착했는데, 궤짝이 40개이고 최고 지휘관 1명, 참모 3명에 수행인이 33명, 병사가 304명이다."

통상적으로 조선에서 명나라에 보내는 사신단의 규모가 40~50명이었음을 감안하면 6~7배나 되는 규모였다. 이때 조선을 찾은 사신은 환관 유경과 예부 낭중 양선이었다. 두 사람은 먼저 세종 4년 태종이 훙(薨)했을 때 자국의 내부 사정으로 사신을 보내지 못한 것을 사과했다. 그리고 세종의 반듯한 면모에 대해 극찬을 아끼지 않았다. 이들은 비교적 양질의 인사였다. 두 사람은 선물로 받은 말 9필을 자신들을 접대하던 황희에게 고스란히 돌려주고 명나라로 돌아갔다. 4월 24일 모화루에서 열린 송별연에서 두 사람은 세종의 인품과 환대에 감읍하

경기감영도 중 영은문 부분_ 영은문은 조선시대 중국 사신을 맞이하던 모화관 앞에 세웠던 문.

여 눈물까지 흘렸다.

그러나 두 나라 사이에 민감한 외교적 쟁점이나 현안이 없는 가운데 규칙적인 사신 방문은 점점 많은 폐단을 낳기 시작한다. 세종 7년에는 명나라 환관 중에서도 조선에서 뽑혀 간 환관 윤봉이 사신 자격으로 한양을 찾았다. 윤봉은 황제의 총애를 받는 환관이었다. 다음 일화는 그의 권세가 어느 정도였는지를 생생하게 보여준다.

윤봉은 황해도 서흥군 출신으로 판서를 지낸 이빈이라는 사람의 집에서 크다가 명나라 환관으로 뽑혀 간 인물이다. 2월 14일 문안 인사를 온 우대언 김맹성에게 "서흥은 큰 고을이다. 전하께 아뢰어 도호부로 승격시켜 달라. 이것으로써 만대(萬代)에 내 이름을 전하고자 한다"고 말했다. 어이없는 요구였지만 세종은 좌의정 이원의 반대에도 불구하고 결국 윤봉의 요구를 들어준다. 또 2월 17일 동부대언 정흠지가 문안을 올리자 윤봉은 두 사람의 이름을 적은 족자를 내보이며, "아무개는 경관직(京官職)을 맡길 만하고, 아무개는 평양 토관(平壤土官)을 맡길 만하다"고 노골적인 인사 청탁을 한다. 『실록』은 "정흠지가 이를 아뢰자 임금이 모두 따랐다"고 적고 있다. 그에 앞서 윤봉의 동생 윤중부에게 부사직이라는 관직을 내려준 바 있었다. 그래서 사간원에서는 윤봉이 돌아간 직후인 4월 19일 윤봉에게 인사 청탁을 해서 승진한 인물들에 대해 처벌을 상소하기도 했다.

다음해 다시 한양을 찾은 윤봉은 4월 8일 문안 인사를 온 지신사 곽존중에게 자신의 3대(代)를 추증해 달라고 요청한다. 결국 거절하지 못하고 아버지는 가정대부(종2품) 경창부윤에, 할아버지는 통정대부(정3품) 공조참의에, 증조할아버지는 통훈대부(정3품) 사재감 판사에 추증했다. 추증이란 죽은 사람에게 뒤늦게 관직을 내리는 것이다.

세종의 진노

세종 9년부터 명나라의 환관인 태감이라는 벼슬을 하는 창성이 윤봉과 함께 사신단이 되어 한양을 찾았다. 다음해인 세종 10년(1428년)에도 한양에 온 창성은 도를 넘는 요구를 해댔다. 결국 참다못한 세종의 분노가 폭발한다. 8월 7일 조정의 회의 장면이다. 먼저 세종이 발언한다.

"일찍이 태종 때의 사신 황엄은 욕심나는 대로 요구해서, 사람들이 모두 '욕심쟁이'라고 하였다. 그러나 황엄은 조선의 정황과 우리의 바람을 제대로 알아차리고 황제께 바른 대로 계달했다. 그런데 지금의 창성은 욕심껏 구하기를 싫어하지 않기 때문에, 이로 인하여 청하는 것이 매우 많다. 먼저 청구한 것도 다 주기 전에 또다시 새로운 물건을 청한다. 어제는 또 사슴 가죽 100장을 달라고 했다. 이런 추세로 보건대 우리로서 구하기 어려운 물건도 반드시 요구할 것인데 결국 그 요구에 우리가 응하기는 어려울 것이다. 명목상으로는 명나라에 데려갈 처녀와 응견(鷹犬-매와 사냥개)을 구한다는 명목으로 왔지만 실상은 모리(謀利)하기 위하여 온 것이며, 탐내고 욕심 부리는 것이 윤봉보다도 심하다. 그가 요구하는 사슴 가죽을 주어야 옳은가?"

이에 대해 우의정 맹사성은 조심스럽게 일단은 10장이라도 구해줘야 하지 않겠느냐는 의견을 편다. 평소 지성사대를 강조해 온 세종이지만 여기서는 전혀 다른 면모를 보인다. 맹사성의 발언에 대해 가타부타 없이 또 한 번 창성에 대한 비난을 퍼붓는다.

"이 사람은 압록강을 건너 처음 조선 땅에 들어서서는 스스로 말하기를, '이 나라에 와서 길어야 하루이틀 머무르면서 응견(鷹犬)만 가지고 바로 요동으로 돌아가겠다'고 했다. 그러나 막상 한양에 온 뒤에는 사사로이 물건을 많이 가지고 와서는 욕심껏 무역(貿易)을 하고 있다. 또 매와 개는 이미 보냈는데 돌아가려고 하지 않으며, 황제께 올리는 주본(奏本)에 돌아갈 날짜를 오래 연장해서 써넣고, 그리고 무역하는 일을 이미 마치고서도 급히 돌아가지 않고 중도에서 머물고 있으니, 위를 속이고 사사로운 짓만 하는 것이 이 같은 자가 없을 것이다. 이 자는 본래 지식도 없고 또한 염치마저 없으니 매우 비루한 자로다."

당시 창성은 황제의 궤짝 6개와 개인적인 궤짝 100여 개를 갖고 왔다고 『실록』은 적고 있다. 한때 욕심이 많았던 황엄이 들고 온 궤짝은 평균 50여 개였다고 한다. 다음해 5월 다시 조선을 찾은 창성은 자신을 영접하던 조선의 관리들을 꿇어앉히고 매질을 가하는 등 온갖 행패를 부린다. 도저히 참을 수 없다고 생각한 세종은 6월 19일 지신사 정흠지와 좌대언 허성, 우대언 정연에게 이렇게 말한다.

"지금 창성이 청구하는 것이 한량이 없고, 한 가지라도 마음에 불쾌한 점이 있으면 조관(朝官)을 매질하는 등 지나치게 욕을 보이고 있으니 어떻게 했으면 좋겠는가. 능욕을 참고 그전대로 대우해 주는 것이 좋을는지, 의리를 앞세워 꾸짖는 것이 좋을는지 경들은 내 말을 명심하고 두 정승과 의논하여 아뢰라."

그러나 얼마 후 황희와 맹사성은 "창성은 무지한 환시(宦寺-내시)로서 예의 염치를 돌보지 않고 오로지 탐욕만 자행하는 사람입니다.

지금 의리를 따져 그를 꾸짖는다 하더라도 부끄러워하거나 뉘우치거나 하지 않을 뿐만 아니라 도리어 분개하여 원망만 더할 것이 틀림없습니다. 만약 분노를 품고 감정을 쌓아서 명나라 조정에다 거짓 호소라도 한다면, 외국(外國)인 우리의 입장에서 일일이 변명하기가 어려워 혹시 훗날에 큰 걱정거리가 될지도 모르겠습니다. 그러니 능욕을 꾹 참고 우대하여 보내는 것이 옳을 것 같습니다"라고 하였다.

창성은 돌아가는 길에도 민간의 말을 빼앗고 숙소의 집기까지 훔쳐 갔다. 그나마 조선 사람이었던 윤봉은 그나마 양심은 있었던지 말을 주인에게 되돌려주었다.

다음해인 세종 12년 7월 17일 창성이 한양에 들어왔다. 조정이 바싹 긴장했음은 물론이다. 세종은 그냥 두지 않기로 결심했다. 먼저 시비를 걸기로 한 것이다. 8월 4일 우부대언 남지는 전날 받아 온 진헌 물품 목록을 바탕으로 창성과 윤봉에게 조목조목 따지기 시작한다. 근거는 사신단에 앞서 보내온 황제의 칙서였다. 칙서에 공식적으로 적혀 있지 않은 물품을 줄 수 없다는 것이었다. 이 칙서는 창성의 횡포를 보다 못한 세종이 미리 명나라 조정에 이를 알려 얻어낸 것이었음은 물론이다.

이에 두 사람은 낯빛이 변하며 자기들 말대로 해달라고 그나마 처음에는 점잖게 나왔다. 그러자 남지는 은근하게 칙서에 '구전(口傳)으로 하는 짐의 말은 절대 듣지 말라'고 되어 있으니 설사 우리가 쉽게 구할 수 있는 물건이라 하더라도 내줄 수 없다고 말했다. 두 사람은 자신들에게 주면 어련히 알아서 하겠느냐며 남지를 달래보려 했지만 이미 세종의 엄명을 받은 남지였다. "그렇게 되면 사적으로 주는 것이 되는데 대국을 공경해 섬기는 예가 그럴 수야 없지 않겠습니까?" 사태가 이상하게 돌아가는 것을 직감한 윤봉은 손짓을 하며 남지로 하여금 서둘러

방에서 나가도록 했다. 남지가 문 밖에 나서는데 뒤에서 와장창 물건 때려 부수는 소리가 들렸다. 남지가 모른 척하고 다시 들어가 보니 국그릇이 바닥에 뒹굴고 있었다. "뭐, 아직 못다 하신 말씀이라도 있는지요?" 화를 돋우고 있었다. 창성은 분을 못이기며 "이 나라는 지극히 불순하다. 장차 반역하려고 하는 것이다"라고 말했다.

세종은 여기서 물러설 생각이 없었다. 그럴 거였다면 애당초 시작도 하지 않는 것이 세종의 성품이다. 남지에게 보고를 받은 세종은 이틀 후 신하들과 정사를 논하다가 이렇게 말한다.

> "이는 다름 아니라 예전에 자신이 왔을 때는 많은 물품을 주던 것을 황제의 칙유가 내린 뒤부터는 하나도 주는 것이 없기 때문에, 이에 성을 내어 한 것이다. 우리 조정에서 일찍이 사신의 과실을 황제께 주달한 적은 없었다. 그러나 부득이한 사유가 있으면 주달하지 않을 수 없으니, 이제 창성 등이 하는 말을 낱낱이 기록하라."

7월에 조선에 온 창성은 12월이 돼서야 명나라로 돌아갔다. 그러나 그 결과는 좋지 않았다. 얼마 후 보내온 황제의 칙서에 '예의의 나라 조선이 황제를 대하는 예가 의롭지 않다'며 조선을 책망하는 내용이 들어 있었던 것이다. 결국 13년 8월 다시 창성이 사신으로 오자 조선 조정은 그의 비위를 맞춰주는 쪽으로 방향을 잡는다. 국익을 위해 창성을 구워삶기로 작정을 한 듯하다. 물론 그것은 세종의 뜻이었다.

세종은 "지난번 칙서를 보면 마치 고아를 농락하는 듯이 조선을 대우하고 있다. 언제 황제가 우리에 대해 이렇게 한 적이 있느냐"며 "상황이 이렇게 되었는데 바른 것만을 지킬 수 없으나 임시방편으로나마 내시들을 후하게 위로하여 오늘날의 폐해를 해결하는 것이 마땅하다"

고 말한다. 사신이라고 하지 않고 분명히 '내시〔宦侍〕'라고 말했다. 그만큼 세종은 불쾌했다는 뜻이다.

창성은 이때도 12월 13일에야 명나라로 돌아가는데 그동안 조정 관리들이 돌아가면서 온갖 선물, 아니 뇌물을 제공했다는 기록만 있고 이에 만족했는지 그의 횡포에 대한 기록은 나오지 않는다. 창성은 세종 15년까지 사신으로 조선을 찾는다.

6장

예(禮):
집현전의 힘

"집현전 설립을 서둘라"

세종 2년(1420년) 3월 16일 조선의 수도 한양. 이날 탄생한 집현전에 관한 『실록』의 기록이다.

"집현전에 새로 영전사(領殿事) 두 사람을 정1품으로, 대제학 두 사람을 정2품으로, 제학 두 사람을 종2품으로 두되, 이상은 겸직이요, 부제학은 정3품, 직제학은 종3품, 직전(直殿)은 정4품, 응교(應敎)는 종4품, 교리(校理)는 정5품, 부교리는 종5품, 수찬(修撰)은 정6품, 부수찬은 종6품, 박사(博士)는 정7품, 저작(著作)은 정8품, 정자(正字)는 정9품으로, 이상은 녹관(祿官-봉급을 받는 정규직)으로 하며 모두 경연관(經筵官)을 겸임하였다. 각 품의 차례는 다 본 품반(品班)의 머리로 하였다. 제학과 부제학의 서열은 사간의 위로 하였다. (좌의정) 박은과 (우의정) 이원을 영전사에, 유관·변계량을 대제학에, 탁신·이수를 제학에, 신장·김자를 직제학에, 어변갑·김상직을 응교에, 설순·유상지를 교리에, 유효통·안지를 수찬에, 김돈·최만리를 박사에 임명하였다. 처음에 고려의 제도에 의하여 수문전·집현전·보문각의 대제학과 제학은 2품 이상으로 임명하고 직제학·직전·직각(直閣)은 3, 4품으로 임명하였으나 관청도 없고 직품도 없이 오직 문신으로 관직을 주었을 뿐이었는데 이때에 이르러 모두 폐지하고 다만 집현전만 남겨두어 관사(官司)를 궁중에 두고, 문관 가운데서 재주와 행실이 있고 나이가 젊은 사람을 택하여 이에 채워서 오로지 경전과 역사의 강론을 일삼고 임금의 자문에 대비하였다."

이중 제학 이상은 겸관이라 해서 겸직이었고 부제학 이하는 임시직이나 겸임이 아닌 전임(專任)으로 신분이 보장되며 봉록을 받는 녹관이었다. 여기서 분명히 해두고 넘어갈 일은 집현전은 세종의 작품이 아니라 철저하게 태종의 작품이었다는 사실이다. 아들을 위한 최고의 선물이었다고 할까?

여기서 우리는 먼저 이런 의문을 던지지 않을 수 없다. 왜 태종은 할 일이 산더미처럼 쌓인 세종의 즉위 초기에 어떻게 보면 한가롭게 보일 수도 있는 '싱크탱크' 집현전을 세울 구상을 했을까? 여기에는 무엇보다 건국 초 인재 고갈이라는 현실적인 요인이 크게 작용했다. 세종 즉위 초 인재 부족은 심각한 지경이었다. 그것은 태종이 종종 "외교문서 하나 작성할 인재가 없다"고 한탄한 데서 단적으로 드러난다.

고려 말에 양성된 신진 학자들은 조선 개국 과정에서 요즘 식으로 말하면 참여파와 재야파로 갈렸고, 참여파들 중에서도 정도전 같은 뛰어난 인물들은 왕자의 난 때 태종 이방원에게 제거되었고 그 밖에 권근 하륜, 이첨, 성석린 등은 세상을 떠났거나 너무 연로하였다. 그렇다고 태조와 태종 시절은 차분하게 인재를 키울 만한 안정기가 아니었기 때문에 새로운 인물을 체계적으로 길러내지 못했다.

세종의 꿈, 문치(文治)

태종이 세종에게 왕위를 물려주고 상왕으로 물러앉으면서 자기 사람은 쓰지 말고 새롭게 인물을 뽑아 쓰라고 했는데도 굳이 아버지 때의 인물을 상당수 그대로 중용한 것은 부친에 대한 존중의 예를 갖추겠다는 생각 못지않게 당시의 인재 부족에 대한 세종의 정확한 인식이 크게 작용했다고 봐야 한다. 인재난은 세종으로서도 어쩔 수 없는 객관적인 조건이었다.

동시에 새로운 나라 조선을 유교적인 이상 국가로 만들겠다는 젊은 국왕 세종의 생각은 확고했다. 세종 4년 10월 29일, 같은 해 5월 10일 상왕이 세상을 떠났으니 한 나라의 국왕으로 홀로서기의 몸부림을 하고 있을 때였다. 이날 그가 주자소에서 새롭게 활자를 만들어낸 것을 치하하며 하는 말 중에 이미 문치(文治)에 관한 당당한 포부를 읽어낼 수 있다.

"이번에 새롭게 활자를 만듦으로써 앞으로 인쇄하지 못할 글이 없으니 배우지 못할 사람도 없을 것이다. 문교(文敎)의 번성은 앞으로 더욱 크게 일어날 것이고 세상에는 도리의 지배함이 더욱 커질 것이다. 저 한나라와 당나라의 임금들은 재리(財利)와 병혁(兵革)에만 정신을 쏟아 그것만을 국가의 급선무로 삼았지만 우리는 다르다. 저들과 우리는 하늘과 땅의 차이로 우리 조선 만세에 한없는 복이다."

지식인이나 관료에도 여러 가지 유형이 있겠지만 유교 국가를 꿈꾸고 있던 세종으로서는 당장 자신의 이런 구상을 뿌리에서부터 뒷받침해 줄 유교적인 지식인, 즉 유사(儒士)들이 대거 필요하였다.

세종의 호학 취미도 학자 집단을 출범시키는 데 크게 작용했을 것이다. 세종은 정조와 더불어 조선의 대표적인 철인왕(哲人王)으로 불러도 될 만큼 학문, 특히 유학에 대한 조예가 깊었다. 세종의 학문 탐구와 그 내용에 대해서는 앞에서 구체적으로 살펴본 바 있지만 여기서 한 가지 짚고 넘어가야 할 사실은 그가 학문에 대해 대단히 균형 잡힌 견해를 갖고 있었다는 점이다. 즉 그는 현실과 유리된 학문 자체가 아니라 현실에 대한 깊은 이해와 파악으로서의 학문 개념을 갖고 있었으며, 동시에 현실을 타개해 나가는 데서 학문이 갖는 힘과 의의도 정확하게 통찰하고 있었다. 다시 말해 그는 학문 자체를 즐기는 순수 이론가형 학자는 아니었다.

이런 점에서 정조와는 확연히 구별된다. 그렇다고 현장 경험만을 믿는 장인형 인물도 아니었다. 어떤 의미에서 보자면 학문이 갖는 현실적 실용적 효용성을 너무나도 정확하게 꿰뚫어보고 있었고 그런 범위에서만 학문에 대한 탐구를 게을리 하지 않았다. 이런 그의 학문관은 집현전의 성격 규정에도 그대로 반영되어 나타났다. 이상의 여러 요인들로 인해 집현전이라는 독특한 기구가 세종이라는 인물에 의해 더욱 발전할 수 있었던 것이다.

집현전을 구상한 좌의정 박은

집현전을 처음 구상한 것은 태종 때의 일이다. 태종 17년 1월 19일 사간원은 치도(治道)과 관련된 몇 가지 건의를 하는데 그중 첫 번째가 집현전 창립이다.

"인재는 국가의 그릇이므로 미리 양성하지 않을 수 없습니다. 지금 남아 있는 수문전, 집현전, 보문각 등은 이름만 있고 그 실상이 없으니 나라 안에 집현전을 창립하고 관리들 중에서 글을 주관할 만한 자 여러 명을 택하여 제조로 삼으소서. 3품 이하의 시직(時職), 산직(散職) 문신으로 나이가 젊고 자질이 근사한 자를 가려 뽑도록 명하여 항상 이곳에 모여 경사를 강독하거나 글을 짓게 함으로써 문풍(文風)을 진작케 하소서."

경복궁 수정전 세종 때 집현전 건물로 쓰였다. 임진왜란시 화재로 소실되었다가 고종 때 재건되었다.

다름 아닌 신진 인사 양성과 문풍 진작이 집현전 설립 건의의 핵심 취지였다. 이처럼 구체적인 방안까지 마련된 제안은 아니지만 이미 태종 10년 11월 21일에도 사헌부는 "청컨대 집현전을 개설하고 유사를 뽑아 경사를 강론해야 할 것"이라는 내용의 상소를 올린 바 있다.

태종이 자신과 비슷하다고 할 수 있는 무인 기질의 양녕을 폐세자하고 셋째 아들이자 문사의 기질을 충분히 갖춘 충녕을 세자로 정한 것을 보면, 태조의 조선 건국 이후 자신의 시대까지 황폐화되다시피 한 문풍을 되살리는 데 뜻을 두지 않았다고는 할 수 없다. 그러나 곧 뒤로 물러설 생각을 하고 있던 태종은 문풍 진작은 아들 세종이 해야 할 일로 생각하고 있었다. 또 인재 양성이 하루 이틀에 되는 것이 아니라는 것을 잘 알고 있었기에 자기보다는 세종이 집현전 설립에는 적임자라고 여겼다고 보는 게 온당할 것이다. 이런 점에서 세종 1년 2월 16일의 기사는 우리의 눈길을 끌기에 충분하다.

"좌의정 박은이 계하기를 '문신을 선발하여 집현전에 모아 문풍을 진흥시키는 동시에, 문과는 어렵고 무과는 쉬운 때문으로 양반 자제들이 많이 무과로 가니 지금부터는 사서를 통달한 뒤에라야 무과에 응시할 수 있도록 만들어주시옵소서' 하니, 임금이 아름답게 여기고 받아들였다."

좌의정 박은은 세자 시절 세종의 스승이기도 했다. 이 점은 대단히 중요하다. 집현전 설립을 통한 문풍 진작과 경사 강론의 확산에 대해서는 박은도 확고한 신념을 갖고 있었고 세종 또한 같은 생각을 물려받았을 것이다.

신하들의 건의도 있고 해서 잔뜩 기대를 품고 있던 세종은 막상 집현전 설립과 관련한 구체적인 움직임이 없자 같은 해 12월 12일 사간원 상소를 듣던 중 "일찍이 집현전을 설치하려는 의논이 있었는데 어찌하여 다시 아뢰지 않는가. 유사 10여 인을 뽑아 날마다 모여서 강론하게 하라"고 화를 내며 엄명을 내린다.

서울대 최승희 교수의 연구에 따르면 집현전 37년의 역사는 크게 세 시기로 나뉜다. 첫째는 세종 2년부터 세종 9년까지로 인재 양성 기간이었다. 이때는 주로 세자를 위한 서연과 세종을 위한 경연에 참석해 함께 경전을 읽고 토론하는 것이었다. 제2기가 시작되는 세종 10년부터는 각종 서적 편찬과 정치에 대한 자문 역할을 한다. 제2기는 대략 세종 18년까지다. 제3기는 세종이 병들어 제대로 정사를 볼 수가 없어 세자에게 국사를 넘기기 시작한 세종 19년부터 집현전이 혁파되는 세조 2년까지로 주로 정치에 관여하는 시기이다. 제3기의 모습은 세종이 바라던 집현전의 상과는 정반대였다.

집현전과 문형 변계량의 활약

   存敬畏 戒逸欲 躬行仁義
   開經筵 覽經史 學貫天人
   置集賢殿 四時講學 春秋製述……

   경외심을 잃지 않고 안일과 욕망을 멀리하며 어질고 올바른 일을 힘써 행하였도다
   경연을 열어 경전과 역사를 탐구해 하늘과 사람을 학문으로 꿰었도다
   집현전을 설치하고 일년 내내 학문을 논하며 봄가을에는 제술했으니……

세종 7년 4월 2일 변계량이 조선의 창업과 세종의 덕을 기리기 위해 지어 올린 악장「화산별곡(華山別曲)」의 제3장에 나오는 구절이다. 제술이란 요즘으로 말하면 일종의 글짓기인데 통상 집현전에서의 제술은 개인의 서정을 노래하기보다는 국가의 번창을 기원하는 글이 주종을 이뤘고 조선 초에 유행했던 악장이라는 형식은 훗날 조선 왕실을 과도하게 찬양했다는 이유로 비판의 대상이 되기도 했다.「화산별곡」도 국가의 종묘제례에 사용되던 악장이다.

조선에는 '문형(文衡)'이라는 말이 있었다. 조선시대 홍문관이나 예문관의 정2품 대제학을 달리 일컫는 것으로, 중국과 주고받는 외교문서나 국가의 의전용 문장을 주재하는 자리라서 당대 최고의 문장가가 그 일을 맡았으며 주문(主文)이라고도 불렀다. 고려 때 대학사(大學士)라고 불리던 것을 태종 1년(1401년)부터 대제학으로 바꿨다. 조선 전기에는 예문관에만 대제학을 두었으나, 세종 2년(1420년)에는 집현전에도 대제학을 두었고, 세조 2년(1456년) 집현전을 홍문관으로 고쳐 그대로 대제학을 두었다. 대제학은 본인이 사퇴하지 않는 한 종신직이었다.

이「화산별곡」을 지은 변계량이 바로 세종 초기의 문형이었다. 조선 초기 문형의 계보는 태조와 태종 때의 정도전·권근에서 세종 때의 변계량·윤회를 거쳐 단종과 세조 때에는 최항으로 이어진다. 이 문형들은 자신들이 국가의 공식적인 문장 혹은 문학을 짓는다는 데 대한 자부심이 대단했다. 호서대 김성룡 교수는 저서『여말선초의 문학사상』(한길사)에서 권근을 예로 들어 당대의 문형이 갖고 있던 자부심을 다음과 같이 설명하고 있다.

"(권근은) 조선왕조의 공식 문장을 짓는 데 주력해 실로 조선왕조의 기틀을 잡는 데 힘썼다. 그중에도 특히 문학에 종사한 자신의 업적을 스스로 자부했는데 '예로부터 성군현상(聖君賢相)의 공덕이 번성한 것은 천지에 모범이 되고 사해를 빛내지만 반드시 문신의 글에 기탁한 후라야 후세에 전해진다'고 하고서 자기가 바로 그런 문신의 일에 진력했다고 했다."

이 같은 문장가로서 권근의 자부심은 변계량에게도 그대로 해당된다. 20대와 30대 초반의 세종이 정권 초창기에 안정된 왕권을 확립하는

데 기여한 1등공신을 꼽으라면 아마도 변계량이 첫손가락일 것이다. 특히 세종은 국왕이 발표하는 교서를 비롯한 각종 국가 문서를 짓는 등 문장을 쓰는 일 말고도 학술 진흥 관련 자문을 전적으로 변계량에게 맡겼다.

집현전 초기에 변계량의 영향력은 가히 절대적이었다. 제도상으로는 집현전에 빈자리가 생기면 집현전과 이조의 당상관과 의정부에서 후보자를 추천토록 되어

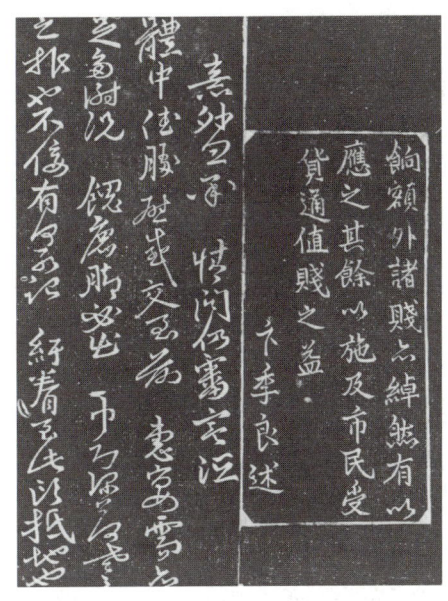

변계량의 필적_ 변계량은 개국공신이며 뛰어난 학자로, 세종 집권 초기 국정의 대들보 역할을 한다.

있었다. 그러나 초창기 집현전 구성에서는 변계량의 추천이 있으면 그것으로 끝이었다. 그만큼 변계량의 식견에 대한 세종의 신임이 컸다.

변계량(卞季良, 1369년 고려 공민왕 18년~1430년 세종 12년)은 4세 때 고시(古詩)를 외우고 6세 때부터 글을 짓기 시작했다고 한다. 고려 말 이색과 권근 문하에서 학문을 익혔고 고려 우왕 11년(1385년) 문과에 급제해 학술 분야에 종사했다. 참고로 태종 이방원은 변계량보다 두 살 위인 1367년생으로 문과도 2년 먼저 급제했다. 그 때문인지 태종은 변계량을 늘 친구 대하듯이 했다고 한다.

변계량도 여말선초의 혼란기에 나름의 시련을 겪어야 했다. 그의 형 변중량은 1차 왕자의 난 때 정도전 편에 섰다가 이방원 세력에 의해 목숨을 잃었다. 그로 인해 변계량도 나락으로 떨어질 뻔했다. 그러나

태종은 한사코 변계량의 사람됨은 형과 다르다는 논리를 내세워 변계량을 중용했다. 마치 남은이 1차 왕자의 난 때 죽였지만 그의 형 남재를 살려 영의정까지 시켰던 것처럼. 특히 태종 말년이 되면 변계량은 신임을 두터이 받아 예문관 대제학을 거쳐, 성균관 대사성, 세자우빈객, 예조판서, 경연 지사, 춘추관 지사, 의정부 참찬 등을 지내며 세종과도 인간적으로 깊은 신뢰를 형성할 수 있는 기회를 갖게 된다. 참찬으로 있을 때는 신하들 중에서 태종의 대마도 정벌론을 거의 홀로 지지하여 태종이 최종 결심을 굳히는 데 결정적인 기여를 하기도 했다.

집현전이 설치되자 유관과 함께 대제학을 맡았고, 초창기 집현전의 구성과 방향을 전담하다시피 했다. 여기에는 그가 태종 때 여러 차례 과거의 시관으로 인재를 뽑는 일을 하면서 "고려 말의 폐단을 다 없애버릴 만큼" 공정했다는 평가를 받은 것이 큰 힘이 됐을 것이다. 그의 글에 대해 『실록』은 "맑으면서도 궁기가 없고 담담하면서도 얕지 않았다"고 평하고 있다. 동시에 『실록』은 그의 행적과 관련해서는 "문(文)을 맡은 대신으로서 살기를 탐하고 죽음을 두려워하며, 귀신을 섬기고 부처를 받들며, 하늘에 절하는 일까지 하는 등 하지 않는 바가 없으니, 식자들이 조롱하였다"고 혹평하고 있다. 또 『실록』에는 복잡했던 여자 문제에 대한 비판도 실려 있다.

그러면 세종은 변계량을 어떻게 보았을까? 세종 12년 4월 24일 변계량이 사망하고 나서 6월 15일 내린 위로 교서의 일부다.

"경은 성질이 영특하고 날카로우며, 학식이 정밀하고 밝으므로 이미 태종께서 알아주심을 받았고, 더욱이 내 몸을 돕기에 힘썼도다. 외교문서를 작성할 때 문장에 화려한 윤색을 더하여 명나라를 공경하여 섬김에 있어 항상 포창함을 얻었다. 더욱이 동궁(東宮)의 사부가 되었고, 또 춘추관의 지사가 되었다. 이로써 신임이 바야흐로 깊었더니 어찌하여 묵은 병이 더욱 위독하던고. 마침내 부음을 들으니 진실로 아프고 슬프도다."

그러나 세종이 맹목적으로 변계량을 존중했던 것은 아니다. 그의 빼어난 글재주와 학식은 높이 사면서도 변계량의 단점 또한 냉철하리만치 꿰뚫어보고 있었다. 세종 5년 6월 23일자 『실록』이다.

"옛날 하륜과 권근이 문사(文詞-문형)를 맡았을 때에, 대제학 변계량이 그 문하에 내왕하면서 익히었다. 그때 집현전 부제학 신장 또한 변계량의 문하에 내왕하면서 익히고 있다. 처음에 임금이 계량에게 묻기를, '경(卿)을 이을 주문자(主文者-문형)가 누구인가' 하니, 계량이 신장이라고 대답하였다. 그때에 윤회의 문예가 신장보다 우월하였으나, 본래 계량과 의견에 틀림이 많았었는데, 이에 이르러 더욱 좋지 못하였다."

객관적으로는 윤회가 더 뛰어난데 개인적인 친분 등으로 신장을 추천한다고 해서 계량의 사람됨을 냉철하게 비판한 것이다. 세종은 신하들의 허물을 감싸안되 실상은 정확하게 파악하고 있는 지도자였다. 실제로 변계량 사망 후 세종 대의 문형은 윤회를 거쳐 권제, 안지, 정인지 등으로 이어지게 된다.

여기서 언급된 부제학 신장(申檣, 1382년 고려 우왕 8년~1433년 세종 15년)은 바로 신숙주의 아버지이다. 태종 2년(1402년) 문과에 급제해 이 무렵 부제학에 올랐다. 오랫동안 대제학을 지냈으며 유학에 조예가 깊었다.

집현전에 대한 세종의 애정

세종의 집현전에 대한 애정은 각별했다. 세종 2년 3월 16일 집현전의 인적 구성 작업을 마친 세종은 바로 다음 날 "집현전에 적당한 수의 노비를 두도록 하라"고 명한다. 4월 12일에는 집현전 학자들의 업무를 지원할 서리 10명을 배치하라는 이조의 건의를 받아들였다. 또 10월 26일 예조에서 다음과 같은 건의가 올라오자 두말 않고 승낙했다.

"지금 집현전에서 직제학의 반열이 3품 수위에 있으니, 길에 다닐 때에 마땅히 안롱(鞍籠)을 주어야 할 것입니다."

안롱이란 고위 관리들이 수레나 가마를 타고 갈 때 그것을 덮는 일종의 우비로 두꺼운 기름종이로 만든 것이었다. 세종 3년 1월 12일에는 집현전 직제학 신장과 김자에게 명하여 원자(元子)에게 『소학』을 가르치도록 했다. 그만큼 집현전을 믿었다.

"집현전에 대한 지원을 아끼지 말라"

집현전의 3대 기능은 서적을 관리하는 도서관 기능, 각종 문헌을 연구하는 기능, 국왕의 정책 자문에 응하는 기능이었다. 경우에 따라서는 해당 분야의 전문가를 찾아가 공부해야 하는 경우도 있었다.

세종 4년 10월 28일에는 집현전 관원을 10명에서 15명으로 늘리고 윤10월 26일에는 윤회를 집현전 부제학으로 승진시켰다. 그후 집현전의 관원 수는 세종 17년 초 22명을 거쳐 7월에는 『자치통감훈의(資治通鑑訓義)』의 편찬을 위해 서연 관원 10명까지 집현전에 참여시켜 32명으로 크게 늘어났다. 편찬 작업이 끝난 후인 세종 18년에는 다시 20명으로 줄었다. 이런 식으로 10년 이상 집현전에 근무하며 세종을 도왔던 관원의 숫자는 모두 100명에 육박한다. 세종 5년 6월 24일에는 사관(史官)의 업무까지 집현전에 맡긴다.

세종은 재위 기간 내내 신하들의 척불(斥佛) 상소에 시달려야 했다. 유교 국가의 국왕으로서 적극적으로 불교를 옹호할 수 없었던 세종은 그러나 우문현답으로 대처하면서도 자신의 불교에 대한 관심을 버리지 않았다. 앞서 말한 것처럼 자신이 총애하던 변계량과 갈등 관계이면서, 동시에 비슷하게 세종의 사랑을 받았던 집현전 제학 윤회가 세종 6년 3월 8일 불교의 폐단과 이론상의 문제점을 지적하며 상소를 올렸다. 이 문제에 관한 한 변계량은 유화적이었다. 그래서 유신들의 비판을 많이 받았다. 그런데 윤회의 상소에 대한 세종의 반응이 인상적이다.

"임금이 즐거이 받아들이면서 윤회 등에게 이르기를, '경 등의 상소가 실로 이치에 합당하지마는 다만 불씨(佛氏)의 법이 그 유래가 이미 오래되어 급거히 한번에 다 개혁하기는 어려울 것이다. 경 등은 늘 나의 좌우에 있어 다른 외신(外臣)의 비할 바가 아니니, 무릇 지금 시정(時政)의 잘되고 못된 것에 거리끼지 말고 직언하여 나의 생각하는 기대에 따르게 하라'고 하였다."

마치 세종은 '내가 집현전을 세운 뜻은 다른 데 있으니 괜히 사헌부나 사간원을 잘못 본받아 편벽되고 고루한 상소 따위는 하지 말고 국가의 정사(政事)를 바로잡는 데나 힘쓰라'고 말하고 있는 듯하다.

세종은 집현전 관원들의 직접적인 정치 참여는 엄금하면서도 각종 밀지(密旨)를 전하는 일을 비서실장인 지신사 대신 그들에게 맡기는 경우가 많았다. 예를 들면 이런 경우다. 세종 9년 6월 17일 좌의정 황희가 사직서를 올리자 집현전 관원을 시켜 사직서를 반려토록 한다.

세종은 또 세종 10년 8월 7일에는 여러 가지 공사와 비용 문제로 어려움이 있더라도 집현전의 도서관 격인 장서각(藏書閣)의 건립은 불가결하다고 말한다. 이렇게 해서 세종 11년 집현전 건물을 새로 짓고 그 북쪽에 장서각 5칸을 세워『경사자집(經史子集)』의 분류 체계에 따라 그동안 집현전이 수집한 도서들을 수장했다. 경은 경서(經書), 사는 역사책, 자는『맹자』·『노자』등의 자서(子書), 집은 시(詩)·부(賦) 등의 집(集)을 말한다. 진(晉)나라 때에는 경서를 갑(甲), 자서를 을(乙), 역사책을 병(丙), 집을 정(丁)으로 하는 4부로 나누었으나, 수(隋)나라 때에 이르러 역사책과 자서의 순서가 바뀌어, 그후 경·사·자·집의 순이 한문 서적의 분류법으로 쓰이게 되었다.

집현전에 대한 이런 총애 때문인지 세종 11년 3월 26일에는 집현전에 하사하는 책에는 '내사(內賜)'라는 두 글자를 찍어 표시하겠다고 집현전에서 청하니 세종은 두말 않고 그리하라고 한다. 실제로 세종은 수시로 주자소에서 찍어내는 귀중한 책들을 집현전에 내려보낸다.

어찌 보면 편애에 가까운 세종의 집현전 밀어주기에 대해 여타의 조정 신료들로서는 시기와 질투를 느낄 만도 했다. 세종 12년 8월 21일 사헌부가 집현전 관원들이 상참(常參-신하들이 매일 편전에서 임금에게 국무를 아뢰는 일)에 참여하는지 여부를 규찰하겠다고 하자 세종은 이렇게 답한다.

"집현전은 대궐 안에 있으니 그 출근하고 않는 것을 모두 나에게 아뢰게 하되, 규찰하지는 말라."

사헌부 입장에서는 보기 좋게 퇴짜를 맞은 것이다. 그렇다고 집현전을 방종하게 내버려둔 것은 아니다. 그해 11월 11일 세종은 하루에 집현전 소속 두 사람이 강의하던 것을 "이 전(殿)은 언제나 일찍 출근하는 관청이니 오늘부터는 세 사람이 강의에 대령하라"며 근무의 강도를 한 단계 높인다.

'사가독서'를 통해 엘리트 중의 엘리트를 키우다

「동호문답(東湖問答)」은 율곡 이이가 34세 때인 선조 2년(1569년) 9월 집현전의 후신인 홍문관 교리로 있을 때 국정 운영에 관한 자신의 생각을 문답식으로 정리해 선조에게 올린 글이다. 동호(東湖)란 한양 도성을 기준으로 해서 동쪽에 위치했던 지금의 옥수동 주변 한강을 말한다. 용산 근처는 남호(南湖), 좀더 내려간 마포 근처는 서호(西湖)였다.

'동호에서 묻고 답하다'라는 뜻의 이 글은 일종의 월례 보고서이다.

독서당계회도_ 독서당 모임을 그린 것. 독서당은 왕이 독서를 위한 휴가를 주는 제도인 사가독서가 열리던 곳이다. 작자 미상.

홍문관의 젊은 문신 중에서 학문적 능력이 뛰어난 사람을 골라 1년 정도의 휴가를 주는 오늘날의 안식년 제도인 동호독서당에 선발된 율곡이 매달 써내야 하는 월과(月課)로 지은 글이 바로 이「동호문답」이다.

율곡이 공부한 동호독서당 혹은 동호당은 중종 12년(1517년) 두무포(지금의 옥수동 근처)에 새롭게 문을 연 독서당이었다. 반정으로 연산군을 내몰고 왕위에 오르게 된 중종은 그동안 피폐된 문풍(文風) 회복을 위해 은거했던 선비들을 불러모으는 한편 새로운 인재들을 양성하기 위해 그동안 폐지됐던 사가독서(賜暇讀書), 즉 임금이 휴가를 줘서 독서를 하게 하는 제도를 부활토록 지시했다. 그 결과 생겨난 것이 바로 동호당이었다.

　사가독서라는 것을 처음 실시한 것은 세종이지만 이를 하나의 제도로 자리잡게 한 인물은 성종이다. 세종보다는 훨씬 더 유교의 정통 이념에 가까이 가 있었던 성종은 세종 시절 사찰에 들어가 자유롭게 책을 읽게 하던 사가독서로는 '불교의 폐습을 유자들이 은연중에 받아들일 가능성이 높다'고 해서 성종 23년(1492년) 산사(山寺)를 피해 한강이 내려다보이는 용산에 독서당이라는 건물을 지었다. 이것이 남호독서당 혹은 남호당이라고 불렸다. 당초 부왕의 뜻을 이어받아 독서당을 유지하던 연산군은 연산군 10년(1504년) 갑자사화를 일으켜 성균관, 원각사, 독서당을 폐지해 버렸다. 이런 우여곡절을 거쳐 중종은 다시 동호에 독서당을 복원한 것이다.

　이렇게 해서 엘리트 중의 엘리트만을 모아놓은 동호당은 그후 70여 년 동안 조선 최고의 인재 양성 기관이라는 찬사를 들으며 조광조, 주세붕, 이황, 정의겸, 정철, 이이, 유성룡, 이항복, 이덕형 등 조선 중기를 대표하는 대부분의 문신 학자들을 배출했다.

사가독서의 아이디어 제공자도 변계량

　이런 독서당의 뿌리가 바로 세종이 최초로 실시한 '사가독서'였다. 세종 8년 12월 11일 최초로 사가독서제가 실시되는데 첫 번째 수혜자는 권채, 신석조, 남수문이다.

　"집현전 부교리 권채와 저작랑 신석조, 정자 남수문 등을 불러 명하기를, '내가 너희들에게 집현관을 제수한 것은 나이가 젊고 장래가 있으므로 글을 읽는 데 전념케 함으로써 실제 효과가 있게 하고자 함이었다. 그러나 각각 직무로 인하여 아침저녁으로 독서에 전심할 겨를이 없으니, 지금부터는 본전(本殿)에 출근하지 말고 집에서 전심으로 글을 읽어 성과를 나타내어 내 뜻에 맞게 하고, 글 읽는 규범에 대해서는 변계량의 지도를 받도록 하라' 하였다."

다음 기사는 사가독서의 발상 자체는 변계량에게서 나왔음을 보여준다. 세종 10년 3월 28일의 기사다.

"윤대를 행하고 경연에 나아갔다. 임금이 말하기를, '변계량이 일찍이 태종에게 아뢰어, 나이 젊고 배울 만한 한두 사람의 유생을 선택하여, 관직을 맡지 않게 하고 고요한 곳에서 독서하게 하여 정통하면 크게 쓸 것을 청하니, 태종이 옳게 여기셨으면서도 실행하지 못하였다. 또 나에게 청하므로 내가 이를 허락했는데, 독서하고 있는 사람이 누구인가' 하니, 좌대언(左代言) 김자가 아뢰기를, '신석조와 남수문입니다' 하였다. 임금이 권채에게 이르기를, '그대도 일찍이 독서하는 반열에 나아갔었으니, 읽은 것이 무슨 글인가' 하니, 권채가 아뢰기를, '『중용』과 『대학』입니다'라고 하였다. 임금이 말하기를, '고요한 곳에서 글을 읽는 것이 무슨 별다른 효과가 있는가' 하니, 권채가 아뢰기를, '특별히 다른 효과는 없는데 다

진관사_ 한양 근교의 4대 사찰로, 고려 현종 때 세워졌다. 서울특별시 은평구 진관외동에 소재한다.

만 마음이 산란하지 않을 뿐입니다'라고 하였다. 김자도 또한 아뢰기를, '집에 있으면 이런저런 일과 손님을 응접하는 일로 시간을 빼앗기니 산속에 있는 한가하고 고요한 절만 못합니다'라고 하니, 임금이 그대로 따랐다."

세종 말엽에도 신숙주, 성삼문 등 6인에게 휴가를 주어 절에서 글을 읽게 하는 등 여러 차례 시행되다가, 세조 2년(1456년) 집현전의 혁파와 함께 폐지되었다. 세종 때 사가독서를 위해 주로 이용된 절은 진관사였다.

옆길로 새는 집현전 관원들

어떤 조직이건 잘 나가면 폐단도 커지기 마련이다. 집현전 관원들도 정무보다는 학술에 힘을 쓰라는 세종의 반복되는 당부에도 불구하고 조금씩 각자의 출세를 도모하기 시작했다. 세종 16년 3월 17일 세종은 집현전 학자들에 대해 본래의 취지대로 학술 탐구에 전념하라고 강도 높게 비판하고 있다.

"집현전 관원은 오로지 강경(講經)과 제술(製述)로 그 재예를 연마하도록 일찍이 법령으로 세워두었는데도, 근래에는 오랫동안 그 본업무를 폐하고 있으니, 이는 실로 옳지 않은 일이다. 이제부터는 집현전 관원은 경사자집(經史子集)을 그 낭청(郎廳)들의 재질에 따라 나눠주어 강독하게 하고, 매일 어느 관원이 어디에서 어디까지를 강독했다는 것을 명백히 기록해 두었다가, 월말에 이르러 이를 모두 보고하게 하라. 또 열흘에 한 차례씩 당상관이 시·문의 글제를 내어서 관원들로 하여금 이에 관해 제술하게 하고, 1등으로 합격한 시와 문을 가려서 역시 월말에 모두 보고하라."

그럼에도 불구하고 집현전 관원들에 대한 사랑은 절대적이었다. 집현전에서 세종의 총애를 받으며 종종 척불 상소도 올리곤 했던 설순이 이조참의에 올랐다. 세종 16년 7월 27일 설순에 관한 사헌부의 탄핵이 올라왔는데 세종은 일언지하에 거절한다. 세종의 사람 쓰는 법이 드러나 보이기도 하는 기사다.

"이조참의 설순이 창덕궁문 동구를 지나면서 말에서 내리지 않았으므로 사헌부에서 탄핵하니, 임금이 순에게 벼슬에 나아가기를 명하고 사헌부로 하여금 탄핵하지 말라고 하였다. 이때 설순이 『자치통감훈의』를 찬집하는데, 임금이 찬집하기에 급하여 특별히 벼슬에 나아가기를 명하였다. 설순의 사람됨이 거칠고 차근차근하지 못하여 사리를 잘 분별하지 못하나, 서사(書史)를 외우고 암송하는 데 조금 능하므로, 집현전에 뽑혀 들어가서 마침내 참의에 이르렀다."

이 또한 집현전에 대한 세종의 애착이 없었다면 있을 수 없는 일이었다. 그럼에도 불구하고 아니, 세종의 그 같은 지나친 총애 때문에 이 무렵 집현전의 기강은 흔들리고 있었다. 그해 12월 18일의 기사다.

"사헌부에서 아뢰기를, '집현전 응교 김말이 문소전(文昭殿)의 대축(大祝)에서 왕후의 존호를 거꾸로 읽어 임금께서 고쳐 읽으라고 명령하였으나 고쳐 읽지 않았고, 다른 곳도 역시 분명히 읽지 못하였으니, 율에 의하여 장 100대에 처하소서'라고 하니, 명하여 3등을 감하였다.

김말(金末, 1383년 고려 우왕 9년~1464년 세조 10년)은 태종 17년(1417년) 문과에 급제했고 성균관에서 유생들을 가르치다가 훗날 대사성, 중추원 판사 등을 지낸다. 성리학에 뛰어나고 경서에 정통하여 김구(金鉤), 김반(金泮)과 함께 '경학삼김(經學三金)'으로 불렸다. 그의 문하에서 당대의 많은 인재가 배출되었다.

"집현전은 옛 제도를 상고하여 아뢰라"

집권 초기 신하들과의 의견 충돌이 생겼을 때 '최고 법정'은 "태종의 뜻"이었다. 세종이나 신하들이나 모두 각자의 주장을 펼치면서 '자기 주장이야말로 태종의 뜻에 맞는 것'이라는 식의 논지를 내놓으며 논쟁을 벌였다. 그러나 세종 10년경, 즉 집현전의 제2기가 시작되는 무렵이 되면 최고 법정은 옛 제도의 정신에 누가 더 부합되는 것인지로 바뀐다. 그만큼 세종이 태종의 영향권에서 벗어나 정치적인 홀로서기를 하게 되었다는 뜻도 된다.

물론 '옛 제도 상고'는 신하들과의 논쟁 때뿐만 아니라 새로운 의례나 관례를 만들 필요가 있을 때도 이루어졌다. 이와 관련해 세종이 집현전에 옛 제도를 상고해서 아뢰라는 명령을 처음으로 내리는 것은 세종 10년 9월 24일이다. 이때의 논쟁을 재구성해 보자.

세종과 변계량의 논쟁

세종 : "대부(大夫)와 사(士)는 양처(兩妻)를 부묘(祔廟-상을 지낸 뒤에 신주를 사당에 모시는 일)한다는 의논을 경이 옳지 않다고 한 것은 무엇 때문인가?"

변계량 : "대부와 사는 예법에 두 처를 둘 수 없사온데, 만일에 죽었거나 덕(德)을 잃어서 부득이하게 재혼하는 것은 종사(宗社)를 중히 여기는 까닭입니다. 살아서도 두 아내를 한방에 둘 수 없었는데 죽어서 어찌 두 아내를 조상들을 모시는 사당에 함께 둘 수 있겠습니까. 신은 이 때문에 옳지 않다고 한 것입니다."

세종 : "경의 그러한 말은 의리를 가지고 말했을 뿐인데, 만일에 고제(古制)에 있다면 어찌 함께 신주를 모시지 않을 수 있겠는가. 천자와 제후는 예법에도 두 적(嫡)이 없다 하였으니, 선후(先后)가 이미 훙하여 후비(後妃)의 아들이 들어서서 비록 자기 어머니를 높여서 부묘하고자 한다 하더라도 그렇게 할 수 없는 것이다. 만일 대부와 사의 예법은 천자와 제후의 예법과 다르니, 비록 연고가 있어 재혼하였다 하더라도 이미 적처(嫡妻-본처)를 둘로 할 수 있다는 예법도 있는 터에 어찌 함께 신주를 모시지 못하겠는가. 옛글에 이르기를, '첩족(妾族)을 함께 모신다' 하였으니, 첩족도 모시거늘 하물며 선후처(先後妻)야 당연히 함께 모셔야 하지 않겠는가?"

변계량 : "신이 미처 사대부의 예법을 상고하지 못했사오나, 헤아려보건대, 인종황제(仁宗皇帝)는 후비(後妃)의 소생입니다. 인종이 적모(嫡母)가 후손이 없이 먼저 훙했다 하여 자기를 낳은 어머니를 높여서 부묘하고자 하니, 그 당시의 신하들이 번잡스럽게 고례(古禮)를 들춰대어 드디어 신주를 모시게 되니, 비로소 옛 제도를 욕되게

하고 어지럽혔습니다. 당시에 이것을 반대하여 옳지 않다고 간쟁한 자가 있었다면 그는 참으로 충신이었을 것입니다. 만일 대부와 선비로서 두 아내를 함께 부(祔)한다는 예법이 있다고 한다면, 신은 후세에 가서 말하기를, '신하로서도 오히려 두 아내를 함께 부하는 예법이 있거늘 하물며 임금이겠는가' 하고, 이것을 이끌어 증거를 삼아 장차 인종이 자기 어머니를 높인 것처럼 할 것이니, 세워진 법이 한 번 변하여 그 말류(末流-폐단)를 막지 못할까 두렵습니다."

세종: "경이 말한 말류를 막기 어렵다는 것은 매우 좋은 말이다. 그러나 예법과 제도를 의논하는 것은 성인(聖人)의 일이요, 사대부의 두 아내를 함께 부한다는 예법을 만일에 주공(周公)이 만든 것이라고 한다면 어찌 쉽게 바꿀 수 있겠는가?"

그러고 나서 세종은 집현전에 옛 제도를 상고하여 아뢰라고 명한다. 그 밖에도 세종 11년 4월 12일 임금이 성균관을 방문했을 때 공자에게 올리는 제사인 석전(釋奠)을 하는지 아니면 문묘(文廟-공자를 비롯한 큰 선비를 모신 사당)에 참배만 하는지 등에 관해서도 집현전에 명을 내려 옛 제도를 상고하여 아뢰도록 한다. 이처럼 "집현전은 옛 제도를 상고하여 아뢰라"고 한 경우를 확인하기 위해 『조선왕조실록』 시디롬에 검색어 '제도&상고&집현전'을 입력한 결과 세종 7년부터 32년까지 총 65건이나 됐다. 실제로는 그보다 훨씬 많았을 것이다.

집현전의 가장 큰 업적은 『자치통감훈의』 편찬

세종 17년 6월 8일 경회루에서는 세종이 경연까지 중단하고 교열을 보느라 안질까지 앓았던 『자치통감훈의』가 집현전의 노고에 의해 완성된 것을 축하하는 잔치를 크게 열었다. 이 자리에는 찬집관인 예문관 대제학 윤회, 경창부윤 권도, 예문관 제학 정인지, 중추원 동지사 설순을 비롯해 집현전 부제학 김돈·안지, 직제학 안완경, 직전 김말, 부교리 이계전, 수찬 김문, 부수찬 최항, 주부 남수문, 정자 박팽년 등 훗날 역사에 이름을 남기게 되는 신진 인사들이 대거 참석했다. 이 자리를 세종이 얼마나 중요하게 생각했는지는 왕세자와 여러 대군들까지 모두 참석한 데서 잘 알 수 있다.

세종은 이 자리에서 고려의 문신인 이색과 정몽주 등의 경학(經學)의 아름다움을 고루고루 들면서 이렇게 말한다.

"유생들이 시학(詩學)을 좋아하지 않는 것은 오로지 내가 시학을 숭상하지 않기 때문이다. 사장(詞章-시가와 문장)은 낮은 수준의 예술이니 후세에 비록 '누구의 시대에는 시학을 숭상하지 않았다'고 말하더라도 해될 것은 없다. 그러나 예전의 성현들로서 시와 부에 겸하여 능하지 않은 이가 없었다. 나도 역시 시학에 뜻이 있다."

세종은 오랜만에 신하들에게 맘껏 시를 짓도록 했다. 그 자리에서 변계량 이후 문형의 역할을 맡고 있던 윤회 등이 응제시(應制詩-임금의 명에 의해 지은 시)를 편찬하고 그것을 위한 서문용으로 승지 권채가 준비한 글을 올렸다. 여기에는 당시 사람들의 시각에서 본 집현전의 약사(略史)가 고스란히 응축되어 있다. 일종의 중간 결산이라고 할 수 있을 것이다.

"임금께서 즉위하신 지 3년 경자년(1420년)에 비로소 대궐 안에 집현전을 두시고, 당시의 문학(文學)의 선비를 정선하여 고문(顧問)에 대비하고 교정을 맡게 하여, 날마다 경사를 강론하였다. 갑인년 7월에, 사마공(司馬公)의 『자치통감』은 사학의 근원인데, 제가(諸家)의 훈고와 주석이 자세하고 간략함이 같지 아니하여 편찬하고 고증하기가 어려우므로, 이에 이 전당(殿堂)에 문신들을 불러 모아 제가의 주(註)를 취하고, 겸하여 서(書)와 전(傳)을 널리 열람하여 참조하고 교정하여, 통감 본문(本文)에 붙이고 이름을 『훈의(訓義)』라고 하였다.

항상 초본(草本)을 만들어 올리면 모두 다 보시고 재결하시었다. 일이 장차 완성하게 되니, 주상께서 친히 경회루에 거둥하시어 잔치를 내리시어 위로하시니, 이때에 해는 중천에 있고 훈훈한 바람은 남쪽에서 불어오도다. 대궐의 개천은 번잡함을 씻어주고, 버드나무는 선선함을 만들었도다.

술이 일곱 순배 돌아가니 이미 취하고 배불렀도다. 성지(聖旨)가 있으시어 각각 붓과 종이를 주어 시를 지어서 즐거움의 정을 다하게 하였도다. 이에 자리 위에 나아가 제술에 응하여 오언(五言)·칠언(七言)을 써서 바쳤으니, 모두 47인이었다. 잔치가 끝나매 절하고 나와서 모두 말하기를, '오늘의 일을 후세에 전하지 않을 수 없다'고 하고, 이에 시를 편찬하고 이어 신에게 부탁하여 서(序)를 짓게 하였다.

신은 그윽이 생각건대, 성상(聖上)께서 성덕(盛德)으로 밝은 운수를 따라, 정신을 가다듬어 다스림을 도모하여 몸소 태평을 이루시어 모든 제도가 지극히 갖추어지고 크게 이루어졌으니, 만일 낱낱이 들어 고루 말하려면, 천지의 큰 것을 본뜨고 일월의 밝은 것을 기리는 것과 무엇이 다르랴. 즉위하신 이래 날마다 경연에 나아가시어 밝은 학문을 시종여일하게 싫어하지 않으시고, 동방에 서적이 적어서 사람들이 배울 수 없는 것을 깊이 염려하시어, 해당 부서에 명하여 주자(鑄字)의 규모를 새롭게 하여 책마다 인쇄하지 않은 것이 없고, 사람마다 배우지 못하는 이가 없게 되었다. 또 기존의 각종 문집과 새로 나온 책들을 다 얻지 못한 것을 염려하시어 사신의 내왕하는 편에 중국에서 고루 구하고, 문신을 파견하시어 나라 안에서 널리 사들이니, 이에 서적이 날마다 더하고 달마다 불어나서, 장서각을 세우고 목록을 만들어서 간직하니, 서고에 가득 차고 넘치어 동국(東國)이 있은 이래로 문적이 많기가 오늘날처럼 성한 때는 없었다.

이로 말미암아, 진강하는 글이 의심나고 그릇된 것이 있으면 여러 서적을 두루 상고하여 모두 그 참된 것을 얻어서 바로잡았고, 예악(禮樂)·종률(鍾律)·천문(天文)·의상(義像)·음양(陰陽)·역산(曆算)·의약(醫藥)·복서(卜筮)의 서적까지도 모두 수집하여 정리하고 인쇄하여 간행하였으며, 이제 또 『훈의』를 찬수하여 공부하기에 편하게 하고, 매우 정밀하고 해박하게 하였으며, 편집하는 신하들에게 급사(給使)를 넉넉히 하여 주고, 친히 잔치를 내려주어 위로하시고, 시를 짓도록 명하시어 즐겁게 하시와, 총애와 은혜가 지나치니 사문(斯文)의 영광과 다행이요, 식자들의 세계의 미담(美談)이 참으로 천재(天載)의 한때이도다."

『자치통감훈의』라는 세종 전반기 최대 사업이 끝난 때문인지 세종 18년 6월 2일 집현전에서는 스스로 관원의 축소를 건의했다. 그만큼 이 사업은 집현전으로서도 엄청난 일이었다.

"집현전에서 아뢰기를, '본전 관원은 32인이라 그 수가 너무 많으므로, 인원이 번잡하여질 폐단이 없지 않으며, 또 이제는 『훈의』를 마쳤으니 의당 줄여야 할 것입니다. 비옵건대, 12인을 없애고 20인만 두소서'라고 하였다."

그러나 뭔가 아쉬웠던지 세종은 한 달 이상 결재를 미룬다. 윤6월 11일 의정부에서 이조의 검토 결과를 바탕으로 다음과 같이 아뢰자 마침내 세종은 결재하였다.

"의정부에서 이조의 정문(呈文 - 하급 관아에서 상급 관아로 올리는 공문. 한 면에 다섯 줄로 쓰는 것이 특징이다)에 의거하여 아뢰기를, '경자년에 비로소 집현전을 설치하고 관원 10명을 두었던 것을, 병오년에 6명을 증원하였고, 을묘년에 『자치통감훈의』의 편찬으로 인하여 다시 6명을 증원하였으며, 또 서연관 10명을 혁파하여, 합쳐서 모두 32명이 되고 보니 그 수효가 너무 많아서 쓸데없는 인원의 폐단이 없지 않사오니, 청하옵건대, 12명을 줄여서 다만 20명만을 두고, 서연관은 녹관(祿官)이 아니오니 집현전과 기타의 관원으로 적당히 겸임하게 하소서'라고 하니, 그대로 따랐다."

위의 두 인용문을 잘 검토해 보면 여기서도 세종의 집현전에 대한 애정을 끄집어낼 수 있다. 우선 감원 건의를 집현전이 직접 세종에게 했다는 사실이다. 그런데도 세종은 그 자리에서 답하지 않고 40여 일이나 끈 후에 의정부와 이조의 검토 결과를 보고받고서야 그렇게 하라고 했다. 세종으로서는 굳이 집현전을 축소하고 싶지 않았던 것이다. 다만 그 시점에서는 마땅한 연구 과제도 없었기 때문에 신하들의 의견을 따르지 않을 수 없었다.

집현전 엘리트 신숙주와 성삼문의 엇갈린 운명

신숙주는 태종 17년(1417년) 전라도 나주에서 태어났고 성삼문은 1년 뒤인 1418년, 세종 즉위년에 충청도 홍성의 외가에서 태어났다. 신숙주는 훗날 정치적 노선을 같이하게 되는 세조(수양대군)와 동갑이었고 성삼문은 안평대군과 동갑이다. 신숙주의 아버지는 공조참판(종2품), 대제학을 지낸 신장(申檣)이고, 성삼문의 아버지는 오위도총부 도총관(정2품)을 지낸 성승(成勝), 할아버지는 태종과 세종 때의 명장 성달생이다.

앞서 본 정인지나 김종서에 비해 두 사람의 집안 배경은 상당히 좋은 편이다. 세종에게 황희나 유정현 등은 아버지 같은 신하들이었고 정인지나 김종서가 친구 같은 신하였다면 신숙주나 성삼문은 자식 같은 신하였다.

문과 급제는 성삼문이 1년 빨랐다. 세종 20년(1438년) 문과에 4등으로 합격했다. 반면 신숙주는 이듬해인 세종 21년 3등으로 합격해 전농시 직장(종7품)으로 제수되었다. 두 사람은 관리 생활의 초창기인 세종 24년(1442년) 삼각산 자락에 위치한 진관사에서 박팽년, 하위지, 이개, 이석형 등과 함께 안식 휴가인 사가독서를 한다. 성삼문과 신숙주 두 사람 모두 세종으로부터 미래의 인재로 추인받은 셈이었다.

집현전 관원이 된 것은 신숙주가 빨랐다. 신숙주는 사가독서 1년 전인 세종 23년(1441년) 집현전 부수찬(종6품)으로 제수받았다. 반면 성삼문은 5년 후인 세종 28년(1447년) 수찬(정6품)으로 집현전에 참여한다. 그런데 그보다 1년 앞선 세종 27년 1월 7일 『실록』에는 다음과 같은 기록이 나온다. 성삼문이라는 이름이 『실록』에서 처음으로 등장하는 순간이기도 하다.

"집현전 부수찬 신숙주와 성균관 주부(종6품) 성삼문과 행 사용(行司勇) 손수산을 요동에 보내서 운서(韻書)를 질문하여 오게 하였다."

이때는 훈민정음 창제를 목전에 둔 시점이었고 이들의 비밀 임무는 운학을 익혀 훈민정음 창제의 이론적 기반을 닦는 것이었다. 두 사람 모두 종6품직을 맡고 있는 것을 보면 이때에도 여전히 앞서거니 뒤서거니 하고 있었다.

학문적 동지로 세종의 총애를 받다

사가독서를 하면서 두 사람은 서로의 장점을 보았던 것 같다. 삼문은 "사람 됨됨이가 즐겨 우스갯소리를 잘하고 호탕하여 평상시에 앉고 서는 데 아무런 절제도 없는 것 같았다. 그러나 속으로 그 마음가짐

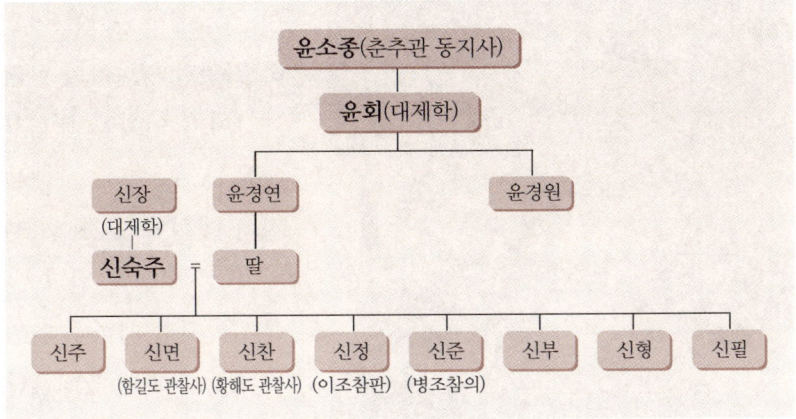

윤회·신숙주 가계도

은 꿋꿋해서 아무도 그의 뜻을 꺾지 못했다"고 한다. 숙주는 차분하고 이지적이면서도 관후 활달했다고 한다. "경사에 두루 통달하고 의논을 할 때는 항상 대체를 지녀서 까다롭거나 자질구레하지 않았으며 대의를 결단할 때는 막힘이 없었다."

학문적으로는 신숙주가 조금 앞섰다. "어려서부터 글을 읽을 때 한번만 보면 문득 기억하였던" 숙주는 아버지 신장과 함께 『팔도지리지』를 편찬했고 세종 때 최대의 편찬 사업의 하나인 『자치통감훈의』 찬집을 주도했던 예문관 대제학 윤회에게 학문을 배웠다. 그리고 윤회의 손녀 사위가 된다.

신숙주과 달리 성삼문의 어린 시절에 관한 기록은 전하지 않는다. 대역 죄인으로 몰리면서 관련 기록들을 없애버렸기 때문이다. 아버지 성승은 무과에 급제한 전형적인 무인으로 중추원 부사에까지 오른 인물이다. 성삼문의 강직한 성품은 무인 기질을 타고난 때문이라 할 수 있다.

두 사람은 경쟁자라기보다는 동지였다. 이때부터 시작해 두 사람은

신숙주_ 세종 21년(1439년) 친시문과에 급제한 후 뛰어난 학식과 문재(文才)로 세종을 비롯해 6대 왕을 보좌했으나 수양대군의 왕위찬탈에 가담한 점에서 후세에 비난을 받았다. 보물 제613호 초상화.

'정음청'에서 함께 일하며 요동에서 귀양살이를 하고 있던 명나라의 한림학사이자 언어학자인 황찬을 모두 열세 차례에 걸쳐 찾아가 운학(韻學)에 관한 자문을 받고 온다. 두 사람 사이에 알력이 있었다면 열세 차례나 함께 먼 길을 다녀오는 것은 불가능했을 것이다. 이때 요동을 오가며 두 사람이 주고받은 시들 중에 삼문이 숙주를 향해 "내 학문 그대만큼 정밀하지 못함을 부끄러워하네"라고 노래한 것과 숙주가 삼문을 향해 "그대 재주와 명성 중국을 뒤흔드네"라고 노래한 것이 있다. 조금의 과장도 아니었다.

세종이 숙주와 삼문을 아낀 이유는 무엇보다도 이들이 집현전 학사 본연의 모습인 학술 연마에 혼신의 힘을 다 쏟았기 때문이다. 사실 앞서 본 바 있듯이 세종은 집현전 학사들이 힘있는 자리에 가려고 애쓰는 모습에 대해 지극히 비판적이었다. 그러나 두 사람은 달랐다. 오로지 왕명을 받들어 학술 연구에 전념했다. 두 사람에 대한 세종의 총애가 남다를 수밖에 없었다.

숙주가 집현전에 들어온 지 2년이 되어가던 세종 25년(1443년) 일본과 국교를 맺게 되자 세종은 27세의 신숙주를 사신단의 서장관으로 임명한 적이 있었다. 마침 병이 들었다가 겨우 나은 숙주를 인견한 세종이 "네가 병이 들었다고 하는데 먼 길을 갈 수 있겠는가?"라고 묻자 숙주는 "신은 병이 다 나았는데 어찌 감히 사양하겠습니까?"라고 답했다. 그때만 해도 일본에 간다는 것은 죽음을 각오하지 않고서는 내리기 힘든 결정이었다.

실제로 두 사람 다 세종 때에는 집현전 학사로만 활동하다시피 했고 정무직으로 나아가는 것은 단종 1년(1453년)이 돼서다. 이때 삼문은 우사간(정3품), 숙주는 동부승지(정3품)가 되어 정계에 발을 딛는다. 어쩌면 그것은 서로 다른 길을 걷게 되는 두 사람의 앞날에 대한 예고된 징후였는지 모른다.

훈민정음 이론가 신숙주와 성삼문

세종 25년 12월 30일 훈민정음이 창제됐다. 그러나 반포까지는 2년 반의 세월을 더 기다려야 했다. 신숙주와 성삼문의 눈부신 활약은 바로 이때부터다. 세종은 자신의 주도로 만든 새로운 문자를 검증해야겠다고 생각했다. 방향은 크게 두 가지였다. 기존의 여러 문서들을 정음으로 번역하는 일과 음운학 이론서들을 탐구해 정음의 운학적 기초를 다지는 일이었다.

이 무렵 세종의 건강은 극도로 피폐했다. 세종은 서두를 수밖에 없었다. 이 두 마리 토끼를 한꺼번에 잡는 방법이 있었다. 중국의 대표적인 음운학 이론서를 우리말로 번역하는 일이다. 실제로 세종은 세종

26년 2월 16일 집현전 교리 최항, 부교리 박팽년, 부수찬 신숙주, 이선로, 이개, 돈녕부 주부 강희안 등에게『운회(韻會)』를 언문으로 번역토록 하고 동궁(훗날의 문종)과 진안대군 이유, 안평대군 이용으로 하여금 그 일을 관장하게 하였다.『실록』에는 이들에 대해 "모두가 성품이 예단(睿斷)하다", 즉 능력이 탁월하다고 평하면서 여러 차례 상을 내리고 지원을 아끼지 않았다고 씌어 있다. 그것은 곧 이들에 대한 세종의 기대가 그만큼 컸다는 뜻이다.

여기서는 참고로 최항에 대해서만 일단 정리해 둔다. 최항(崔恒, 1409년 태종 9년~1474년 성종 5년)은 세종 16년(1434년) 문과에 장원 급제했고 훗날 영의정에까지 오르게 된다. 세종이 친히 성균관에 임하여 선비를 뽑을 때 그가 제일이었고 집현전 직제학에 오르게 된다. 그는 수양대군이 거사를 벌이는 날에 입직 승지(入直承旨)로서 수양을 맞아들였고 거사가 성공한 후에는 정인지 등과 함께 내외에 반포하는 교서의 초안을 작성하였다. 그는 본바탕이 뛰어난 학자로서 관료로서의 재주는 상대적으로 덜한 편이었다고 한다. 그러나 두 차례나 정승에 오르는 영예를 누렸다. 그는 조정에 들어서고 40년 동안 한 번도 탄핵을 받지 않았고, 벼슬이 정승에 오르기까지 한 번도 외직에는 나가지 않았다.

당시 이들이 번역 작업에 착수한『운회』에 대해서는 강신항 교수의 연구를 참조해 보자. 통상적으로『운회』라고 하면 1292년 원나라 황공소가 지었다고 하는『고금운회(古今韻會)』를 떠올리지만 그것은 전하지 않는다. 강 교수에 따르면 당시 최항 등이 번역 작업에 나선『운회』는 다름 아닌『고금운회』를 요약 정리한 웅충(熊忠)의『고금운회거요(古今韻會擧要)』다. 이 책은 이미 고려 때 들어와서 널리 읽혔다.

그런 책을 번역토록 한 것은 아마도 표음문자인 훈민정음의 성능 시험이 가장 큰 목적이 아니었나 생각된다. 강 교수는 "세종은 훈민정음을 창제하자마자 한어를 학습하려면 한어의 소리를 정음으로 기록하여 한어음을 익히는 것이 좋을 것이라고 생각했다. 그래서 한어 발음 사전인 운서에 담긴 한자들의 소리를 정음으로 기록하게 한 것"이라고 풀이한다. 그런데 유감스럽게도 『운회』 번역 작업이 완성되었다는 기록이 『실록』에는 나오지 않는다. 강 교수는 중단되었을 것이라고 추정한다. 대신 조선식 한자음을 정리해서 규범화, 표준화하기 위해 『동국정운(東國正韻)』을 편찬하는 쪽으로 일을 추진한다. 세종 29년(1447년) 9월 여섯 권으로 편찬 완료된 『동국정운』의 편찬자는 대부분 『운회』 번역에 뛰어든 인물들과 중복된다. 흥미로운 것은 분명히 최항이 선배였음에도 불구하고 『동국정운』의 서문을 신숙주가 썼다는 점이다. 어려서 중국어를 익히고 훗날 왜어(일본어), 몽골어, 여진어에 두루 통했던 언어의 귀재 신숙주의 능력이 맘껏 발휘됐던 때문일 것이다.

언어학자로서 성삼문의 능력이 어느 정도였는지를 보여주는 일화는 거의 없다. 그러나 그가 『동국정운』 편찬 사업을 비롯해 『훈세평화(訓世評話)』, 『홍무정운(洪武正韻)』 등의 주해 작업에 참여한 것으로 볼 때 그에게도 전문가 수준의 언어학 지식이 있었다는 것은 확실하다.

성삼문의 '충절'과 신숙주의 '훼절'

단종 1년(1453년) 10월 10일 수양대군이 주도한 쿠데타, '계유정난'이 일어났다. 앞서 본 대로 이때 성삼문은 집현전 직제학, 신숙주는 동부승지 자리에 있었다. 세종 시대에는 상상도 할 수 없었던 격랑이 일기 시작했다. 후대의 입장에서 보면 성삼문=충절, 신숙주=훼절로 규정할 수 있지만 막상 그 시대 속에 들어 있다고 생각하면 그리 간단하게 이분법으로 정리될 사안은 아니다. 그리고 이때부터는 세종의 시대가 아니다. 그러나 세종이 자식처럼 키운 두 신하가 걷게 되는 너무도 다른 두 길은 사실 세종 자신이 예비한 것이나 다름없었다는 점에서 추적해 갈 필요가 있다.

10월 15일 정난공신에 대한 논공행상이 있었다. 1등공신에 세조와 정인지를 비롯해 한명회, 권람이 포함된 것은 물론이고 앞서 보았던 최항의 이름까지 포함돼 있다. 최항은 쿠데타가 있던 날 당직 승지로 결정적인 순간에 세조 쪽에 서서 '1등공신'에 책록됐다. 2등공신에는 신숙주가 들어 있다. 주동자는 아니었지만 세조 편에 확실히 섰다는 뜻이다. 흥미로운 것은 성삼문도 3등공신에 들어 있다는 사실이다. 본인이 뭔가 공을 세웠다기보다는 집현전 학사들에 대한 회유 차원에서 신망이 있던 성삼문을 수양대군이 억지로 집어넣었다는 것이 학계의 정설이다. 그리고 같은 날 성삼문은 우사간에 임명된다.

반면 신숙주에 대해서는 그보다 일찍 수양대군이 손을 쓰기 시작했다. 단종 즉위년(1452년) 8월 10일 정수충이 수양대군의 집에 놀러가서 이런저런 이야기를 하고 있었다. 정수충은 나이 50에 문과에 급제한 특이한 인물로 뒤늦게 집현전에 들어갔고 『역대병요(歷代兵要)』 편찬에 참여했다. 그리고 세조의 거사에 참여해 김종서 등을 제거하는 데 공을 세우게 된다.

마침 그때 집현전 직제학으로 있던 신숙주가 말을 타고 문 앞을 지나가는 것이 보였다. 수양은 "신 수찬!" 하고 불렀다. 직제학인데 수찬이라는 낮은 직위로 부른 것은 두 사람이 친해진 때가 신숙주가 수찬으로 『운회』 등을 편찬할 때였기 때문으로 보인다. 물론 친근감을 나타내기 위한 것이기도 했다. 신숙주가 말에서 내리자 수양은 "어찌 과 문불입(過門不入)하는가?"라고 웃으면서 말한 뒤 신숙주를 집 안으로 데리고 들어갔다. 왜 문 앞을 지나가면서 들어오지도 않는가라는 뜻이다. 이런저런 이야기를 하다가 수양은 "옛 친구를 어찌 찾아와 보지 않는가?"라며 "사람이 죽을라치면 사직을 위해서는 죽을 일이다"라며 넌지시 신숙주의 의향을 떠본다. 이에 신숙주는 "장부가 편안히 아녀자의 품에서 죽는다면 그것은 재가부지(在家不知)가 아니겠습니까?"라며 수양의 뜻을 받아들였다. 재가부지란 집에 머물러 있으면서 세상 돌아가는 것을 전혀 모른다는 뜻이다. 신숙주의 뜻을 알아차린 수양은 그 자리에서 "그렇다면 중국으로 가라!"고 말한다. 실제로 신숙주는 얼마 후 서장관이 되어 명나라에 사신으로 가는 수양을 수행하게 된다. 중국을 다녀온 신숙주는 단종 1년 3월 4일 동부승지가 된다. 같은 날 최항은 바로 위인 우부승지에 제수되었다. 실세 수양의 뜻이었다. 6월 8일에는 최항이 좌부승지, 신숙주는 우부승지에 오른다. 그리고 쿠데타가 난 다음 날 정인지는 좌의정, 최항은 도승지, 신숙주는 우승지로 임명된다.

우사간으로 임명된 지 이틀 만인 10월 17일 성삼문은 이경유 등이 안평대군에게 병기를 제공했다는 혐의를 들어 처벌할 것을 상소한다. 다음 날에는 안평대군을 사사해야 한다는 신하들의 상소가 올라오는데 여기에도 성삼문의 이름은 좌부승지 박팽년과 함께 들어 있다. 그리고 곧바로 성삼문은 좌사간으로 승진했는데 어떤 연유에서인지 11월이 되면 연일 공신의 호를 거두어줄 것과 좌사간에서 물러나겠다는 글을 올린다. 그러다가 왕비를 들이는 문제로 수양대군과 갈등을 빚어 단종 2년 2월 고신을 빼앗기는 등 고초를 겪다가 6월 27일에는 집현전 부제학으로 승진한다. 또 8월 5일에는 예조참의에 제수되어 다시 정치 일선에 나서게 된다.

10개월 후인 단종 3년 윤6월 10일 성삼문은 동부승지로 발탁되는데, 이때 바로 윗자리인 우부승지가 바로 쿠데타의 실세 한명회였다. 운명은 잔인했다. 바로 다음 날 노산군(단종)은 수양대군에게 왕위를 넘겨주는데 이때 옥새를 관리하던 상서사에서 옥새를 넘겨받아 오는 일을 하게 되는 것이 바로 동부승지 성삼문이었다. 이때의 공 때문인지 윤6월 23일 한명회와 성삼문은 나란히 좌부승지와 우부승지로 승진했다.

쿠데타 한 달 후인 단종 1년 11월 8일 신숙주는 우승지에서 좌승지로 승진한다. 3개월 후인 단종 2년 2월 6일 신숙주는 승정원의 최고 책임자인 도승지에 오른다. 바로 아래인 좌승지는 박팽년이었다. 단종 3년 윤6월 10일 성삼문이 동부승지가 되어 승정원에 들어왔을 때도 도승지는 계속 신숙주였다. 옛 친구가 상하 관계로 다시 만난 것이다. 신숙주는 세조 2년 2월 4일 병조판서가 될 때까지 만 2년 동안 도승지에 있었다.

신숙주가 성삼문을 국문하다

단종 3년 윤6월 11일 세조가 즉위했다. 신숙주는 도승지, 성삼문은 동부승지였다. 성삼문은 윤6월 23일 우부승지로 승진했다. 그해 9월 5일 세조의 즉위에 공을 세운 좌익공신 명단이 발표되었는데 성삼문은 정난공신 3등에 이어 여기서도 3등이었다. 그리고 보름 후인 9월 20일 좌부승지로 승진한다. 세조 2년 6월 2일 성균 사예 김질과 그의 장인인 우찬성 정창손이 고변을 하기 전까지 8개월 동안 성삼문의 모습은 충직한 승지 그 자체였다.

이날 김질과 정창손이 사정전에서 세조를 은밀하게 만나 털어놓은 이야기는 충격적이었다. 어느 날 성삼문이 김질을 불렀다. 말을 빙빙 돌리던 성삼문은 자신이 거사를 준비하고 있다며 장인과 함께 동참할 것을 권했다. "윤사로, 신숙주, 권람, 한명회 등을 먼저 제거해야 한다. 신숙주는 나와 가까운 사이지만 죽어 마땅하다." 그러면서 이개, 하위지, 유응부 등이 뜻을 같이하는 인사라고 털어놓았다.

김질로부터 개요를 파악한 세조는 즉각 승지들을 불러들였다. 외곽에는 군사들을 집결시켜 놓았다. 도승지 박원형, 우부승지 조석문, 동부승지 윤자운과 함께 좌부승지 성삼문도 들어왔다. 그 자리에서 내금위 조방림을 시켜 성삼문을 체포했다. 즉석에서 친국(親鞫-임금이 직접 하는 국문)이 시작됐다. 세조의 입장에서는 서운할 수밖에 없었다. "너는 나를 안 지 아주 오래되었고 나도 너를 극히 후하게 대접했다."

모진 고문을 당하면서도 관련자의 이름을 불지 않던 성삼문은 세조의 이 말에 박팽년, 이개, 하위지, 유성원, 유응부, 박쟁 등 공모자의 이름을 실토한다. 먼저 하위지와 이개가 붙잡혀 왔다. 그러나 이들은 더 이상의 이름은 불지 않았다.

얼마 후 이개의 매부이기도 한 공조참의 이휘가 병조판서 신숙주에게 자수했다. 어느 날 성삼문의 집에 갔더니 단종의 외숙인 권자신, 박팽년, 이개, 하위지, 유성원이 모여 술을 마시면서 은밀한 이야기를 하는 것을 들었는데 정확히 실상을 알 수 없어 그동안 고변하지 못한 것이라고 변명을 했다. 또 자신이 성삼문에게 '이 의논을 아는 사람이 몇이나 되는가'라고 물었더니 '박중림과 박쟁도 알고 있다'고 답했다고 털어놓았다. 점점 희생자의 숫자가 늘어나고 있었다.

곧이어 붙잡혀 온 박팽년은 곤장을 맞은 끝에 자신의 아버지 박중림과 성삼문의 아버지 성승을 비롯해 김문기, 송석동, 윤영손, 이휘 등의 이름을 새롭게 불었다. 또 박팽년은 거사 계획의 내용을 상세하게 털어놓았다. 원래 거사 날짜는 하루 전날인 6월 1일이었다. 그날 연회에서 칼을 차고 어전의 좌우에 서 있는 운검(雲劍)이 바로 성승, 유응부, 박쟁이었다. 그런데 한명회가 뭔가 이상하다며 운검을 물리칠 것을 건의했다. 이때 성승과 유응부는 바로 작전에 돌입하자고 주장했으나 성삼문 등이 다음 기회로 미뤄야 한다고 맞섰다. 결국 문신의 주장이 무신을 눌렀다. 김문기를 제외한 모든 관련자들은 혐의 사실을 순순히 시인했다. 그리고 세조는 이후의 국문을 대신들에게 맡겼다. 여기에는 당연히 병조판서 신숙주도 포함됐다. 신숙주와 성삼문이 국문자와 대역 죄인으로 만나게 된 것이다. 유감스럽게도 한 편의 드라마를 연상시켰을지도 모르는 국문장에서 두 사람 간의 대화는 『실록』에 전하지 않는다.

그리고 6월 8일 성삼문은 아버지 성승, 이개, 하위지 등과 함께 군기감 앞길에서 거열형을 당한 후 목이 잘리어 3일 동안 저잣거리에 효수되었다. 유성원은 일이 발각되자마자 집에서 스스로 목을 찔러 자살했고 박팽년은 조사 도중 옥중에서 사망했다. 거사는 철저한 실패로 끝났다. 7월 12일에는 이휘도 형장의 이슬로 사라졌다. 한편 신숙주는 역모를 잘 다스린 공으로 우찬성에 오른다.

사태가 정리되고 난 후 세조는 유례없는 악행을 저지른다. 역모에 연루된 자들의 부인과 딸 등을 공신들의 노리개로 나눠준 것이다. 성삼문의 아내 차산과 딸 효옥은 운성부원군 박종우에게 주었다. 병조판서 신숙주는 최면의 누이 선비, 조완규의 아내 소사와 딸 요문을 차지했다.

여기서 우리는 부질없지만 의미 없지 않은 질문을 던져보지 않을 수 없다. 과연 세종은 자신의 자식과, 자식 이상으로 총애했던 신하들 사이에 이런 비극적인 사태가 생기리라고 상상이나 했을까? 또 나아가 이런 패륜적 사태가 초래된 데에 세종의 책임은 전혀 없는 것일까?

7장

사(史):
"너희가 역사를 아느냐"

『자치통감훈의』를 편찬하다

　　세종은 심심풀이로 역사를 읽지 않았다. '국왕' 세종에게 역사 공부는 절실한 과제였다. 특히 22세의 나이로 특별한 준비 없이 국왕의 자리에 오른 세종으로서 역사 공부는 과거의 교훈을 통해 통치술을 익히는 첩경이었다. 요즘의 '민중사관' 운운하는 역사와 달리 중세 사회에서 역사란 곧 국왕의 통치 기록이었기 때문에 더욱 그러했다. 신하들에게 거부를 당하기는 했지만 즉위년 11월 13일 경연에서 첫 번째 교재로 경서인 『대학연의』를 끝내자마자 사서인 사마광의 『자치통감』을 읽겠다고 했던 것은 그 같은 세종의 절박한 인식이 반영된 것이다. 앞에서 살펴본 세종 23년 6월 28일의 기록은 세종이 생각했던 역사의 효용에 대한 생각을 명확하게 보여준다.

　　"무릇 잘된 정치를 하려면 반드시 전대(前代)의 치세(治世)와 난세

(亂世)의 발자취를 돌아보아야 할 것이요, 그 발자취를 돌아보려면 오직 역사의 기록들을 상고하여야 할 것이다."

이 말이 포함돼 있는 인용문을 보면 우리는 45세의 세종이 지니고 있던 역사에 대한 견해를 알 수 있다. 세종은 당연히 통치자의 입장에서 역사를 보고 있으며, 역사의 첫 번째 효용을 중세 유교 국가의 국왕답게 권선징악에서 찾고 있다. 더불어『치평요람』을 편찬케 하면서 중국 역사뿐만 아니라 우리 역사에서도 사례를 뽑되 너무 방대하거나 압축하지 말고 적정 수준을 유지하라고 친절하게 방침까지 일러준다. 더욱이 그 일을 진양대군 이유에게 감독하도록 함으로써 왕실의 입장에서 역사서를 쓰는 일이 얼마나 중요한지를 왕자에게 간접적으로 가르치려는 세심함이 엿보인다. 진양대군은 훗날의 수양대군으로 쿠데타를 통해 임금에 올라 세조가 된다.

그런데 이것은 세종이 중국과 조선의 역사에 두루 달통한 이후의 이야기이고, 즉위했을 때만 해도 세종의 역사 이해는 그리 깊지 않았다. 이는 세종 자신의 언급을 통해 앞서 드러난 바 있다.

세종에게 중국의 사서는 경서에서 전개된 이론을 일차적으로 검증하는 일종의 실증 사례들이었다. 경사를 각각 체와 용으로 본다는 것이 바로 그런 뜻이다. 세종이 중국의 역사서를 어떤 식으로 받아들였는지를 잘 보여주는 세종 12년 11월 18일 경연의 한 장면이다.

이날 경연에서는『통감속편』을 강의하였다. 그때 '큰 잔치를 사흘 동안 베풀었다(賜大輔三日)'는 대목이 나오자 세종은 이렇게 말한다. "송 태종은 정말 어진 임금이다. 그러나 더러는 공치사도 하고 또 희롱을 좋아하였으니, 이런 것은 제왕으로서 할 일이 아니다." 이에 정인지가 "널리 알기만을 힘썼고 시를 짓기 좋아한 것도 제왕으로서의 학문은 아니었습니다. 고기 낚는 것을 좋아하여 4품 이상은 모두 들어와서 참관하게까지 하였습니다"라고 맞장구를 친다. 이에 세종은 "간한 사람이 없었는가. 만일 간한 사람이 있었다면 그의 넓은 아량으로 어찌 받아들이지 않았으랴?"라고 다시 물었다. 이에 정인지는 "간한 사람은 역사에 나타나지 않고 다만 당시 사람의 시에 '꾀꼬리는 임금의 수레에 놀라서 꽃 속으로 숨어들고, 물고기는 임금의 얼굴을 무서워하여 낚시에 걸리기가 어렵도다'라고 한 것이 있습니다"라고 답한다. 이에 세종은 "참으로 글을 잘 짓는 사람이로다. 간하며 은근히 풍자하는 뜻을 내포하였으니, 그 글을 지은 사람이 누구인가?"라고 묻자 정인지는 "정위(丁謂)였습니다"라고 답한다. 세종은 "정위가 시는 잘하였는지 모르나 그의 마음씨는 바르지 못하였다"고 예리하게 촌평했다.

세종은 중국사를 널리 아는 것으로 그치지 않았다. 끊임없이 우리의 역사서를 쓰는 데 중국의 사서를 방법론적 본보기로 삼았다. 예를 들어 과거의 사실은 현재의 관점에서 변용시킬 것이 아니라 있었던 그대로 써서 후대가 판단토록 하자는 역사 실증주의는 중국 사서에서 배운 지혜다. 예를 들어 세종 6년 8월 11일 춘추관 동지사 윤회가 개수 작업을 마친 『고려사』를 올리자 세종은 이렇게 말한다.

"주자의 『통감강목』 같은 데에 이르러서는 비록 말하기는 『춘추』의 서법(書法)을 본받았다고 하나, 그 분주(分註)에는 참람하고 거짓된 나라나 도적질하여 표절한 명호(名號)라도 모두 그 사실대로 좇아 기록하였으니, 어찌 기사(記事)의 범례가 그렇게 하지 않을 수 없었던가 한다. 이제 붓을 잡은 자가 성인의 붓으로 깎는 본뜻을 엿보아 알지 못하였은즉, 다만 마땅히 사실에 의거하여 그대로 쓰면, 칭찬하고 깎아내린 것이 자연히 나타나 족히 후세에 믿음을 얻을 수 있는 것이니, 반드시 전대의 임금을 위하여 그 사실을 엄폐하려고 경솔히 추후로 고쳐 그 진실을 잃게 할 수 없을지니, 그 종(宗)이라 한 것을 고쳐 왕(王)이라 한 것은 가히 『실록』에 따라 묘호와 시호의 사실을 없애지 말라."

이를 '직서주의(直書主義)'라고 하는데 『고려사』 편찬을 둘러싼 각종 사론의 논란은 뒤에 별도의 절에서 살펴볼 것이기 때문에 여기서는 일단 이 정도로만 정리해 둔다. 간단히 이야기하면, 우왕과 창왕의 경우 설사 조선 왕실의 입장에서 신우, 신창으로 본다 하더라도 당시에 왕위에 있었던 것은 역사적 사실이니 그대로 우왕, 창왕으로 써야지 정도전처럼 우, 창이라고 써서는 안 된다는 말이다.

그렇다면 세종은 왜 즉위년부터 다른 책도 아니고 너무나 방대해서 전문 학자들도 읽기 어렵다는 『자치통감』에 도전하려 했던 것인가? 학문적 자신감이나 기왕 역사 공부를 하려면 가장 근본적인 사서(史書)를 독파하겠다는 세종의 학문적 태도 외에 자신이 존경해 마지않았던 상왕 태종의 영향도 컸을 것으로 짐작된다. 태종의 최측근 인사였던 의정부 참찬사 권근이 자신의 저서인 『예경천견록(禮經淺見錄)』을 찬집하고자 사직하려 하였으나 윤허하지 않으면서 이렇게 답하는 대목이 태종 4년 11월 28일자에 실려 있다. 이 기록을 보면 태종이 『자치통감』에 대해 어떻게 생각하고 있었는지를 알 수 있다.

"경의 문학으로 나를 도와 정치를 성취하는 여가에도 오히려 차례대로 편찬할 수 있을 것이다. 옛날 송나라 신종이 사마광에게 명하여 『자치통감』을 편찬하게 하여, 일대의 역사를 이루어 지금까지 흠모한다. 나도 경에게 또한 이같이 하니, 경은 그 모든 온축(蘊蓄)한 바를 서술하고, 여기저기에서 고증하여 그 책을 완성하도록 하라."

『자치통감훈의』와 윤회

세종 16년 6월 26일 세종은 중추원사 겸 성균관 대사성 윤회와 예조참판 권도, 집현전 부제학 설순 등을 불러 집현전에 모이도록 했다.

윤회는 일찍부터 세종이 역사 공부를 하려고 하면 "경학이 우선이고 사학이 그 다음이니 사학에만 치중해서는 안 된

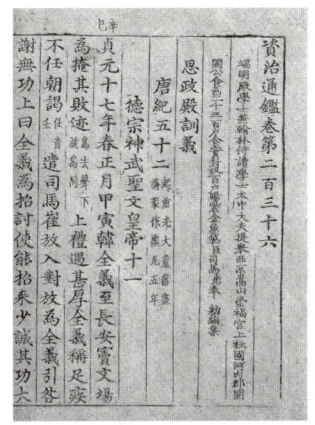

『자치통감』_ 중국 북송의 사마광이 편년체로 편찬한 역사서. 세종18년(1436년), 금속활자본, 보물 제1281호.

다"며 제동을 걸었던 대표적인 인물 중 하나다. 윤회(尹淮, 1380년 고려 우왕 6년~1436년 세종 18년)의 배경을 보면 그가 경학 우위론을 펼치는 이유를 어느 정도 이해할 수 있다. 그의 증조부 윤택은 고려 공민왕 때 찬성사를 지내며 최초로 『대학연의』를 경연에서 강의한 인물이다. 또 그의 아버지 윤소종은 춘추관 동지사를 지냈으며 공양왕 때 경연에서 『정관정요』 대신 『대학연의』를 강할 것을 진언했던 인물이고 조선 태조 때에는 세자 방석에게 『대학연의』를 강했다.

이런 분위기에서 성장한 윤회는 열 살 때 주자의 『자치통감강목』을 달달 외웠고 태종 1년(1401년) 문과에 급제한 뒤 이조좌랑·정랑 등을 지냈고 태종 말년에 승정원 대언과 병조참의를 거쳤다. 태종은 그의 학문적 재질을 높이 평가했다.

세종 2년(1420년) 집현전이 설치되고 나서 세종 4년 부제학으로 발탁되어 그곳에서 생활하는 학사들을 총괄하기도 하였다. 그후 경연 동

지사를 역임하고, 세종 6년(1424년)에는 정도전이 편찬한 『고려사』를 다시 개정하는 일에 관여하였으며, 세종 9년(1427년)에는 예문관 제학으로 척불을 건의하였다. 세종 14년(1432년)에는 세종의 명을 받고 신장과 함께 『팔도지리지(八道地理誌)』를 편찬했다. 그리고 이때 왕명으로 집현전에서 『자치통감훈의』를 찬집하게 되는 것이다. 훗날 벼슬이 병조판서를 거쳐 예문관 대제학에 이른다.

그는 이름난 주호(酒豪)로 세종이 술을 석 잔 이상 못 마시게 하자 연회 때마다 큰 그릇으로 석 잔을 마셨다. 어느 날은 술에 만취되어 부축을 받고 왕 앞에 불리어 나가 선지(宣旨)를 기초하라는 명을 받고는 붓대를 나는 듯이 움직이자 세종은 참으로 천재라고 탄복하였다 한다. 앞서 본 대로 변계량의 견제가 있었음에도 불구하고 세종은 윤회로 하여금 변계량의 역할을 잇도록 했다. 문형의 자리에 오른 것이다.

이들을 부른 세종은 『자치통감』의 주석을 달도록 지시한다. 뜻이 불분명하거나 어려운 구절이 나오면 여러 서적들을 참고해 해당되는 구절 끝에 반드시 붙이도록 하고 책 제목도 미리 정해주었다. 『자치통감훈의(訓義)』, 말 그대로 『자치통감』을 알기 쉽게 풀이한 책이라는 뜻이었다. 주자의 『자치통감강목』은 역사서를 성리학의 원리에 따라 재구성한 책이지 주석서가 아니라는 점을 감안할 때 중국에서도 제대로 이뤄진 바 없는 작업을 시작하는 것이었다. 『자치통감』의 조선판 해설서 출판 사업의 선포였다.

완벽을 추구하다

『자치통감훈의』 편찬 작업에 집현전의 젊은 학사들이 참여한 것은 처음부터 세종의 뜻이었다. 세종은 이날 세 사람을 불러 편찬을 지시하면서 집현전 응교 김말, 교리 유의손, 우헌납 이중윤, 전 우헌납 이사증, 수찬 이계전, 부수찬 최항 등을 비롯해 경사에 밝은 이조좌랑 남계영, 세자좌사경 어효첨, 사헌감찰 강맹경 등이 교열 작업을 맡도록 하라고 세세하게 방향을 잡아주었다. 그리고 총괄적으로 세종과 이들 사이를 오가며 책임을 맡은 이는 좌승지 권맹손이었다.

세종은 이어 7월 1일 『훈의』 찬집에 관여한 관원들에게 15일마다 한 번씩 잔치를 베풀어줄 것을 명한다. 또 7월 16일에는 당시로서는 가히 파격적이라 할 수 있는 500~600질 정도를 찍을 수 있는 분량의 종이와 먹을 미리 준비하라고 승정원에 지시했다. 대대적인 역사의 대중화를 염두에 두었던 것이다.

세종이 『훈의』 편찬에 얼마나 공을 들였으면 아주 특별한 일이 아니고서는 결코 빠뜨리지 않던 경연까지 1년 가까이 연기하면서 편찬 작업을 독려했다. 그해 9월 22일부터 중단된 경연은 다음해 7월 29일에야 재개된다. 또 세종은 앞서 본 것처럼 직접 교열을 하는 등 편찬 작업에 뛰어들기도 했다. 세종이 역사서인 『자치통감훈의』에 얼마나 큰 열정을 쏟았는지를 보여주는 기록이 있다. 편찬 지시를 내린 지 6개월이 돼가던 세종 16년 12월 11일자 기사다.

"대제학 윤회 등이 날마다 편찬하는 『자치통감훈의』 초고를 매일 저녁 궐내에 들이니, 임금이 친히 잘못된 것을 교정하는 작업을 밤중에 이르도록 하였다. 이날 임금이 윤회 등에게 이르기를, '근일에 이 글을 봄으로 인하여 독서가 유익하다는 것을 알았다. 총명이 날마다 더하고 수면이 아주 줄었다'고 하였다. 윤회 등이 아뢰기를, '밤에 가는 글씨를 보면 눈병이 나실까 두렵습니다' 하니, 임금이 말하기를 '경의 말이 옳다. 내 조금 쉬겠다'고 하였다."

세종이 북경에 부사로 가던 심도원에게『자치통감』을 구해 오라고 명한 시기도『훈의』편찬이 본궤도에 올랐던 세종 17년 3월의 일이었다. 그해 7월 중국에 갔던 사신과 통역관들이 돌아와 호삼성이 풀이한『자치통감』을 바치자 세종은 크게 기뻐한다. 세종은 그해 8월 성절사로 떠나는 형조참판 남지를 불러서 다시 한 번『자치통감』을 구해 올 것을 명한다. 세종은 역사에 흠뻑 빠져 있었다.

그러면 왜 세종은 방대한 인력과 시간이 소요되는『자치통감』에 대한 훈의 작업을 지시하고 2년 동안 자신의 거의 모든 에너지를 여기에 쏟아 부었던 것일까? 일차적으로는 세종 자신이『자치통감』이 표준적인 역사서로서 갖는 가치를 파악했기 때문에 남김없이 이해해 보려는 욕구가 있었다. 또 그것을 통해 자신이 필생의 사업으로 염두에 두고 있었던『고려사』서술을 좀더 완벽하게 만들기 위한 이론적 기초를 다지려 했던 것으로 보인다. 그리고 또 하나, 역사를 무시하던 신하들에게 역사를 공부시키려는 목적도 컸다. 눈앞의 현실은 도외시한 채 여차하면 공리공담(空理空談)을 일삼는 신하들을 일깨워주는 데 역사 공부만큼 효과적인 수단이 없다고 본 때문이다.

신하들을 겨냥한 세종의 이 같은 생각은 세종 18년 4월 4일에 명확하게 드러난다. "학자(곧 신하)들이 역사에 어두움을 염려하여『자치통감훈의』를 편찬하게 하였다." 신하 학자들의 몰(沒)역사적인 공부 태도를 지적하고 있는 것이다. 세종 18년 윤6월 11일 마침내 2년여에 걸친『자치통감훈의』편찬 작업이 끝났다.

"『통감강목훈의』도 편찬하라"

『자치통감강목』은 남송(南宋) 때 주희가 사마광의『자치통감』에 의거하여 편(編)을 시작하고 후학인 조사연이 이어서 완성한 역사서이다.『강목』은 방대한『자치통감』의 내용을 사건별로 정리하였다는 점에서 이후 유학자들의 필독서가 되었고 주자학을 국교(國敎)로 정한 조선에서도 높이 평가되어『자치통감』보다 많이 읽히고 유포되었다.

『자치통감훈의』를 끝낸 세종은 한 달쯤 지난 7월 29일 이계전과 김문을 불러 이번에는『통감강목』의 '훈의'를 찬술하게 하고 유의손으로 하여금 서문을 짓도록 지시했다.『강목훈의』편찬 작업은 2년여가 지난 세종 20년(1338년)에 완성된다. 세종으로서는 사마광의『자치통감』훈의 작업을 끝내자 내친 김에 주희의『통감강목』훈의 작업도 끝내버리려 했던 것이다.

김문(金汶, ?~1448년 세종 30년)은 세종 2년(1420년) 문과에 급제해 성균관에 속했다가 세종 17년(1435년) 집현전 수찬으로 발탁되었으며, 이듬해 집현전 부교리를 거쳐 직제학까지 승진하였다. 총명함이 남달랐고 문재가 있는 데다 특히 사학(史學)에 매우 정통하여 강목(綱目)을 암송하되 몇 권 몇 장에 있다는 것까지 정확하게 지적하였다고 한다. 세종의 총애를 받았으며 왕명에 의해 이계전과 함께『강목훈의』를, 신석조 등과는『의방유취(醫方類聚)』를 편찬하였다. 이때 편찬된 주석서를 공식적으로는『사정전 훈의 자치통감강목』이라고 한다. 사정전이란 근정전 바로 뒤에 있는 궁전으로 세종 때 경연이 열리던 곳이다.

이에 따라 이계전과 김문이 주축이 돼 "참작하고 가감하여 그 요긴한 말을 뽑아서 장절에 따라 나누어 붙이되, 무릇 버리고 취하기를 모두 임금의 재단을 받았다." 세종이 바로 편찬위원장이었다. 이 책 서문의 한 구절이다.

사정전_ 서울시 종로구 세종로 경복궁에 있는 전각. 근정전 뒤 사정문 안에 있는 건물로, 세종 때 경연이 열리던 곳.

"이를 읽는 사람이 진실로 성상(聖上-세종)의 교훈을 우러러 본받아 먼저 경학(經學)을 밝히고 난 후에 『통감』으로써 학문을 넓히고 『강목』으로써 요약한다면, 본말이 갖추어지고 안팎이 융통되어, 본체(本體)가 밝게 되고 쓰기(適用)에 적절한 학문이 될 것이다. 만일 정해진 순서를 건너뛰어 여러 책을 읽는 데만 힘을 쓴다면, 어찌 우리 성상께서 도학(道學)을 먼저 밝혀 세대에 내리어 교화를 세우시려는 아름다운 뜻에 보답함이 되겠는가? 훗날 이 책을 보는 사람은 마땅히 스스로 깨치고 살필 것이다."

우리 역사를 보는 세종의 시각

"동방에도 건국한 것이 오래이니 흥폐존망(興廢存亡)을 역시 알지 않을 수 없다."

세종 23년 6월 28일에 세종이 한 말이다. 그러나 그는 아주 일찍부터 우리 역사에 관심이 있었고 동시에 허술한 우리 역사 서술의 문제점을 잘 알고 있었다. 세종 6년 11월 4일자 기사다.

"내가 일찍이 『삼국사략(三國史略)』을 보니, 신라에는 일식이 있었는데 백제에서는 쓰지 아니하였고, 백제에는 일식이 있었는데 신라에는 쓰지 아니하였다. 어찌 신라에서는 일식이 있는데 백제에는 일식이 없었다 하겠는가. 아마도 사관의 기록이 자상한 것과 소략한 것이 다르기 때문인가 한다."

『삼국사략』, 말 그대로 삼국의 역사를 압축한 이 책은 어떤 책이며 누가 지었는가? 먼저 태종 3년 8월 30일자 기사를 보자.

"좌정승 하륜 등이 새로 편수한 『동국사략』을 바치었는데, 하륜이 의정부 참찬 권근, 지사 이첨과 함께 편수하였다."

이첨(李詹, 1345년 고려 충목왕 1년~1405년 태종 5년)은 고려 공민왕 17년(1368년) 문과에 급제하여 고려 우왕 1년(1375년) 우헌납에 올라 당대의 권력자 이인임 등을 탄핵하다가 10년간 유배 생활을 했다. 1388년 풀려나 지신사에 오르지만 김진양(金震陽) 사건에 연루되어 다시 귀양을 갔다. 조선 건국 후 태조 7년(1398년) 이조전서에 기용됐고 태종 2년(1402년) 예문관 대제학을 거쳐 의정부 지사에 올랐다. 대제학으로 있을 때 『동국사략』 편찬에 참여했고 문장과 글씨에 뛰어났다.

이 『동국사략』이 바로 『삼국사략』이다. 태종 2년 6월 8일 태종이 "사평부 영사 하륜, 의정부 참찬사 권근, 예문관 대제학 이첨에게 명하여 삼국의 역사를 편찬하게 하였다"고 한 지 14개월 만에 나온 성과물이었다.

『동국사략』이 어떤 책인지를 아는 것은 세종의 우리 역사에 대한 인식을 아는 데도 큰 도움이 된다. 그래야 『삼국사기』와는 다른 차원에서 세종이 우리 고대의 역사를 어떻게 보았는지를 알 수 있다.

『동국사략』의 서문을 쓴 권근에 따르면 우리 민족의 뿌리는 단군조선이다. 이는 전통적으로 명나라의 영향을 받은 유학자들의 인식과 차이가 있다. 그들은 기자조선을 우리 역사의 출발점으로 보려 했기 때문이다. 권근은 『삼국사기』에 대해 이렇게 평한다.

"전조(前朝-고려시대)의 글하는 신하 김부식이 이것을 모아 정리하여 『삼국사기』를 만들었는데, 사마천의 『사기』를 본받아 나라별로 나누어 글을 만들었으니, 본기(本紀)도 있고 열전(列傳)도 있으며 지(志)도 있고 표(表)도 있어 모두 50권이다. 같은 해의 일을 다른 본기(本紀)로 나누므로 같은 일을 두 번 적기도 하였으며, 방언과 상말을 다 없애지 못하였고, 삭제하는 범례(凡例)가 적당하게 되지 못하여 책 분량이 너무 많고 말이 중복되기도 하였다. 그리하여 이것은 있는데 저것은 빼놓아서 보는 사람들이 골치를 썩었으며, 참고하기에도 어려움이 있었다."

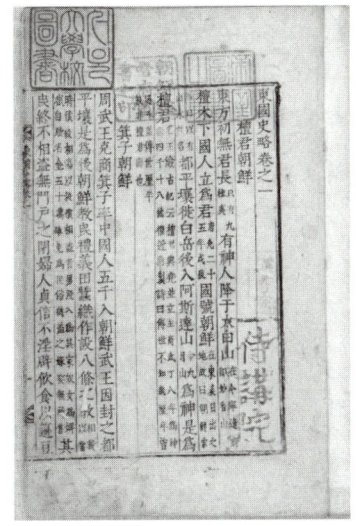

『동국사략』_ 태종 3년(1403년) 권근, 이첨, 하륜 등이 고대사의 체계를 수립해 편찬한 사서. 우리 역사의 출발점에 대한 인식을 엿볼 수 있다.

그래서 『동국사략』은 "상스러운 말은 고치고 번잡한 것은 없앴으며, 참람하여 난을 일으킨 놈은 토죄(討罪)하고 절의 있는 이는 포상해 높였으며, 또 나의 좁은 소견으로 잘하고 잘못된 것을 따져서 그 뒤에 붙였다"고 말한다.

우리 고대사에 대한 세종의 긍정적 인식

여기서 보듯 세종이 말한 『삼국사략』은 김부식의 『삼국사기』를 교훈적으로 재구성한 책이다. 세종은 『삼국사략』 등에 대한 독서를 바탕으로 우리 고대사에 대해 긍정적인 인식을 가졌던 것으로 보인다. 그 때문인지 삼국의 시조가 끼친 공에 대해 신하가 부정적인 평가를 내리자 세종이 그것을 반박하는 세종 8년 11월 5일자 기사다.

"임금이 일찍이 예조에 명해서 삼국 시조의 사당을 세우도록 했는데, 이때에 이르러 예조판서 신상이 계하기를 '주나라 말년에 칠국(七國)이 자웅을 다투어 법을 정하지 못했사온데, 우리 동방도 통일되기 전까지는 삼국(三國)의 아귀다툼이 마치 칠국 시대와 같지 않았습니까'라고 하니, 임금이 말하기를, '그렇지 않다. 옛일을 상고하면 우리 동방은 삼국 시조가 있기 전에는 십이한(十二韓)과 구한(九韓)이 있어서 나라의 경계가 분분했으니, 그렇다면 삼국의 시조가 이를 다소 합쳐놓은 것은 그 공로가 진실로 적지 않으니, 마땅히 사당을 세워서 그 공을 갚아야 할 것이다'라고 하였다."

이어 단군과 기자, 그리고 신라, 고구려, 백제의 시조에게 제사하는 문제에 깊은 관심을 보이게 된다. 세종 9년 8월 21일의 기록이다.

"예조에 전지하기를 '단군과 기자의 묘제(廟制)를 다시 의논하고, 신라, 고구려, 백제의 시조에게 묘를 세워 제사를 올리는 일을 모두 고제(古制)에 상고하여 상세하게 정하여 아뢰라'고 명하였다."

이어 세종 10년 4월 29일 우군부 판사 변계량은 왕의 명에 따라 기자의 묘비를 지어 올렸다. 여기에는 "나(세종)의 부왕께서 일찍이 중수(重修)할 것을 명하셨고, 내가 그 뜻을 받들어 공사를 독려하여 이제 낙성하였도다. 마땅히 비석에 새겨서 영원히 뒷세상에 보여야겠다"는 세종 자신의 뜻이 적혀 있다.

30년 프로젝트, "『고려사』를 완성하라"

그렇다면 고려시대에 대한 세종의 인식은 어떠했을까? 즉위한 지 4개월쯤 된 세종 즉위년(1418년) 12월 25일 세종은 경연에서 이렇게 말한다.

"『고려사』에 공민왕 이후의 사적은 정도전이 들은 바대로 더 쓰고 깎고 하여 사신(史臣)이 본 초고와 같지 않은 곳이 매우 많으니 어찌 뒷세상에 제대로 전할 수 있으랴. 없느니만 못하다."

의외로 단호한 어투를 봐서도 이것은 세종 자신의 뜻이라기보다는 상왕 태종의 뜻이었다. 이에 변계량과 정초는 지금이라도 바로잡는 것이 좋겠다고 동의를 표한다. 그러나 별다른 조처가 이뤄지지는 않았다. 정국이 심온 사건이다 대마도 정벌이다 해서 그런 일에 신경 쓸 여유가 없었기 때문인지 모른다. 실제로 대마도 정벌이 끝나고 나서인 세종 1년 9월 19일에 이 문제는 재론된다. 세종은 경연에서 윤회에게 "요사이 『고려사』를 읽어보았더니 사실과 맞지 않는 곳이 많았소. 마땅히 개수해야 할 것이오"라고 말한다. 이번에도 태종의 의중이 담겨 있었음은 물론이다.

그런데 이때 말하는 『고려사』란 태조 이성계의 명에 따라 정도전, 정총, 윤소종 등이 1392년부터 4년여에 걸쳐 편찬한 『고려국사』를 말한다. 여기서 춘추관 동지사 윤소종은 바로 윤회의 아버지이기도 했다. 이 책은 역성혁명을 일으킨 태조의 입장을 반영해 고려필망론(高麗必亡論)에 입각해 있었고, 동시에 정도전과 이방원의 정치투쟁과 관련해서는 정도전과 같은 개국공신들의 입장이 주로 반영될 수밖에 없었다. 태종으로서는 당연히 못마땅하였다. 그래서 태종도 태종 14년 (1414년)에 하륜, 남재, 이숙번, 변계량 등에게 개수를 명했으나 2년 후 하륜이 사망하는 바람에 미완으로 남았다. 『고려국사』를 보는 시각은 태종이나 태종의 충실한 계승자였던 세종이나 같은 입장일 수밖에 없었다.

그래서 바로 다음 날 세종은 예문관 대제학 유관, 의정부 참찬 변계량 등에게 명하여 정도전 등이 찬수한 『고려국사』를 개수토록 명했다. 이렇게 시작된 작업은 그후 세종에 의해 개정에 개정을 거듭하면서 30여 년 후인 문종 1년(1451년) 기전체 『고려사』, 문종 2년(1452년) 편년체 『고려사절요』로 완성을 보게 된다. 과장을 좀 보태자면 세종 재위 32년은 곧 『고려사』 쓰기의 일생이었다고 할 수 있을 것이다. 여기서도 우리는 완벽주의와 집념의 지도자로서 세종의 면모를 확인하게 된다.

세종, "사실에 맞게 다시 쓰라!"

"사실이 맞지 않는 곳이 많다"는 지적은 단순히 태종에게 유리하도록 『고려국사』를 왜곡해서 고쳐 쓰기 위한 핑계라기보다는 실제로 사실에 대한 세종의 천부적인 기억과 역사 공부에서 나온 것임을 보여주는 기사들이 많다. 세종 8년 10월 29일의 예는 물론 아버지의 일이어서 그랬겠지만 세종의 놀라운 기억력을 보여주기에 충분하다.

"임금이 예조판서 신상에게 이르기를, '공정대왕(恭靖大王 - 태종)께서 즉위한 날은 실상 무인 9월 정축인데, 헌릉 비문에는 정묘라고 잘못 기록되어 있고, 원경왕후께서 중국 황제의 하사품을 받은 것은 모두 여섯 번인데, 비문에는 다섯 번이라고 잘못 기록되어 있으니 마땅히 사실대로 고치도록 하라'고 하였다."

세종 1년 9월 20일 『고려사』 개수를 지시한 이후에도 세종은 수시로 작업 진행 상황을 점검한다. 이 과정에서 세종의 역사 서술 방법론이랄까 역사관 혹은 역사철학이 소상하게 드러난다. 세종 2년 2월 23일자 기록이다.

"임금이 유관에게 『고려사』를 교정하는 일을 물으니, 유관이 대답하기를, '전에 만든 『고려사』에는 재이(災異)에 대한 것을 모두 쓰지 아니하였으므로, 지금은 이를 모두 기록하려고 합니다'라고 말했다. 이에 대해 임금이 말하기를, '모든 선과 악을 다 기록하는 것은 뒤의 사람에게 경계하는 것인데, 어찌 재이라 하여 이를 기록지 아니하랴'고 하였다."

다시 한 번 사실에 충실할 것을 요구하고 있는 것이다. 그래서 3개월 후인 5월 28일 변계량은 새로 쓰는 『고려사』에 싣게 될 각종 재앙과 기이한 일을 추려서 보고했다.

이렇게 해서 일단 세종 3년(1421년) 1월 30일 유관과 변계량이 교정한 『고려사』가 완성되었다.

"이전에 정도전이 편찬한 『고려사』가 간혹 사신(史臣)이 본래 초(草)한 것과 같지 아니한 곳이 있고, 또 제(制)니, 칙(勅)이니 하는 황제에게나 쓰는 말과 태자라고 한 것 등이 참람되고 분수에 넘치는 말이 된다 하여 자기 마음대로 고쳐, 유관과 변계량에게 명하여 이를 교정하게 하였더니, 이제 와서 편찬이 완성되었으므로 이에 헌상해 올렸다."

사실을 중시했던 세종의 태도와 관련해 이런 일도 있었다. 세종 5년 7월 25일 세종은 지신사 조서로가 사관이 시시콜콜 따라붙는 게 싫어 공식 회의 때 말고는 환관을 시켜 사관이 들어오지 못하게 했다는 말을 듣고는 당장 조서로에게 "사관이 따라 들어오는 것을 금하지 말라"고 명령했다. 역사 앞에서 그만큼 당당할 수 있는 자신감이 있었다는 이야기다.

고려사 논쟁 : 세종 대 변계량

그런데 그해 12월 29일 세종은 세종 3년 1월 30일에 완성된 『고려사』를 재차 개수토록 지시한다. 여기서 세종과 변계량 사이에 불꽃 튀는 논쟁이 일어난다. 세종은 이미 정도전이 임의로 고친 것은 원래대로 돌리도록 지시한 바 있는데, 이 자리에서 변계량이 이의를 제기하고 나선 것이다. 대부분 사안에서는 늘 세종의 편을 들었던 변계량의 이 같은 반론은 이례적이기까지 하다.

　논쟁의 뿌리는 고려 말로 거슬러 올라간다. 세종 1년 세종이 유관과 변계량에게 명하여『고려사』수정을 지시하자 유관은 주자의『자치통감강목』의 편제를 모방해 재구성을 하려고 하였다. 그런데 이때 변계량은 유관에게 "『고려사』는 이미 이인복과 이색과 정도전의 손을 거쳤으니 경솔하게 고칠 수 없다"고 맞섰다. 그리고 실제로 두 사람이 교정한『고려사』에는 정도전이 임의대로 태자를 세자로 하고 태자비를 세자빈으로 하는 등 황제국의 용어를 제후국의 어휘로 바꿔놓은 것들이 그대로 실려 있었다.

　그래서 사관들이 먼저 문제를 제기했다. 고려는 황제국을 자처하였으니 태자, 태자비 등의 용어를 썼고 역사를 서술할 때도 그대로 해주는 것이 옳지 않으냐고 변계량에게 따졌다. 그러자 변계량은 윤회를 통해 이런 쟁점을 세종에게 고하도록 청했다.

　뜻밖에도 세종의 생각은 변계량과 달랐다. 당시에 그런 용어를 썼다면 그대로 서술하는 것이 역사 서술의 원칙에 맞다는 것이다. 반면에 변계량은 본의 아니게 정도전의 서술을 옹호하는 쪽에 섰다. 제후국에 맞는 용어를 쓴 것은 정도전이 임의로 고친 것이 아니라, 정도전이 모범으로 삼은 이제현과 이색 등이 쓴 역사서『금경록(金鏡錄)』을 근거로 해서 쓰다 보니 그렇게 된 것일 뿐이라고 맞섰다.『금경록』은 고려 말 당시의 문인들이 소략하게 쓴 일종의 고려실록 같은 것이다.

　그러나 세종은 단호했다. 사실 그대로 써도 후대 사람들이 어련히 알아서 판단하겠냐는 것이다. "사실을 있는 그대로 쓴다고 해서 무엇이 해롭겠는가?" 결국 세종은 유관과 윤회에게 다시『고려사』를 고쳐 쓸 것을 명한다. 그러면서 "사실을 인멸하지 말라"고 다시 한 번 당부한다. 이렇게 해서 다음해인 세종 6년 8월 11일 탄생한 것이 재차 고쳤다는 뜻에서 『수교(讎校)고려사』이다.

3은(三隱) 등, 고려 말 유신(儒臣)들에 대한 세종의 평가

『수교고려사』의 편찬으로 고려사에 관한 논쟁은 일단 수그러드는 듯했다. 그러나 격동의 시대였던 '여말선초'에 대한 통일된 인식이란 애초부터 불가능했다. 심지어 같은 조선왕실이라 하더라도 태조, 태종, 세종이 다 조금씩 달랐다. 물론 세종은 기본적으로는 태종의 역사인식을 고스란히 전수받을 수밖에 없는 인물이다. 그러나 태조와 태종은 많이 달랐다.

세종 12년 4월 24일 변계량이 사망하자 세종은 변계량이 책임을 맡고 있던 『태종실록』 감수를 좌의정 황희와 우의정 맹사성에게 맡긴다. 이 과정에서 원래 사고(史稿)에 있던 부분 중에서 하륜 관련 부분을 변계량이 임의로 삭제한 것이 뒤늦게 드러나 잠시 문제가 되기도 했다.

이런 맥락에서 세종 12년 11월 23일의 경연은 의미심장하다. 어느 정도 정치가 안정될 무렵인 이때 세종은 춘추관에 명을 내려 충신들의 명단을 뽑아 올리라고 했다. 이때 세종의 나이 34세 무렵이다. 이 자리에서 소위 고려 말 충신으로 꼽히는 '3은(三隱)'에 대한 세종의 평가가 이뤄진다.

먼저 시강관 설순이 고려 말의 충신으로는 길재뿐이라고 말한다. '야은(冶隱)' 길재는 흔히 조선시대 성리학의 도통(道統)을 이야기할 때 우두머리에 놓이는 인물이다. 2차 왕자의 난이 끝난 직후 이방원이 불렀을 때 잠깐 방원을 찾았다가 낙향해서 제자를 길렀다.

그런데 길재에 대한 세종의 평은 얼핏 보면 싸늘하기까지 하다. "태종께서 길재를 불렀을 때 길재는 『시경』 한 편을 강의하고 돌아갔다. 이는 스스로 기자(箕子)가 홍범(洪範)을 진술한 것에 견준 것이다. 당시에 『시경』을 아는 사람이 없어서 길재가 감히 태종께 그런 강의를 올렸단 말인가? 참으로 오만방자한 일이다." 이에 안숭선도 "신도 이것을 보고 오만방자하다고 생각했습니다"라고 맞장구를 친다. 그러나 정작 정종 2년 7월 2일자 『실록』을 보면 『시경』을 강의한 것은 그때가 아니라 훨씬 이전이고 태종과 길재는 성균관에서 함께 공부했을 만큼 가까운 사이였다. 세종이 잘못 알고 있었던 것이다. 그런 점과는 별개로 세종은 냉철했다. "그의 행동(조선조에서 벼슬을 하지 않고 절개를 지킨 행동)은 값어치가 있는 것이기 때문에 이미 나는 그를 사간(司諫)

길재 영정_ 고려 말 충신 3은(三隱) 가운데 한 명인 야은 길재는 2차 왕자의 난이 끝난 후인 정종 2년(1400년), 조정에서 벼슬을 내리자 두 왕조를 섬길 수 없다며 낙향해 후진 교육에 진력했다.

으로 추증하고 그의 아들을 등용하였다." 특히 세종은 고려 때의 권문세가의 귀족과 후손들은 모두 조선왕조에서도 벼슬을 했는데 길재는 한미한 집안 출신이면서도 벼슬을 하지 않았으니 이것은 훌륭한 처사라고 칭찬을 아끼지 않는다.

이어 최영 장군의 문제로 넘어간다. 세종은 "최 도통사가 공민왕 때 큰 공로가 있었다 하는데 사실인가"라고 묻는다. 설순은 최영을 감싸는 듯한 의견을 말한다. 공민왕이 암살당하던 1374년 최영은 개경에 없었다. 탐라에서 일어난 몽골 유민들의 반란을 진압하기 위해 군대를 거느리고 제주도에 출정해 있었다. "공민왕이 죽은 뒤에 왕씨의 혈통이 남아 있었는데도 당시의 재상은 최영을 두려워하여 신우(조선왕실에서는 우왕을 신돈의 자식으로 보기 때문에 이렇게 부른다)를 왕으로 세웠습니다. 막상 최영이 돌아와서 신우를 왕으로 세운 것을 마음 아프게 여기었으나 벌써 임금의 자리에 앉아 있었기 때문에 감히 바꾸지 못한 것입니다."

그러나 최영에 대한 세종의 시각은 이와 달랐다. "최영은 의리를 모르기 때문이다. 만일 대의를 내세워 우를 쫓아내고 왕씨를 다시 세웠으면 어떻겠는가?" 그러면서 지나가듯 '목은(牧隱)' 이색에 대해 언급한다. 이색조차도 우왕 즉위의 부당성에 대해 상소를 올리다가 탄핵을 당했는데 최영이 그냥 있었다는 것은 의리를 아는 학자의 도리가 아니라는 것이다. 그만큼 이색에 대한 평가도 낮았다. 다시 설순이 "우가 벌써 서 있었기 때문에 할 수 없었다"고 말하자 "어찌 의리를 아는 학자로서 신씨에게 아부하였는가?"라고 반박하면서 아주 흥미로운 질문을 던진다. "혹시 우리 태조께서 일어나실 줄을 알고 일부러 우를 세운 것은 아니었을까?" 물론 다소 황당한 질문이다. 설순은 "이 일은 회군 전에 있었고 태조께서 개국하신 것은 위화도 회군 이후의 일"이라며 우문현답했다.

'포은(圃隱)' "정몽주는 어떤 사람이었는가?" 충신인가 아닌가를 묻고 있는 것이다. 신하들로서는 쉽게 판단하기 어려운 문제였다. 그래서 설순은 다분히 에둘러 말한다. 아무리 온화한 세종이라 하더라도 이 문제에 대해서는 신하들이 자신들의 속내를 있는 그대로 말하기 어려웠기 때문이다.

"신도 그가 충신이라는 말을 들었습니다만, 춘추관(역사를 관장하는 기관)에서 이에 대한 공문을 보내온 것이 없고 전하께서도 이렇다 할 명령을 하시지 아니하여 신은 감히 청하지 못하였습니다."

그러나 실은 이에 대해서는 세종 자신이 명확한 답을 갖고 있었다.

"몽주의 일은 태종께서 그가 충의를 위해 죽은 줄 아시고 벌써 포창하고 상을 내리셨으니 재론할 필요가 없다. 충신의 대열에 기록함이 옳다."

흥미로운 것은 '도은(陶隱)' 이숭인을 이야기할 때이다. 이숭인은 개국 초 정도전의 미움을 받아 제거된 바 있다. 학계 일부에서는 야은 길재 대신 도은 이숭인

정몽주_ 고려에 대한 충성심을 기려 정몽주를 늘 높이 평가했던 태종의 뜻을 이어 세종도 그를 충신으로 기록한다.

262

을 3은에 포함해야 한다고 주장하기도 한다. 그러나 적어도 세종의 견해는 이런 일부의 시각과 정반대다. 이숭인은 그의 동료와 후학인 권근과 변계량에 의해 과대평가되었다는 것이다. 특히 세종은 권근이 이숭인의 문집 『도은집』의 서문을 쓰면서 과도하게 칭찬을 하고 실제로 하지도 않은 벼슬 추증까지 한 것처럼 쓴 것은 잘못이라고 지적한다. 당시 변계량조차도 권근에게 어찌 없는 사실을 쓰느냐고 말하자 권근은 "지금 추증했다고 쓰면 뒤에 반드시 추증될 것"이라고 답했다. 우리는 지금 친소(親疎) 관계에 의한 역사 왜곡의 실례를 보고 있다.

변계량 또한 이숭인과 개인적으로 가깝기는 권근과 마찬가지였다. 그래서 숭인을 가리켜 '어질다(賢)'고 했다가 지나친 말이라고 태종의 비판을 받는다. 그래서 변계량은 "어질다는 것을 재주가 있다(材)로 고치겠습니다"라고 정정한다. 『실록』은 권근과 변계량 모두 이숭인이 이색보다 훌륭하다고 생각했다고 기록하고 있다.

결국 설순은 세종의 뜻을 받들어 이렇게 정리한다. "정도전이 이숭인을 죽게 만든 것은 숭인의 능한 문장을 질투해서입니다. 이숭인은 충의를 위하여 죽은 것이 아닙니다. 그의 문장은 목은 이색도 칭찬할 정도였습니다." 이숭인은 고려에 대한 대의를 지키다 죽은 게 아니라 정도전의 개인적인 질투를 받아 죽은 것일 뿐이라는 식으로 정리된 것이다. 세종의 생각이 옳았는지 여부에 대한 판단은 온전히 독자들의 몫이다.

기전체 대 편년체 논쟁

세종 6년 8월 11일 『수교고려사』가 완성됐지만 이를 꼼꼼히 읽어본 세종은 곳곳에서 불만스러운 점들을 발견한다. 정도전 문제에 대한 서술 등 일부 사실의 문제는 어느 정도 바로잡았지만 역사 서술 방법론이라는 점에서는 허점이 너무 많아 보였기 때문이다.

그것은 아마도 애독서인 『자치통감강목』을 비롯한 중국의 각종 사서들에 대한 이해가 깊어지면서 역으로 『수교고려사』의 문제점이 자꾸 새롭게 눈에 들어온 때문인지도 모른다. 변계량을 비롯한 신하들과의 논쟁을 통해 과거의 사실을 있었던 그대로 쓸 것인가, 오늘의 시점에서 바로잡아 쓸 것인가의 고민이 어느 정도 정리된 세종 14년 8월 10일, 편년체(編年體)와 기전체(紀傳體) 사이에서 고민하는 세종의 모습을 볼 수 있다.

편년체란 말 그대로 역사를 연대순으로 정리하는 것이고 기전체란 국가 중심의 역사 서술론으로 각 나라의 황제와 군왕의 계통을 중심으로 해서 주요 항목을 정해 항목별로 정리해 가는 것이다. 『자치통감』은 편년체의 전형이고, 『자치통감강목』을 모델로 저술한 기존의 『고려사』는 전형적인 기전체였다. 이날 세종은 『수교고려사』를 다 읽은 뒤 역사 서술을 담당하는 춘추관에 다음과 같은 질문을 던진다.

> "『강목』의 필법으로 편찬한다면 작은 일이 중첩되어 모든 일을 다 기록하기가 어렵겠지만, 보기에는 편리한 장점이 있다. 또 편년의 필법으로 수찬한다면 보기에는 어려우나, 사실을 서술함에는 상세할 것이니, 이를 어떻게 처리하면 좋겠는가?"

이에 대해 춘추관을 맡고 있던 맹사성, 권진, 신장, 정인지, 김효정, 설순 등은 "원래 역사의 기록은 편년이 있고 난 후에 강목이 있었습니다"라고 의견을 올렸고 세종도 이에 동의했다.

"내 생각도 그러하다. 편년의 필법으로 이를 수찬하여, 차라리 번거로운 데에 실수가 있더라도 너무 생략하여 사실을 빠뜨리지 말게 하라."

여기서도 우리는 다시 한 번 "사실로 하여금 말하게 하라"는 세종의 사실 중심주의적 역사관을 재확인하게 된다.

필화를 불러온 『고려사전문』

이런 논의 끝에 세종 20년부터 24년까지 신개, 권제, 안지 등이 중심이 돼 『고려사』 개정 작업을 끝낸다. 이렇게 해서 나온 성과물을 『고려사전문(高麗史全文)』이라고 한다. 편찬 방식은 앞서 논의를 반영하여 편년체였다. 그런데 『고려사전문』은 내용상의 문제 때문에 세종 30년 배포를 금지당했다. 세종 28년 10월 11일 세종은 집현전 직제학 이계전과 응교 어효첨과 이야기를 나누던 중 특히 태조 이전의 조상들에 대한 서술과 관련해 명확한 오류가 여러 개 발견되는 것으로 보아 전반적으로도 문제가 많은 것 같으니 상세하게 재검토할 것을 지시한다. 그런데도 잘못이 제대로 수정되지 않은 듯하다. 세종 31년 1월 4일 세종은 춘추관에 다음과 같은 지시를 내린다.

"다시 교정하되 한 글자, 한 가지 일이라도 빠져서 고쳐야만 할 일은 모두 다 표를 붙여서 보고하라."

아마도 이때부터 세종은 작심을 하고 『고려사전문』에 대해 직접적인 재검토에 들어간 것 같다. 편찬이 끝난 지 7년이 돼가던 이때에야 세종이 보게 된 것은 아마도 세종 30년에야 주자소에서 그것을 처음으로 인쇄했기 때문일 것이다. 그리고 2월 1일 춘추관 지사를 맡고 있던 안지를 예문관 대제학으로 내보내고 의정부 우찬성 겸 병조판사 김종서로 하여금 춘추관 지사를 겸임토록 했다. 안지에 대한 불신임이었다. 이것은 『고려사전문』에 대한 세종의 분노에 가까운 불만 표출의 시작에 불과했다.

세종은 나흘 후인 2월 5일 『고려사』를 처음부터 다시 편찬하는 문제를 논의해 보도록 춘추관에 지시하는 한편 2월 22일 이조에 명을 내려 이미 세상을 떠난 권제의 고신과 시호를 빼앗고 예문관 대제학 안지의 고신도 빼앗아 영원히 관직에 나오지 말게 하며, 춘추관 기주관으로 『고려사전문』 편찬에 참여했던 남수문의 고신도 추탈토록 했다. 평소 관대했던 세종으로서는 이례적인 조처였다. 특히 온화했던 말년의 세종이 이런 충격적인 조처를 취했다는 것은 권제, 안지, 남수문 등에게 중차대한 문제가 있었다는 뜻으로 읽힌다. 도대체 무슨 일을 세종이 6년이 지난 후에야 알아내게 된 것일까?

먼저 당시 『고려사전문』 편찬에 참여했던 이들의 면면을 간략히 살펴볼 필요가 있다. 신개(申槩, 1374년 고려 공민왕 23년~1446년 세종 28년)는 태조 2년(1393년) 문과에 급제해 내외직을 두루 거쳤고, 태종 17년(1417년) 공조판서에 올랐다. 일찍부터 글을 잘 짓고 역사에 밝아 태종 13년에 이미 춘추관 편수관으로 일한 적이 있으며 세종 즉위 후에는 여러 도의 관찰사와 예문관 대제학, 대사헌 등을 역임했고 세종 24년(1442년)에는 춘추관 감사로 『고려사전문』 편찬을 이끌었다. 그의 주요 업적으로는 흔히 의정부 서사제 혁파와 야인 토벌론 관철이 꼽히는데 『실록』에는 특히 후자와 관련해 이런 대목이 나온다. "계축년(1433년)에 야인이 변방을 침범하여 사람과 가축을 죽이고 사로잡아 가므로 임금이 마음을 단단히 먹고 토벌하려 하니 많은 대신들이 반대했다. 반면 신개는 임금의 뜻을 알고 글을 올려 토벌을 청하면서 정벌하는 방략과, 길을 나누어 가서 치는 데 있어 지나는 도로에 이르기까지 자세히 말하지 않는 것이 없었다." 세종은 이런 신개가 얼마나 좋았으면 "내가 너무 늦게 신개를 얻었다"고 말했다. 그 이후 신하들은 "신개는 직위가 그 재주와 맞지 않는다"고 견제했음에도 불구하고 이조판서, 형조판서, 우의정 등을 거쳐 마침내 세종 27년(1445년)에는 좌의정에까지 오른다. 다만 그의 졸기에 보면 사관의 평은 상당히 인색하다. "사람됨이 자못 지나치게 살피더니 재상의 직위에 있게 된 뒤에는 일을 의논할 적에 오로지 남의 마음에 맞추려고만 하였다. 각종 공역을 실시해 백성들을 불편케 하였으니 당시의 세론은 그를 비난하였다." 그러나 『고려사전문』 조작 사건의 주인공은 신개가 아니라 권제였다.

권제(權踶, 1387년 고려 우왕 13년~1445년 세종 27년)는 권근의 아들이자 한명회와 함께 수양대군을 도와 쿠데타를 일으켜 영의정에까지 오르게 되는 권람의 아버지다. 태종 14년(1414년) 문과에 장원급제한 권제는 집현전 부제학, 대사헌, 여러 도의 관찰사를 지냈고 세종 24년(1442년) 춘추관 지사를 겸해 『고려사전사』 편찬에 참여했다. 그후에도 의금부 제조, 우찬성 등을 지냈고 정인지, 안지 등과 함께 『용비어천가』를 지었다. 졸기의 한 대목이다. "권제는 총명하고 학문이 넓으며 말을 잘하고 특히 시사(時事)에 관해 말하기를 좋아하였다. 그러나 기생첩에 혹하여 처자식에 대해 매우 박하게 하여 가도(家道)가 바르지 못하니 세상에서 이를 좋지 않게 여겼다."

이미 비밀리에 조사를 다 끝냈던 것 같다. 세종 31년 2월 22일 이조에 내린 세종의 명은 구체적이다. 첫째 채하중(蔡河中, ?~1357년 고려 공민왕 6년)이라는 고려 말의 인물에 대한 서술과 관련해 '왕실 사람' 최사강의 청탁을 받아 사실을 왜곡했다는 것이다. 원래 채하중의 어머니는 관비(官婢)여서 사관들이 모두 이를 기록했고 『수교고려사』를 편찬한 윤회도 그대로 썼으며 권제 자신도 초고에는 실었다가 최사강의 청을 듣고서는 사초도 고치고 『고려사전사』에서는 이 같은 사실을 아예 삭제해 버렸다.

당시 최사강은 막강한 힘이 있었던 아주 흥미로운 인물이다. 최사강 (崔士康, 1388년 고려 우왕 14년~1443년 세종 25년)은 태종 때 의정부 참찬사를 지낸 개국원종공신 최유경의 아들로 아버지 덕에 음보(蔭補)로 벼슬에 나왔다. 태종 때에는 사간원 지사를 지냈고 1418년 세종 즉위와 함께 출세 가도를 달리기 시작한다. 그의 딸이 태종과 신빈 신씨 사이에서 난 장남 함녕군 이인(李裀)과 결혼했기 때문이다. 왕실의 일원이 된 것이다. 그후 그는 동부대언, 우부대언 등으로 특진했고 경기도 관찰사, 중군 동지총제, 병조참판, 대사헌, 대사간 등을 거쳐 세종 13년(1431년)에는 병조판서에 오른다. 그의 또다른 딸은 세종의 여섯째 아들 금성대군 이유(李瑜)와 혼인하고 손녀는 넷째 아들 임영대군 이구(李璆)와 혼인했다. 왕실과 '3겹' 사돈이었던 것이다. 그후 세종 18년(1436년) 참찬을 거쳐 세종 23년(1441년) 우찬성에 오른다. 최사강이 권제에게 채하중에 관한 청탁을 했던 것도 이 무렵의 일이다. 확인할 수는 없지만 최사강과 채하중은 인척 관계였을 가능성이 높다. 그랬기 때문에 이런 청탁을 넣지 않았을까?

권제의 두 번째 죄목은 자신의 아버지 권근이 잘못한 부분을 사사로이 왜곡해서 서술한 것이고, 세 번째 죄목은 자신의 집안사람인 권부, 권준, 권고 등의 행실이 사초에 부정적으로 서술돼 있자 그것을 기록하지 않았고 심지어 권부의 경우에는 족보까지 바꿔가며 마치 태조의 공신이었던 권행의 후손인 것처럼 왜곡한 것이었다. 아버지 권근이 이숭인을 거짓으로 추증하려 했던 것 이상의 죄상이 낱낱이 드러났다.

이어 불똥은 안지에게 튀었다. 죄목은 권제가 이처럼 역사를 임의대로 깎고 보태는 것을 가장 가까이 지켜보면서도 아무런 보고도 하지 않은 것이었다. 안지(安止, 1377년 고려 우왕 3년~1464년 세조 10년)는 태종 14년(1414년) 문과에 급제하여 성균관 박사가 되고, 예문관 수찬과 제학 등을 역임했으며 세종 27년(1445년)에는 권제, 정인지 등과 『용비어천가』까지 지었으나 세종 20년부터 24년 사이에 했던 『고려사 전문』 조작 사건 때문에 결국 고신을 환수당하는 화를 입게 된 것이다. 이때의 잘못 때문인지는 몰라도 결국 그는 세종 재위 기간에는 복권되지 못하다가 세조가 쿠데타로 즉위할 때 공을 세워 원종공신 1등으로 화려하게 재기하게 된다. 워낙 시에 능해 서간문도 시로써만 지을 수 있을 정도였다고 한다.

안지에 이어 권제가 일으킨 필화 사건의 두 번째 희생자는 남수문이다. 죄목은 당상관, 즉 권제에게 아부했다는 것이다. 이로 인해 이미 세상을 떠난 남수문은 고신을 추탈당했다. 한때 집현전에서 가장 촉망받던 신진 인사였던 남수문(南秀文, 1408년 태종 8년~1442년 세종 24년)은 35세에 집현전 직제학까지 올라가는 등 전도가 유망했으나 술을 좋아해 일찍 세상을 떠났고 사후에는 이런 횡액까지 당하게 됐다.

여전히 미완의 사서로 남게 된 『고려사』 편찬의 중책은 결국 세종이 키운 두 역사가 김종서와 정인지 두 사람에게 맡겨지게 된다.

『고려사』를 함께 쓴 김종서와 정인지

 김종서는 1390년(고려 공양왕 2년) 충청도 공주에서 태어났다. 정인지는 그보다 6년 후인 1396년 경상도 하동에서 났다. 김종서는 얼마 후 한양으로 올라와 서대문 밖에서 살았고 태종 5년(1405년) 문과에 급제했다. 16세 때였다. 정인지는 권근의 동생인 권우에게서 배우고 태종 14년(1414년) 문과에 장원으로 급제했다. 19세 때였다. 김종서의 기록은 뒷날 참화를 당하는 바람에 별로 없다. 정인지의 경우에는 다행스럽게도 문과 급제 당시 흥미로운 일화가 남아 있다.
 태종 14년 3월 11일 춘추관 영사 하륜, 지사 정탁, 예조판서 설미수 등이 의논하여 급제자들의 답안지 중 가장 뛰어난 3인의 것을 태종에게 올렸다. 태종이 다시 한 번 "세 시권(試券-답안지) 중에는 잘되고 못된 것을 가릴 수 없는가"라고 묻자 신하들은 "두 개는 비슷하고 하나는 조금 처집니다"라고 답했다. 태종은 "그렇다면 내가 집는 것이 장원이다" 하며 두 개의 시권을 내밀게 한 다음 하나를 골라 집었다. 정인지의 시권이었다.

두 사람 다 집안 배경은 그저 그런 편이었다. 문과 급제 후에도 하위직을 맴돌던 김종서는 10년 후인 태종 15년 상서원 직장으로 임명을 받았다. 상서원(尙瑞院)이란 국왕의 옥새와 인장 등을 관리하는 기관으로 도승지의 지휘하에 종5품 판관 1명, 종7품 직장(直長) 1명, 정8품 부직장 2명 등으로 구성돼 있었다. 종서가 처음으로 정7품직에 오른 것이다.

반면 장원급제한 정인지는 곧바로 예빈시 주부로 발령받았다. 예빈시란 조정을 방문하는 빈객의 접대를 전담하는 기관이며 주부는 종6품이었다. '장원'의 힘은 그만큼 컸다. 그러나 김종서가 상서원 직장에 임명되던 무렵 정인지는 승문원 부교리였다. 정6품이었으니 김종서보다 한 등급 높았다. 그러나 지신사 유사눌이 요동에 보낼 자문(咨文-외교문서)을 검토하던 중에 승문원 지사 윤회와 부교리 정인지가 날인을 잘못한 것을 찾아내 두 사람은 모두 의금부에 하옥되었다.

김종서는 종6품인 죽산현감을 거쳐 세종 즉위년인 1418년 병조좌랑에 오른다. 정6품이다. 같은 해 8월 27일 태종은 직접 세종에게 "크게 될 인물이니 중용하라"며 정인지를 병조좌랑에 임명한다. 김종서와 정인지는 같은 해에 같은 직위를 역임한 것이다. 순서는 간발의 차이지만 김종서가 먼저였다. 보통 인연이 아니다. 바로 이때의 일과 관련해 성현의 『용재총화』는 김종서의 일화를 다음과 같이 전한다.

"최흥효 제학이 이조낭청으로 입시하여 사람들의 고신을 쓰는데 붓을 꼼지락대며 오래도록 이루어내지 못하자 김종서가 병조낭청(좌랑)으로 옆에 있다가 한 붓으로 수십 장을 휘둘러 써내고 쓰기를 마친 다음 옥새를 찍는데 글씨와 옥새 자국이 모두 단정하였다. 태종이 좌우를 돌아보면서 말하기를 '이는 참으로 쓸 만한 인재구나' 하니 종서는 이로 말미암아 피어나기 시작했다."

둘 다 세종이 키운 인물

세종 즉위년(1418년) 11월 29일 사헌부 감찰(정6품)로 옮긴 김종서에게 세종은 특명을 내린다. 강원도 관찰사 이종선은 흉년으로 백성들이 고통을 겪고 있으니 세금을 감면해 달라 했고 경차관(敬差官-임시 파견 요원) 김습은 풍년이라고 보고했다. 세종은 엇갈리는 두 사람의 보고를 확인하기 위해 강직한 인물을 찾던 중 김종서에게 일종의 암행어사 임무를 맡긴 것이다. 김종서의 보고는 흉년에 기민(飢民)까지 발생했으니 조세를 감면해야 한다는 것이었고 세종은 변계량의 반대를 물리치고 감면 조처를 취했다. 동시에 김습을 국문해 거짓 보고의 진상을 밝혀내도록 사헌부에 엄명을 내린다.

반면 세종 1년(1419년) 1월 19일 병조좌랑 정인지는 명나라로부터 세종의 즉위를 승인하는 외교문서 고명(誥命)을 맞는 의식을 행할 때 황색 의장(儀仗)을 빼놓았다가 예조좌랑 김영, 병조정랑 김장 등과 함께 의금부에 투옥됐다. 주 책임자로 밝혀진 정인지는 열흘 후 장 40대를 맞고 병조좌랑에 복귀한다.

김종서의 강원도 직무 수행에 크게 만족한 세종은 세종 1년 3월 전국적으로 기근이 발생해 백성들이 유리걸식을 하고 있다는 보고에 따라 각도에 행대(行臺-임시) 감찰을 파견할 때 다시 김종서를 충청도 행대 감찰로 명했다. 굶주린 백성이 12만 249명이고 이들을 구휼하기 위해 지급된 쌀은 1만 1,311석, 장(醬)은 949석이라는 보고가 올라왔다. 직접 현장을 확인하지 않고서는 올릴 수 없는 보고였다. 늘 지방 수령들의 전횡을 우려했던 세종은 세종 2년 윤1월 김종서를 정5품직인 광주(廣州)판관으로 승진시켜 지방 행정 일을 맡긴다. 여기서 김종서는 세종 5년 5월까지 3년 4개월 동안 근무한다.

반면 정인지의 시련은 계속된다. 세종 3년 3월 28일 정5품 병조정랑을 맡고 있던 정인지는 또다시 투옥된다. 상왕 태종의 지시였다. 병사들에게 비상 출동 훈련을 지시했는데 정인지가 이를 태만히 했다가 처벌을 받은 것이다. 이미 김종서는 강직한 면으로 세종의 인정을 받아가고 있는 반면 정인지는 행정이나 일처리에서 허점을 보이고 본인도 최선을 다하려 하지 않았음을 알 수 있다.

김종서가 외직인 광주판관을 마치고 내직으로 돌아오기 두 달 전인 세종 5년 3월 23일 정인지는 집현전 학사를 거쳐 응교(종4품)에 올라 있었다. 행정에는 미숙했으나 학술에는 일찍부터 재능을 보인 정인지였다. 세종은 정인지의 행정 능력은 버리고 학술 재능을 취했다. 김종서는 같은 해 5월 27일 내직으로 복귀해 모두 정5품으로 핵심 요직인 사간원 우헌납, 사헌부 지평, 이조정랑을 거친 다음 세종 9년(1427년) 1월 18일 오늘날의 국무총리실 행정조정실장이나 비서실장에 해당하는 의정부 사인(舍人)으로 승진한다. 정4품직이다. 그해 2월 황해도에서 문제가 발생하자 세종은 김종서를 경차관으로 임명해 실정을 파악해서 보고토록 명했다. 이처럼 자신의 뜻을 받들어 현장의 일을 처리해야 할 일이 있을 때면 세종은 늘 김종서를 찾았다. 강직했고 발로 현장을 뛰어 확인하는 인물됨 때문이었다.

이 무렵 정인지도 세종의 총애를 얻어가고 있었다. 집현전이 자리를 잡아가면서 세종은 종종 극비를 요하는 심부름을 자신의 비서실장인 지신사 대신 신뢰하는 집현전 관원에게 시키기를 좋아했는데 『실록』

을 보면 세종 7년부터 정인지가 주로 그 임무를 맡았다. 세종의 본격적인 신임은 이때부터 시작된 것으로 보인다. 세종 7년이면 앞서 양녕이나 불교 문제를 통해 살펴본 것처럼 세종이 신하들의 무차별 공세를 극복하고 본격적인 주도권을 장악한 해다. 이런 점에서 아버지 태종의 신하가 아니고 사실상 세종 자신이 키워낸 신하로 정인지는 김종서와 함께 제1세대의 대표 주자였던 셈이다. 김종서가 사인으로 발탁되던 해인 세종 9년 3월 20일 정인지는 이미 관직에 나온 신하들을 대상으로 하는 중시(重試)에서 문과 장원급제자의 문재(文才)를 다시 한 번 보여줌으로써 정4품 직전(直殿)을 뛰어넘어 종3품 직제학에 오른다. 그리고 9월 7일 정인지는 세자(훗날의 문종)의 교육을 맡는 좌필선으로 임명된다. 정인지가 김종서보다 한 걸음 나아간 것이다. 그러나 김종서도 황해도 사건 처리의 공으로 3개월여 후인 7월 4일 종3품인 사헌부 집의로 진급한다.

세종 10년 사헌부 집의 시절 계속 불법을 자행하던 양녕대군에 대한 김종서의 탄핵은 집요했다. 열다섯 차례나 상소를 올려, 양녕대군의 대군 작위를 회수하고 도성 출입을 금지해야 한다고 주장했다가 일시적으로 세종의 노여움을 사 전농시 윤으로 좌천당하기까지 했다. 전농시(典農寺)란 국가의 제사 용품을 관리하던 기관이다. 그러나 세종은 세종 11년 9월 30일 정3품인 우부대언(훗날의 우부승지)으로 김종서를 불러들인다. 여기서 김종서는 훗날 함께 세상을 떠나게 되는 좌부대언 황보인(皇甫仁)과 깊은 인연을 맺게 된다. 김종서를 정3품 당상관에 올렸을 뿐만 아니라 오늘날의 청와대 수석비서관에 해당하는 자리를 맡긴 것이다. 다음해 7월 좌부대언으로, 12월에는 우대언으로 승진한다. 이때 황보인도 승정원 최고위직인 지신사에 오른다. 이때 김종서의 나이 41세, 정인지의 나이 35세였다.

한편 정인지는 김종서보다 10개월쯤 빠른 세종 10년 12월 20일 집현전 전담 관리 중에서는 최고위직인 정3품 부제학에 오른다. 당상관이 된 것이다. 비슷한 시기에 김종서는 대언으로, 정인지는 부제학으로 지근거리에서 세종을 보좌한다.

김종서와 정인지에 대한 황희의 비판

조선 중기의 문신이자 『홍길동전』의 저자인 허균이 쓴 문집에 황희와 김종서의 일화가 실려 있다. 황희가 김종서를 힐난(詰)했다는 내용이다. 한번은 공조판서 김종서가 공조의 물건으로 정승 황희를 접대한 적이 있었다. 이에 대해 황희는 지나칠 정도로 화를 내며 "국가에서 종친과 정승의 대접을 담당하는 예빈시(禮賓寺)를 의정부 바로 옆에 설치한 까닭은 정승을 대접하기 위함이다. 만일 나를 접대하려면 예빈시에서 장만해 오면 될 것이지 어찌하여 공조의 물건을 사사로이 쓴단 말인가"라며 호통을 쳤다고 한다. 그후 김종서가 병조와 호조판서가 되었을 때도 김종서의 잘못만은 아무리 작은 것이라도 그냥 지나치는 법이 없었다.

그 바람에 황희가 김종서를 유난히 미워하는 것 아니냐는 말까지 돌았다. 오죽했으면 맹사성까지 나서 "종서는 당대의 명판서이거늘 어찌 그리 허물을 잡으십니까"라고 따졌다고 한다. 그러자 황희는 "내가 종서를 아끼는 까닭에 인물을 만들려고 하는 것이오. 종서는 성격이 굳세고 기운이 날래어 일을 과감하게 하기 때문에 뒷날 정승이 되면 신중함을 잃어 일을 허물어뜨릴까 염려해 미리 그의 기운을 꺾고 경계하려는 것이지 결코 그를 미워하여 곤란케 하려는 것이 아니오"라고 답했다.

정인지는 세종 17년 6월 29일 충청도 관찰사가 되어 지방 행정을 맡은 적이 있었다. 그해 12월 17일 영의정 황희는 "충청도 감사와 수령들이 농정에 실패하고 현장 조사를 제대로 하지 않아 과거에 비옥했던 땅을 황폐하게 만들었으니 징계하지 않을 수 없다"고 말한다. 이에 세종은 "인지는 내직에 있을 때에도 문학만을 전담했고 정사에 경험이 없어 그렇게 되었다. 그러나 인지도 백성을 사랑하는 마음이 많다고 하니 죄를 묻지 말라"고 답한다. 다음해 7월 21일에도 정인지가 나름대로 흉년 구제책을 올리자 황희는 현실성이 없음을 조목조목 지적하며 정인지의 구제책을 기각해 버렸다. 황희가 정인지에 대해서도 김종서처럼 인물됨을 아껴서 그랬는지는 확인할 길이 없다.

같은 해에 형조판서, 예조판서를 나란히 지내다

김종서가 승정원에서 단계단계 진급을 하고 있던 세종 12년(1430년) 11월 15일 정인지는 우군 동지총제로 임명받았다. 요즘 식으로 하자면 군사령관 정도의 직위다. 그러나 전형적인 문사(文士)였던 그가 군사 분야의 일을 맡았던 것 같지는 않고 주로 세종을 도와 음악, 도량형, 천문, 역법 심지어 아악(雅樂) 등을 정리하는 작업에 힘을 쏟았다. 세종 14년 3월 18일에는 예문관 제학 겸 춘추관 동지사가 된다. 역사 편찬과 관련된 첫 번째 직위를 맡은 것이다.

세종 15년 12월, 김종서는 함길도 관찰사에 제수되었다. 김종서는 22개월 전인 세종 14년 2월 25일 세종이 좌대언인 자신을 불러 활과 화살을 하사하면서 "항상 차고 있다가 짐승을 보거든 쏴라" 했던 말뜻을 그제야 알 것 같았다. 또 그해 6월에는 "경은 최윤덕을 아는가"라고 물어본 적이 있었다. 세종의 북방 개척 구상은 이미 오래전에 시작되었고 세종 14년 들어 문신 김종서와 무신 최윤덕을 내세워 자신의 구상을 실현키로 가닥을 잡아가고 있었던 것이다. 최윤덕은 세종 15년 1월 이미 평안도 절제사로 임명을 받았다.

예문과 제학 겸 충추관 동지사 시절 정인지는 여러 차례에 걸쳐 연로한 아버지를 모셔야 한다면서 지방 수령직을 내려줄 것을 요청했다. 세종 17년 마침내 정인지는 충청도 관찰사로 내려갔다. 김종서가 북방 개척에 혼을 쏟고 있을 때다. 이듬해인 세종 18년(1436년) 부친이 사망하자 정인지는 사직했다. 다음해 세종의 배려로 예문관 제학으로 복직하고 2년 후인 세종 21년(1439년) 집현전 제학을 거쳐 형조참판을 맡는다. 그리고 마침내 세종 22년 5월 형조판서에 오른다.

그동안 김종서는 자신의 일생에서 가장 힘들면서도 보람 있는 기간을 보내고 있었다. 6년 이상을 지금의 함경북도(6진) 개척에 쏟아 부었다. 그리고 세종 22년(1440년) 12월 3일 정인지에 이어 형조판서에 오른다. 병조좌랑에 이어 두 번째로 같은 해에 같은 직위를 맡는 우연이 겹친 것이다.

김종서는 세종 23년(1441년) 11월 14일 예조판서로 자리를 옮겨 장장 5년 동안 재위하면서 국가의 중대 길흉사를 무리 없이 처리해 세종의 더없는 총애를 받았다. 그러면서도 북방 문제에 관한 조언도 수시로 했다. 그리고 세종 28년(1446년) 1월 24일 의정부 우찬성(종1품) 겸 예조판사로 승진한다. 예조판서 때 북방의 일을 겸하도록 한 것처럼 우찬성이 되어서도 예조의 일을 맡길 만큼 김종서의 예조판서 5년에 대한 세종의 평가는 후했던 것이다.

김종서가 우찬성이 되었을 때 정인지는 같은 의정부의 우찬참(종2품)이었다. 마침내 김종서가 정인지를 제치고 반 발 앞섰다. 그런데 또 우연이 겹친다. 김종서가 물러난 예조판서 자리가 정갑손에게 갔다가 그가 3개월 만에 사직하는 바람에 4월 25일 정인지가 예조판서가 된 것이다. 김종서와 정인지의 지독한 인연이다. 그러나 불행하게도 그것은 악연이었다.

天生貴公子不惜賊予私氣淸質粹
一聞便十知神藭孔顏學志大集陶
詩禿盡數千兔筆陣進羲之光輝
自大東燁~照京師顧加日新功陳
力輔明時節齋金宗瑞

김종서의 필적. 김종서는 육진 개척의 수장이자 『고려사』 편찬 등을 주도하며 문무를 아우르는 탁월한 관료였으나, 그 최후는 비극적이었다.

두 사람의 너무도 다른 길

세종 32년(1450년) 2월 17일 세종이 훙했다. 5일 후 문종이 즉위했다. 이때 김종서는 춘추관 지사로 『고려사』 편찬에 한창이었다. 다음해인 문종 1년 8월 26일 『고려사』 139권의 편찬이 완료됐고 김종서는 그해 10월 우의정에 제수된다. 마침내 정1품 정승자리에 오른 것이다. 같은 날 종서의 단짝인 황보인은 영의정에 오른다. 당시 정인지는 좌찬성으로 김종서의 바로 아래 직급이었다.

그런데 문종이 즉위 2년 만인 1452년 5월 14일 훙하고 4일 후 단종이 왕위에 올랐다. 당시 좌의정 남지(南智)는 병으로 집에 있었기 때문에 국정의 중심은 영의정 황보인과 우의정 김종서였다. 단종의 나이 12세였기 때문이다. 좌의정 남지는 세종 때 대사헌, 형조·호조판서, 우의정 등을 지냈고 문종 때 좌의정에 올라 황보인, 김종서 등과 함께 단종을 잘 보필해 달라는 특명을 받은 인물이다. 그러나 풍질이 심해 벙어리가 되었고 그 바람에 계유정난이 일어났을 때 사돈인 안평대군과 사위 등이 죽음을 당했으나 자신은 모면할 수 있었다.

단종 즉위년(1452년) 정인지는 병조판서에 오른다. 그러나 당대 실권자 영의정 황보인과 좌의정 김종서의 배척을 받아 한직인 중추부 판사로 밀려나게 된다. 그리고 1년 후인 단종 1년(1453년) 10월 10일 수양대군이 쿠데타를 일으켜 황보인과 김종서 등을 죽이고 정권을 잡는다. 계유정난이다.

김종서는 죽어 대역 죄인이 됐다. 정난공신에 오른 정인지는 하동부원군에 봉해지면서 좌의정이 됐다. 그리고 3년 후인 세조 2년(1456년) 9월 세조는 흔히 사육신 사건으로 알려진 '상왕(단종) 복위 기도 사건'이 실패로 끝난 후 다음과 같은 충격적인 명을 내린다. 사건 관련 주모자들의 부인이나 딸들을 정난공신들에게 나눠주도록 한 것이다. 그중에 김종서의 아들 김승규의 아내 내은비, 딸 내은금, 첩의 딸 한금은 '영의정' 정인지에게 귀속되었다. 야만(野蠻)이었다.

"김종서는 경사에 통달했습니다"

문종 1년 11월 29일 성균관 생원 김안경 등은 우의정 김종서가 오늘날의 총장 격인 성균관 영사를 맡게 해달라는 공동 상소를 올렸다. 그중에 이런 대목이 있다.

"김종서는 경사에 통달했을 뿐만 아니라 도덕과 문장도 본받아 법으로 삼을 만하니 고위 관리의 영수이자 사람의 표준이라고 할 만합니다."

물론 이때는 이미 『고려사』 편찬을 완료한 지 3개월이 지난 시점이기 때문에 역사에도 통달했다는 것은 어쩌면 당연한 말일 수 있다. 그렇다면 김종서가 역사가로서의 면모를 보이거나 세종에게 인정받는 계기나 시점은 언제부터였을까?

　김종서의 경력을 보면, 세종 24년 8월 12일 완성된 신개와 권제의 『고려사전문』이 세종 31년 조작 문제로 폐기되는 사태를 맡기 전까지 춘추관의 직책을 지낸 적도 없고 역사와 관련된 업무를 맡은 적도 없다. 『고려사전문』이 인쇄되자 직접 읽어본 세종은 무엇보다도 역사 편찬자들의 사정(私情)이 개입된 데 충격을 받았다. 결국 이를 다시 쓰려면 무엇보다도 선대에서 이렇다 할 이해관계가 얽히지 않고 동시에 다른 권신들의 압력도 당당하게 견뎌낼 만한 인물이 책임을 맡아야 그 같은 오류를 두 번 다시 반복하지 않을 것으로 보았다. 더욱이 『실록』에 있는 대로 "권제, 안지, 남수문 등이 뒤늦게 중죄를 얻는 것을 보고 사관들이 모두 몸을 움츠려 정당하게 첨삭 작업을 하지 못했다."

　우찬성 김종서가 적임이었다. 그러나 김종서는 어떻게 보면 이 분야의 문외한이었다. 그래서 세종은 세종 31년 1월 28일 이미 춘추관 동지사를 지냈고 역사 편찬 경험이 풍부한 이조판서 정인지를 쌍두마차로 임명했을 것이다. 더불어 호조참판 이선제와 집현전 부제학 정창손이 실무를 책임지도록 했다.

　이선제(李先齊, 1390년 고려 공양왕 2년~?)의 경우 권근·권우 형제의 문하에서 학문을 익혔으며 세종 1년 문과에 급제해 세종 5년에 이미 『고려사』 개수 작업에 참여해 정도전이 쓴 『고려사』의 문제점들을 찾아내는 작업을 수행한 바 있었다. 세종 13년(1431년)에는 춘추관 기사관이 되어 『태종실록』 편찬에 깊이 관여했다.

　실록을 유심히 해독해 보면 신개와 권제가 지은 『고려사전문』의 왜곡 사례를 집중적으로 파헤친 인물은 부제학 정창손인 듯하다. 『실록』에 따르면 이들 네 사람에게 새로운 『고려사』 편찬을 지시하기에 앞서 세종은 1월 28일 "집현전 부제학 정창손을 불러 『고려사』를 다시 편찬하는 문제를 의논했다"고 돼 있다.

정창손(鄭昌孫, 1402년 태종 2년~1487년 성종 18년)은 판서와 중추원사를 지낸 정흠지의 아들로 정인지에게 형조판서직을 물려준 정갑손의 아우이다. 세종 8년(1426년) 문과에 급제해 주로 집현전에서 성장했다. 훈민정음이 완성되자 최만리 등과 함께 이를 비판하다가 파직당해 투옥되기도 했다. 또 세종의 불교 숭배를 비판하다가 좌천되었다. 세종 28년(1446년)에는 중시에 장원하여 집현전 직제학에 오르고 2년 후에는 부제학으로 승진했다가 세종 31년(1449) 춘추관 편수관으로 『고려사』 편찬에 참여하게 된 것이다. 문종이 즉위하자 대사헌이 되어 청렴하고 절조가 있다는 평을 받았으며 병조판서를 지냈고 단종 때는 이조판서까지 되었다. 그러나 사위인 김질로부터 상왕 복위를 위한 거사에 관한 정보를 듣고 고변하여 비극적인 참사의 원인을 제공했다. 대신 그는 세조에게 신임을 얻어 우의정을 거쳐 좌의정과 영의정까지 지내게 된다. "박학강기(博學剛氣)하고 문장과 글씨에 능하였으며, 풍채가 준수하고 수염이 배까지 내려왔다"고 한다.

다시 기전체로 바꿔 서술하다

세종 31년 2월 1일 김종서와 정인지는 함께 춘추관 지사를 맡았다. 그리고 2월 5일 춘추관에서 편찬 원칙에 대해 논의하던 중 다시 기전체 지지파와 편년체 지지파가 갈려 한 치의 양보도 없는 논쟁을 벌였다. 사관인 신석조, 최항, 박팽년, 이석형, 김예몽, 하위지, 양성지, 유성원, 이효장, 이문형 등 다수의 의견은 기(紀), 전(傳), 표(表), 지(志)의 체제에 따른 기전체로 해야 한다는 것이었다.

문제가 된 『고려사전문』은 편년체로 서술돼 있었다. 이들은 제대로

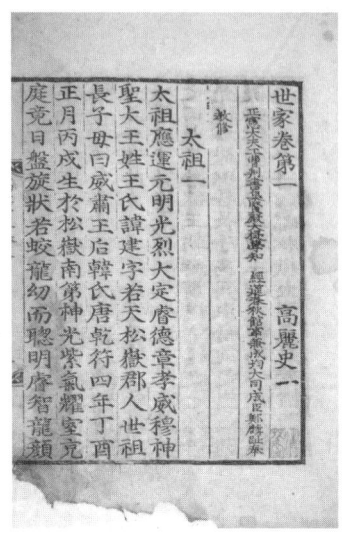

『고려사』_ 세종 31년(1449년) 세종의 명에 따라 기전체로 개찬해 문종 1년(1451년)에 완성한 총 139권의 역사서이다.

된 본사(本史)가 있다면 편년체도 무방하겠지만 본사가 없는데 편년체로 단순히 요약 정리만 할 경우 역사를 쓰는 기본 정신을 훼손하게 될 것이라고 주장했다.

반면에 어효첨 김계희, 이물민, 김명중 등 소수의 편년체 지지파는 기전체 서술은 워낙 어렵기 때문에 수년 내에 완성하기 어려우며 또 기존의 『고려사전문』이 편년으로 돼 있으니 틀린 사실만 교정한다면 빠른 시간 안에 완성할 수 있다고 맞섰다.

여기서 우리는 아주 흥미로운 사실을 보게 된다. 세자의 역할이 그것이다. 처음에 김종서와 정인지가 양쪽의 의견을 취합해 세종에게 보고했다. 이때 세종은 어효첨 쪽의 손을 들어준다. 빨리 끝낼 수 있는 쪽을 택한 것이다.

그러나 김종서와 정인지의 생각은 세종과 달랐다. 그래서 두 사람은 세자를 찾아가 "편년체에 따라 시사(時事)를 골고루 기록하려고 하면 뜻이 통하지 않는 경우가 많을 것입니다. 신석조 등의 논의를 따르기를 바라옵니다"라고 설득했다. 그래서 세자가 다시 세종을 만나 설득하는 바람에 "기전체로 개찬하라"는 최종적인 명을 이끌어낼 수 있었다.

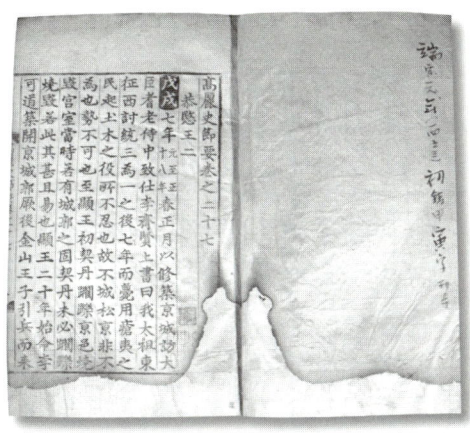

『고려사절요』_ 문종 2년(1452년) 김종서 등이 왕명을 받아 찬수한 편년체 역사서.

『고려사』에 이어 『고려사절요』도 편찬하다

그리고 2년 반이 지난 문종 1년(1451년) 8월 25일 춘추관 지사 김종서와 정인지는 세가(世家) 46권, 지(志) 39권, 연표(年表) 2권, 열전(列傳) 50권, 목록(目錄) 2권 등 총 139권으로 구성된 『고려사』를 문종에게 바친다. 임금에게 올리는 일종의 편찬사라고 할 수 있는 전문(箋文)에는 몇 가지 눈에 띄는 대목이 나온다.

먼저 사마천의 『사기』를 모델로 해서 편찬을 했다. 대신 본기(本紀)는 황제에게 해당되니 명나라를 섬기는 입장에서 세가(世家)로 표현했다. 논란이 되었던 우, 창은 세가에 넣지 않고 열전에 포함시켰다. 그러면서 "슬프도다! 이 작업을 채 마치기도 전에 세종께서 홀연히 승하하셨습니다"라며 이 고려사 작업을 30년 이상 진두지휘했던 세종이 정작 『고려사』가 완성된 시점에 이 세상에 없다는 것을 아쉬워했다.

그리고 이날 문종이 춘추관의 일은 끝났는가라고 묻자 김종서 등은 편년으로 정리하는 작업이 남아 있다고 말한다. 그렇게 해서 6개월 후인 문종 2년 2월 19일 『고려사절요』 32권이 만들어진다.

『고려사』 정리 작업을 마친 김종서는 『세종실록』 편찬의 감수 책임을 맡았다. 2월 22일의 일이다. 『고려사절요』 완성 사흘 후에 곧바로 시작한 것이다. 그런데 집현전의 젊은 관리들이 반대하고 나섰다. 세종 때 대신을 지낸 사람들이 세종의 역사를 쓴다는 것은 문제가 있다는 것이다. 그러니 잠정적으로 사초를 간직했다가 수십 년 후에 쓰든지 굳이 지금 편찬하려면 품계가 낮은 유신들이 맡아야 한다는 논리였다. 일견 타당성이 있는 주장이다.

그러나 김종서가 포함돼 있던 의정부 대신들은 정면으로 반박했다. 사초를 수십 년간 보관하는 과정에서 벌레와 쥐가 갉아먹을 수 있다는 것이고 품계가 낮은 유신들이 맡는다 하더라도 자기 조상들의 과실을 감추려 할 것이므로 그것은 어차피 극복할 수 없는 문제라는 것이었다.

이런 논란 속에 2월 6일 김종서는 나이가 많다는 이유로 역사 편찬의 책임을 맡지 않겠다는 뜻을 문종에게 은밀하게 전했다. 문종은 단호했다. "경이 맡아서 편찬하라." 그러나 유감스럽게도 김종서는 『세종실록』의 완성을 보지 못한다. 다음해(1453년) 10월 8일 수양대군에 의해 죽게 되기 때문이다. 결국 『실록』은 1454년 3월 30일 정인지에 의해 완성을 보게 된다.

『세종실록』의 완성자 정인지

우선 이 절을 시작하기가 당혹스럽다. 지금까지 우리는 『실록』의 신뢰성에 대해서는 거의 믿을 만하다는 것을 전제로 작업을 진행해 왔다. 그런데 적어도 1396년(태조 5년)부터 1478년(성종 9년)까지 살았던 전형적인 문신이자 대학자 정인지를 다루는 한에서는 신뢰도를 조금 낮출 수밖에 없다. 이유는 우리가 전거(典據)로 삼고 있는 『세종실록』의 총감수자가 바로 이 정인지이기 때문이다. 문종 2년 2월 22일자 기록이다.

> "『세종실록』을 비로소 찬술하였는데, 허후, 김조, 박중림, 이계전, 정창손, 신석조 등은 연대를 나누어 찬수하고 황보인, 김종서, 정인지는 총괄적으로 감수하였다."

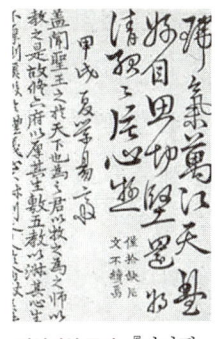
정인지의 글씨_『명가필보』에서.

따라서 가능한 한 사실 기록은 취하되 평가가 들어가는 부분에 대해서는 그 같은 상황을 고려해서 해석하는 게 좋을 것이다. 그렇지만 분명한 것은 정인지가 세종의 시대를 만드는 데 큰 기여를 했을 뿐만 아니라 세종 시대의 역사까지도 쓴 인물이라는 사실이다.

앞서 본 대로 정인지는 머리가 뛰어나고 학문에 능한 반면 행정에는 다소 서툴고 개인적으로도 잦은 실수로 견책을 많이 당했다. 머리 좋은 사람들이 일반적으로 보여주는 장단점을 갖고 있던 인물이라고 하겠다.

실록에 따르면 정인지는 요즘 식으로 말해 별 볼일 없는 가문 출신이다. 아버지 정흥인은 석성현감을 한 게 전부였다. 그런 그가 문형에 이르고 좌의정까지 올랐다는 것은 역으로 그의 능력이 그만큼 뛰어났음을 보여주는 방증이기도 하다.

세종, 정인지 그리고 역사

세종은 비교적 일찍이 정인지에게 역사가의 길을 걷게 했다. 이 점에서 김종서와는 구별된다. 세종 5년(1423년) 3월 23일 세종은 집현전 응교인 정인지 등을 불러 사마광의 『자치통감』 중에서 범조우(范祖禹)가 쓴 '당감(唐鑑)'을 필사하도록 지시한다. 필사(筆寫)는 당시 최고의 학습법이기도 했다.

세종은 같은 해 6월 24일 『고려사』가 중국의 『통감강목』에 비해 너무 소략하다고 지적하면서 그 이유 중의 하나가 사관(史官)의 부족을 꼽았다. 그러면서 집현전 관원들로 하여금 사관의 업무도 병행케 하도록 지시한다. "집현전 관원이 항상 궐내에서 있으니, 또한 사관의 업무를 맡을 수 있으리라." 그러면서 세종은 (집현전 관원 중에서) 신장, 김상직, 어변갑, 정인지, 유상지를 지정하여 모두 춘추를 겸직시켰다.

정인지에게 춘추의 업무를 보게 한 것이 역사 서술의 실무를 익히도록 한 것이었다면 세종 7년 11월 29일 기사는 정인지가 역사 이론가로서 자질을 갖추도록 하는 계기를 보여준다.

"대제학 변계량에게 명하여 사학(史學)을 읽을 만한 자를 뽑아 올리라고 하였다. 계량이 직집현전의 정인지와 응교 설순, 인동현감 김빈을 천거했다. 임금이 즉시 빈에게 집현전 수찬을 제수하여, 3인으로 하여금 모든 사서를 나누어 읽게 하고, 임금의 고문에 대비하게 하였다."

세종 12년경 세종은 경연에서 『자치통감속편』을 강독하고 있었는데 가장 빈번하게 세종의 물음에 답하는 신하는 정인지였다. 그것은 정인지가 이때에 이르러 적어도 역사 분야에 관한 한 세종과 더불어 이야기를 나눌 수 있는 수준에 이르렀다는 뜻이다. 그중 한 장면으로 들어가보자. 세종 12년 윤12월 23일자 기사다.

"경연에 나아가서 『자치통감속편』을 강하다가 요나라 임금인 분와 사열(奔訛沙烈)의 대목에 이르러 임금이 말하기를, '이적(夷狄)은 마음이 본시 순후(純厚)하므로, 그들이 대우하는 것도 이렇게 후하다. 지금 왜인이 매우 강악(強惡)하지만, 윗사람을 섬김에 있어서 절조를 위하여 죽는 사람이 상당히 많이 있다' 하니, 정인지가 대답하기를, '그들의 마음이 단순하기 때문입니다' 하였다. 임금이 말하기를, '중국 사람은 행동거지도 똑똑하고 말도 재치 있다. 그러나 그 마음 씀씀이가 좋지 못하고 풍속이 박하여 한 사람도 임금을 사랑하는 자가 없다. 내관(內官) 같은 것들은 책망할 가치조차 없다. 그러나 김만(金滿)이 요동에 가서 태종 황제께서 돌아가셨다는 말을 듣고도 술을 마시고 고기를 먹으며 일어나서 춤을 추고 조금도 애통해하는 심정이 없어 보였고, 그는 '황제의 명령이 아직 이르지 않았다'고 하니, 그가 이렇게 못되었다. 어쩌면 중국 사람이 이 모양일까. 아마도 북경에는 사람이 많아서 그런 것이 아닌가' 하니, 정인지 아뢰기를, '우리나라만 가지고 보더라도 시골 백성은 순박하고 도시(州內) 사람은 똑똑합니다' 하였다."

세종 14년(1432년) 3월 정인지는 예문관 제학 겸 춘추관 동지사에 오른다. 그에 앞서 정인지는 대제학 정초를 도와 『칠정산내편』을 지어 역법(曆法)을 개정한 바 있다. 그리고 12월 10일 세종은 대제학 정초와 제학 정인지 등을 불러 자신이 명했던 태조와 태종의 공덕을 기리는 악장을 보고받는다. 내용은 "아름다울사 빛나는 태조시여, 천명에 응하시고 인심에 순하시와 문득 대동(大東)을 두셨도다. ……아름다울사 밝으신 태종이시여, 차례를 이어 공(功)을 더하셨도다. 덕은 공경으로 밝히셨고, 다스림은 어짊으로 높이셨도다" 하는 식이다. 여기서 『용비어천가』의 싹을 보게 된다. 정인지는 이 악장과 훗날의 『용비어천가』에 모두 깊이 관여했다.

『고려사』 다시 쓰기와 정인지

『고려사』의 부실과 관련된 지적이 끊이질 않자 세종은 세종 16년 5월 18일 좌승지 권맹손에게 이렇게 명한다.

"사람들이 이르기를, '사관의 기록한 바가 빠지고 잘못된 것이 많다'고 하니, 지난날 정인지의 상서(上書)를 춘추관에 내려 자세히 기록할 조건을 마련하여 아뢰게 하라."

이 같은 역사 훈련을 받은 끝에 세종은 세종 31년 김종서, 정인지, 이선제, 정창손 등에게 명하여 신재와 권제가 정비한 『고려사전문』을 다시 개찬토록 했고 마침내 문종 1년(1451년) 오늘날 우리가 접하는 『고려사』를 완성한다. 그리고 이듬해 그들은 또 편년체로 『고려사절요』를 편찬하였다. 그리고 곧바로 김종서 등과 함께 『세종실록』의 총재 감수를 맡아 자신이 세종과 함께 만든 시대의 역사를 정리했다. 그만큼 정인지는 중국의 역사, 역사 이론, 고려사 그리고 세종 시대의 역사에까지 두루 정통했던 것이다.

다만 『고려사』 전문(箋文)은 『문종실록』에도 김종서가 썼다고 돼 있는데 마치 정인지 자신이 최고 책임자였던 것처럼 해놓은 것은 지탄의 대상이 될 만하다. 또 『실록』에 따르면 정인지는 "치부에 열중하여 수만 재산을 축적했고 전원(田園)을 널리 확보하는 바람에 인근의 인가까지 침범하기 일쑤였다"고 한다. 직필(直筆)을 생명으로 하는 역사 서술의 적임자였는가 하는 물음은 그래서 고스란히 남는다.

8장

악(樂): 조선의 악을 바로 잡다

혼란에 빠진 조선 초의 음악

　세종이 1418년 8월 10일 얼떨결에 왕위에 올라 새 국왕으로서 부친상을 비롯한 각종 행사를 치르느라 정신없이 지내던 8월 19일 사헌부에서 "아악서의 악공들은 본시 제향을 위하여 설치한 것인데, 지금 예조에서는 온갖 천역(賤役)에 그들을 시켜 부리지 않음이 없사오니, 일절 금지토록 하시옵소서"라고 건의하자, 그대로 따른다. 아악서(雅樂署)란 고려 말에서 조선 초기에 궁중음악을 담당하던 관청이었다. 1391년(고려 공양왕 3년) 문묘제례(文廟祭禮) 때 연주되는 아악을 주관하기 위해 설치되었다. 설립 초기에는 악기로 연주되는 아악만을 관장하였으므로, 같은 아악이라도 노래와 춤을 관장하던 봉상시(奉常寺)나 조회(朝會) 때 향악(鄕樂), 당악(唐樂)을 관장하던 전악서(典樂署)와는 업무가 구별되었다.
　그러나 세종 때 중국의 아악이 정비된 이후 조회에서도 아악이 연주

되면서 전악서와 업무가 중복되자 세조 때 전악서와 함께 장악서(掌樂署)로 통합된다. 그런데 악공들이 천역에 동원됐다는 것은 당시 음악, 혹은 음악인에 대한 일반적인 인식을 그대로 보여준다. 왜냐하면 원래 이 무렵 아악서 악공은 양인 출신, 전악서 악공은 공노비 출신이었기 때문이다.

세종은 당대 최고 수준의 유교적 교양을 갖춘 인물이었다. 이는 예악(禮樂)의 융성, 즉 '예가 갖춰지고 악이 조화를 이루는 나라'의 건설이 고대 중국의 주공(周公) 이래 유교 정치의 이상임을 세종이 잘 알고 있었다는 뜻이기도 하다. 사헌부의 건의가 있고 바로 다음 날인 8월 20일의 일이다.

이날 의정부 참찬 김점은 "신이 일찍이 중국에 사신으로 갔을 때 명나라 황제가 가곡(歌曲)을 주었사오니, 청컨대 그것을 속악과 섞어 연주하여, 이번에 조선을 찾는 중국 사신에게 들려주시옵소서"라고 청한다. 이에 대해 세종은 처음에는 부정적이었다.

"명의 가곡은 그것대로 높여두는 것은 괜찮겠지만, 굳이 아악과 속악을 섞어 연주할 것이야 있겠느냐. 또 섞어 연주한다 하더라도 성음(聲音)이 다르니, 사신이 제대로 이해할 수도 없을 터인데 무슨 이익이 있겠느냐."

그러나 막상 사신이 왔을 때는 섞어서 연주토록 명한다. 풀어서 말하자면 김점이 명나라에 사신으로 갔다가 아악 악보를 얻어 왔으니 그냥 우리 음악만 연주하는 것보다는 두 가지를 섞으면 좀더 낫지 않겠냐는 이야기다. 물론 세종은 최종적으로는 김점의 건의를 따르지만 처음에는 반대하고 있다. 뒤에 살펴보겠지만 세종은 아악보다는 향악을 제대로 발전시키는 것이 더 중요하다는 음악관을 갖고 있었다.

고려 말 음악의 혼란

음악이 이런 혼돈을 보이고 있었던 것은 역사적 맥락에서 살펴봐야 한다. 필자로서는 국악 분야에 문외한이기 때문에 국악사 분야의 전공자들의 도움을 빌릴 수밖에 없다. 그들에 따르면 국가의 각종 의례에 고전에 입각한 음악을 사용하기 시작한 것은 고려 예종 11년(1116년) 북송(北宋)의 아악을 받아들이면서부터였다. 그러나 고려의 정세가 혼란을 거듭하면서 음악도 더불어 혼돈에 빠졌다. 그러다 보니 아악 연주에 필요한 악기가 소실되고 적당히 향악기로 대체하면서 자연스레 아악과 향악을 섞어서 연주하는 교주(交奏)가 고려 조정 아악의 전통이 돼버렸다.

요즘 식으로 말하면 서양 오케스트라 연주에 심벌즈가 누락되었다고 꽹과리나 징으로 대체하고 클라리넷 대신 태평소를 집어넣은 연주였던 것이다.

흔히 우리는 공민왕을 고려 말의 대표적인 '개혁' 군주라고 부른다. 당시 개혁의 핵심 중 하나는 당연히 음악을 바로잡는 일이었다.

"공민왕은 새로 건국한 명과 외교 관계를 수립하는 과정에서 명 아악의 수용을 적극적으로 추진했다. 이에 따라 1370년(고려 공민왕 19년)에는 '고려에서 종묘에 봉사하고 있다니 매우 기쁘게 생각한다'는 내용의 조서와 함께 편종, 편경, 금, 슬, 배소 등의 악기와 관복, 명의 대통력(大統曆)이 들어왔다. 공민왕은 이에 만족하지 않고 다시 사신을 보내어 아악을 전습시켜 줄 수 있는 악공을 청하기도 하고, 21년에는 '병란으로 인해 아악이 산실되었는데, 지난번에 보내온 악기의 수량은 겨우 종묘에서 연주할 수 있는 정도이므로 사직(社稷), 경적(耕籍), 문묘(文廟) 등의 제례에 사용할 종, 경 등을 수매하고자 한다'는 표문을 보내기도 했다."(송혜진, 『세종시대의 문화』, 366~367쪽)

그러나 공민왕의 그 같은 노력은 명나라의 거부로 물거품이 되었다. 그후에도 조선 건국에 진력하느라 태조 이성계는 예악에 신경 쓸 겨를이 없었다. 반면 태종 이방원은 달랐다. "태종 5년에는 명에 아악기의 부족을 호소하고 편종, 편경 등의 악기를 구매하고자 한다는 뜻을 전한 일이 있는데, 이에 대해 명에서는 '아악기는 돈으로 사사로이 구입할 수 없는 것'임을 강조한 뒤, 편종과 편경 각 1틀과 금 4, 슬 2, 생 2, 소 4 등의 아악기를 보내왔다. 명이 대단한 선심으로 보내온 아악기들은 그러나 조선의 아악을 정상화시키는 데는 절대적으로 부족했다."(앞의 책, 367쪽)

악기의 복원

세종이 아악의 정비, 각종 악기 제작, 그에 이은 향악의 정비 등 예와 함께 유교의 이상을 실현하기 위한 핵심 수단인 악을 정비하기 위해서는 좀더 많은 시간을 기다려야 했다. 세종 4년 5월 10일 태종이 승하하면서 모든 음악의 연주가 금지되었기 때문에 적어도 상중이었던 세종 7년까지는 음악과 관련된 이런저런 이야기를 할 수 있는 분위기가 아니었다.

게다가 앞에서 본 바대로 세종 4년과 5년은 정치적으로 궁지에 몰린 세종이 신하들의 파상적인 공세를 막아내느라고 혼신의 힘을 쏟고 있던 권력투쟁의 시기였기 때문에 음악 제도의 정비는 생각도 할 수 없었다. 세종 6년 11월 18일에야 처음으로 예조에서 악기도감을 설치하고 각종 악기를 만들고 보완했다는 소식을 전하니 이를 치하하는 장면이 나온다.

"본조의 악부(樂部)에는 생(笙) 2부가 있었는데, 원래 중국에서 온 것으로 하나는 썩고 깨어진 지 이미 오래되었습니다. 국가에서 두 번이나 악기도감을 설치하고, 완전한 것을 본떠서 제조하였으나, 불어도 소리가 나지 아니하였습니다. 그러므로 종묘와 사직에 악기를 갖추지 못한 지가 여러 해 되었습니다. 이제 다시 도감을 설치하고 생 21부를 만들었는데, 중국에서 온 것과 다름이 없습니다. 또 전에는

편경과 편종_ 편경(왼쪽)은 아악기 중 석부(石部)에 속하는 유율(有律) 타악기이며 편종은 금부(金部)에 속하는 유율 타악기이다. 예악의 조화를 나타내주는 상징물과도 같은 악기이다.

화(和)·우(芋)가 없었는데, 악현도(樂縣圖)와 악서(樂書)를 참고하여 새로 화 열넷과 우 열다섯을 만들었고, 또 전에 만든 봉소(鳳簫), 약(籥), 훈(壎), 지(篪)의 성음이 맞지 아니하여, 이제 교정하여 다시 만들었는데, 팔음(八音)이 처음으로 다 맞게 되었습니다. 또 금 8개와 슬 10개와 대쟁·아쟁 각 3개와 가야금·현금·당비파·향비파 각 둘을 만들어, 종묘와 그 밖의 여러 제사에 사용함에 풍족하니 그 공로가 적지 아니한 것입니다."

악기 복원은 음악 복원의 첫 번째 토대라는 점에서 대단히 중요하다. 세종 7년 8월 26일에는 예조에서 다음과 같이 아뢰니 그대로 따랐다.

"제향 때 사용하는 악기 중에 석경(石磬)은 중국에서 보내준 한 채뿐이고, 나머지는 모두 와경(瓦磬)입니다. 지금 경기도 남양에서 나는 돌이 소리가 좋습니다. 옥 다듬는 사람을 보내어 캐 와서 옛 제도대로 만들어 시험하기를 청합니다."

위의 두 기사는 아악 연주를 위해 아악기를 중국의 것 그대로 만들려는 당시 세종과 예조의 눈물겨운 노력을 보여준다. "아악기, 그중에서도 편종·편경과 같은 아악기는 음을 연주하는 악기일 뿐만 아니라 한 걸음 더 나아가 '예악의 조화를 나타내주는 하나의 상징물'과 같은 존재였다. 그런데 고려 예종 때에 북송으로부터 대규모 아악기 수용이 이뤄진 후 세종 이전까지 전승되는 과정에서 악기의 수급은 언제나 어려운 문제였다. 국내 생산은커녕 중국으로부터도 '쉽게 구매할 수 있는 물건'이 아니었기 때문이다. 그러므로 팔음을 다 갖춰야 하는 아악 중 어느 한 가지라도 빠지는 것은 곧 아악의 결란(決亂)을 의미했으며, 더욱이 편종과 편경은 아악 연주에서 빠질 수 없는 것이었다. 편경·편종의 음이 제대로 맞지 않는 것이라 할지라도 한 틀에 매달아 외형을 갖추려 애를 썼다거나, 편경이 파손되어 쓸 수 없을 경우 기와흙으로 구워 만든 와경을 걸었던 것도 이 악기들이 아악에 없어서는 안 될 상징적인 의미를 갖고 있었던 까닭이다."(송혜진, 앞의 책, 373쪽)

세종의 음악 개혁에 대한 관점

어려서부터 천성적으로 책읽기를 좋아했던 세종이었기에 일종의 오락이나 기예에 속하는 음악을 특별히 좋아하지는 않았다. 그러나 국왕이 될 수 없는 대군으로 22세까지 지냈기 때문에 최소한의 교양 차원에서 음악이나 악기에 대한 훈련은 받았다. 그리고 궁정 생활을 하다 보면 늘 다양한 궁정음악에 노출되기 때문에 음악을 듣는 귀 또한 많이 계발되었으리라는 것은 쉽게 추정해 볼 수 있다. 앞서 살펴본 바 있지만 태종 17년 12월 30일 태종을 위해 열린 잔치에서 태종은 충녕에게 "너는 할 일이 없으니 평안하게 즐기기나 하라"고 말했다.

그러면서 『실록』은 "(충녕은) 서화(書畵), 화석(花石), 금슬(琴瑟-거문과와 비파) 등 모든 유희 애완의 격물을 두루 갖추지 않음이 없었다. 그러므로 충녕대군은 예기(藝技)에 정통하지 않는 바가 없었다"고 전한다. 이는 사실로 보인다. 태종 13년 12월 30일자를 보면 충녕이 세자인 형에게 거문고와 비파를 가르쳤다는 기록이 나오기 때문이다. 형에게 악기를 가르쳤다는 것은 나름의 음악 실력이나 훈련이 있었다는 것을 보여주는 명확한 사례다. 게다가 형인 세자 양녕이 누구인가, 음악과 여색에 빠져 세자 자리까지 내주게 되는 양녕 아닌가. 그 양녕에게 금슬을 가르쳤다는 것은 충녕의 실력이 상당한 수준이었음을 알 수 있게 하는 대목이다. 이때 충녕의 나이 17세였다.

그렇다고 세종이 악기 연주에 큰 흥미를 가졌던 것은 아니다. 그리고 22세 때 국왕이 됨으로써 시간 때우기로 음악에 심취할 여유를 가질 수 없었다. 대신 국왕이 됨으로써, 특히 유교의 이상을 실현하려는 나라의 국왕이 됨으로써 음악에 대한 유교적 관점이 전면에 드러나게 된다.

그런 점에서 고려와 조선은 확연히 다른 나라였다. 고려의 경우 신라의 전통을 이어받아 예악은 모두 한나라와 당나라의 것을 모범으로 삼았다. 그러나 조선은 송나라의 전통을 중시하며 중국 삼대(三代-고대 중국의 하, 은, 주, 세 나라)의 예악을 회복하는 것이 목표였다. 그것은 모든 유교 정치의 이상이기도 했다.

특히 예악의 문제와 관련해서는 주나라 문왕의 아들이자 무왕의 아우인 주공(周公, 기원전 ?~1104년)에 주목해야 한다. 주공은 무왕이 죽자 그의 아들 성왕(成王)을 섭정하면서 주나라의 국가 조직과 정치제도, 예악, 문물, 교육 등을 정비했다. 이것만 봐도 당연히 세종이 본받을 만한 인물이다. 성공적으로 섭정을 마친 후 주공은 노나라 국왕으로 봉해져 여기서도 자신의 이상을 펼친다. 훗날 주나라는 쇠퇴해 낙읍(洛邑)으로 천도하면서 쇠퇴하고 주공이 이룩한 문화 또한 붕괴되지만 노나라에서는 오히려 주의 문화가 번성했다. 노나라는 공자가 태어난 나라이다. 공자가 늘 주나라로 돌아가자는 복고적 역사철학을 전개한 것은 주공에 대한 공자의 존중을 나타낸 것이다.

『상서대전(尙書大典)』의 주나라 편인 '주전(周傳)'에는 "周公攝政六年制禮作樂(주공섭정육년 제례작악)"이라는 구절이 나온다. 즉 주공이 성왕을 섭정하던 6년 동안 각종 예(禮)를 세우고 그에 필요한 음악을 지었다는 말이다. 이렇게 해서 유교에서 예와 악은 늘 함께 있어야 하는 짝을 이루게 된다.

그렇다면 주공의 '제례작악'이 갖는 의미는 뭘까? 김충렬 전 고려대 교수는 『중국철학사』(예문서원)에서 이렇게 풀이한다.

"주공은 그런 작업을 통하여 은의 종교적 분위기를 지양하는 한편 도덕적 분위기를 조성해 나갔다. 구체적으로 말하면 은의 예가 주로 종적이며 수직적인 종교 미신의 체제였던 데 반해 주공은 예악의 제정을 통하여 이것을 혈연 공동체(혈연 평등) 의식으로 바꾸어 인류 관계에 따른 질서를 예제화하였고, 나아가 이것을 다시 실제 정치와 연결시켜 사회 공동체(도덕 평등) 의식을 새로 조성하여 도덕 정치(현인 정치)를 시행했던 것이다."(162쪽)

뒤에 살펴보면 알겠지만 바로 이것이야말로 세종이 모범으로 삼았던 유교적인 정치다. 세종도 즐겨 읽었던 '사서오경' 중의 하나인 『예기(禮記)』는 예악에 관해 다음같이 정의하고 있다.

"악이란 천지의 조화이며, 예란 천지의 질서이다. 고로 선왕이 예악을 제정하심은 입과 배와 귀와 눈의 욕망을 충족시키기 위해서가 아니고 장차 백성으로 하여금 좋아하고 싫어하는 것을 고르게 하여 사람이 지켜야 할 도가 바른 데로 돌아가도록 하기 위해서였다."

즉 이때 말하는 악은 인간의 감성만을 자극하는 감각주의적인 음악은 포함하지 않는다. 오히려 인간을 예로 끌어올리는 높은 수준의 음악을 이야기하는 것이다. 지금이야 음악(音樂)을 함께 붙여서 사용하지만 그 당시에는 음과 악도 분리해서 다루었다. 그것은 세종 때도 마찬가지였다. 『예기』의 또다른 구절이다.

"무릇 음(音)은 사람의 마음에서 생기는 것이요, 악(樂)은 윤리에서 통하는 것이다. 이 때문에 성(聲)만 알고 음을 모르는 것은 새와 짐승이요, 음만 알고 악을 모르는 것은 우매한 소인배요, 군자만이 악을 알 수 있다."

성(聲)-동물, 음(音)-소인배, 악(樂)-군자의 3단계론은 늘 유학의 사상이 전제로 하는 틀이었다. 즉 군자는 동물과도 달라야 하고 소인배를 뛰어넘어야 했다. 이런 견해는 고스란히 세종의 세계관으로 자리잡았을 것이다. 『예기』의 인용이다.

"치세의 음이 편안해서 즐거우면 그 정치는 조화를 이룬다. 고로 성(聲)으로써 음(音)을 알고, 음을 살펴 악(樂)을 알고, 악을 살펴 정치를 알게 되면 치도(治道)가 갖춰진다."

이것은 국왕이라면 반드시 갖춰야 할 음악관이자 세종의 음악관이기도 했다. 그러나 앞서 본 악공들의 처지가 보여주듯 예는 존중하면서도 악은 천시되는 것이 오랜 관행이었고, 이에 관해서는 세종도 걱정스러워하는 이야기를 많이 했다. 단종 1년 7월 9일자에 실려 있는 세종의 발언이다.

"나라를 다스림에 예보다 중한 것이 없으나 악의 소용 또한 큰 것인데, 세상 사람들이 예는 중히 여기면서도 악에는 소홀하여 이를 익히지 않는 일이 많으니 가히 한탄할 일이다."

즉 세종은 어린 시절부터 약간의 음악적인 훈련을 받았고, 유학을 통치 이념으로 하는 국가의 국왕으로서 통치적 관점의 음악관을 정립하고 있었다. 물론 그가 실제로 악기를 만들거나 고난도의 연주를 하지는 않았다. 그러나 음악을 듣는 귀나 음악 이론은 즉위 후 음악과 관계되는 일을 하면서 전문가 이상의 수준에 도달하고 있음을 보여주는 기록이 『실록』에는 수없이 많다.

우리의 탐구 대상에서는 제외되지만 결국 훈민정음의 창제에 버금가는 신악(新樂)을 창제하고 독창적인 기보법을 만들고 직접 작사를 하게 되는 등의 활동은 음악가 세종의 진면목을 보여주는 단적인 사례들이다.

• 아악기의 종류와 특징

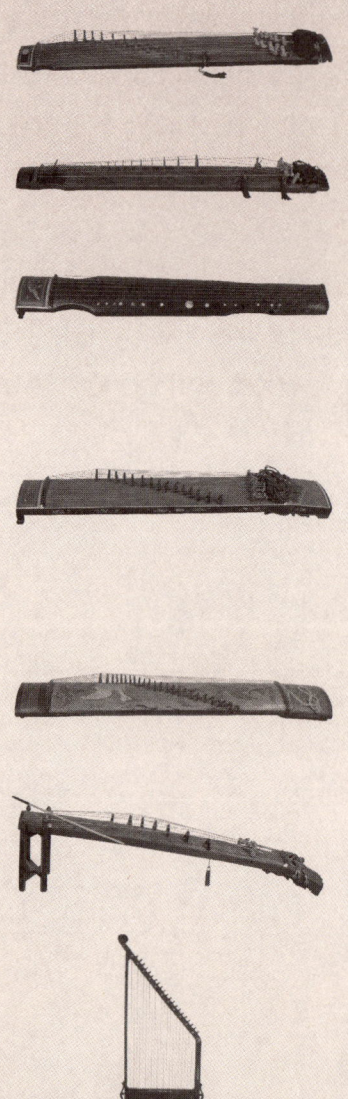

가야금_ 일반적으로 가야금이라 불리나, 이는 한자화된 명칭이고 옛 문헌의 한글 표기는 언제나 '가얏고'로 되어 있다.

거문고_ 우리나라의 대표적인 현악기의 하나.

금_ 고려 예종 때부터 조선 말기까지 궁중에서 사용하던 대표적인 아악기의 하나. 1현, 3현, 5현, 7현, 9현의 금이 있고, 검은 복판 한편에 흰 자개를 박아 손을 짚는 자리를 표시하였다 하여 휘금이라고도 한다.

대쟁_ 당악에 사용되었던 현악기의 하나. 악기 모양은 슬과 비슷하나 조금 작고, 가야금보다는 약간 크다. 전면은 오동나무, 후면은 밤나무로 만든 긴 통에 명주실을 15줄 얹었고, 바닥에 놓고 사용한다. 국립국악원 소장.

슬_ 현악기의 하나. 길이가 7척 2촌이고, 너비가 1척 8촌으로 모든 현악기 가운데서 가장 크다. 줄은 25현이다. 국립국악원 소장.

아쟁_ 현악기의 하나. 고려 때 들어온 당악기이다. 『고려사』 악지 당악기조에 보이며, 7줄로 되어 있고 해금과 함께 줄을 문질러 연주한다.

수공후_ 공후의 한 종류. 공후는 발현 악기의 하나로, 악기분류법에 의하면 사부 악기 또는 현명 악기에 속한다.

소공후_발현 악기의 하나인 공후의 작은 형. 굽은 공명통이 있고 그 아래는 곧으며 중간에 횡가가 있어, 공명통과 횡가 사이에 줄이 걸린다.

와공후_공후의 한 종류. 공후는 발현 악기의 하나로, 악기분류법에 의하면 사부악기 또는 현명 악기에 속한다.

단소_관악기의 하나. 향악 연주에 사용되며, 재료로는 오래된 황죽이나 오죽을 사용한다. 세로로 부는 악기로서 음역은 두 옥타브에 이르며, 음색은 맑고 청아하다.

대금 / 중금 / 소금_가로 부는 관악기의 하나. 우리나라 고유의 가로 부는 적 중 가장 큰 것을 대금, 중간 크기를 중금이라 하고, 제일 작은 것을 소금이라 한다. 신라시대에는 소금이 대금, 중금과 함께 삼죽으로 불렸다.

적_아악기의 하나. 고려 예종 11년(1116년)에 송나라에서 들어왔고, 아악의 등가와 헌가에 사용했으며, 현재는 문묘제례악에만 사용하고 있다. 국립국악원 소장.

당피리 / 향피리 / 세피리_관에다 혀를 꽂아 세로로 부는 관악기의 하나. 위로부터 당피리, 향피리, 세피리 순으로 서역의 악기며, 삼국시대부터 고구려, 백제 등에서 사용되었다. 국립국악원 소장.

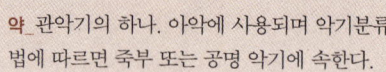
약_ 관악기의 하나. 아악에 사용되며 악기분류법에 따르면 죽부 또는 공명 악기에 속한다.

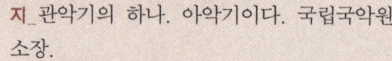
중금_ 관악기의 하나. 황죽으로 만든 횡적이다.

지_ 관악기의 하나. 아악기이다. 국립국악원 소장.

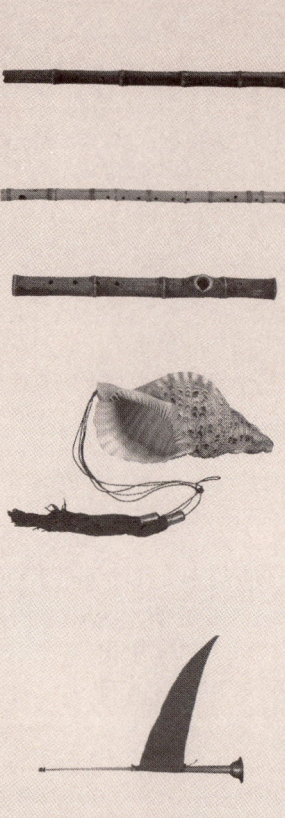

나각_ 관악기의 하나. 바다에서 사는 큰 소라를 잡아 살을 꺼내고, 꽁무니 뾰족한 끝부분을 갈아 취구를 만들어 끼운다. 궁중연례와 군악에 사용되었고, 종묘제례악 중 「정대업」의 일무에도 사용되었다. 지금은 대취타에 쓰이고 있는데, 특히 나발과는 엇갈리며 번갈아 연주된다.

나발_ 관악기의 하나. 나팔이라고도 한다. 쇠붙이로 긴 대롱같이 만들되 115센티미터 정도의 길이다. 군중에서 신호하는 데 쓰였으며, 대취타와 농악 등에도 사용되는데, 특히 대취타에서 나각과는 엇갈리며 번갈아 연주된다.

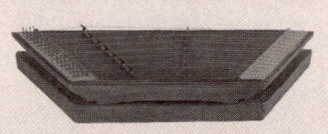
양금_ 유율 타악기의 하나. 일명 구라철사금. 조선 영조 대에 청나라에서 들여와 주로 민간의 정악 연주에 사용했다. 악기분류법에 따르면 사부 또는 현명 악기에 속한다.

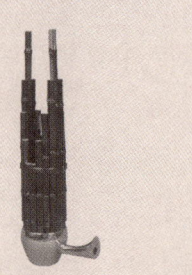
생황_ 고려시대와 조선시대 궁중음악에서 쓰인 대표적인 아악기의 하나. 일명 생, 화, 우 또는 이들을 통틀어 생황이라 한다. 국립국악원 소장.

훈_ 관악기의 하나. 고려 예종 이래 지금까지 아악에서 사용된다. 흙을 구워 만들며 큰 홍시 모양이다. 국립국악원 소장.

어_ 타악기의 일종. 고려 예종 11년(1116년)에 송에서 수입하여 궁중제례악과 전정 헌가에서 축과 함께 썼다. 어는 길이 1미터 가량의 엎드린 호랑이 모양을 조각하여 방대 위에 얹어놓은 것이다.

부_ 아악기의 하나. 높이 22센티미터. 흙을 구워 만든 질화로 모양의 중국 고대 악기이다. 국립국악원 소장.

박_ 통일신라 이래 당악과 향악에서 악절의 끝이나 시작 또는 춤사위의 변화를 지시하기 위하여 사용하는 타악기. 일명 박판이라고도 한다. 국립국악원 소장.

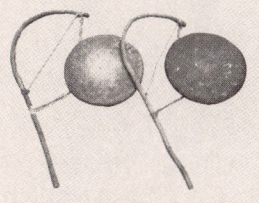
꽹과리_ 타악기의 하나. 일명 소금, 꽹매기라고도 한다. 놋쇠로 만든 둥근 모양의 악기로 지름이 20센티미터 내외이다. 징보다 크기만 작을 뿐 같은 모양이다.

바라_ 금부 무율 타악기의 하나. 일명 자바라, 발, 제금이라고도 한다.

대금(금징)_금부 타악기의 하나. 일명 금징, 금라, 동라, 나라고도 부른다. 밑바닥의 지름은 약 36.3센티미터 정도이며, 원래 대금은 북과 함께 군중에서 신호로 쓰였는데, 북은 전진을, 대금은 후퇴를 나타낸다.

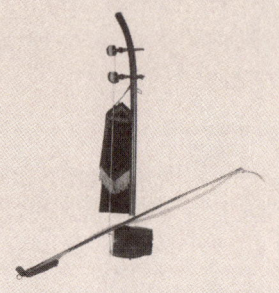
해금_현악기의 하나. 중국의 송·원 대에 성행한 대표적인 찰현 악기로 우리나라에는 고려 때에 유입되어 궁중의 당악과 향악 연주에 사용되고 민속악 연주에도 널리 사용되고 있다. 국립국악원 소장.

월금_조선시대 궁중음악 연주 때 사용된 당악기의 하나. 국립국악원 소장.

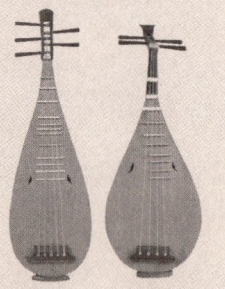
향비파 / 당비파_현악기의 하나. 삼국시대부터 조선시대까지 궁중의 안팎에서 널리 연주되었던 대표적인 악기이다. 국립국악원 소장.

갈고_무율 타악기의 일종. 장구와 크기나 모양이 거의 같으나 양손에 채를 들고 치고, 음을 조절하는 축수가 양쪽에 있는 점이 장구와 다르다. 두 손에 채를 들고 치기 때문에 양장고라고도 한다.

장구_우리나라의 대표적인 절주 악기의 하나. 장고 또는 세요고라고도 한다. 국립국악원 소장.

용고_북의 하나. 북통 양면에 두 개의 고리가 있어 대취타 등 행악 때 무명천으로 질빵을 삼아 목부터 아랫배까지 늘여 매고 양손에 두 개의 북채를 쥐고 위에서 내리쳐서 연주한다. 북통에 하늘에 오르려고 서리고 있는 용 그림이 있다. 국립국악원 소장.

노도_아악에 사용되는 북. 노고와 함께 인귀의 제사, 즉 선농, 선잠을 위한 제사와 우사, 공자묘의 제사 등에서 댓돌 아래 마당에 설치하는 헌가에 편성되었다. 헌가의 음악이 시작되기 전에 노도를 세 번 흔든 다음, 축과 진고를 세 번 치고 나면 음악이 시작된다.

뇌도_아악에 사용되는 북의 하나. 제례의식의 헌가에 편성되는 악기로, 헌가의 음악을 시작하기 전에 세 번 흔든다. 국립국악원 소장.

영도_타악기의 하나. 지신의 제사에 쓰이던 작은 북으로 헌가에서 음악이 시작되기 전에 흔들어 소리를 낸다.

노고 아악에 사용되는 북의 하나. 노도와 함께 인귀의 제사, 즉 선농, 선잠, 우사, 공자묘의 제사 등에서 댓돌 아래 마당에 설치하는 헌가에 편성되었으나, 지금은 문묘제향에서만 사용되고 있다. 노도와 함께 음악의 시작과 종지 및 음악 중간중간에 간간이 친다.

진고 타악기의 하나. 아부 악기로 주로 나라의 제사 때 사용하던 대형 북이다.

삭고 한국 전통음악에 사용된 타악기의 하나. 삭고는 응고와 더불어 건고에 부수된 것으로서, 궁중의 조회와 연향에서 사용되었다. 국립국악원 소장.

절고 조선 초기부터 궁중에서 아악의 등가에 사용하던 대표적인 아악기의 하나. 문묘제례악과 종묘제례악의 등가에 편성해 사용하고 있다. 국립국악원 소장.

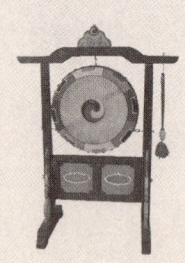
좌고 타악기의 하나로 삼현육각 연주에 쓰이는 북. 국립국악원 소장.

 **뇌고** 아악에 사용되는 북의 하나. 제천의식에서 헌가에 편성되는 악기로, 진고와 함께 음악을 시작하거나 종지시키고, 또 4자 1구 끝마다 친다. 조선시대에 사용된 것으로 보이며, 지금은 사용되지 않는다. 국립국악원 소장.

 **운라** 유율 타악기의 하나. 음색이 맑고 밝아 흥겨운 곡이나 행악에 주로 쓰인다. 국립국악원 소장.

 **특경** 아악기의 하나. 경석으로 만들었으며 모양은 ㄱ자형으로 생겼다. 일종의 경쇠인데 악기분류법에 의하면 석부 또는 금부에 들고, 체명 악기에 속한다.

 **특종** 단 한 개의 종으로 된 악기로 중국 고대의 타악기. 국립국악원 소장.

 **방향** 금부 또는 체명 타악기의 하나. 고려시대 이후 현재까지 쓰이고 있는 대표적인 당악기로 철향, 철방향이라고도 한다. 국립국악원 소장.

박연, "아악으로 돌아가야 합니다"

세종 때의 음악과 관련해 먼저 주목해야 할 인물은 박연이다. 박연(朴堧, 1378년 고려 우왕 4년~1458년 세조 4년)은 1405년(태종 5년) 문과에 급제했다. 『세종실록』에서 박연이라는 이름이 처음 등장하는 것은 세종 5년 3월 17일 기사에서이다.

> "전지하기를, '제생원 의녀들 중에서 나이 젊고 총명한 3~4인을 뽑아서 교훈을 더욱더 시키어 문리(文理)를 통하게 하라'고 하였다. 인하여 의영고 부사 박연을 훈도관으로 삼아 의녀들에 대한 교훈을 맡기라고 명하였다."

의영고(義盈庫)란 호조에 속한 관청으로 기름, 꿀, 밀, 채소, 후추 등을 조달 관리하던 곳이다. 이때만 해도 박연은 음악과 관계되는 일을 한 게 아니고 의녀들에게 글을 가르치는 일을 맡고 있었던 것이다.

세종 즉위 후 악학별좌(樂學別坐)에 임명되어 악사(樂事)를 맡아보았다. 악학이란 앞서 보았던 아악서나 전악서처럼 전문 음악인들을 거느리지 않았고, 그들의 연주 활동을 이론적이고 행정적인 차원에서 관리 감독하던 과거 출신의 문신들로 구성된 음악 기관이다. 업무로는 악서 편찬과 연주되는 음악의 악보화, 음악 이론과 역사 및 음악인의 관복과 의식 고증, 악기 제작, 악공 선발과 연주 교육 등의 일을 담당하였다. 별좌는 정5품 내지 종5품의 관직명이다.

박연은 당시 불완전한 악기 조율의 정리와 악보 편찬의 필요성을 상소하여 허락을 얻고, 세종 9년(1427년) 편경 12장을 만들고 자신이 직접 복원 제작한 12율관(律管)에 의거해 음률의 정확을 기하였다. 이 점에 대해서는 뒤에 상세하게 살펴볼 것이다. 또한 조정의 조회 때 사용하던 향악을 폐하고 아악으로 대체하게 하여 궁중음악을 전반적으로 개혁하는 데 크게 기여했다.

그러나 관리로서 그의 인생은 평탄치 못했다. 세종 15년(1433년) 유언비어 유포 혐의로 파직되었다가 용서받고 다시 아악에 종사, 공조참의와 중추원 첨지사를 거쳐 중추원 동지사를 지낸다. 세종 27년(1445년)에는 성절사(聖節使)로 명나라에 다녀와서 인수부윤, 중추원 부사를 역임하고 예문관 대제학에 오른다.

단종 1년(1453년) 계유정난 때 아들 박계우가 수양대군의 반대편에 섰다가 처형되었지만 그는 삼조(三朝)에 걸친 원로라 하여 파직에 그쳐 낙향하였다. 특히 저[大笒]를 잘 불었고 고구려의 왕산악, 신라의 우륵과 함께 한국 3대 악성(樂聖)으로 불린다.

음악 개혁을 위해 450여 건의 상소를 올리다

박연이 음악인으로서 처음 『실록』에 등장하는 것은 2년이 지난 세종 7년 2월 24일이다.

"예조에서 악학별좌 박연의 수본(手本)에 의거하여 계하기를, '음악의 격조(格調)가 경전, 사서 등에 산재하여 상고하기가 어렵고, 또 『문헌통고(文獻通考)』, 『진씨악서(陳氏樂書)』, 『두씨통전(杜氏通典)』, 『주례악서(周禮樂書)』 등을 소장하고 있는 자가 없기 때문에, 비록 뜻을 둔 선비가 있어도 얻어 보기 어렵습니다. 이러다가 악률(樂律)이 이내 단절되지나 않을까 두렵습니다. 청컨대, 문신(文臣) 1인을 본 악학에 더 배정하여 악서를 편찬하게 하고, 또 향악, 당악, 아악의 율조(律調)를 상고하여, 그 악기와 악보법에 관한 책을 만들어, 한 질은 궐내로 들여가고, 호조와 봉상시와 악학 및 관습도감과 아악서에도 각기 한 질씩을 수장하도록 하소서' 하니, 그대로 따랐다."

관습도감이란 태조 2년(1393년) 설치되어 세조 3년(1457년) 악학과 병합될 때까지 60여 년 간 봉상시, 전악서, 아악서 및 악학 등 예조 산하의 다른 음악 기관과 함께 주로 음악을 가르치는 임무를 담당하였다. 관습도감의 직제였던 당상관과 낭청들은 전승되어 내려오는 향악과 당악의 전통을 악보에 의해 바르게 연주할 수 있도록 교육하고, 음악 행정에 관한 일을 처리하였다. 여기서 이미 박연은 중국의 고전에 나오는 음악과 악기로 돌아가려는 뜻을 명확하게 밝히고 있다.

1년 후인 세종 8년 1월 10일에도 예조에서는 악학별좌 박연의 건의라며 봉상시가 소장하고 있는 중국 악기 가운데 소관(簫管-중국의 피리)이 있는데 대례나 대제 때 대청 아래에서 연주하는 헌가(軒架)에 소관을 사용하지 않고 적(篴)을 사용하는 것은 옛 제도에 맞지 않으니 소관을 사용하도록 해달라고 한다.

그 이유에 대해 박연은 "봉상시의 서례도(序例圖)는 주례도(周禮圖)를 인용하여 이르기를 '적은 옛적에는 구멍이 넷이었으나, 경방(京房-중국 전한 시대의 학자. 『주역』에 조예가 깊었으며 음률에 밝았다)이 한 구멍을 더 내어 오음을 갖추었는데, 오늘에 사용하는 저[笛]가 곧 이것'이라 하였습니다. 이것은 모양과 제도가 소관과 비슷하나, 음률에 있어서 응종(應鍾)과 무역(無射)의 소리가 부족하오니 헌가에 사용하기는 불충분합니다"라고 말한다. 그러면서 그동안 헌가에 사용되던 저를 버리고 중국에서 보내온 소관을 사용하여 음악의 소리를 조화시켜야 한다고 강조한다.

여기서 우리는 두 가지 점을 주목해야 한다. 첫째, 세종 7년과 8년의 두 기사에는 그냥 "예조에서 계하기를"이라고 하지 않고 굳이 "박연의 수본에 의거하여"와 "박연의 말에 의거하여"라는 말이 들어 있다는 사실이다. 이런 경우는 거의 없다. 『실록』의 기록자들은 훗날 박연이 음악으로 이름을 크게 떨쳤기 때문에 굳이 그의 이름을 밝혀 넣은 것으로 봐야 한다.

둘째, 중국에서 온 소관이라는 악기가 소리를 다 갖추고 있으니 기존에 사용하던 토착화된 악기 적은 그만 사용하자는 박연의 주장이다. 가능하면 중국 고서(古書)를 상고하여 옛 소리 그대로 음률을 복원하려 했던 박연의 구상 일단이 드러나 보인다.

그리고 세종 8년 4월 25일 박연은 장문의 글을 올린다. 여기서 눈여겨봐야 할 점은 앞의 두 사례에서처럼 예조를 통해 간접적으로 건의하지 않고 '봉상판관(봉상시의 중간 벼슬로 종5품) 박연'의 이름으로 직접 상서하고 있다는 사실이다. 그만큼 세종의 인정을 받았다는 뜻이다. 다시 말해 세종과 더 가까운 거리에서 음악 혁신 작업을 할 수 있게 된 것이다. 그후 평생 동안 악서를 정리하고 아악을 중심으로 각종 행사의 음악을 바꾸며 그 음악을 연주할 수 있는 원형 그대로의 악기 입수와 개발을 위해 박연은 무려 450여 건의 기록적인 상소를 올린다. 다소 어렵긴 하지만 아악에 대한 기본적인 지식을 얻을 수 있는 기회이기도 해서 상소문의 전체를 주제별로 나눠서 싣는다.

- 12율의 음양원리에 관하여 : "신이 삼가 생각하건대 『주례(周禮)』의 춘관(春官) 태사(太師)가 육률(六律)과 육동(六同)을 관장하여 음양의 소리를 합하였습니다. 황종(黃鍾), 대주(大蔟), 고선(姑洗), 유빈(蕤賓), 이칙(夷則), 무역(無射)은 양성(陽聲)이요, 대려(大呂), 응종(應鍾), 남려(南呂), 함종(函鍾), 소려(小呂), 협종(夾鍾)은 음성(陰聲)입니다. 대개 두병(斗柄-북두칠성 가운데 자루가 되는 별)이 십이신(十二辰)을 운행하되 왼쪽으로 돌게 되는데, 성인이 이를 본떠서 육률을 만들고, 일월은 십이차(十二次)로 모이되 오른쪽으로 돌게 되는데, 성인이 이를 본떠서 육동을 만든 것입니다."

- 음악과 제례의 결합 방식에 관하여 : "육률은 양이니 왼쪽으로 돌아서 음에 합치고, 육동은 음이니 오른쪽으로 돌아서 양에 합치게 됩니다. 그러므로 천신(天神)에게 제사 지낼 경우에는 황종을 연주하고 대려로써 노래하여 합치고, 땅의 신 지지(地祇)에게 제사 지낼 경우에는 대주를 연주하고 응종으로써 노래하여 합치고, 사망[四望-일(日), 월(月), 성(星), 해(海)-실록 주]에 제사 지낼 경우에는 고선을 연주하고 남려로써 노래하여 합치고, 산천에 제사 지낼 경우에는 유빈을 연주하고 함종으로써 노래하여 합치고, 선비(先妣)에게 제향할 경

우에는 이칙을 연주하고 소려로써 노래하여 합치고, 선조에게 제향할 경우에는 무역을 연주하고 협종으로써 노래하여 합치게 하였으니, 양률(陽律)은 당하(堂下)에서 연주하고 음려(陰呂)는 당상(堂上)에서 노래하여, 음양이 배합되어 서로 부르고 화답한 뒤에야 중성(中聲-일종의 화음)이 갖추어지고 화기가 응하는 것입니다."

• 고대 중국 음악에 대한 비판 : "한나라는 고대의 제도에 가까워 악을 사용할 때에는 모두 합성(合聲)을 사용했고, 당나라에 이르러서도 악의 제도가 지극히 잘 갖춰져, 오직 제사 때에만 아래에서 대주를 연주하고 위에서 황종을 노래했는데, 그때의 조신언(趙愼言)이 황종을 고치어 응종으로 하기를 청한 것은 합성을 사용하자는 말입니다. 대개 대주는 양이니 인방(寅方)에 위치하고, 응종은 음이니 해방(亥方)에 위치하는데, 인·해가 합치게 되는 것은, 두병(斗柄)이 해(亥)인 달에는 일월이 인(寅)에서 모이고, 두병이 인(寅)인 달에는 일월이 해(亥)에서 모여 좌우로 빙빙 돌고 교대로 서로 배합하여 서로 떠날 수 없는 것입니다. 다른 달에도 그러하여 각기 그 합함이 있는데, 이로써 성인의 제도에 음과 양을 취합하여 당상과 당하에 반드시 합성을 사용하였으니, 중성을 갖추고 음양을 고루어서 신(神)과 사람을 화합하게 한 것이 그것입니다. 그런데 당나라에서 사직에 제사 지낼 때에는 노래와 주악이 모두 양성이어서, 성인이 악을 음양으로 나눈 뜻에 어긋나므로, 선유(先儒)들이 이를 그르다고 한 것은 옳습니다."

• 조선의 음악에 대한 비판 : "아조(我朝)의 제향하는 음악은 모두 아가(雅歌-가사)를 사용한 것은 바르지만 악(樂)을 사용하는 법에 이

르러서는 의논할 것이 전혀 없습니다. 다만 악장 38수와 12율성 통례(十二律聲通例)를 주자(鑄字)로 인쇄하여 10본(本)으로 만들어 본시(봉상시)에 두고, 이름을 '조선국악장(朝鮮國樂章)'이라 하고, 발문(跋文)에 이르기를, '본조(本朝)의 신에게 제사 지내는 악이다'라고 하였으나, 그 성음의 높고 낮음과 가시(歌詩)의 차례와 순서가 모두 공인(工人 - 악공)들이 초록해서 쓴 그릇된 것으로 오랜 것일수록 더욱 본지(本旨)를 잃었으니, 신명의 지성에 이르지 못합니다. 그동안 봉상시에서 벼슬한 사람은 그 책임을 피할 수 없사오나, 당시의 아악이 바로잡히지 않아 이렇다 할 책이 없었다는 것도 그 원인의 하나입니다."

이어 박연은 종묘의 음악, 사직의 음악, 석전(釋奠)의 음악, 원단(圓壇)·적전(籍田-농사)·선잠(先蠶-누에 키우기) 등의 제사, 산천단(山川壇)의 음악, 신을 맞이하는 음악 등에 관해 앞서 말한 12율에 따라 대책을 제시한 후 이렇게 말한다. 예상되는 자신에 대한 비판에 대해 미리 해명하고 있는 것이다.

"제가 올린 이상의 대책에 대해 사람들은 말하기를, '나라를 세운 이래 명현(名賢)이 서로 이어서 예악을 고정(考正)한 것이 매우 잘 되어 있는데, 네가 감히 누구보다 어질고 지혜롭다고 이러한 광패한 말을 내느냐고 할 것이니, 가난한 서생이 평소에 신용을 얻지 못했으므로, 입속으로 항상 머뭇머뭇하며 주저한 것이 하루가 아니었습니다. 지금 성상의 은혜를 입고서 봉상판관으로 관등이 뛰어 악학을 찬집하는 임무를 겸임하였으니, 천 가지 중에서 한 가지를 알아내는 어리석은 소견으로 어찌 감히 말없이 잠잠히 있겠습니까. 또 지금 편집하는 악서는 조리가 완전하지 못함이 이와 같으니, 만약 다시 새로이 편집하지 않고 구례를 그대로 둔다면, 이번에는 기록하지 않고 후대에 지혜 있는 사람을 기다리는 것만 못할 것입니다. 신의 어리석은 생각으로 망령되게 말씀드리건대 주례(周禮)의 제도가 서책에 기재되어 있으니, 근본을 상고하여 조목을 밝히는 것은 실로 어려운 일이 아니옵니다. 만일 그렇게도 못 한다면 차라리 위로 중조(中國-명나라)에 청하여 묻고 이를 시행해야 할 것입니다' 라고 하니, 이를 예조에 내리었다."

박연의 상소는 논리정연하고 중국 음악에 대한 깊은 이해를 바탕으로 분야별로 사용되고 있는 우리 음악의 현황과 문제점을 치밀하게 지적하고 있다. 또한 중국의 고문헌을 근거로 철저하게 아악의 모범을 그대로 따를 것을 주장하고 있다. 그의 전략은 명확하다.『주례』의 원전에 의거해 악보를 복원한 다음 그에 맞는 악기를 복원해서 아악을 원형 그대로 되살리자는 것이다. 이에 대해 일부에서는 '사대주의' 운운하고 있으나 박연의 음악 정신을 그 같은 피상적인 정치적 용어로 단죄할 일은 아니다. 그것은 그 나름대로 자신의 철저한 세계주의적·고전주의적 음악관이었기 때문이다.

이런 논란을 거치는 가운데 박연의 도움을 얻어 세종이 본격적으로 아악을 정비하고 아악기 등을 확보해 중국 못지않은 음악 수준을 갖추게 되는 것은 세종 15년의 일이다.

『세종실록』 시디롬에서 '박연'을 검색해 보면 세종 12년부터 15년 사이에 검색 결과가 집중되어 있다. 그러나 이미 조정에서 세종이 주도권을 장악한 세종 7년부터 음악 정비를 위한 준비 작업은 활발하게 진행되었다. 또 음악의 도량형이라 할 수 있는 율관(律管) 제정에 나서 2년 후인 세종 9년 5월 15일 마침내 완성을 보게 된다.

"봉상판관 박연이 1틀에 12개 달린 석경을 새로 만들어 올렸다. 처음에 중국의 황종의 경쇠를 위주로 하였는데, 삼분(三分)으로 덜고 더하여 12율관을 만들고, 겸하여 옹진에서 생산되는 검은 기장으로 교정(校正)하고 경기도 남양에서 나는 돌을 가지고 만들어보니, 소리와 가락이 잘 조화되는지라 그것으로 종묘와 조회 때의 음악을 삼은 것이다."

'율관'이란 말 그대로 음의 높이를 정하기 위하여 쓰던 원통형의 관(管)이다. 아악의 12율, 즉 황종에서 응종까지 각 율의 정한 치수대로 12개의 가는 관을 한 벌로 만들어 사용하였으며, 관은 처음에 대나무로 만들었다가 후대에 와서 구리로 만들기도 하였다. 처음 12율의 기본이 되는 황종의 음높이를 정하고 이 황종을 기준으로 하여 나머지 11율의 관의 길이를 셈하여 관을 잘라 만들었는데, 기본이 되는 황종관의 길이는 9치, 둘레는 9푼(12율의 관의 둘레는 모두 9푼)이고, 율관의 기본이 되는 검은 기장 1,200알을 쌓으면 황종률을 얻게 되어 있다. 조선의 경우 옹진에서 생산되는 검은 기장이 딱 들어맞았다.

예(禮), 사(史), 악(樂)의 조선식 표준을 세우려는 세종

이런 박연과 세종의 관계는 어떠했는가? 보기에 따라서는 예(禮)를 정립하는 일을 맡았던 집현전과 세종의 관계가 악(樂)의 정립을 맡았던 박연과 세종의 관계에도 그대로 적용될 수 있을지 모르겠다. 그러나 자세히 들여다보면 세종이 박연과 맺고 있는 관계는 집현전 학사들과 맺고 있는 것과 크게 다르다. 이 점을 분명히 하려면 먼저 세종이 음악, 특히 아악과 향악의 우열 관계에 대해 어떤 생각을 갖고 있었는지를 알아보는 것이 대단히 중요하다.

명나라에 대해 일단은 지성사대의 입장을 원칙으로 삼았던 세종이지만 중국 사신들의 횡포가 심할 때면 극도의 분노를 표시하곤 했다. 역사 공부와 관련해서도 중국의 역사서인 『자치통감』이나 『자치통감강목』, 『송감』 등을 거의 외울 만큼 탐독했지만 우리 역사에 대한 공부도 손에서 놓지 않았다.

아악과 향악의 관계에 대한 세종의 견해는 기본적으로 그 같은 중국과 우리나라의 관계에 대한 전반적 인식과 거의 나란히 간다고 보면 된다. 뒤에 보게 되겠지만 한문과 훈민정음의 관계에 대해서도 비슷한 생각을 갖고 있었다. 둘은 양자택일의 문제가 아니고 한문을 기본으로 하되 훈민정음으로 일반 백성의 문자살이를 가능하게 함으로써 결국 풍속을 개선하고 인륜의 도를 실천하려 했다는 점에서 동일한 목표를 지향하고 있었다.

세종 9년 5월 15일 박연이 어렵사리 율관을 완성했지만 그것을 바탕으로 한 아악 연주에 대해 세종은 만족해하지 않는다. 『고려사』를 계속 고쳐 쓰게 했던 완벽주의자 세종의 면모를 떠올리게 한다. 세종 12년 9월 11일 세종은 정사를 보던 중 좌우의 신하들에게 이렇게 말한다.

"아악은 본시 우리나라의 성음이 아니고 중국의 성음인데, 중국 사람들은 평소에 익숙하게 들었을 것이므로 제사에 연주하여도 마땅할 것이다. 그러나 우리나라 사람들은 살아서는 향악을 듣고, 죽은 뒤에는 아악을 들어야 한다는 것이 과연 어떨까. 하물며 아악은 중국 역대의 제작 방식이 서로 같지 않고, 황종의 소리 또한 높고 낮은 것이 있으니, 이것으로 보아 아악의 법도는 중국도 확정을 보지 못한 것임을 알 수 있다. 그러므로 내가 조회나 하례에 모두 아악을 연주하려고 하나, 그 율관 제작이 제대로 된 것 같지 않고, 황종의 관으로는 진정한 아악의 소리를 쉽게 낼 것 같지 않다. 우리나라가 동쪽 일각에 위치하고 있어 춥고 더운 기후 풍토가 중국과 현격하게 다른데, 우리나라의 대(竹)로 황종의 관을 만들어서야 어찌 제 소리가 나겠는가. 황종의 관은 반드시 중국의 관을 사용해야 할 것이다.

지금 (경연에서) 『율려신서(律呂新書)』를 강의하고 있고, 또 역대의 관련 기록도 헤아릴 수 없을 만큼 많이 보았으나, 악기의 제도는 모두 그 정당한 것을 얻지 못하였고, 송나라 주문공(朱文公-주희)에 이르러, 그의 제자 채원정(蔡元定-『율려신서』의 저자)이 옛사람들의 유제(遺制)를 참고해 악기를 만들어내니, 문공이 잘 되었다고 칭찬한 바 있다. 그 뒤에 원정이 외방으로 쫓겨났는데, 문공이 서신을 통하여 말하기를, '제작한 악기의 음률이 아직 미흡하니, 그대의 귀환을 기다려서 다시 개정하자'고 한 것으로 보아, 송나라의 악기 또한 완벽하게 정당한 것은 아니다. 그리고 『율려신서』에 '악공 황식(黃植)이 조정에 들어와 아악을 연주하는 소리를 들으니, 장적·비파·장고 등을 사이로 넣어가며 당상(堂上)에서 연주했다'고 하였으니, 중국에서도 또한 향악(鄕樂-이것은 중국식 속악을 말한다)을 섞어 썼던 것이다."

세종이 『성리대전』에 포함된 음악 이론서 『율려신서』를 읽고 있었다는 것은 음악 이론에 대한 세종의 이해 수준이 상당했음을 보여준다. 물론 세종이 『율려신서』를 쉽게 읽었던 것은 아니다. 하루는 세종이 『율려신서』를 읽다가 좌우에게 물었으나 제대로 아는 이가 없었다. 신하들이 "용이 잘 안다"고 말하자 세종은 즉각 집현전 교리 유상지 등을 용에게 보내 그것을 배우도록 했다. 용이란 의정부 찬성을 지내고 은거 생활을 하고 있던 조용을 말한다. 조용(趙庸, ?~1424년 세종 6년)은 고려 때 문과에 급제했고 학식이 뛰어나 성균관 대사성, 예문관 대제학, 예조판서를 지낸 전형적인 성리학 이론가였다. 이런 정도의 인물이 아니면 쉽게 접근할 수 없을 만큼 『율려신서』는 해득하기가 어렵고 특히 성리학과 음악에 대한 깊은 지식과 조예가 없이는 이해하기 힘든 책이었다.

박연의 재주를 아끼면서도

물론 세종은 박연의 재능에 대해서는 높이 평가했다. 아마도 세종의 사랑을 독차지한 박연에 대한 다른 신하들의 시기나 견제가 심했을 것이다. 이미 앞서 인용한 박연의 상서를 보면 주변에서 있을지 모를 좋지 못한 소리에 민감해 있는 박연의 모습을 알 수 있다. 이례적으로 승정원에서도 박연에 대한 비판의 의견을 올린 듯, 세종 10년 2월 20일자에는 이런 기록도 있다.

"임금이 대언이 글을 올린 것에 대하여 말하기를, '박연은 세상 일에 통하지 아니한 학자가 아니라 세상 일에 통달한 학자라 할 수 있다' 하였다."

그러나 이 말은 신하들의 맹목적인 비판으로부터 박연을 지켜주려는 차원에서 나온 것일 뿐 음악 본연의 일과 관련해 세종은 박연에 대해 몇 가지 불만이 있었다. 세종 12년 9월 11일자 기사다.

"임금이 '박연이 만든 황종의 관은 어느 법제에 의거해 만든 것인가' 하니, 맹사성이 아뢰기를, '송나라와 원나라의 법제에 의거하여 당서(唐黍-당나라 기장) 1,200개를 속에 넣어서 만든 것입니다' 하였다. 임금이 말하기를, '지금 검은 기장을 가지고 황종의 관을 만든다는 것은 옳지 않은 것으로 본다. 중국 사람들은 황종의 관에 검은 기장을 담아서 그 양을 안다는 것이지, 검은 기장을 가지고 황종을 바로잡는다는 것이 아니다. 옛사람이 말하기를, "옛 당나라의 기장을 가지고 음률을 정한다"고 하였다. 이 말은 곧 우리나라의 기장을 가지고 황종의 관을 정한다는 것은 거의 불가능하다는 뜻이다' 하니, 사성이 아뢰기를, "그 속에 담은 검은 기장이 1,200개라면 보통의 기장을 말하는 것은 아닐 것입니다' 하였다. 임금이 말하기를, '봉상시에서 음악을 연습하는 자들이 관습도감의 사람들만 못할 것이니, 관습도감의 사람들로 하여금 제대로 익히도록 하는 것이 옳을 것이다. 박연, 정양은 모두가 신진 인사들이라 오로지 그들에게만 의뢰할 수 없을 것이니, 경은 유의하라' 했다."

능력은 높이 사면서도 아직 신진 인사이기 때문에 오히려 맹사성으로 하여금 관리 감독을 잘 하라고 당부하고 있는 것이다. 실은 이보다 2개월 전의 기사를 보면 세종이 일을 하는 데 얼마나 용의주도했는지를 잘 알 수 있다. 7월 28일의 기사다.

"임금이 대언들에게 이르기를, '봉상소윤 박연이 건의하여 아악을 쓰고 향악을 쓰지 말자고 청하므로, 내가 그 말을 가상히 여겨 아악을 수정하라 명하였다. 박연이 오로지 이에 마음을 쓰고 힘을 기울이다가 이제 마침 병에 걸렸으니, 장차 연의 뒤를 이을 만한 사람이 누구이겠는가. 별좌 정양이란 사람은 어떤 사람인가' 하니, 지신사 허성(許誠)이 대답하기를, '정양도 역시 서생(書生-문과 출신)이온데 음률을 잘 알고 있습니다. 현재로서는 비록 박연에게 미치지 못하오나 정교한 점은 박연을 능가하고 있습니다' 하니, 임금이 말하기를, '그렇다면 박연으로 하여금 아악의 묘리를 정양에게 자세히 전수케 하는 것이 좋겠다' 하였다."

종합하자면 아악 일변도를 주장하는 박연의 주장이 가상하여 한번 정리해 보라고 했더니 병이 났다는 것이다. 그리고 신하들은 후임으로 정양을 추천했는데, 그로 하여금 아악의 묘리를 배우게 하라고 하면서도 두 사람 모두 신진 인사이므로 맹사성이 잘 지도하라고 이야기하고 있는 것이다. 정양은 박연이 악학별좌일 때 군기시 판관으로 편경 제작에 함께 참여했고 박연이 봉상판관으로 승진하자 그의 뒤를 이어 악학별좌를 맡았다. 훗날 박연이 모함을 받아 곤경에 빠졌을 때 정양은 목숨을 걸고 세종에게 상소를 올려 박연의 억울함을 풀어주기도 한다.

8월 18일 세종은 사정전으로 거둥하여 아악과 사청성(四淸聲)을 감상하였다. 사청성이란 국악에서 쓰는 12율의 한 옥타브 위 4개 음, 즉 12율의 황종·대려·태주·협종까지의 4음을 1옥타브 높인 청(淸)황종·청대려·청태주·청협종의 4음을 총칭하는 말이다. 흔히 12율 4청성(十二律四淸聲)이라고 하여 아악의 전형적인 음역으로 쓰인다고 한다. 여기서 박연이 새로 만든 종(鐘)·경(磬)들을 처음으로 선보였다.

세종이 박연 등에 대해 우려했던 것은 결국은 한 가지였다. '중국 음악이 우리보다 낫다 하여 거기에만 몰두할 경우 우리 음악은 어떻게 될 것인가?' 중국의 경과 사를 공부했지만 궁극적으로 우리 현실에 적용하는 것을 목표로 했던 바와 같이 중국의 음악을 궁구하는 목표도 결국은 우리 음악에 실익을 주자는 것이었다. 10월 18일 세종은 도량형 통일 문제를 이야기하던 중에 재차 중국 음악과 우리 음악이 다를 수밖에 없음에 관해 매우 명확하게 이야기한다.

"주척(周尺-고려 때부터 사용해 오던 자의 하나)의 제도는 시대에 따라 모두 같지 아니하며, 황종의 관도 다르다. 옛사람은 소리에 따라서 음악을 제작했는데, 우리나라 사람은 소리가 중국과 다르기 때문에 아무리 옛 제도를 조사하여 관을 만든다 해도 올바르게 된다고 볼 수 없다. 그러니 옛 제도만 본떠 만들어가지고 뒷사람들의 웃음거리가 되기보다는 차라리 만들지 않는 편이 낫다."

그러나 앞서 박연이 올린 장문의 상소에서 보듯 아악을 정비해 향악을 대체하겠다는 박연의 꿈은 거의 광적이었다. 세종은 다소 맹목적이기까지 한 그의 아악혼에 대해 한편으로는 걱정과 비판을 하면서도 또 한편으로는 격려를 아끼지 않는 양면적인 태도를 보였다. 이 또한 여러 단점에도 불구하고 장점을 취하는 세종의 사람 쓰는 방책과 무관치 않다. 예를 들어 12월 7일에는 경연에서 음악 이야기를 하다가 "박연이 조회의 음악을 바로잡으려 하는데, 바르게 한다는 것은 어려운 일이다. 『율려신서』도 형식만 갖추어놓은 것뿐이다. 우리나라의 음악이 비록 다 잘 되었다고 할 수는 없으나, 반드시 중국에 부끄러워할 것은 없다. 중국의 음악인들 어찌 다 바르게 되었다 할 수 있겠는가"라고 극히 부정적인 생각을 피력하면서도 12월 27일에는 "대호군 박연에게 털옷과 관을 내려주었으니, 아악을 만드는 것을 감독했기 때문이다."

그리고 세종 13년 1월 11일 어전회의에서는 "이번에 상호군 남급과 대호군 박연 등이 새로 아악을 제작하여 바쳤으므로 논공행상을 하려 하는데 어떤가"라고 해서 1월 21일 "상호군 남급, 대호군 박연, 경시주부 정양 등에게는 안장 갖춘 말을 내려주고, 전악(典樂) 이하 17명에게는 벼슬을 제수하고, 장인 130명에게는 각기 미곡을 차등을 두어 내려주었다."

남급은 박연, 정양 등과 함께 당시 아악 복원의 트리오였다. 남급(南汲, 생몰년 미상)은 조선 전기의 무신이자 과학자, 음악가로 관직은 대호군(大護軍), 상호군(上護軍) 등을 역임하였다. 세종 3년(1421년) 이천을 도와 주자(鑄字)를 개량하고, 세종 6년(1424년) 양근군(楊根郡-양양)의 주전소(鑄錢所-설악산 주전골)를 감독하였다. 세종 12년(1430년) 악학별좌로 박연과 함께 조회 악기를 제작하고, 이듬해에는 박연, 정양 등과 함께 회례 악기를 만들었다.

세종 13년 12월 26일 세종은 사정전에 나아가 몸소 종묘제례에 사용할 악기들을 검열한다. 이것도 박연 등이 만든 것이다.

조선 소리의 공동 기획자 세종과 맹사성

"음률에 능하여 혹은 손수 악기를 만들기도 하였다."

세종 20년 10월 4일자 『실록』에 기록된 맹사성(孟思誠, 1360년 고려 공민왕 9년~1438년 세종 20년)의 졸기에 나오는 한 대목이다. 맹사성의 청장년기 주요 경력은 예악을 다루는 분야에 집중돼 있었다. 관리로서 그가 갖춘 전문성 중 하나가 바로 그 분야였던 것이다. 변계량이 초창기 세종의 정치적 안정을 이루는 데 말할 수 없이 큰 기여를 했다면 맹사성은 황희와 함께 세종 시대 중반기까지 거의 모든 정사(政事)의 방향을 결정한 인물이다. 어쩌면 졸기에 나오는 "타고난 성품이 어질고 부드러워서 무릇 조정의 큰일이나 관직에 머물러 일을 처리함에 있어 과감하게 결단하지 못하는 단점"이라는 평가는 거꾸로 맹사성의 예술가적 기질에서 비롯된 것일 수도 있다.

그러나 여기서 우리의 관심사는 맹사성의 생애를 살펴보는 데 있는 게 아니다. 세종과 관련되는 한에서, 특히 세종의 음악 작업과 관련되는 한에서 맹사성의 역할을 정리하는 것이다. 사실 맹사성이 음악에 탁월한 조예가 있었음을 보여주는 기록은 『실록』에 여러 차례에 걸쳐 나온다.

"하구·노귀산을 좌군 총제로, 김구덕을 우군 동지총제로, 한옹을 한성부윤으로, 김점을 공조참의로, 맹사성을 충주목 판사로, 탁신을 동부대언으로 삼자 예조에서 아뢰었다. '관습도감 제조 맹사성은 음률에 정통하여 거의 선왕의 음악을 회복할 수 있는데, 근일에 충주목 판사를 제수하였습니다. 신 등은 생각건대 한 고을의 정무는 사람마다 능한 이가 많지마는 선왕의 음악은 사람마다 능히 할 수 있는 것이 아니니, 청컨대, 맹사성을 머물게 하여서 정악(正樂)을 가르치게 하소서.'"(태종 11년 윤12월 7일)

"맹사성을 풍해도 도관찰사로 임명하자 영의정 하륜이 다음과 같이 상언하였다. '본국의 악보가 다 폐결(廢缺)되어 오직 맹사성만이 악보에 밝아서 오음(五音)을 잘 어울리게 합니다. 지금 감사의 임명을 받아 장차 풍해도로 가게 되었는데, 원컨대, 머물러서 악공을 가르치게 하소서.' 이에 임금이 '교대되기를 기다려서 바야흐로 악곡을 가르치도록 허락하겠다'고 말했다."(태종 12년 5월 3일)

관습도감이란 조선 초 국가 음악을 관장한 음악 기구로, 주로 국가의 연회와 제사에서 연주하는 향악과 당악의 연습을 담당한 기관이었다. 맹사성이 관습도감 제조로 책임을 맡고 있었다는 것은 그만큼 그가 뛰어난 음악 실력을 갖추고 있었다는 뜻이다. 그 때문인지 음악과 관련된 맹사성의 활약 내용은 세종이 즉위한 해부터 나온다. 11월 10일자 기사다. 이때 맹사성은 공조판서였다.

"임금이 변계량에게 말하기를, '경이 악사(樂詞)를 잘 지었으므로 부왕께서 칭찬하셨다'고 하며, 맹사성에게 말하기를, '경이 관습도감 제조가 되어 영인(伶人-악공)에게 새로 지은 사곡(詞曲)을 가르쳐서 율조에 합하게 하였으므로 부왕께서 기뻐하셨다'고 하며, 각기 말 한 필씩을 내려주었다."

세종 1년 1월 1일에는 상왕인 태종까지 참석한 가운데 술잔치가 벌어졌는데 여기에도 맹사성의 음악 관련 기록이 나온다.

"이 자리에서 상왕은 맹사성, 변계량, 허조 등에게 말하기를, '후전진작(後殿眞勺-고려의 시가)은 그 곡조는 좋지만, 가사만은 듣고 싶지 않다'고 하니, 맹사성 등은 아뢰기를, '전하의 분부는 당연하옵니다. 지금 악부에서 그 곡조만을 쓰고 그 가사는 쓰지 않습니다. 진작(眞勺)은, 만조(慢調), 평조(平調), 삭조(數調)가 있는데, 고려 충혜왕이 자못 음탕한 노래를 좋아하여, 총애하는 측근들과 더불어 후전에 앉아서 새로운 가락으로 노래를 지어 스스로 즐기니, 그 시대 사람들이 후전진작이라 일컬었던 것입니다. 그 가사뿐만 아니오라 곡조도 쓸 수 없는 것입니다'라고 하였다."

맹사성, 변계량, 허조의 이름을 열거하고 있긴 하지만 대답하는 부분은 맹사성의 말이다. 세 사람 중에 음악에 가장 능한 사람은 맹사성이었다. 이처럼 우리는 『실록』을 통해서도 맹사성이 음악에 능한 신하였음을 확인할 수 있다. 이제 우리가 질문해야 할 것은 맹사성이 음악 중에서도 어떤 음악에 비중을 두었는가 하는 점이다.

세종과 박연의 중재자, 맹사성

앞서 본 것처럼 세종은 아악을 기본으로 하되 향악도 그에 못지않은 수준으로 끌어올리려는 전략의 소유자였다. 그런 점에서 세종과 박연의 충돌은 불가피한 것이었다. 그 중재자가 바로 맹사성이었다. 세종 7년 10월 15일의 기록을 보자.

> "임금이 이조판서 허조에게 이르기를, 『시경』에 '생(笙)을 부는 사이사이에 어려[魚麗-시경의 편명(篇名)]를 노래한다'고 하였고 『서경』에 '생(笙)과 용(鏞)을 서로 교대하여 연주한다'고 하였으니 당상악(堂上樂)과 당하악(堂下樂)을 번갈아 연주하는 것이 명백한데, 지금은 일시에 함께 연주하니, 나는 잘못이라고 생각한다. 또 우리나라는 본디 향악에 익숙한데, 종묘의 제사에 당악을 먼저 연주하고 삼헌(三獻-제사 때 술잔을 세 번 올리는 것으로 초헌, 아헌, 종헌을 이른다)할 때에 이르러서야 겨우 향악을 연주하니, 조상 어른들이 평시에 들으시던 음악을 쓰는 것이 어떨지, 그것을 맹사성과 더불어 상의하라'고 하였다."

즉 세종은 향악에 대한 애정을 분명히 하고 있고, 이 문제를 맹사성과 의논하라고 밝힌 것으로 보아 맹사성이 이 분야에도 일가견이 있음을 보여준다. 세종 9년 9월 4일에는 그동안 진행된 아악기 제작에 관해 예조판서 신상이 보고를 하는데 신상은 "이번 아악기 제작은 박연 혼자 한 것이 아니고 영악학 맹사성의 도움이 컸다"고 말하고 있다. 영악학(領樂學)이란 음악을 주관하는 기구 중 악론과 음악 연주 제도에 대해 연구하는 부서인 악학의 책임자를 말한다. 실무적으로는 박연이 앞서 있었지만 일종의 음악 정책에 대한 총책임은 우의정이기도 했던 맹사성이 책임을 맡고 있었던 것이다.

아악과 향악의 절충을 추구한 맹사성

앞서 본 바 있는 세종 12년 9월 11일의 기사는 아악과 향악의 관계에 대해 맹사성이 세종과 뜻이 같음을 보여준다.

"아악은 본시 우리나라의 성음이 아니고 실은 중국의 성음인데, 중국 사람들은 평소에 익숙하게 들었을 것이므로 제사에 연주하여도 마땅할 것이다. 우리나라 사람들은 살아서는 향악을 듣고, 죽은 뒤에는 아악을 들어야 한다는 것이 과연 어떨까"라는 세종의 물음에 우의정 맹사성은 "옛 글에 이르기를, '축(柷)을 쳐서 시작하고, 어(敔)를 쳐서 그치는데, 사이로 생(笙)과 용(鏞)으로 연주한다'고 하였으니, 아악을 연주하는 사이사이로 속악(俗樂)을 연주한 것은 삼대(三代) 이전부터 이미 있었던 모양입니다"라고 화답하고 있다. 세종 13년 8월 2일 세종과 맹사성의 문답에서도 음악과 관련된 내용이 나온다. 사신을 맞이할 때 사용할 음악에 관한 것이다.

"임금이 맹사성에게 이르기를, '사람들이 말하기를, 사신 회례(會禮)에 여악(女樂)을 쓸 수 없다고 하니, 만약 여악을 그만두고 남악(男樂)이 족히 볼 만하면 가하거니와, 만약 음률에 맞지 않으면 어찌

할까. 문무(文舞)와 무무(武舞)의 복색이 아마 중국과 같지 않은 듯한데, 그를 곁에서 보기에 어떨까. 중국의 풍류를 쓰고자 하여 향악을 다 버리는 것은 단연코 불가하다'고 하니, 사성이 대답하기를, '성상의 하교가 과연 그러하옵니다. 어찌 향악을 모두 버릴 수야 있사오리까. 먼저 아악을 연주하고 향악을 겸해 쓰는 것이 옳습니다. 지금 문무와 무무의 의복 제도도 옳고 그름을 알지 못하겠습니다'라고 하였다."

이처럼 아악 일변도였던 박연과 달리 향악도 중시하면서 조선의 음악을 세우려 했던 세종의 뜻을 받든 맹사성에 대해 송혜진 교수는 이렇게 평가한다.

"그렇다면 세종이 그들에게 다 맡길 수 없다는 것은 무엇이었으며 맹사성에게 무엇을 유의하라는 뜻이었는가. 그러나 아쉽게도 맹사성의 생각은 시시콜콜 언급돼 있지 않다. 『세종실록』에 나와 있는 세종과 맹사성의 문답을 보면 세종의 얘기가 길고 맹사성의 대답은 아주 짧다. 이는 세종과 박연의 관계에서 볼 때 박연의 상소가 대개 길고 세종의 답이 짧은 것과 상반되는 현상이다. 이런 점 때문에 맹사성의 음악에 대한 생각이 그리 뚜렷하게 부각되지 않고 있다. 그러나 맹사성은 국가의 모든 음악 제도가 중국식 아악 이론에 따라 획일적으로 구조 조정되는 대세(大勢)를 바로잡으려는 세종의 생각에 확신을 불어넣어 주는 역할을 조용히 수행하였다는 사실은 『실록』 여기저기서 확인된다."(송혜진, 「세종 시대를 빛낸 문화 전략가 孟思誠」, 《월간중앙》 1999년 7월호)

세종 13년 9월 3일 황희는 영의정에, 맹사성은 좌의정에 올랐다. 이로써 세종의 국정을 이끄는 쌍두마차 체제가 갖춰진 것이다. 그후『실록』에는 "황희, 맹사성과 의논하였다"는 항목이 수도 없이 나온다. 세종 14년 8월 28일 중추원 동지사 유사눌이 글을 올린다. 그중에 이런 말이 있다.

"한 시대가 일어나면 반드시 한 시대의 제작(制作-제례작악의 줄임말)이 있다 하는데, 예(禮)를 마련하고 악(樂)을 제정하는 것이 진실로 쉽지 않은 일입니다. 지금 전하께서 아악을 바로잡고 율려(律呂-12율)를 정하여 옛날의 연향(燕享)하는 풍악을 회복하였으니, 마땅히 송·원의 제도를 따라서 한 시대의 악을 이루어야 될 것입니다. 신이 일이 이미 성취되고 난 후에 간해봐야 되지 않을 줄을 모르지는 않지마는, 그러나 보는 데서는 복종하고 안 보는 데서는 비난하는 것은 신하된 도리로서 할 수 없습니다."

박연의 건의도 마찬가지지만 유사눌의 건의에 대해서도 세종은 의례와 관련된 최고 법정이라 할 수 있는 의례상정소로 내려보낸다. 오늘날의 헌법재판소에 비견될 수 있는 역할을 하는 이곳의 구성원은 황희, 맹사성, 권진, 허조, 정초 등이었다. 특히 음악과 관련된 결정권은 맹사성에게 있다고 해도 과언이 아니었다.

맹사성은 의례상정소의 구성원으로서, 세종이 재위 기간 내내 가장 큰 공을 들였다고 할 수 있는 태조와 태종을 높이 받드는 추존 작업을 이끌었다. 결국 세종은 집현전을 통해 조선에 적합한 예를 정립하는 한편 박연, 맹사성 등의 음악 전문가를 통해 조선에 적합한 악을 지었던 것이다. 당연히 그것은 조선 건국의 정당화를 목표로 하고 있었고 동시에 백성의 교화도 염두에 둔 것이었다. 집현전의 '훈민정음'이나 세종의 '신악(新樂)'은 그런 노력의 위대한 결실이다. 이 두 분야의 작업은 훗날 '용비어천가'에서 서로 만나 정점에 이르게 된다.

9장

법(法):
백성을 위한 법치의 나라를 꿈꾸다

개국에서 태종 때까지의 법제

1392년 7월 17일 새로운 나라 조선의 왕위에 오른 태조 이성계는 열흘 후인 7월 28일 혁명 공약이라 할 수 있는 즉위 교서를 발표한다. 여기에 보면 "법제는 한결같이 고려의 고사(故事)에 의거한다"는 말이 있다. 그리고 얼마 후 좀더 구체적으로 통치의 원칙을 열거한 편민사목(便民事目) 16조를 발표했다. 이것은 정도전이 지은 것이다. 그중에 이런 항목이 있다.

먼저 '고려의 말엽에 형률이 일정하지 않아 형조, 순군부(巡軍府), 가구소(街衢所)가 각각 소견을 고집하여 형벌이 적당하지 못했다'고 지적한다. 형조는 오늘날로 이야기하자면 법원과 비슷하고 순군부(혹은 순군만호부)는 처음에는 치안 업무에서 시작해 고려 말이 되면 경호 기능에 재판 업무까지 겸했다고 한다. 순군부는 의금부의 전신이라고 할 수 있다. 가구소는 고려 무신 정권 시절에 생겨난 중앙 치안 기구로 여기서도 재판 업무를 겸했다. 이렇게 되다 보니 업무 중복은 말할 것도 없고 같은 범죄를 지어도 형조에 붙들려 가느냐 순군부나 가구소에 붙들려 가느냐에 따라 형벌이 달라지는 폐단이 심각했다.

그래서 편민사목은 '지금부터는 형조는 형법, 청송(聽訟-재판), 국힐(鞫詰-심문)을 관장하고 순군은 순찰과 도둑 체포, 소요 방지 등을 관장한다'고 밝힌다. 역할 분담을 명확하게 한 것이다. 순군부와 기능이 중복되는 가구소는 폐지했다.

그리고 법률 집행을 법률에 근거해서 하고 양형(量刑)도 더 완화한다는 원칙을 천명한다. 예전에는 형조에서 판결을 받을 경우 태죄(笞罪)만으로도 직첩을 빼앗아 관직에서 내쫓는 바람에 자식들까지 피해를 봐야 했다. 그래서 편민사목은 "서울과 지방에서 형을 판결하는 관원은 일체의 범죄를 '대명률(大明律)'에 따라 판결해야 한다"고 법치주의와 죄형법정주의를 밝히고 있다.

율령격식(律令格式)

그런데 '대명률'에 대해 살펴보기에 앞서 오늘날의 헌법, 법률, 명령, 규칙과 같은 법률의 서열에 해당하는 동양의 율령격식에 대해 알아둘 필요가 있다. 그것은 근대 이전 중국, 한국, 일본, 동양 3국의 법률적 사고의 기본을 이뤘기 때문이다. 그리고 율령의 반포 여부는 그것이 제대로 된 국가인지를 가리는 척도가 됐다는 점에서도 대단히 중요하고, 국왕과 지방 호족 간의 권력 관계를 파악하는 데도 의미 있는 잣대라는 점에서 눈여겨봐야 한다.

동양적인 성문법 체제로서 율령격식이 완성된 형태를 보인 것은 당나라 초기였다. 중국에서는 이미 주나라 때부터 형법, 행정법, 계약법 등이 발달했다고 한다. 그리고 춘추전국시대를 지나면서 각 나라들은 나름의 법체계를 갖추려고 많은 노력을 했다.

실제로 제자백가 중에서 법가(法家)는 군주의 권모술수를 이론화하고 중앙집권적 법치를 목표로 했다. 법가인 상앙은 시황제를 보좌해 진(秦)나라가 기원전 221년에 전국 통일을 이루는 데 결정적인 기여를 했다. 그러나 법치만능주의에 빠졌던 진나라는, 시황제의 폭정에 항거하는 전통 귀족과 백성의 저항을 받게 되어 2대(代) 15년 만에 붕괴되었고, 부분적으로 봉건 제후를 부활시킨 한(漢)나라로 바뀌었다. 여기서도 우리는 법치를 둘러싼 중앙 권력과 봉건 귀족들의 권력투쟁을 확인하게 된다.

유학의 경향이 강했던 한나라가 붕괴한 뒤 위나라 조조(曹操)는 다시 법술(法術)을 중시해 율의 정비와 영(令)의 발달을 이루었고, 수나라 초기에 율령격식의 체계가 어느 정도 골격을 갖추었다.

당나라에 이르면 죄형법정주의를 위한 노력이 이루어져 처벌을 오형(五刑-笞, 杖, 徒, 流, 死)으로 정했다. 이것은 법을 다루는 관리의 횡포를 배제하기 위한 중앙정부의 노력의 결과였다. 주로 율은 형법과 관련된 것이고 영은 신분제도 규정과 요즘 식의 행정법 등이 주요 내용이다. 격과 식은 중앙과 지방의 관청이 그때그때 사정에 따라 율령을 기반으로 해 만들었다.

우리의 경우에도 고구려가 373년(소수림왕 3년) 위·진(晉)나라의 법제를 받아들여 율령을 반포했고, 백제는 3세기 중엽 고이왕 때 법령을 공포했다. 고구려의 영향을 받아 신라에서는 520년(법흥왕 7년) 율령의 공포가 있었고, 654년(무열왕 1년) 당나라의 율령격식을 받아들여 이전의 율령을 심사해 이방부격(理方府格) 60여 조를 제정함으로써 고구려 법의 영향에서 벗어났다. 이방부격은 당나라의 형부격(刑部格)에 해당한다. 학계에서는 완전한 형식을 갖춘 법전이 마련되어 율령에 의한 정치가 이루어진 것은 삼국통일 이후로 본다.

대명률의 수용

정도전이 사실상의 헌법에 해당하는 편민사목에서 형법은 대명률을 따른다고 명시한 것은 그 의미가 크다. 법제사의 대가인 박병호교수는 "형법으로서 '대명률' 전체가 포괄적으로 계수되어 일반적으로 적용하게 된 것은 우리 역사상 최초의 일"이라고 지적한다. 도대체 '대명률'은 어떤 법인가?

대명률은 중국 명나라의 법전으로 개국 황제인 주원장이 직접 감독하여 제정했다. 대명률은 당률, 송률 등을 계승하면서 6률(六律)이라는 새로운 틀을 만들었다. 6률은 이(吏)·호(戶)·예(禮)·병(兵)·형(刑)·공(工)의 율로 구성된다. 이중에서 형률은 171조로 각종 형사 범죄에 대한 규정을 담고 있다. 정도전은 6률 중에서 바로 이 형률을 고스란히 계수해서 조선의 형법으로 삼은 것이다.

일반적으로 대명률의 특징은 반란 행위를 엄벌하고 탐관오리에 대한 제재를 강화하는 등 중앙집권 통치를 지향한 법률이라는 평가를 받는다. 이후 조선 조정은 형벌을 명나라 형법인 대명률에 의거해서 크게 다섯 가지로 나누어 사형(死刑), 유형(流刑), 도형(徒刑), 장형(杖刑), 태형(笞刑)으로 구분하였다. 또한 형벌을 세분화하여 사형에도 감형(減刑)을 전제로 한 일률(一律), 죽인 뒤에 그 시체를 거리에 내돌리는 효시(梟示), 어느 시기에 가서 목을 졸라 죽이는 교대시(絞待時), 사형이 선고되자마자 목을 졸라 죽이는 교불대시(絞不待時), 어느 시기에 베어 죽이는 참대시(斬待時), 사형이 선고되는 즉시 목을 베어 죽이는 참불대시(斬不待時), 독약을 주어 죽게 하는 사약(賜藥), 시체를 여러 도막으로 잘라서 각처에 보내 민중에게 구경시키는 육시(戮屍), 또는 능지(凌遲)가 있었는데, 그중 참형이 많이 채용되었다.

줄여서 명률로 불렸던 이 법은 송나라와 원나라 형법의 영향으로 입묵(入墨)의 형과 능지처참의 극형이 가해진 것으로도 유명하다. 입묵은 원래 넓은 의미에서 문신과 같은 뜻이지만 여기서는 도둑질을 하다가 붙잡힌 사람의 이마에 '도(盜)'라고 새겨 넣거나 도망 간 노비의 얼굴에 상처를 내서 '도노(逃奴)' 혹은 '도비(逃婢)'라고 먹묵을 새기는 형벌을 말한다. 이런 형벌은 조선에서도 이루어졌다.

편민사목이 발표된 지 2년 후인 1394년(태조 3년) 5월 정도전은 『조선경국전(朝鮮經國典)』을 지어 태조 이성계에게 올린다. 상하 2권으로 된 이 법전에서 정도전은 인정(仁政)과 덕치(德治)를 기본으로 하되 보조 수단으로 형률을 쓰지 않을 수 없음을 밝히고 그 형률의 기본을 '대명률'로 할 것임을 밝히고 있다. 자신이 작성했던 편민사목의 원칙을 그대로 계승한 것이다.

정도전은 또 이듬해 『조선경국전』의 정치체제론에 해당하는 '치전(治典)'을 보완한 『경제문감(經濟文鑑)』을 지어 올렸다. 여기서 정도전은 자신의 이상이었던 군신공치(君臣共治)의 이념을 구체화한다. 즉 한나라와 당나라를 모범으로 삼아 감사와 수령의 통할권을 재상이 장악하는 재상 중심의 정치체제를 제시한 것이다.

이처럼 대명률을 조선의 형법으로 고스란히 받아들였기 때문에 대명률 자체를 좀더 상세하게 연구하는 것이 또 하나의 과제로 떠오르게 된다. 당시 기록을 보면 대명률은 일반 관리들도 이해하기 쉽지 않았던 것 같다. 그래서 태조 4년 이두를 활용해 생소하고 난해한 법률 용어들을 풀어쓴 『대명률직해(大明律直解)』가 탄생하게 된다.

아마도 태조는 편민사목에서 형법은 대명률을 따른다고 발표한 직후 난해함으로 인한 폐단이 발생하자 『직해』 편찬을 지시했던 것으로 보인다. 그래서 3년 후인 이때 마침내 완성된 것이다.

이 작업을 주도한 인물은 좌정승 조준이었다. 조준은 정도전 못지않게 이성계의 총애를 받으며 당시의 정치를 주도한 쌍두마차의 하나였다. 조준은 실무 작업을 고문과 이두에 능한 고사경과 김지에게 맡겼다. 고사경(高士褧, 생몰년 미상)은 고려 때 판도판서를 지낸 고영의 아들로 조선 개국 후에 보문각 직학사를 지냈다

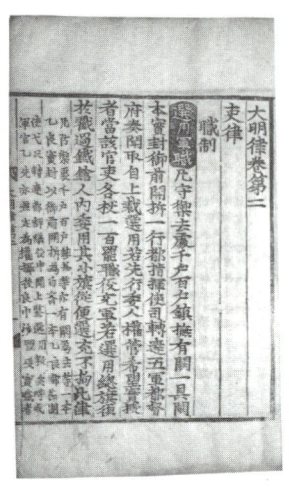

대명률직해_ 명나라의 형법서인 『대명률』을 이두로 번역한 책. 목판본으로 30권 4책이다.

는 기록이 있는 것으로 보아 학문에 능했던 인물인 것 같다. 그후 중추부 동지사에까지 오르게 된다. 김지(金祗)도 고서의 편찬 작업에 여러 차례 참여한 기록이 나오는 것으로 보아 고사경과 비슷한 길을 걸었던 학자형 관리였던 것으로 보인다.

두 사람이 직해 작업을 끝내자 정도전과 당성이 윤색을 맡아 초고를 완성하였고 마침내 1395년 2월 100여 본을 완성했다. 당성은 아주 흥미로운 인물이다. 당성(唐誠, 1337년 고려 충숙왕 복위 6년~1413년 태종 13년)은 중국 절강성 명주 출신으로 고려 말에 귀화해 훗날 태종 이방원으로부터 밀양을 관향으로 받아 밀양 당씨(唐氏)의 시조가 되는 인물이다. 고려 말 전농시 판사 등을 지낸 당성은 조선 건국에 기여해 원종공신에 책록되었으며 예조·형조·공조·호조 등의 전서(훗날의 판서)를 지냈다. 『실록』에 따르면 그는 "성품이 근면 성실하고 율문(律

文)과 외교문서에 능해" 여말선초 형정(刑政)과 외교에 많은 공헌을 했다. 『대명률직해』를 윤문하기에는 최고의 적임자였던 셈이다. 특히 『대명률직해』는 단순히 이두로 토를 다는 정도가 아니라 조선의 실정에 맞도록 관제, 관직, 친족의 호칭 등을 조선식으로 바꿔놓았다.

조준의『경제육전』과 하륜의『속육전』

한편 고려 때부터 전통적으로 내려오던 법령을 정비하는 일도 시급했다. 태조 이성계는 도평의사사 밑에 법전 편찬을 전담할 특수 관청인 검상조례사(檢詳條例司)라는 기구를 설치하고 조준을 책임자로 임명했다. 조준(趙浚, 1346년 고려 충목왕 2년~1405년 태종 5년)은 우왕 즉위년(1374년) 문과에 급제해 일찍이 조선 때의 형조판서 격인 전법판서에 올랐다. 성품이 강직했던 그는 고려 말 권신들의 발호가 심화되자 우왕 말년까지 4년간 은둔 생활을 했다. 특히 뜻을 같이하는 윤소종, 조인옥 등과 우왕 폐위를 모의하던 중 1388년 이성계가 위화도에서 회군하고 신진 사대부들이 이성계 주위에 몰려들자 거기에 합류했다.

이성계의 후원 아래 대사헌에 오른 조준은 귀족 세력을 압박하며 전제 개혁을 밀어붙였다. 당대 최고의 개혁 이론가이자 실천가였다. 결국 이색, 우현보, 권근 등 전제 개혁 반대파와 대립하면서도 마침내 1389년(고려 공양왕 1년) 12월 전제 개혁을 단행하게 된다. 그러나 정몽주 일파의 탄핵으로 정도전 등과 함께 체포되어 처형 일보 직전까지 갔다가 이방원이 정몽주를 선죽교에서 척살함으로써 구사일생으로 살아났다. 그후 조준은 개국공신 1등으로 정도전과 함께 이성계의 조선 개국을 이끌게 된다.

유감스럽게도 조준의 지휘하에 편찬된 최초의 통일된 성문 법전이라 할『경제육전(經濟六典)』은 오늘날 전하지 않는다. '6전'이라는 이름으로 보아 당연히 이전·호전·예전·병전·형전·공전의 6전(六典) 형식을 갖췄을 것으로 보인다. 그 내용과 수준에 대해 박병호 교수는 "고유의 이두와 방언도 그대로 두었을 것이고 짧은 시일에 편찬한 것이기 때문에 법조문이 추상화·일반화되어 있지 못하고 소박했을 것"으로 평가한다.

그런데 시간이 지남에 따라『경제육전』으로 다스릴 수 없는 새로운 사례들이 생겨났고 그로 인해 기존의『육전』과 일치하지 않는 문제가 발생하자 태종 4년 9월 19일 한성부윤을 지낸 윤목(尹穆), 계림부윤을 지낸 한리(韓理), 호조전서(훗날의 호조판서) 윤사수(尹思修) 등이 글을 올려『속육전(續六典)』편찬을 건의했다.

그러나 실제로『속육전』편찬은 3년 후인 태종 7년 8월 18일 태종이 진산부원군 하륜에게『경제육전』을 개수하는 한편 그 이후에 공포된 법령의 법전화를 담당하게 될 수찬소 설치를 명함으로써 착수하게 된다. 하륜은『경제육전』을 편찬할 때 조준을 도와 함께 일한 적이 있었다. 이렇게 해서 5년 후인 태종 12년 4월『경제육전원집상절(經濟六典元集詳節)』3권과『속집상절(續集詳節)』3권이 완성되었고, 다시 10개월에 걸친 심의 검토를 거쳐 태종 13년 2월『경제육전원전(經濟六典元典)』과『경제육전속전(經濟六典續典)』이 공포되었다. 흔히『원육전』으로 불리는『경제육전원전』은 조준이 지은『경제육전』중에서 이두나 방언을 제거해서 전통적인 중국어 법률 문장으로 재구성한 것이고『속육전』으로 불리게 되는『경제육전속전』은 앞서 말한 대로 태종 대에 들어와 공포 시행된 법률을 수집하여 정리 편찬한 것이다. 세종이 물려받은 조선 초의 법제 상황은 대략 이러했다.

법전 편찬 사업을 이끌다

세종의 일하는 방식은 '완벽주의'다. 그런데 이런 완벽에 이르는 과정은 늘 시행착오를 동반했다. 그리고 세종은 이런 시행착오를 두려워하지 않았다. 오히려 시행착오를 거쳐가면서 문제의 본질을 파악하는 한편 그와는 별도로 중국의 사례를 모범으로 한 보편적인 원칙 탐구에도 늘 신경을 쏟았다. 그리고 거기서 출발해 다시 '조선적인 것'을 찾아 나섰다. 『고려사』를 쓸 때도 그랬고 조선의 음악을 정립할 때도 그랬다. 법전 편찬도 예외일 수 없다.

태종이 세상을 떠나고 3개월도 안 돼 홀로서기에 막 나설 즈음인 세종 4년(1422년) 8월 11일 세종은 『육전』 편찬을 담당할 수찬색(修撰色)을 설치하고 총책임자인 도제조에는 성산부원군 이직과 좌의정 이원, 제조에는 의정부 찬성사 맹사성과 참찬 허조를 임명했다. 모두 태종 때의 중신인 점을 감안하면 수찬색 설치는 세종보다는 이들이 먼저 발의를 했다고 봐야한다. 『속육전』이 편찬된 것이 태종 13년(1413년) 이었으므로 10년 가까운 세월이 흘렀고 그사이에 새롭게 제정된 법률도 많았다. 또 『속육전』 시행 이후 여러 가지 모순과 문제점이 발견되었을 것이기 때문에 노련한 관료들이었던 그들은 이때가 『속육전』을 보완 수정해야 할 때라고 보았을 것이다.

이직의 『속육전』

이직이 주도하는 『육전』 수찬 작업이 본격화되고 있던 세종 5년 7월 13일 세종은 수찬색에 다음과 같은 지시를 내린다.

"지금 진행 중인 『육전』 수찬 작업에서 해마다의 수교(受敎-법령) 중에서 삭제해야 할 사항, 내용을 바꿔야 할 사항, 새로 증보해야 할 사항 등은 각 전(典)별로 분류하여 상세하게 보고한 다음 시행토록 하라."

통치자에게 가장 중요한 문제의 하나인 법률 개정과 정리 작업을 그냥 둘 세종이 아니다. 이때부터 세종의 본격적인 개입이 시작된다. 세종 5년 10월 3일 승문원에서 원나라의 법률서인『지정조격(至正條格)』 10부와 명나라의 법률서 『이학지남(吏學指南)』과 『어제대고(御製大誥)』 각 15부씩을 인쇄할 것을 청하자 세종은 모두 50부씩 인쇄하라고 명한다. 그것은 말할 것도 없이 원나라와 명나라의 법률서를 포괄적으로 참고하기 위함이었다.

이런 과정을 거쳐 수찬색이 발족되고 4년 후인 세종 8년 2월 8일 영의정 이직, 의정부 찬성 황희, 이조판서 허조 등이 수찬 작업을 끝내고

『속육전』을 올렸다. 이를 받아 본 세종은 기뻐하며 "이 책은 만들기가 쉽지 않은데, 경 등이 이것을 편집하여 상세히 갖추어 내놓으니, 나는 매우 이를 가상히 여기며, 앞으로 이를 열람하겠다"고 말한다. 그런데 원래 수찬색이 발족할 때의 도제조 이원과 제조 맹사성이 빠지고 대신 의정부 찬성 황희의 이름이 등장했다는 사실에 주목할 필요가 있다. 이원에 대해 세종은 5년 후인 세종 13년 9월 안숭선과 국정을 이야기 하다가 "이(利)만 탐하고 의(義)를 모르는 신하"라고 평한 바 있다. 이원의 생애에 대해서는 앞에서 살펴보았기 때문에 여기서는 법률 전문가로서 이원의 경력만을 추려보자.

고려 우왕 11년(1385년)에 문과에 급제한 이원(李原, 1368년 고려 공민왕 17년~1430년 세종 12년)은 예조좌랑을 지냈고 2차 왕자의 난 때 공을 세워 좌명공신으로 책록되면서 출세의 길을 걸었다. 태종 때 대사헌, 경기도·경상도 관찰사, 이조·병조판서 등을 거쳐 세종이 즉위했을 때는 우의정으로 발탁되었다. 결국 이렇다 할 법률 전문가로서의 경력은 눈에 띄지 않는다. 아마도 당시 좌의정에 있었기 때문에 이직과 함께 도제조를 맡았던 것 같다. 일종의 당연직이었던 것이다. 대신 수찬 작업이 끝난 해인 세종 8년(1426년) 노비들을 불법적으로 차지했다는 이유로 사헌부의 탄핵을 받아 귀양을 갔다가 유배지에서 불행한 삶을 마쳤다. 세종의 비판은 사실에 바탕을 두고 있었던 것이다.

박병호 교수는 세종 8년에 완성된 『속육전』의 공은 이직에게 돌아가야 한다고 말한다. 이직은 실제로 당대 최고의 법률 전문가였다. 결국 이직이 중심이 된 『속육전』 수찬 작업은 약간의 수정 보완 작업을 마친 다음 같은 해 12월 『속육전』과 임시 법전집인 『등록(謄錄)』 1권으로 편찬된다.

법제의 달인 이직

양녕의 폐세자에 반대하다가 황희처럼 고초를 겪은 또 한 인물이 이직(李稷, 1362년 고려 공민왕 11년~1431년 세종 13년)이다. 우여곡절이 많았던 이직에 대해서는 먼저 그의 가족사에 대한 간략한 고찰이 필요하다.

고려 말 정당문학을 지낸 이조년의 아들 이포에게는 아들이 여섯 있었다. 그중 둘째인 이인임은 고려 말 우왕 시절 최고의 권세를 누렸던 친원파의 거두이다. 셋째 이인미는 하륜의 장인이다. 고려 공민왕 14년(1365년) 하륜이 과거에 급제했을 때 좌주(座主-시험 책임자)인 이인복이 하륜을 보는 순간 범상치 않다고 여겨 아우의 딸과 결혼시켰다고 한다. 이인복은 이포의 장남이다.

넷째 이인립에게는 아들이 둘 있었는데, 그중 첫째인 이제는 이성계의 딸 경순공주와 결혼했다. 1차 왕자의 난 때 결사 항전을 주장하다가 막판에 이방원 세력에 의해 척살됐고 경순공주는 머리를 깎고 중이 됐다. 이직은, 이포의 여섯째 아들로 문하평리를 지낸 이인민의 자식이다. 따라서 이직은 이인임의 조카이자 이제와는 사촌, 하륜과도 사촌매제 사이였다.

좋은 집안 배경에다 16세 때인 고려 우왕 3년(1377년) 문과에 급제하는 바람에 앞길은 보장되어 있는 듯했다. 사헌부와 성균(관)의 요직을 두루 거쳐 우왕 12년(1386년)에는 밀직사 우부대언이 되어 국정의 핵심정보를 다루었다.

조선 개국 때는 이성계 편에 섰다. 그의 도박은 성공했고 개국공신 3등에 책훈되었으며 비서실장 격인 지신사 자리에까지 올랐다. 그후 태조 이성계 시대에만 중추부 학사, 대사헌, 문하부 참지사, 문하부 참찬사 등을 지내며 탄탄대로를 달렸다.

1398년 1차 왕자의 난이 났을 때 이직은 개국공신의 일원으로 정도전 그룹에 속해 있었다. 난이 일어나던 날 밤 정안공 이방원이 경복궁 옆 송현에 있던 남은의 애첩 별장을 급습했을 때 이직도 정도전, 남은, 심효생과 함께 술자리에 있었다. 그만큼 정도전 쪽과 가까웠던 것이다. 밖에서 시끄러운 소리가 나자 이직은 종의 옷으로 갈아입고서 불타고 있던 지붕 위로 올라가 다른 종들처럼 불 끄는 시늉을 하면서 그 자리에서 도망칠 수 있었다.

흥미로운 것은 2년 후 2차 왕자의 난이 일어나고 나서 이직은 좌명공신 4등에 책훈된다는 사실이다. 과연 2년 동안 무슨 일이 일어난 것일까? 그의 졸기에는 이와 관련된 해명이 전혀 나오지 않는다. 죽어도 마땅한 사람이 어떻게 목숨을 부지했고 2년 후에는 어떻게 다시 공신이 될 수 있었던 것일까?

우선 이직은 자기 세력을 도모하는 인물이 아니었다. 졸기에 보면 그의 성품이 "중후하고 근신했다"고 되어 있다. 게다가 이성계 집안과도 먼 인척이었고 하륜과도 가까운 사이였다. 어쩌면 이방원도 이직의 경우는 죽이기보다 살려서 함께 가는 것이 더 낫다고 생각했을지 모른다. 그리고 또 한 가지, 어쩌면 이것이 결정적인 이유일지 모른다. 이직은 이방원의 처남인 민무휼의 장인이기도 했다.

2차 왕자의 난 때는 이방원 쪽에 줄을 서는 바람에 다시 살아났다. 등급이 낮은 좌명공신 4등이었지만 그로서는 다시 앞날을 도모해 볼 수 있는 보증서를 받은 셈이었다. 의정부 참찬사로 있다가 태종 5년(1405년) 태종이 관제 개혁을 하면서 판서를 정2품직으로 올릴 때 이조판서로 임명되었다. 그의 재능은 주로 법전을 편찬하고 도성 건설을 기획하는 데서 빛났다. 그후에도 주요 요직을 두루 역임하다가 세자 교체 문제와 관련해 역풍을 맞게 된다.

태종이 처음으로 세자 교체 후보로 충녕을 염두에 두기 시작한 태종 15년경, 비밀리에 태종의 이 같은 뜻을 전해 들은 이직은 양녕 세자론을 고집하다가 고향인 성주로 유배를 떠나야 했다. 황희보다 먼저 비슷한 이유로 유배를 떠난 것이다. 의외로 그의 유배 기간은 길었다. 8년이었다. 그의 유배는 황희와 같은 해인 세종 4년(1422년), 태종이 세상을 떠나기 직전 풀렸다. 그해 1월 14일 이직을 풀어주면서 태종은 "내가 그때 민씨의 불충한 행위를 미워하고 있었는데, 민무휼은 이직의 사위인 까닭으로 이직까지 미워했던 것이다"라며 사실상 이직에게는 죄가 없다고 밝힌다.

맹사성이 악제(樂制), 허조가 예제(禮制)의 전문가였다면 이직은 법제(法制)의 달인이었다. 태종 사후인 세종 5년(1423년) 세종은 성산부원군으로 작위를 돌려받은 이직을 예문관 영사로 임명했다. 예문관이란 왕명을 글로 짓고 사초의 기록을 관리하는 기관이다. 앞에서 보았듯이 그에 앞서 세종은 세종 4년(1422년) 8월 법전 편찬 기구인 '육전수찬색'을 설치한 바 있는데 최고 책임자인 도제조는 성산부원군 이직과 좌의정 이원이었고 제조는 맹사성과 허조였다. 이렇게 해서 4년 후인 세종 8년(1426년) 12월 『속육전』과 『등록』 1권으로 된 법전 체제가 일단 마무리된다.

학계에서는 거의 유일하게 세종의 전기를 쓴 바 있는 역사학자 홍이섭은 이 무렵 이직의 활동과 관련해 "이직은 법이란 백성들의 일상생활을 후하게 돌보아주려는 것이므로 이러한 법을 관리들이 제 생각대로 뒤틀지 못하게 관리들의 법에 대한 이해와 준수를 강력히 주장하였다. 이러한 이직의 법사상은 황희, 허조, 맹사성 등을 통해 젊은 군주에게 전달되었다"고 쓰고 있다.

세종 6년(1424년)에는 영의정에 오르고 그해 7월에 명나라 영락제가 북정(北征) 사업의 일환으로 타타르에 대한 친정을 단행하다가 전쟁터에서 사망하고 8월에 새로운 황제 인종(仁宗)이 즉위했다. 이직은 하등극사(賀登極使)가 되어 명나라를 다녀온다. 이때 그의 나이 63세였다.

그후 좌의정, 의례상정소 제조 등을 지냈고 세종 13년(1431년) 70세를 일기로 세상을 떠났다. 그에 대한 『실록』의 평은 엄정하다. "이직은 천성이 중후하고 매사에 근신했다. 개국 국초에 태조나 태종과의 인연으로 공신의 반열에 참여할 기회를 얻어 지위가 극품(極品)에 이르렀다. 그러나 세상과 더불어 돌아가는 대로 좇아 따라가며, 일을 당하여서는 가부의 결단이 없으므로 당시 사람들이 이를 비판하였다."

논란에 휩싸이는 이직의 『속육전』

이직의 『속육전』이 시행되고 1년 남짓한 세종 10년 윤4월 1일 우대언 허성이 『속육전』에 잘못된 것이 많다고 세종의 면전에서 직격탄을 쏘았다. 이에 대해 이미 『속육전』을 직접 열람한 바 있는 세종은 아마도 왕명을 출납하는 과정에서 생겨난 착오일 것이라고 잘못된 이유를 정확히 짚어내면서 이조참판 정초와 좌사간 김효정 등에게 잘못을 바로잡도록 지시한다.

이런 문제를 지적한 허성(許誠, 1382년 고려 우왕 8년~1441년 세종 23년)은 태종 2년에 문과에 급제해 형조·예조·병조의 좌랑을 지냈고 주로 사헌부, 사간원, 승정원 등에서 경력을 쌓은 엘리트 관리였다. 이때는 우대언이었고 얼마 후 지신사를 거쳐 대사헌과 경기도 관찰사, 예조와 이조판서를 지내게 된다. 이런 경력을 보더라도 허성은 법률에 조예가 깊은 인물이었다고 볼 수 있다.

한편 허성의 지적이 있고 보름이 지난 윤4월 15일 예조참의 고약해가 『속육전』 편찬의 공정성에 문제를 제기했다. "『속육전』은 국가 만세(萬歲)에 통용될 법입니다. 그런데 단지 한두 사람으로 하여금 편수하게 한다면 편견에 치우칠 폐단이 없지 않을 것이니, 여러 대신에게 자문하여 다양한 사람들의 논의를 모아 시행하게 하소서."

여기서 한두 사람이란 이직과 황희를 겨냥한 것이다. 그런데 이 문제 제기는 그 자체로는 분명 맞는 말이었다. 보기 드물게 『실록』에서도 그를 "기개가 있고 뜻이 높았다"는 평을 하고 있다. 고약해(高若海, 1377년 고려 우왕 3년~1443년 세종 25년)는 태조 2년 성균시에 합격하였고 문과에는 급제하지 못했다. 그런데 태종 초 아버지의 상을 당하여 유교 가례를 준수한 일과 어머니에 대한 지극한 효행으로 사간원의 천거를 받아 공안부 주부에 제수되어 관리의 길을 걷기 시작했다. 태종 18년(1418년) 형조정랑으로 있을 때 유배를 가기도 했지만 세종 초 복직되어 이때 예조참의에 올랐고 그후 충청도 관찰사, 한성부윤, 형조참판, 대사헌 등을 지내게 된다. 고약해도 경력을 볼 때 법률에 조예가 있는 인물이었다. 따라서 이런 정당한 지적에 대한 세종의 답변이 궁금해진다.

"속전(續典-『속육전』의 약칭)에 실린 것은 다 조종(祖宗)께서 이미 시행하신 일이니 어찌 고칠 수 있겠는가. 만약 새 법을 세운다면 마땅히 경의 말과 같이 하여야 할 것이다. 그리고 이제 와서 다시 논의한다면 반드시 사람마다 제각기 소견을 고집하여 중구(衆口)가 분분하여 주(主)된 바에 적중함이 없이 반드시 새 법을 세운 뒤라야 겨우 그치게 될 것이니, 새 법은 사실상 세울 수 없다. 수교(법령)니 입법이니 하는 것이 대체로 허심탄회하고 아주 공정한 마음에서 나온 것이 아니고, 모두 자기 일신의 이(利)를 가지고 명분에 기대어 입법을 청하는 폐단이 진실로 많으니, 다시 논의할 수 없다."

논리적으로는 고약해의 주장이 맞다는 것을 인정하면서도 현실적으로 그렇게 될 경우 온갖 주장이 난무하게 되어 결국은 고약해가 말하는 다중의 의견이 반영된 새로운 법도 세울 수 없다고 반박한다. 논리와 현실의 대결에서 세종은 분명 현실을 택하고 있는 것이다. 그는 학자이기보다는 정치인이었다.

다시 정초와 김효정이 새롭게 참여해 재수정 작업에 들어간 『속육전』 이야기로 돌아가보자. 이 작업도 역시 의례상정소의 제조인 성산부원군 이직이 총지휘를 해서 7개월 후인 세종 10년 11월 최종 마무리를 짓고 『속육전』 5권과 『등록』 1권에 전문(箋文)을 붙여 세종에게 올린다. 그러나 세종이 어떤 사람인가? 이런 정도에 만족할 인물이 아니었다.

경연에서 『속육전』과 『원육전』을 강론하다

세종 12년 3월 27일부터 세종은 이렇게 완성된 『속육전』을 경연에서 강론한다. 세종 11년 3월 18일 『육전』을 인쇄하여 반포하라는 명을 내린 지 정확히 1년 9일 만이다. 경연에서 굳이 『속육전』을 읽으려 한 세종의 의도는 분명했다. 직접 신하들과 한 줄씩 읽어가며 문제점을 바로잡겠다는 뜻이었다.

『속육전』 강독을 시작한 지 1년 이상이 지난 세종 13년 10월 28일 세종은 측근 신하들에게 의미심장한 질문을 던진다.

"새로 찬술한 『속육전』을 정부와 6조에서는 이미 다 보았는가. 의심나는 곳이 몇 군데나 되던가?"

다 보았을 리가 없었다. 이에 지신사 안숭선이 "대략 훑어보았지만 의심 가는 곳은 없었습니다"라고 답했다. 그러나 세종이 얼렁뚱땅 넘어갈 위인인가?

"집현전의 선비들이 평소에는 글을 읽을 때 의심 가는 곳을 찾아가며 열심히 읽지 않다가, 나에게 진강(進講)하는 글에 이르러서는 힘을 써서 정밀히 살피는 까닭으로 의심나는 곳이 대개 많게 된다. 지금 나와 함께 『육전』을 진강하게 된다면 반드시 의심나는 곳이 생겨나 개정할 곳이 있게 될 것이다."

이렇게 해서 바로 다음 날인 10월 29일부터 경연에서 『육전』의 강론을 시작한다. 이것은 『속육전』이 아니라 『원육전』이었다. 아니나 다를까, 세종은 8개월 후인 세종 14년 6월 14일 정사를 보다가 좌의정 맹사성에게 "『육전』을 자세히 보니 자질구레한 조항에 착오가 많다. 경 등이 다시 보고 나서 급히 인쇄하여 반포하게 하라"고 명을 내린다.

황희의 『경제속육전』

경연에서 『속육전』에 대한 강론이 한창이던 세종 12년 11월 21일 사헌부에서 좌의정 황희가 사헌부의 조사를 받고 있던 죄인을 빼주려 했다며 처벌을 건의했다. 이에 세종은 "나도 벌써 그 사실을 알고 있다. 그러나 대신에게 경솔하게 죄를 물을 수는 없다"며 반대한다. 앞서 세종 10년 윤4월 고약해가 황희와 이직을 겨냥했던 데서 알 수 있듯이 날로 세종의 신임을 더해가는 황희를 견제하려는 움직임도 만만치 않았다.

이런 분위기를 감지했음인지 세종은 사흘 후인 11월 24일 사헌부의 상소가 다시 올라오자 황희의 파직을 명한다. 결국 황희는 경기도 파주의 반구정에서 1년 가까이 야인 생활을 하다가 다음해 9월 3일 영의정으로 복귀한다. 그리고 세종은 황희를 의례상정소 제조로 임명해 여전히 불만스럽게 생각하고 있던 이직의 『속육전』을 개수할 것을 명했다. 이직은 바로 그해에 세상을 떠났기 때문에 이때부터는 황희가 당대 최고의 법률 전문가이기도 했다.

이때 황희가 마무리해서 세종 15년 1월에 올린 법전을 『경제속육전(經濟續六典)』이라고 한다. 구체적인 편찬 과정과 내용에 대해서는 황희가 올린 전문에 잘 나와 있다.

"하륜과 이직이 편찬한 『속전(『속육전』의 약칭)』과 이것들에 실리지 않은 법령을 더욱 자세히 검토하여 고르고, 중복된 것은 버리고 번잡한 것은 없앴습니다. 그 취사선택을 함에는 모두 전하의 결재를 받아서 좋은 것만을 모아서 꾸민 것이 『정전(正典)』 여섯 권이고 일시적으로 시행하는 것으로서 영구적이지 않은 법을 골라서 따로 『등록』 여섯 권을 꾸며 올립니다."

마침내 '완벽주의자' 세종은 만족했다. 여기에 나오듯이 '취사선택을 함에는 모두 전하의 결재를 받았기' 때문일 것이다. 그리고 이 『경제속육전』은 더 이상의 개수 작업을 거치지 않고 훗날 『경국대전』이 탄생할 때까지 조선 법치주의의 상징이자 토대가 된다.

법전의 표기 방식 논란

한편 하륜의 『속육전』에서 이직의 『속육전』을 거쳐 황희의 『경제속육전』에 이르는 과정에서 한 가지 짚고 넘어가지 않으면 안 되는 중대한 사항이 하나 있다. 법전의 표기 문제를 둘러싼 논란이다.

조준의 『경제육전』은 앞서 본 대로 이두와 조선의 방언을 섞어 쓰는 방식으로 편찬되었다. 그런데 태종은 하륜에게 『육전』에서 이두와 방언을 제거하고 다시 중국식 한문으로 표기하라고 지시할 만큼 조선주의보다는 고전주의 입장을 갖고 있었다. 태종 13년 하륜에 의해 최초로 편찬된 『속육전』에도 당연히 이두나 방언이 포함되지 않았다.

이런 점에서 세종은 아버지 태종과 확연히 달랐다. 세종 10년 11월 29일 이직이 『속육전』 개수를 끝내고 세종에게 보고하자, 세종은 아직도 미흡하다고 판단하고 귀양에서 돌아와 아직 보직을 맡고 있지 않던 또 한 명의 법률 전문가 하연에게 『속육전』 보완을 지시한다. 여기서 세종의 중기 이후 핵심 정치인으로 떠오르게 되는 하연이 어떤 인물인지 먼저 정리해 둘 필요가 있다.

하연(河演, 1376년 고려 우왕 2년~1453년 단종 1년)은 정몽주의 문인이며 태조 5년(1396년) 문과에 급제하고 사헌부에서 여러 차례 근무했다. 강직한 성품으로 왕이나 신료들의 잘못을 보면 반드시 지적해야 직성이 풀렸기 때문에 태종을 정면으로 비판하다가 마찰을 빚기도 했다. 그러나 태종은 사헌부 집의였던 하연을 승정원 동부대언으로 발탁했다. 집의는 대사헌 바로 밑으로 종3품이고 동부대언은 종2품이었다. 두 품계가 뛴 것이다. 그때 두 사람의 대화 내용이 전한다. 태종이 "경은 이 벼슬에 이른 까닭을 아는가?"라고 묻자 하연은 "알지 못합니다"라고 답한다. 그때 태종은 "경이 대간에 있을 때 의연하게 일을 말하였으므로 내가 경의 사람됨을 이미 알아차렸다"고 말한다.

하연이 세종의 측근이 된 결정적인 계기는 태종 밑에서 임금 수업을 맡고 있던 때 세종의 지신사로서 양측의 눈에 보이지 않는 긴장 관계를 원만하게 이끌며 일처리에 수완을 보이고서부터였다. 『실록』에도 이때의 하연에 대해 "하연이 조심하고 근신하여 두 왕 사이에서 주선(周旋)하니 두 임금의 총애가 매우 융숭하여 예조참판에 제수했다"고 되어 있다. 그때까지 거쳐온 사헌부, 지신사, 예조참판

하연_ 세종의 측근으로, 법률에도 통달해 많은 업적을 남겼다. 성품이 강직해 왕이나 신료의 잘못도 그냥 넘기지 않았다.

등은 모두 법률과 깊은 연관을 맺을 수밖에 없는 자리이기도 했다.

학술적으로 보자면 하연은 성리학 근본주의자였다. 그가 상당히 경직되었다는 비판도 여기서 나온다. 세종 초 대사헌으로 있으면서 조계종 등 7종을 혁파하고 선종과 교종, 양종 체제를 탄생시켜 사찰의 토지를 대거 축소시킨 장본인이기도 하다. 그의 척불 의지는 훗날 세종이나 문종과도 정면으로 충돌할 만큼 단호했다.

세종 시대에 본격적인 정치 활동을 펼친 때문인지 하연은 큰 시련을

겪지는 않았다. 평안도 관찰사 시절 잠시 파면당하고 천안으로 귀양을 갔다가 돌아온 적이 있을 뿐이다. 이직의 『속육전』 개수 작업을 맡은 게 바로 이때다. 그후 하연은 병조참판을 거쳐 형조와 이조판서에 오르고 3정승을 두루 역임하게 된다. 『실록』은 "처음부터 끝까지 근신하며 법을 바로잡고 굽히지 아니하였으니 태평 시대의 문물을 지킨 정승이라 할 만하다"라고 높이 평가하면서도 "논의를 함에 있어 관후함을 숭상하지 아니하여 대신의 체면에 어울리지 않았고, 늘그막에는 일에 임하여 어둡고 어지러웠다. 또 급하지 않은 일을 가지고 임금에게 자주 글을 올리니 사람들이 그를 작게 여겼다"고 가차없이 비판하고 있다.

하연이 주도한 『속육전』 개수 작업은 시간이 오래 걸리지는 않았던 것 같다. 불과 4개월이 지난 세종 11년 3월에 『원육전』과 함께 인쇄 배포하라는 세종의 명이 내려왔다. 그런데 하연의 개수 원칙은 태종을 따르고 있었다. 즉 이두나 조선식 표현을 제거하고 중국식 한문으로 다시 바꿔놓은 것이었다. 결과적으로 하륜의 『원육전』과 하연의 『속육전』은 모두 중국식 한문으로 된 법전이었다.

세종의 뜻은 그게 아니었다. 그래서는 널리 이 법전이 활용될 수 없고 '훈민(訓民)'의 도구가 될 수 없다고 본 때문이었다. 당시는 세종이 경연에서 『속육전』을 강독하고 틈틈이 『원육전』도 공부하고 있을 때였다. 세종 12년 4월 12일 정사를 보다가 세종은 이렇게 말한다.

> "하륜이 지은 『원육전』을 보니 한문으로 돼 있어 알기 어려우며, 조준이 편찬한 『방언육전(方言六典)』은 사람들이 알기 쉬우므로 이것을 사용하는 것이 옳지 않을까?"

『방언육전』이란 다름 아닌 조준이 편찬한 『경제육전』을 말한다. 좌의정 황희는 세종의 뜻에 찬동했다. 그러나 하연은 강력하게 반대했다. "『속육전』을 이미 한문으로 편찬하였사온데 『원육전』도 한문판을 써야 마땅할 것이오니 방언을 쓸 수 없습니다." 하연의 이 말은 세종이 어떤 사람인지를 모르고 하는 반론이었다. 세종은 이렇게 말한다.

"방언으로 된 것과 한문으로 된 것을 함께 쓴다고 해서 무엇이 해롭겠느냐?"

세종이 완곡하게나마 이 정도로 말을 했다는 것은 실은 방언으로 된 쪽으로 가겠다는 강력한 의지의 표명이나 마찬가지다. 실제로 황희의 『경제속육전』이 탄생한 것은 이런 맥락에서다.

또한 세종은 세종 13년 5월에 하륜의 『원육전』을 모두 회수토록 명하고 방언으로 풀이한 조준의 『경제육전』을 널리 사용하도록 조처를 취한다. 이렇게 됨으로써 『원육전』과 『속육전』 모두 조선식 표기법으로 된 법전이 사용될 수 있게 되었다. 역사, 음악에 이어 법률에서도 세종 특유의 조선주의가 관철된 것이다.

세종의 법치는 애민(愛民)

앞서 여러 차례 본 대로 고위 관리들의 허물에 대한 세종의 관대함은 자칫 그들이 백성에게 가하는 민폐에 대해 눈감아주는 그릇된 온정주의로 해석될 여지도 있다. 특히 고리대금까지 하면서 치부를 일삼아 백성의 지탄을 받았던 유정현에 대한 세종의 감싸기는 자칫 그런 해석에 힘을 실어줄 수도 있다.

그러나 유정현의 경우 세종은 그의 문제점과 더불어 바로 그 때문에 국정을 세세하게 살피는 그의 장점도 정확히 인식하고 있었다. 세종 4년 7월 10일 영의정 유정현이 "금년에 비록 기근이 있다 할지라도 내년 봄이 더욱 심할 것이니, 지금은 법령을 엄하게 하여 지방 수령으로 하여금 구휼하게 하고, 내년 봄에 경차관〔敬差官―지방에 임시로 보내던 관리로, 주로 전곡(田穀)의 손실을 조사하고 민정을 살피는 일을 맡았다〕을 보내소서'라고 건의하자 세종은 이렇게 답한다.

"유정현의 말은 내년을 걱정한 것이나, 지금 당장 기근이 이와 같은데 어찌 차마 보고만 있겠는가. 내가 직접 여러 도를 순행하여 직접 백성들의 굶는 것을 살펴야 하나 그럴 수 없으므로, 경차관을 보내어 구휼하게 한 것이다."

결정은 유정현과 반대로 내렸지만 원칙에 따른 그의 정치를 세종은 높게 평가하고 있었다. 유정현의 절약하는 성품을 높이 사고 있었던 것이다. 세종 7년 10월 21일의 기사는 이를 보여준다.

"임금이 말하기를, '호조의 직책은 전곡(錢穀)을 맡았으니 쓸데없는 낭비를 줄이는 것은 진실로 당연한 일이다. 그러나 꼭 감해야 할 것을 감하지 아니하고, 꼭 써야 할 것을 쓰지 아니함은 모두 잘못이다. 요즈음 들리는 바에 의하면, 서울 안 각사(各司)에서도 온종일 사무를 보는데 사비(私費)로 점심을 먹는다니, 이 어찌 임금이 신하를 대접하는 인사라 할 수 있겠는가. 이 뜻을 가지고 호조에 전하라' 하니 호조판서 안순(安純)이 대답하기를, '점심을 감한 것은 어느 때부터 그렇게 했는지 알지 못하겠습니다. 대저 전곡을 출납하는 것은 곧 유정현이 하는 바이니, 신은 능히 마음대로 하지 못합니다' 하였다. 순의 대답은 비록 이와 같으나, 호조판서가 되면서부터는 그도 역시 유정현이 하는 바를 본받아서, 처음에는 재물을 쓰기에 너그럽고 넉넉하게 하기로 명분을 삼았는데, 늙어서는 인색하여 집에 있을 적에도 오히려 부인에게 열쇠를 못 맡게 하였다."

국왕으로서 호조를 책임진 관리의 창고 관리의 인색함을 칭찬은 못할망정 문제 삼을 수는 없는 것이다. 오히려 우리가 눈여겨봐야 할 부분은 관리들에 대한 그 같은 태도가 백성들에 대해서도 그대로 나타나고 있다는 점이다. 세종이 백성과 관련해 먹고사는 문제 못지않게 중요하게 여긴 것은 형벌의 과중함이었다. 특히 감사나 수령 등 지방 관리들 손에 놓여 있는 일반 백성들이 착취당하고 부당한 형벌로 고통받는 데 대해 세종은 거의 강박증에 가까울 정도로 고민했다.

세종 1년 1월 30일 경연을 하는 자리에서 시강관 정초는 이렇게 건의한다.

"각도 감사가 수령들을 평가해 올리고 낮추는 것이 실상과 적중하지 않아 진실한 혜택이 백성에게 미치지 못하오니, 원컨대 이제부터 새로 임명된 수령은 전하께서 반드시 친히 불러 접견하시어, 그가 참으로 어진지 어질지 못한지를 직접 살피신 다음에 부임케 하면 수령으로서도 적격자를 얻을 것이며, 백성도 진실한 혜택을 받게 될 것입니다."

정초의 이 건의는 그후 지방 수령들을 임명할 때 반드시 지키는 원칙으로 자리잡는다. 세종 3년 1월 3일 정사를 보던 중 세종은 기근으로 고통받고 있는 백성들을 걱정하며 신하들에게 말한다.

"해를 거듭한 기근으로 백성들은 간혹 먹을 것이 떨어지는 일이 있는데도 여러 경차관은 대의는 생각하지 아니하고 오직 일처리에만 마음을 써서, 지난해에 민간에게 대여한 곡식을 징납하기에만 너무 심히 하므로 백성들에게 폐해가 되고 있다. 경차관에게 유시하여 백성이 가난하여 갚지 못하는 자에게는 강제로 징수하지 못하게 하라. 내가 깊은 궁중에 있으므로 민간의 일을 다 알 수 없으니, 만일 이해 관계가 민간 백성에게 절실한 것이 있다면, 너희들이 마땅히 모두 아뢰게 하라."

형벌, 그중에서도 세종이 가장 아프게 생각했던 것은 사형이다. 이것은 세종 특유의 휴머니즘이 아니고서는 설명하기 힘들다. 세종 6년 6월 4일 신하들과 국정을 논의하던 중에 그가 한 말이다.

"나는 항상 생각하기를 사람의 죄가 사형에 처하는 것이 마땅하다 하더라도, 만약에 사정에 따라 용서할 수 있다면 모두 용서하고 싶은 것이 나의 본심이오."

실제로 세종은 6월 16일 승려를 낫으로 찔러 죽인 15세 노비 두을언의 참형을 앞두고 "두을언의 나이가 어리니 용서하는 게 어떠냐"며 의정부와 6조에서 재검토하도록 지시한다.

희대의 스캔들, 유감동 사건

형벌과 사형을 신중히 해야 한다는 세종의 소신과 관련해 주목할 만한 사건이 세종 9년 8월에 발생한다. 성종 때의 어을우동에 비견되는 희대의 '음부(淫婦)' 유감동(兪甘同)이 스스로 창기를 자처하며 39명에 이르는 중앙과 지방 관리들과 은밀한 관계를 가진 것이 드러나 조정이 발칵 뒤집어졌다.

유감동은 검한성 유귀수의 딸로 평강현감 최중기와 결혼했다가 간통 사실이 발각되어 버림을 받자 아예 그 길로 들어서 경외의 관리들과 간통하다가 사헌부의 탄핵을 받게 됐다. 그 상대 중에는 공조판서 성달생까지 포함되어 있었다. 물론 당시 형법인 대명률에 따르면 유감동의 경우 장형을 부과한 후 변방의 관비로 내쫓아야 했지만 조정 일각에서는 특단의 조처를 내려야 한다는 의견도 있었다. 그러나 세종은 그러지 않고 율에 따라 처리한다.

세종 9년 8월 17일 세종은 대언들에게 사헌부에 갇힌 유감동에 대해 관심을 보인다. 그리고 다음 날 사헌부에서 유감동을 비롯해 그와 정을 통한 관리들에 대한 추국을 건의하자 세종은 윤허했다. 처음에는 10여 명 정도라던 관련 남성들의 숫자가 조사가 진행될수록 늘어나 모두 39명의 이름이 나왔다. 일부 대신들은 유감동을 극형에 처해야 한다고 주장했지만 세종은 결국 대명률에 따르라고 지시한다.

청년 시절 엄벌주의를 크게 후회하는 세종

사실 세종은 그에 앞서 세종 5년 전 관찰사 이귀산의 처 유씨가 지신사 조서로와 간통했을 때 유씨를 3일간 저잣거리에 세워놓은 다음 참형에 처하도록 지시한 바 있었다. 이 점에 대해서는 처제와 관계를 가진 이석철의 간통 사건을 다룬 세종 18년 4월 20일에 다음과 같은 후회의 말을 하고 있다.

"내가 즉위한 뒤에 관찰사 이귀산의 아내가 지신사 조서로와 간통하여, 내가 그때 나이 젊고 한창이던 때라, 우리나라 풍속이 집집마다 토지와 노비가 있고, 상하 구분이 있으므로, 중국에서 칭찬하던 바이었는데, 뜻하지 아니하게 사족(士族) 벌열(閥閱)의 집안에 이러한 추잡한 행실이 있어서 치교(治教)에 흠집이 되기 때문에 깊이 이를 미워하여 율문 밖의 형벌(사형)로 행하였더니, 몇 년 전에 검한성

유귀수의 딸 유감동이 기생이라 사칭하고 중외에서 자행했으며, 또 금음동(今音同)과 동자(童子)는 모두 양가의 딸로서 혹은 종형과 통간하고, 혹은 외인과 통간하여 풍속을 문란케 하였으므로, 율에 따라 결죄(決罪)하고 천인으로 만들었으며, 또 유장의 딸인 안영의 아내는 고종사촌 오빠 홍양생과 통간하고, 이춘생의 딸인 별시위 이진문의 아내는 부사정 이의산과 양인 허파회와 통간하였으므로, 모두 다 율에 의하여 결죄하고 다만 외방으로 축출하였다. 옛날 삼대의 성시(盛時)에는 예악과 문물이 주나라에 이르러서 크게 갖추어졌으나, 오히려 또한 한 사람이 아홉 여자를 맞이하였는데 자매와 조카도 포함하였으니, 우리 나라의 성대(盛代)가 어찌 성주(成周)의 시대와 같겠는가. 지금 석철의 일은 친속끼리 서로 통간한 비교가 아니며, 사헌부의 계사(啓辭)에도 진실로 자세하게 말했으나, 율외(律外)의 형벌을 가하는 것은 실로 잘한 정사가 아니다. 지난날 한두 가지의 율외의 형벌은 지금도 후회가 된다."

이런 일을 겪으며 세종이 던지는 몇 마디는 인간을 그 밑바탕에서부터 이해하려 했던 그의 인간관을 잘 보여준다.

"여자들이 좋지 못한 행동을 하는 것은 혼인의 시기를 잃은 까닭이다." (세종 9년 9월)

"남녀의 욕구를 어찌 법령만으로 막을 수 있는가?" (세종 15년 12월)

풍속의 문란함에 대해 신하들은 엄격한 법 적용을, 세종은 그에 앞선 교화를 처방으로 내세우는 입장이었다. 세종 10년 9월 1일 조선의

'오렌지족'에 대한 신하와 세종의 처방은 확연히 다르다.

이날 대사헌 조계생 등은 "옛날 선비는 미투리를 신고 책을 끼고 걸어다니면서도 뜻을 겸손히 하고 학문에 힘썼사오나, 지금은 그렇지 아니하여 성균관의 생원·생도들이 책을 끼고서 걸어다니는 것을 수치스럽게 여겨, 모두 말을 타고 종을 시켜 책을 끼고 다니게 하며 아침에 갔다가 저녁에 돌아오니, 이 때문에 심지가 교만하고 학문하는 마음이 흐트러져 국학이 허술해지니, 청컨대 말을 타고 다니는 것을 금하여 그들이 심지를 억제시키어 학업에 전심하게 하소서"라고 건의를 했다. 이에 대해 세종은 "나도 듣건대, 학생들이 종을 거느리고 말을 타고 다닌다 하니 옛날 학자와 다르다. 그러나 법을 세워 말 타는 것을 금한다는 것은 너무 지나친 일이 아니겠는가. 만일 사제지간에 말에서 내리지 아니하여 예를 어기는 것은 금함이 옳으나, 이것도 고례(古例)에는 없는 일이니, 예조에 내려서 의논하게 하라"고 답한다. 법 만능주의에 대한 경계였다.

감옥의 환경 또한 세종의 절실한 관심사였다. 그래서 세종은 형조에 다음과 같은 명령을 내린다.

"서울과 지방의 옥에 갇힌 죄수들이 여러 번 질병에 걸리는 것은 대개 옥 안이 혹 깨끗하지 못하여, 악한 기운이 증발하기 때문에 병이 발생하고, 이내 죽는 자가 생기게 되니, 그 구휼하는 조건을 누차 교지로 내렸건만, 사옥관(司獄官)이 이를 하나의 형식적인 문구로만 보고 전혀 봉행하지 않았다. 이후부터는 서울은 사헌부에서, 지방에서는 관찰사가 이를 거듭 밝혀 살피고 조사하여, 일찍 죽는 환난을 면하게 하라."(세종 11년 2월 8일)

그러나 무엇보다 세종이 우려한 것은 자신의 통제 범위에서 벗어나 있는 지방 수령들의 무지와 횡포였다. 세종 13년 4월 25일의 기사는 이런 우려를 단적으로 보여준다.

"좌대언 김종서를 사정전에 불러 보고, 의금부에서 명화 도적을 추국(推鞫)하는 상황을 묻기를, '의금부의 제조(提調)와 위관(委官), 삼성(三省)들은 모두 옥사를 처리하는 데 있어 능하였다고 본다 일컬었는데, 전일에 김경과 그의 종 부존 등이 잘못되어 매를 맞고 살갗과 몸이 상하였으니, 일을 아는 관리가 합의하여 국문하여도 형벌의 잘못이 오히려 이와 같은데, 외방 수령들이 홀로 주현의 일을 맡아 각기 자기 마음대로 법을 적용하여 태와 장을 가하는 자가 반드시 있을 것이다. 생각이 여기에 이르면 매우 슬프고 가엾다'고 하였다."

이런 발언은 계속된다. 같은 해 5월 27일 안숭선에게 이르는 말이다.

"중외의 관리들이 옥사를 판결할 때에 명백하게 밝히고 조심하지 아니하여 살려야 할 것을 죽이고 죽여야 할 것을 살린 것이 간혹 있으니, 막산(莫山)과 상이(象伊)의 일이 이것이다. 말하면 마음이 아프다. 역대의 옥사 판결에 실수한 것을 집현전에서 초(抄)하게 하며, 경도 『강호기문(江湖紀聞)』 안에 있는 형옥을 그릇 판결한 것을 초하여 아뢰라."

그래서 세종은 지방 수령들에게 임명장을 주는 자리에서는 늘 형벌을 신중히 하라는 당부를 잊지 않았다.

감옥 시설의 개선

세종은 "법을 만들기가 어려운 것이 아니라 법을 지키고 시행하기가 어렵다"는 견해의 소유자였다. 특히 법이 적용되는 과정에서 부당하게 백성들이 피해를 입는 것에 대해서는 히스테리에 가까울 만큼 깊은 관심을 쏟았다. 『경제속육전』이 시행에 들어가고 6년이 지난 세종 21년 2월 2일 의정부에서는 형조의 보고를 바탕으로 세종에게 다음과 같이 보고했다.

첫째, 옥을 지을 때 높은 대를 쌓아 그 위에 서늘한 옥 3칸을 지으면 바람이 잘 통해 여름에 더위로 고생하지 않는다. 특히 벽에는 틈과 구멍을 내어 바람이 통하도록 하겠다.

둘째, 남자의 옥은 4칸, 여자의 옥은 2칸을 지어 각각 가벼운 죄와 무거운 죄를 분간해서 관리하겠다.

셋째, 옥외에 햇빛을 막는 차양 시설을 해 더울 때는 낮에 이곳에 나와 자유롭게 앉거나 눕게 하고 밤에만 옥에 들어가도록 하겠다.

넷째, 겨울에는 따뜻한 온옥(溫獄)을 만들겠다.

그리고 의정부에서는 이런 내용을 지침으로 해 도면과 설계도를 만든 다음 각도에 반포하여 관찰사들로 하여금 도면에 따라 단계적으로 새로운 옥을 건축하도록 하겠다고 밝힌다.

그런데 여기서 중요한 것은 이상의 내용이 아래로부터 올라온 것이 아니라 세종이 예전에 직접 내린 지시에 따른 것이라는 사실이다. "당초에 임금이 서울과 지방의 죄수들이 형벌을 맡은 관리들의 구호 소홀로 실수하여 죽게 될까 늘 염려하시어 의정부에 명을 내려 옥을 쌓고 죄수를 구휼하는 방책을 의논하게 했더니 이때 의정부에서 안을 만들어 올렸다."

최치운을 시켜『신주무원록』을 편찬하다

세종 1년(1419년) 2월 23일 형조에서는 다음과 같은 건의를 올린다.

"『무원록』에 따르면 어떤 사유(事由)를 보고함에 있어 반드시 연월을 기록해야 하며, 문안에는 거년이니, 금년이니, 전월이니, 금월이니, 당일이니, 차일(此日)이니 하는 따위를 써서는 안 된다고 하였습니다. 따라서 앞으로는 인명에 관계되는 중대사나 훗날 참고가 될 만한 공사(公私) 문안에 아무 해 아무 달 아무 날을 쓰는 것을 항례(恒例)로 정하게 하여주시옵소서."

무슨 말인가 하면 어떤 사건이 났을 때 막연하게 '작년, 지난달, 오늘' 등과 같은 막연한 표현을 쓰지 말고 '○○년 ○○월 ○○일'로 명확하게 표현할 것을 건의하고 있는 것이다. 형조에서 그 근거로 삼은『무원록(無冤錄)』, 말 그대로 억울함을 없도록 한다는 뜻의 이 책은 도대체 어떤 책인가? 세종 12년에 보면 각 분야의 필독서를 정한 대목이 나오는데 '율학(律學-오늘날의 사법고시)'의 경우『대명률』,『당률소의(唐律疏議-당나라 법률 해설서)』와 함께 바로 이『무원록』이 3대 필독서의 하나로 들어 있다. 그만큼 중요한 책이었다는 뜻이다.

『무원록』은 원나라의 왕여(王與)가 송나라 때 형사 사건 지침서인 송나라의『세원록(洗冤錄)』,『평원록(平冤錄)』 등을 바탕으로 새롭게 편찬한 법의학서이다. 우리나라에는 고려 때 들어왔다고 하는데,『조선왕조실록』에서 처음으로『무원록』이 등장하는 것은 방금 보았던 세종 1년 2월 이때다. '억울함을 씻어주는 책', '억울함을 풀어주는 책'이라는 제목이 시사하는 바는 크다. 이런 책들의 기본 정신을 보여주고 있기 때문이다.

좀더 구체적으로 말하면 '검시(檢屍)'를 위한 세밀한 규정을 담고 있는 이런 책들의 발간 목적이 바로 죽은 자의 실상을 밝혀 억울함을 없애는 데 있었다는 것이다. 무고한 죽음은 죽은 뒤에라도 밝혀내야 한다는 정신이 담겨 있는 것이다. 또 살인 혐의자가 허술한 조사 결과를 바탕으로 그릇되게 살인자로 몰려 처벌받는 것은 막아야 한다는 정신도 담겨 있다. 세종의 백성 사랑과 법 정신에 정확하게 합치한다. 매한 대를 때려도 법에 의거할 것을 반복적으로 강조했던 세종이다.『무원록』이 조선시대 들어 세종 시대에야 처음으로 등장하고 또 여러 차례 등장하게 되는 것은 결코 우연이 아니다.

세종은 세종 20년(1438년) 11월 최치운, 변효문, 이세형, 김황 등에게 명하여『무원록』을 쉽게 풀이한 책을 쓰도록 명한다. 최치운(崔致

 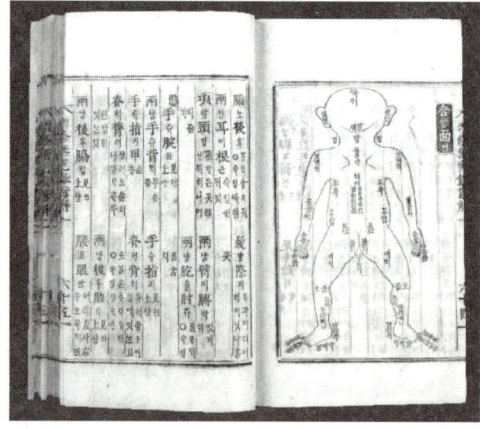

『증수무원록』_ 원나라 왕여가 쓴 법의학서『무원록』을 최치운의『신주무원록』에 이어 정조대에 증수한 책.

雲, 1390년 고려 공양왕 2년~1440년 세종 22년)은 태종 17년(1417년) 문과에 급제해 외교문서를 관장하는 승문원에 기용되었으며, 학문이 뛰어나 집현전 학사로 선발됐다. 승문원에서 지사와 판사를 역임한 다음 공조와 이조의 참의를 거쳐 좌승지로 있을 때 이 같은 명을 받았다. 모두 다섯 차례에 걸쳐 명나라를 다녀올 만큼 중국말에 능했다. 동시에 율문에도 능해 형옥(刑獄)에 관한 세종의 자문을 도맡았다. 『무원록』 주해서 편찬에는 적임자였던 셈이다. 이렇게 해서 세종 22년 『신주(新註)무원록』이 완성된다.

『신주무원록』은 훗날 『경국대전』에 조선의 공식 법의학서로 규정된다. 그리고 일본에서는 에도 시대 중기에 『신주무원록』을 일본어로 번역 간행하였다. 그러나 『신주무원록』에도 모호한 부분이 많다고 하여 영조 24년(1748년) 구택규(具宅奎)가 왕명을 받아 이를 첨삭 주석했으나, 정조는 이것도 내용이 너무 어렵다고 해서 구택규의 아들인 구윤명(具允明)과 율학 교수였던 김취하(金就夏)로 하여금 다시 증수케 했다. 그것이 『증수(增修)무원록』이다. 그리고 정조 16년(1792년)에는 서유린(徐有隣)이 왕명을 받아 『증수무원록』을 번역해 『증수무원록언해』 3권 3책으로 간행하였다. 이들 책에는 시간 경과에 따른 시체의 변화부터 사인의 규명까지 법의학적 감정이 필요한 각종 사항과 검사 재료, 검안 서식(檢案書式) 등이 상세하게 수록돼 있다.

결국은 훈민(訓民)이다

면이무치(免而無恥), 법치 만능 사회가 되면 사람들이 형벌을 피하는 데만 급급해 자신이 저지른 잘못을 부끄러워하지 않게 된다는 뜻이다. 세종은 누구보다 법 만능주의의 이 같은 한계를 정확히 꿰뚫고 있었다. 법만으로 백성을 보호하는 것은 아무래도 소극적인 방법이었다. 더 적극적인 방법은 백성들이 처음부터 법을 어기지 않도록 하는 것이었다. 그것은 다름 아닌 교화였다. 세종은 법치보다는 덕치를 기본으로 삼는 전형적인 유가의 통치자였다. 백성을 바로잡는 것은 형틀 위에서의 법이 아니라 저잣거리에서의 인륜임을 세종은 확신하고 있었다. 그것이 바로 훈민이다.

세종의 이 같은 생각은 비교적 일찍부터 이미 확고한 세계관의 하나로 형성돼 있었다. 세종 6년 8월에 내린 교지에는 이런 말이 있다.

"생각건대 옛날 어진 임금들이 형벌을 사용한 목적은 궁극적으로 법을 범하는 자가 없도록 해서 형벌을 없애는 것이었다."

형벌을 없애는 것이 바로 형벌의 목적이라는 역설적 진리를 이미 체득하고 있었다. 이런 형벌관을 가진 세종이었기에 형벌을 하더라도 최대한 신중하고 백성에게 가혹하지 않도록 하는 데 온 신경을 쏟았다. 세종 7년 7월에 내린 교지의 일부다.

"『서경(書經)』에 '삼가고 또 삼가라. 형벌을 시행함에 있어 삼가고 백성을 불쌍히 여겨라'라고 한 말을 나는 항상 잊지 못하고 있다."

세종은 이를 말로만 한 것이 아니라 늘 신하들에게 당부하고 또 당부했다. 세종 32년 2월 22일 세종이 훙하고 나서 명나라에 올릴 부고에 보면 법과 관련된 세종의 생각과 업적 등이 언급돼 있다. 그 부분만 추려본다.

"수령으로 임명되어 하직을 고하는 자는 반드시 불러 면담하여, 백성들이 형벌받는 것을 불쌍하게 생각하며, 백성을 사랑하라는 뜻을 타이른 연후에 임지로 보냈다. (……) 신하를 예로서 대우하여 왕의 세상이 끝나도록 사대부로서 형벌을 당해 죽은 자가 없었다.(……) 아무리 작은 일일지라도 반드시 대신과 모의한 뒤에 행하는 고로 잘못된 일이 없었고, 그 전까지 계급을 올려주는 것이 일정한 규칙이 없어서 사람들이 혹시 요행을 바랄까 염려하여, 자세하게 전주(銓注-인사관리)하는 법을 제정하였으나, 어질고 재능이 있으며 재주와 덕행이 있는 자는 서열을 뛰어넘어 뽑아서 공평하고 진실하게 사람을 썼다. 또 땅의 경계(經界)가 바르지 못하여 세금 거두는 것이 맞지 않을까 염려하여, 땅의 기름지고 척박하며 해마다의 흉풍에 따라 그 등급을 나누었는데, 제도가 심히 자상하였다. 오례(五禮)가 미비된 것을 염려하여 고금을 참작하여서 정례(定禮)를 제정하니, 풍속이 바로 잡혔다. (……) 크고 작은 형벌을 애써 삼가서 불쌍하게 할 것을 관리에게 경계하여, 비록 일태일장(一笞一杖)일지라도 모두 조정율문(朝廷律文)에 따라서 하고, 절대로 함부로 억울하게 하는 것을 금하여, 교령(敎令)에 기재하여 나라 안에 반포하고, 관청의 벽에 걸어 항상 경계하여 살피기를 더하게 하였다. (……) 감옥의 경우 도면을 그려서 안팎에 보여 그림에 따라 집을 짓게 하되, 추운 곳과 더운 곳을 다르게 하였다. (……) 일을 함에 있어 반드시 옛것을 스승 삼아 제도를 분명하게 갖추어놓았다."

그래서 세종이 법보다 중시했던 것은 윤리, 당시로서는 삼강오륜이었다. 세종에게 있어 훈민이란 다름 아닌 삼강오륜에 의해 백성을 교화하는 것이다. 그렇게 될 경우 엄혹하기 그지없는 법의 치죄(治罪) 대상이 되지 않을 수 있다고 보았다. 여간 백성을 사랑하지 않고서 이런 생각을 한다는 것은 쉽지 않은 일이었다. 예악으로 삼강(三綱)을 키워 백성을 일깨우겠다는 세종의 생각은 결국은 '훈민정음(訓民正音)' 창제로 정점에 이르게 된다. 예와 악 그리고 법은 별개가 아니라 바로 '훈민' 하나로 어우러진다.

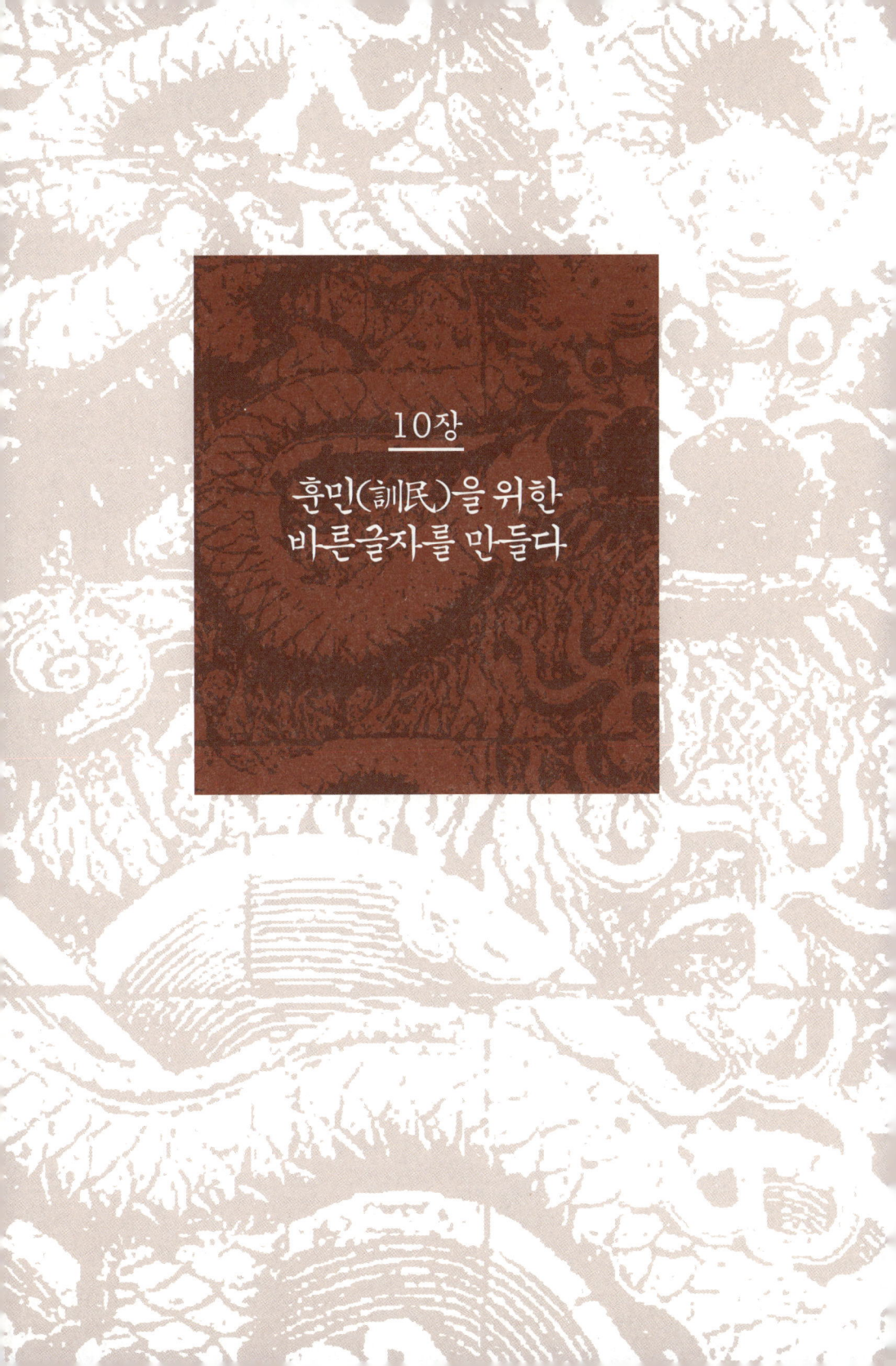

10장
훈민(訓民)을 위한 바른글자를 만들다

'특급 비밀' 훈민정음 창제

훈민정음(訓民正音) 창제와 관련된 정보를 얻기 위해 시디롬 '국역 조선왕조실록'의 검색 기능에서 '훈민정음'을 쳐보았다. 세종 시대에 다음과 같은 다섯 가지만 나온다. 세종 25년 12월 30일 훈민정음이 창제됐다는 것, 세종 28년 9월 29일 훈민정음 반포, 그리고 세종 28년과 29년 하급 관리 선발 시험에 훈민정음을 포함시키라고 지시하는 세종의 명령 2건과, 세종 29년 완성된 『동국정운(東國正韻)』에서 훈민정음이 잠깐 언급된 것 등이 전부다.

이게 무슨 일인가? 『조선왕조실록』에는 정작 우리가 알고 싶어하는 세종 25년 12월 30일 이전의 정보는 단 한 건도 없다는 말이 된다. 우리가 지금도 정확히 언제부터 훈민정음 창제 작업을 시작했는지, 그 정확한 동기는 무엇인지, 실무적으로는 누가 어떻게 무엇을 했는지, 어떤 언어와 이론서의 도움을 받았는지 등에 대해 거의 모르는 것은

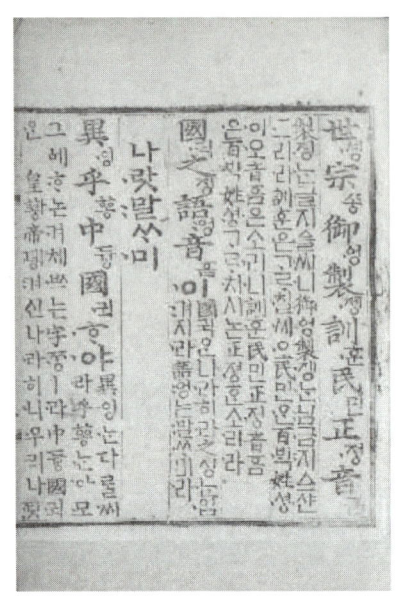

『세종어제훈민정음』_ 한문본 『훈민정음』의 「예의」편만을 국역한 책. 서문에 훈민정음 창제의 목적이 나와 있다.

『실록』이 이처럼 창제 과정에 관한 기록이나 정보를 단 한 건도 남기지 않은 때문이다.

어떻게 이런 일이 일어날 수 있는가? 다른 사람도 아니고 세종은 역사 기록에 관한 한 치밀하기로 따지면 둘째가라면 서러워할 인물이다. 그런 세종이 정작 자신의 치적 중에서도 가히 최고 최대라 할 수 있는 훈민정음을 창제하면서 그 어디에도 단서가 될 만한 기록조차 남기지 않았다는 것은 우리를 더욱 짙은 의문의 어둠 속으로 몰아넣는다. 그래서 지금도 세종의 관여 정도를 둘러싸고 직접 했느니 지시만 했느니 하는 논쟁이 계속되고 있다. 하지만 새로운 결정적 정보나 기록이 나오지 않는 한 그런 논쟁은 승부도 나지 않을뿐더러 승부가 난다 한들 별다른 의미도 없다.

훈민정음과 관련해 아무런 기록도 남기지 않은 세종의 이 같은 처사를 이숭녕 박사는 '은밀주의적 태도'라고 이름 붙였다. 도대체 어떤 사정이 있었기에 성왕으로까지 칭송받는 세종이 훈민정음 창제라는 우리 역사상 최대의 사건을 철두철미하게 숨겨야 했을까? 물론 신하들의 상상을 초월한 반대를 예상한 때문인데, 왜 세종은 굳이 자신의 정치 생명이 위태로울 수도 있는 우리글 만들기를 무모하게 감행했으며, 신하들은 왜 세종이 공포를 느낄 만큼 강력하게 반대했던 것일까? 물론 거기에는 어느 한 가지 요인만으로 설명할 수 없는 복잡하고 다양한 요인과 상황이 함께 작용했다.

중국 법률 번역의 문제

세종은 매우 일찍이 어려운 한문으로 되어 있는 중국 쪽의 법률을 명료하게 파악하는 데 깊은 관심이 있었다. 세종 8년 10월 27일자 기록이다.

"율문(律文-법조문)이란 것이 한문과 이두로 복잡하게 씌어 있어서 비록 문신이라 하더라도 모두 알기가 어려운데, 하물며 율을 배우는 생도에게는 얼마나 어렵겠는가. 이제부터는 문신 중에 정통한 자를 가려서 따로 훈도관을 두어 『당률소의』, 『지정조격』, 『대명률』 등의 글을 강습하는 것이 옳을 것이니, 이조로 하여금 정부(政府-의정부)에서 의논하도록 하라."

다른 한문 글과 달리 율문은 이중적인 어려움을 초래했다. 법률적인 전문 지식과 함께 그동안 판이하게 달라진 중국식 한자 읽기와 우리식 한자 읽기의 커다란 차이를 극복하는 일이 큰 난관이었다. 늘 사람 목숨이 왔다갔다하는 중대한 판결을 내려야 했던 국왕으로서는 법률에 대한 명확한 해석이 절실한 과제였는데, 이 과제를 가로막고 있던 것이 바로 이 '이중적인 어려움'이었다. 당초 율문 번역의 필요성을 먼저 느낀 것은 신하들이었다. 세종 13년 6월 22일 지신사 안숭선, 좌대언 김종서 등은 세종에게 "『대명률』의 문어(文語)는 뜻을 이해하기 어려워서 율문과 대조할 적에, 죄의 경중을 가림에 있어 실수가 있으니 진실로 불편하옵니다. 바라옵건대, 『당률소의』, 『의형이람(議刑易覽)』 (원나라 법전 풀이집) 등의 글을 참고해서 번역하고 풀이하여 사람들이 알기 쉽도록 하옵소서"라고 건의했다. 세종도 "그러하다. 그것을 편집할 만한 사람의 이름을 아뢰라"고 답한다.

그리고 다음 날인 6월 23일 "사인 조서강과 소윤 권극화에게 명하여, 『대명률』을 상정소에서 번역해 풀이하게 하였다." 그런데 여기서 '번역'한다는 것은 무슨 뜻인가? 아직 훈민정음이 창제되지 않은 상황에서 어떤 언어로 번역한다는 말인가? 우선 '문어(文語)'라는 말이 실마리가 될 수 있겠다. 즉 문어체로 되어 있는 『대명률』을 당시 조선의 식자들이 널리 쓰던 한자로 바꿔 쓰는 것을 말한다. 이때 이두를 활용함은 물론이다. 예를 들면 이런 식이다.

"凡男女定婚之初〈良中(아해)〉萬一殘疾・老弱及妾妻子息・收養子息〈等乙(들을)〉兩邊〈戈只(과글니)〉仔細相知〈爲良只(하얏기)〉各從所願〈以(으로)〉婚書相送 依例結族〈爲乎矣(하오되)〉女家〈亦(이여)〉婚書〈乙(을)〉〈曾只(일즉이)〉通報〈爲旀(하며)〉〈私音丁(사사로이)〉定約〈爲遣(하고)〉……."(『대명률직해』에서, 이홍직 감수, 『국사사전』, 고려출판사 405~406쪽)

이 정도만 되면 한문 문법에 익숙지 않아도 한자만 알면 얼마든지 읽어낼 수 있게 되는 것이다.

세종의 해체주의 번역과 신하들의 전통주의 번역의 충돌
다음의 논쟁은 법조문의 번역을 둘러싼 해체주의자 세종과 전통주의자 신하들의 대립이 어떤 생각을 기초로 하고 있는지를 잘 보여준다. 『육전』에 대한 정비가 한창이던 세종 14년 11월 7일의 일이다. 세종은 정사를 보던 중 신하들에게 말한다.

"사리를 잘 아는 사람이라 할지라도, 율문(律文)에 의거하여 판단을 내린 뒤에야 죄의 경중(輕重)을 알게 되거늘, 하물며 어리석은 백성이야 어찌 자신이 저지른 범죄가 크고 작음을 알아서 스스로 고치겠는가. 비록 백성들로 하여금 다 율문을 알게 할 수는 없을지나, 따로 큰 죄의 조항만이라도 뽑아 적고, 이를 이두문으로 번역하여 민간에게 반포하여 우부우부(愚夫愚婦)들로 하여금 범죄를 피할 줄 알게 하는 것이 어떻겠는가?"

바로 이 말이 그대로 훈민정음을 짓게 되는 본심이라는 것을 쉽게 알아차릴 수 있을 것이다. 그러나 이조판서 허조는 정면으로 반대했다. "신은 폐단이 일어나지 않을까 두렵습니다. 간악한 백성이 진실로 율문을 알게 되오면, 죄의 크고 작은 것을 헤아려서 두려워하고 꺼리는 바가 없이 법을 제 마음대로 농간하는 무리가 이로부터 일어날 것입니다." 세종의 '어리석은 백성'과 허조의 '간악한 백성'이 묘한 대조를 이룬다. 그러나 세종은 다음과 같이 정면으로 반박한다.

"그렇다면, 백성으로 하여금 자신이 저지르는 죄가 무슨 법에 저촉되는지를 알지 못하고 죄를 범하게 하는 것이 옳겠느냐. 백성에게 법을 알지 못하게 하고, 그 범법한 자를 벌주게 되면, 조사모삼(朝四暮三)의 술책에 가깝지 않겠는가. 더욱이 조종께서 율문을 읽게 하는 법을 세우신 것은 사람마다 모두 알게 하고자 함이니, 경 등은 고전을 상고하고 의논하여 아뢰라."

여기서 우리는 마치 훈민정음 창제를 둘러싼 세종과 신하들의 대립의 축소판을 보는 듯하다. 동시에 법률 문제를 둘러싼 이야기이기는 하지만 백성들로 하여금 알기 쉽게 해줘야 한다는 세종의 뜻은 훈민정음 창제의 실질적인 원동력으로 작용하게 된다. 특히 백성들이 겪는 법률상의 무지로 인한 고통을 해결해 줘야겠다는 세종의 깊은 뜻은 세종 28년에 반포된 '훈민정음'의 정인지 서문에 있는 "옥사(獄事)를 다스리는 사람은 그 곡절(曲折)의 통하기 어려움을 괴로워하였다"는 구절을 통해서도 확인할 수 있다. 그러면서 훈민정음의 효용을 이렇게 강조한다.

"그런 까닭으로 지혜로운 사람은 아침나절이 되기 전에 이를 이해하고, 어리석은 사람도 열흘 만에 배울 수 있게 된다. 이로써 글을 해석하면 그 뜻을 알 수가 있으며, 이로써 송사(訟事)를 청단(聽斷)하면 그 실정을 알아낼 수가 있게 된다."

훈민정음 창제의 가장 실용적인 목적을 다름 아닌 송사, 즉 법률 문제와 연결하고 있다. 실제로 세종이 세종 28년 9월 훈민정음을 반포한 이후 처음으로 한 일도 법률 문서를 훈민정음으로 작성하는 것이었다. 훈민정음은 법률 문제와 같이 가고 있었다. 또 세종은 세종 28년 10월 10일 대간(臺諫)의 죄를 일일이 언문(諺文)으로 써서 보여주기도 했다.

앞 장에서 본 하연의 경우처럼 이두문으로 한문 문장을 푸는 것에 대해서도 많은 신하들이 거부감을 갖고 있었는데, 그와는 비교도 안

되는 새로운 문자를 만든다고 했을 때 신하들이 어떤 반응을 나타낼 것인지는 누구보다 세종 자신이 잘 알고 있었다. 그래서 완성 단계까지 그는 몇몇 아들과 정인지, 성삼문, 신숙주와 같은 측근 중의 측근하고만 극비리에 훈민정음 창제라는 프로젝트를 수행할 수밖에 없었다.

언어학에 대한 세종의 식견

세종 14년 1월 7일 세종은 좌우의 신하들에게 다음과 같은 제안을 한다. "통사(동시통역사)로서 요동에 간 자는 현재에 그대로 머물러 있으면서 중국어(漢語)를 전습하게 하는 것이 유익하지 않겠는가?" 이에 허조는 "통사 등은 공관에 묵어야 하기 때문에 오래 머무르기가 어렵습니다. 어찌 널리 중국어를 들을 수 있겠습니까. 지금 승문원을 설치하고 이문(吏文)을 전공하게 하나 그 효과를 얻지 못하고 있습니다. 이문으로서 본받을 만한 교재들은 주자소로 하여금 찍어내게 하여 항상 승문원의 관리들로 하여금 독습하게 하소서"라고 답한다. 그러나 세종은 불만스러운 듯 "대개 말이라는 것은 굽고 꺾인 데[曲折]를 통변하게 하는 데에 맛도 있고 의미도 있는 것인데, 지금의 통사들은 대충 그 대강만을 말할 뿐이고, 그 굽고 꺾인 곳을 통변하지 못하니 한스러운 일이다"라고 한탄한다.

세종은 통사들을 제대로 교육하기 위해 요즘 식의 현지 어학 연수를 주창하고 있는 것이다. 특히 세종의 마지막 언급은 통역이나 번역의 최종 단계라고 일컬어지는 뉘앙스와 문맥의 옮김을 지적하는 것으로 세종의 언어 이해가 최고 수준에 이르렀음을 보여준다.

세종은 세종 21년 12월 4일 그 당시 언어학의 핵심 분야였던 음운학에 대한 자신의 깊은 관심을 표시하면서 현지 언어 습득이 얼마나 중요한지를 강조한다.

"중국말을 배우려고 하는 것은 진실로 아름다운 일이다. 위로는 한·당 때부터 송나라, 원나라에 이르도록 모두 자제들을 보내어 국학에 입학하여 줄 것을 청하였었다. 지난번에 역시 자제들을 보내어 입학하기를 청하였으나 명나라 조정으로부터 윤허를 얻지 못하였다. 생도들을 보내어 중국의 음훈을 학습시키려는 것은 나의 간절한 뜻이나, 다만 걱정은 중국에서 외국 사람이라 하여 허락하지 않을까 하는 것뿐이다. 다시 가부를 의논하여 아뢰게 하라."

세종 21년이면 훈민정음 창제를 끝내기 4년 전이다. 따라서 이 무렵 훈민정음의 기본적인 골격은 갖춘 상태에서 이론상의 문제점들을 점검하고 보완하는 단계였을 것이다. 그가 굳이 "중국의 음훈"을 학습시키려 했던 동기를 단순히 유능한 통역관 양성 정도로만 본다면 곤란하다. 즉 『실록』은 '훈민정음'에 대해서는 거의 침묵하고 있지만 이곳저곳에 창제의 비밀을 풀 수 있는 단서들을 배치해 놓고 있다. 한 가지 사례만 더 짚어보자.

"자학(字學)을 연구하라"

한 달여 후인 세종 22년 1월 10일 훈민정음 창제와 좀더 직접적인 연관성을 보여주는 기사가 나온다.

"의정부에서 아뢰기를, '교서관의 자학(字學)을 권면하고 장려하는 데 미진한 조건을 다시 더 마련하여서 아뢰옵나이다.

1. 무릇 일이란 것은 오래되면 반드시 익숙해지는 것이온데, 이제 본관의 참외관(參外官)이 4년이 차서 거관(去官-보직 해임)한 뒤에는 전혀 다시 돌아보아 깨치지 아니하는 까닭으로, 끝내 효과를 보지 못하게 되옵니다. 지금부터 일찍이 본관에서 전자(篆字)를 배워서 익힌 3품 이하 6품 이상인 자를 성균관에서 종학박사를 겸임하는 데에 3, 4품이면 교리(校理)를 겸임하고, 5, 6품이면 낭(郎)을 겸임하여 그 임무를 맡게 하되, 반드시 본관의 천망(薦望)이 있어야 서용하는 것을 허락할 것입니다.

1. 대전(大篆)은 비(碑)·갈(碣)에 쓰고, 소전(小篆)은 도서(圖書) 위에 쓰며, 방전(方篆)은 인장(印章)에 쓰는 것인데, 모두 뺄 수 없는 것입니다. 매양 사맹삭(四孟朔-음력 1, 4, 7, 10월)이 되면 본조와 그 학(學)의 제조가 시험해 뽑되, 먼저 대전을 쓰고 다음에 소전을 쓰며, 다음에 인전(印篆-방전)을 쓰게 해서 평가해야 합니다.

1. 평상시에 전혀 공부해 익히지 아니하기 때문에 글자체를 알지 못하는 자가 퍽 많사옵니다. 본관 제조가 매월 한 차례씩 본관에 모여 앉아 녹관(祿官)과 겸관(兼官)에게 명령하여 전자를 쓰게 하고, 그 등급을 매겨서 매달 월말에 계문(啓聞)하게 하고, 또 연말에 이조에 이문(移文)하여 승진하고 좌천하는 데 근거가 되게 할 것입니다.

1. 예조와 본관(本館)에서 사람을 뽑을 때에, 한두 차례 연고(緣故)

를 칭탁하고 전자를 쓰지 아니하는 자는 그 차지(次知-주인 대신 형벌받는 하인)를 가두고, 세 차례나 쓰지 아니하는 자는 계문(啓聞)하여 논죄할 것입니다' 하니, 그대로 따랐다."

다소 어려운 한자어들이 많지만 우리는 이 기사를 읽고 또 읽어야 한다. 자학(字學), 언어학의 일종인 문자학에 대한 세종의 독려에 대한 응답으로 이 글이 나온 것이기 때문이다. 자학의 핵심 연구 대상은 여기 나와 있는 것처럼 전자(篆字)이다. 서예 기법의 하나로 전자를 다루는 게 아니라 자학의 관점에서 전자의 문제에 접근하고 있다는 것은 훈민정음을 예고하기에 충분하다. 왜냐하면 세종 28년 9월 29일 반포된 '훈민정음'에 붙인 예조판서 정인지의 서문에 명확하게 이렇게 표현되어 있기 때문이다.

"계해년 겨울에 우리 전하께서 정음(正音) 28자를 처음으로 만들어 사례를 간략하게 들어 보이고 명칭을 훈민정음이라 하였다. 물건의 형상을 본떠서 글자는 고전(古篆)을 모방하고……."

옛날의 전자를 본떠 훈민정음의 자모가 만들어졌다는 것이다. 이를 위해 세종은 이미 세종 22년부터 전자 연구를 비롯한 자학(字學)의 발전을 촉구하고 있었던 것이다. 열심히 하는 사람에게는 승진을, 그러지 못한 사람에게는 좌천과 처벌의 의사까지 밝히고 있다. 평소 형벌을 신중하게 하는 세종이 훈민정음 창제에 전자의 연구를 얼마나 중요하게 생각했는지 알 수 있다.

그리고 집권 초기인 세종 5년 12월 23일 세종은 경연을 갖던 도중 자신의 지적 능력과 학문적 관심 분야에 대해 신하들에게 털어놓은 적이 있다. 그때 세종은 자신이 중국어를 공부하고 있다며 "내가 한어의 역서(譯書-이것은 요즘 식으로 번역서가 아니라 어학 학습서로 봐야 한다)를 배우는 것은 다른 것이 아니다. 명나라의 사신과 서로 접할 때에, 미리 그 말을 알면 그 대답할 말을 혹 빨리 생각하여 준비할 수 있기 때문"이라고 밝혔다. 당시로서는 자신이 밝힌 그대로 외교상의 필요에 따른 것이었는지 모르지만 이때 익힌 중국어 또한 우리말을 중국말과 비교하는 기회를 갖도록 하면서 언어에 새로운 눈을 뜨게 했을 것이다. 이 체험은 당연히 훗날 자신이 추진한 훈민정음 창제의 동기와 실무 면에 결정적으로 기여했다고 봐야 한다.

세종 11년 9월 6일 예조판서 신상은 전 교리 이변(李邊)이 문과에 급제하고도 중국과의 사대 문서 작성에 긴요한 이문을 자발적으로 공부했다며 상주기를 청했다. 당시 시대 풍조에서는 북경 방문 때 사무역(私貿易)이 금지됐기 때문에 사역원은 젊은 인재들이 기피하는 부서가 되어 있었다.

참고로 여기서 언급된 이변은 당시 김하와 함께 세종 시대를 대표하는, 아니 조선 최고의 동시통역사이자 통역 이론가였다. 성종 때 중추원 영사에까지 이르게 되는 이변의 손자 이거는 병조참의를 지냈고 이거의 아들 이백록은 과거에 급제해 벼슬에 나서기는 했으나 조광조를 따르는 사림파 쪽에 섰다가 모진 고초를 겪었다. 그래서 그의 아들 이정은 아예 벼슬길에 나서지 않았다. 이정에게는 네 아들이 있었다. 이희신, 이요신, 이순신, 이우신이 그들이다. 셋째가 바로 충무공 이순신이다. 아마도 벼슬에 나서지는 않았지만 4형제의 아버지 이정은 고대의 중국을 그리워했던 인물인 것 같다. 복희와 요순 그리고 우왕에서 아들들의 가운데 이름을 따왔다.

훈민정음의 언어철학을 담고 있는 『황극경세서』

세종이 중국 황제에게 부탁해 입수한 『성리대전』을 즐겨 읽었다는 것은 이미 앞에서 살펴본 바 있다. 물론 세종은 훗날 이 책을 충분히 이해하지 못했음을 신하들에게 실토하며 중국에서 온 사신들에게까지 그 책의 내용을 묻게 하기도 했다. 그런데 이 책에 실린 글 하나가 훈민정음의 언어철학에 결정적으로 기여했음을 밝힌 학자는 강신항 전 성균관대 교수이다. 그 글이란 바로 『황극경세서(皇極經世書)』로서 훗날 신숙주가 훈민정음의 언어 이론을 뒷받침하기 위해 쓴 서문이 『황극경세서』와 거의 일치한다는 것을 강신항 교수가 밝혀낸 것이다. 그 글은 말 그대로 임금을 뜻하는 황극이 세상을 경영하는 원리라는 것을 밝힌 것으로 중국의 소강절(邵康節)이 썼다.

"소강절은 삼라만상을 '4'라는 숫자로 아우른다. 음양은 사상(四象)으로, 사상은 팔괘(八卦)로, 팔괘는 육십사괘……로 나가지만 그 근본 틀은 바로 '4'에 있다. 예를 들자면, 우주는 해·달·별·황대, 몸은 눈·코·귀·입, 지구는 물·불·흙·돌의 네 가지로 되어 있으며, 같은 이치로 모든 생각을 표현하는 방법도 네 가지, 행동의 선택 여지도 네 가지라고 주장했다. 이는 천지 생성의 원리이며 음양 변화 모습의 틀이다. 운행 원리로 들어가면 오운(五運), 육기(六氣) 등으로 복잡하게 되지만 그 역시 '4'라는 큰 틀 속에 있는 것이다."

사성(四聲)을 중심으로 한 중국의 음운학이 나온 것도 여기서 비롯된다. 이처럼 일찍이 세종은 언어 관련 분야에 많은 관심을 기울임과 동시에 상당한 수준의 언어 이론적 지식을 갖추고 있었다.

이문을 주목해야 하는 까닭

우리 같은 국어학의 비전문가들은 이두, 향찰, 구결은 들어봤어도 조선시대 하급 관리들이 공문서를 작성할 때 쓰던 문체나 문투를 뜻하는 '이문'이나, 이문에 관한 체계적 공부를 뜻하는 '이학(吏學)'은 거의 들어보지 못했을 것이다. 중세 국어의 권위자인 안병희 전 서울대 교수는 동양 3국 문자 생활의 핵심 수단인 한자(漢字)의 용법과 관련해 다음과 같이 정리한다.

"크게 보아 한자 고유의 용법과 우리나라에서의 차용(借用)된 용법이 있었다. 전자에 따른 것은 한문(漢文), 후자에 따른 것은 이두(吏讀)라 한다. 한문은 다시 순수한 한문과 이문으로 나뉜다. 이문은 종래 중국과 주고받는 외교문서에 나타나는 독특한 한문을 가리키는 것으로 이해되고 있었다. (중국과의 외교문서 작성 훈련을 담당하는) 승문원에서의 이문 학습을 말할 때의 이문이 바로 그러한 용법이었다. 그러나 국내 문서에서도 이문은 사용되었다. 행정과 법률의 전문 용어가 나타나고 독특한 문체를 갖는 점이 그 특징이다. 이 특징은 종래의 이문도 똑같이 가진다. 국외 문서와 국내 문서를 하나의 명칭으로 부르게 된 소이인 것이다."(『吏文과 吏文大師』, 탑출판사, 7~8쪽)

그렇다고 이문이 우리나라, 즉 고려나 조선에서 생긴 것은 아니다. 2002년 고려대 정광 교수팀은 『이학지남(吏學指南)』이라는 책을 입수해 그것을 소개하는 책을 낸 바 있다. 이 책은 중국 원대에 만들어진 '이학'의 입문서다. 정 교수에 따르면 이학은 "하급 관리들의 임무 수행에 필요한 지식을 배우는 것으로 주로 행정, 법률, 교육에 대한 기초 지식과 특수 용어를 교육"하는 것이다. 참고로 우리가 쓰는 관리(官

吏)라는 말의 본뜻은 '관(官)'은 황제나 국왕이 임명하는 고위 관직이고 '리(吏)'는 관이 임명한 하급 관직으로 조선시대의 아전, 서리들이 여기에 해당한다.

"중국에서 원은 이민족인 몽고족이 세운 나라로서, 직접 통치에 임하는 것은 지배족인 몽고족이 아니라 몽고인들에게 채용된 한족의 이배(吏輩)들이었다. 따라서 원대에 이학의 중요성이 부각되었으며 『이학지남』은 그러한 상황에서 발간된 것이다. 이러한 이학은 조선과 일본에서도 그 중요성이 인식되어 이 책을 자국에서 간행하기에 이르렀고 법률·행정 용어 사용에서 이 두 나라에 미친 영향은 매우 컸다."(『이학지남』, 태학사, 7쪽)

쉽게 말해 이문이란 대면 접촉을 통한 말보다는 문자를 통할 수밖에 없었던 한국과 중국, 한국어와 중국어의 교류가 만들어낸 산물이라고 할 수 있다. 이런 교류의 특색을 국어학자인 이기문 서울대 명예교수는 "첫째, 한국 한자음이 생겼으며, 둘째, 중국에서 형성된 말들이 이 한자음으로 읽혔으며, 셋째, 한국인 스스로 한자를 결합하여 새 말을 만들 수 있었음을 들 수 있다"(『국어어휘사 연구』, 동아출판사, 236쪽)고 밝힌 바 있다.

세종이라는 인간, 특히 훈민정음과 관련된 세종의 지적 준비 작업을 추적하면서 이문에 주목하는 이유는 크게 두 가지다. 하나는 이문도 하나의 글인 한에서 언어에 대한 세종의 관심을 확인하려는 것이며, 또 하나는 한국어, 그중에서도 훈민정음에 이문이라는 독특한 언어가 어떤 영향을 미쳤는지를 알아보려는 것이다.

세종 초기 『실록』을 보면 사대(事大)라는 일의 비중에도 불구하고 국내에서 출세하는 데는 이문이 그다지 유용하지 못했기 때문에 점점 쇠퇴하고, 이를 공부하는 사람도 줄어들었으며, 하더라도 나태해서 제대로 실력을 갖춘 이가 드물었다. 세종의 전지는 그에 대한 일종의 대책인 것이다. 그래서 신하들의 건의도 주로 이문을 공부하는 사람들의 교과 과정과 평가 시스템을 강화하자는 데 초점이 맞춰져 있다. 예를 들어 세종 7년 9월 21일의 기사를 보자.

"이조판서 허조가 계하기를, '이문을 가르치는 사람을 훈도관이라 하고 배우는 사람을 학관이라 하여, 날마다 승문원 녹관과 한자리에서 꼭 읽어야 할 여러 가지 글을 한음(漢音)으로 강습하도록 하고, 이어 승문원 제조 한 사람을 시켜서 날마다 고찰 장려하게 하고, 또 예조에서는 달마다 성적을 고사하여 기록해 두었다가 연말 결산할 때에 그 기간의 성적을 통산해서 보고하여 임용하는 자료로 하기를 청합니다' 하고, 또 계하기를, '사역원 관원 중에서 재능이 교훈을 할 만한 자는 역학 훈도관으로 임명하고, 재주가 역학을 할 만한 자는 역학 학관으로 임명해서, 생도 중에서 총명하게 배울 만한 자를 선택하여 별도로 한집에 거처하게 하고, 장학금을 주어 특별히 가르치며 제조가 날마다 고찰 권장하고, 예조에서는 달마다 강습하는 것을 고찰하였다가 연말 결산할 때에 그 기간을 통산해서, 경서와 잡어(雜語)에 능통한 자는 보고해서 임용하도록 하고, 그 나머지 임시 산관(散官)과 생도는 독실히 권학하여 전보한 자가 있는 대로 계속 승진 보임하도록 하기를 청합니다' 하니, 그대로 따랐다."

그래서 세종은 세종 7년 12월 26일 "승문원의 관원과 이문학관(吏文

學官)에게 전지(傳旨)하여, 매월 초하루와 16일을 제외한 나머지 날에는 관아에 나와 일보는 것을 그만두게 하고, 오로지 이문의 습독만을 맡겼다." 그러나 세종 13년 1월 21일 예조에서 올린 글을 보면 여전히 이문에만 전념하라는 교시가 관원들 사이에서 제대로 지켜지지 않았음을 알 수 있다.

"본조에서 수교(受敎)하기를, '승문원의 직임을 띠고 있는 인원은 다른 사무를 제폐하고, 오로지 그 임무만을 다스리게 하라' 하셨사온데, 근년 이래 본원의 관원이 혹은 다른 사무를 맡기기도 하고, 혹은 제향의 집사(執事)로 인하여 관아에 나오는 날이 적기 때문에 본업을 버리고 있사오니, 앞으로는 한결같이 교지에 의하여 다른 사무를 정해 주지 말게 하고 그 임무에만 전력하게 하옵소서."

세종 15년 1월 18일 기사에는 이문과 중국어 학습의 진작 방안을 고민하는 세종의 모습을 볼 수 있다. 이날 경연에서 세종은 좌부대언 정분에게 이렇게 지시한다.

"이문과 중국어(漢語)는 국가의 소중한 바이다. 지난번 통사들에게 중국에서 사무역을 할 수 있도록 허락했더니 자기에게 이익이 매우 많기 때문에 비록 한 해에 두 번씩 갈지라도 모두 회피하지 아니하였는데, 지금은 무역하는 것을 엄금하여, 매양 북경에 갈 때를 당하면 감찰이 규찰하고, 또 근일에는 태평관(太平館)에서 금물(禁物)을 매매하면 아울러 통사가 실정을 안다는 이유로 죄를 주니, 이로 인하여 사역원 생도들이 모두 이문과 중국어 배우기를 게을리 하였다. 다행히 김시우가 사역원 제조가 되자 엄하게 규찰하여 생도들로 하여금 학업에 부지런하게 하더니, 김시우가 이미 죽었고, 원민생이 병이 있어서 능히 규찰하지 못하니 내 심히 염려된다. 이문을 습독하는 일은 이긍이 그 일을 전담하였으나, 사역원에는 상좌 제조(常坐提調-전담 책임자)가 없으니, 이조에서 의논해 추천하게 하라' 하였다."

급기야 이문을 공부하는 사람들이 학습을 게을리 하자 처벌해야 한다는 주장까지 제기된다. 세종 21년 2월 20일 의정부에서 아뢰기를 "처음에 승문원의 이문 생도를 둔 것은 이문을 학습하게 하고 사대 문서를 관장하게 하고자 한 것인데, 거의 모두가 학습에 나태하여 여러 방법으로 모피하옵는 것은 다름이 아니라, 권면하고 징계하는 것이 없음으로 그러합니다. 청하건대, 부모의 병과 신병이 가장 많은 자를 연말에 통산하여서 관직을 받아야 할 자도 서용하지 마소서'라고 하자 세종은 그대로 시행하라고 명한다. 속된 말로 돈이 되지 않는 일을 하지 않으려 한 때문이었다.

이런 가운데서도 세종은 중국어를 공부하는 자뿐만 아니라 이문을 공부하는 생도들도 요동에 들여보내 중국말을 익히도록 하자는 세종 21년 12월 19일 예조의 건의를 흔쾌히 수용했다. 그것에는 이 무렵 본격화된 훈민정음 창제와 관련한 다양한 연구 인력을 양성하려는 세종의 깊은 뜻이 작동했음은 물론이다. 세종 23년 8월 11일자 기사에도 이문과 관련한 세종의 의지를 보여주는 대목이 나온다.

"상호군 민광미 등 60인이 상언(上言)하기를, '신 등이 그윽이 살펴보옵건대, 우리나라는 삼한으로부터 고려에 이르기까지 대대로 대국을 섬겼으므로, 고려에서는 한어도감(漢語都監)과 사역상서방(司譯尙書房)을 설치하고 오로지 화어(華語)를 익히게 하여, 그때에는 한인(漢人)이 우리나라에 와서 우거하는 자가 매우 많았고, 국초(國初)에 이르러서는 사역원(司譯院)을 설치하고 방화(龐和), 형화(荊華), 홍즙(洪楫), 당성(唐城), 조정(曹正) 등 중국인들이 서로 계승하여 가르쳤으므로, 이로 인하여 친히 배우고 익히게 되어 인재가 배출되었습니다.

그러나 학도(學徒)가 읽는 교재라고는 불과 『노걸대(老乞大)』, 『박통사(朴通事)』, 『전·후한서(前後漢書)』뿐이옵고, 또 그 서적에 기재된 것이 대개가 다 상스럽고 속된 말이어서, 배우는 자들이 이를 걱정하였는데, 삼사 판사(훗날의 호조판서) 설장수가 화어로써 『소학(小學)』을 해석하고 이름하기를 『직해(直解)』라 하여 후세에 전하였사온데, 이제 주상께옵서 사대하시기를 더욱 정성스럽게 하시와, 강이관(講肄官)과 별재학관(別齋學官)을 증설하시고 전함(前銜) 권지생도(權知生徒)와 승문원의 이문학관 학생 등까지 모두 생활비를 주시고 독실하게 권면하시오니, 교양하는 방법이 지극하옵고, 극진하오면서도 다른 사범(師範)이 없고 오직 『소학직해』 1부로써만 익히게 하시오니 설장수의 공이 더욱 큽니다. 하물며 중국의 유자들도 직해를 보고는 모두 해설한 것이 지당하다고 말하면서 경모하기를 마지아니하니, 설장수의 위인을 가히 알 수 있사온데, 성조(聖朝)에서 일찍이 포상한 적이 없사와, 신 등은 그윽이 생각하옵고 유감으로 여기옵나이다. 엎드려 바라옵건대, 전하께옵서 특별히 선한 장점을 선하게 여기시는 증거로 설장수의 아들을 등용하시와 작질(爵秩)을 높이 올려주시오면, 비단 지하의 장수를 위로하는 것만이 아니옵고 실로 성조(盛朝)의 영전(令典)이 될까 하옵니다' 하니, 이조에 명하여서 그 아들을 녹관으로 채용하게 하였다."

물론 이문에 대한 세종의 애착을 그가 일관되게 견지한 명나라에 대한 지성사대의 관점에서 볼 수도 있다. 그러나 이문과 관련된 기록이 훈민정음 작업이 한창이었을 세종 20년을 전후해서 집중적으로 나오는 것을 감안할 때 훈민정음 작업에 필요한 인력 양성 또한 염두에 둔 것으로 봐야 할 것이다.

동시에 훈민정음은 이문을 극복하려는 시도로 해석할 수 있다. 즉 이문이 주로 사용된 분야인 법률 분야에서 훈민정음을 처음 사용하도록 했다는 것은 글을 몰라서 어려움을 겪는 백성들의 한을 풀어주려는 의도였다. 궁극적으로 법률과 관청에서 어려운 말이 추방되어야만 백성들도 고통에서 해방될 수 있기 때문이다. 그러고 보면 세종이 훈민정음을 창제한 뜻은 오늘날까지도 달성되지 못하고 있는지도 모른다. 지금도 법조계나 관청에서 쓰는 전문 용어라는 것들을 보면 이문 못지않게 난해하기 그지없기 때문이다.

세종의 뛰어난 언어 감각

세종 15년 윤8월 22일 세종은 예조에 다음과 같이 직접 지시한다. 참고로 『실록』을 읽을 때 주의해야 할 것 중 하나가 어떤 안건을 국왕이 직접 지시했을 때와 신하들의 건의나 상서를 그냥 추인했을 때의 명확한 구별이다. 특히 우리처럼 국왕의 인격을 직접 체험하고자 할 때는 전자에 주목해야 한다. 지금 살펴볼 전지의 내용이 바로 그런 경우다.

"우리나라에서 '신(申)' 자를 쓰는 예로 '신판(申判)'이니, '의신(依申)'이니, '선신(善申)'이니, '신정(申呈)'이니, '지신사(知申事)'니 하는데, 그 뜻을 따져본다면 아랫사람이 위에 알린다는 말이니, '주

(奏)'·'계(啓)'라는 글자와 같은 뜻이다. 그런데 '육부의 잘못을 신(申)한다'고 한다든가, '응당 신(申)할 것인데도 신(申)하지 아니한다'고 하는 따위는 역시 여러 아문에서 통용하고 있는 글자인데, 이것에 의심이 없지 아니하니 집현전으로 하여금 옛 제도의 공식 문자를 상고하게 하라. 지금 『홍무예제(洪武禮制)』나 『대명률』에, '우(右)는 아무 관청[某司]에 신(申)한다'고 한 것이나, '현(縣)에서 주(州)에 신(申)하고, 주(州)에서 부(府)에 신(申)한다'고 함과 같은 예들도 역시 다 신하가 임금에게 알린다는 뜻이 아니고 순전히 아문끼리 쓰는 것이 분명하다. 이것이 비록 작은 일이나, 보통으로 쓰는 글자를 임금에게 아뢴다[啓達]는 말로 쓴다는 것은 실로 근거 없는 것이고, 관직의 이름에까지 쓴다는 것은 의리에도 맞지 않다. '신판'이니, '의신'이니 하는 말은 이제 이미 고쳤지만, '선신(善申)'이니, '신정(申呈)'이니, '지신사(知申事)'니 하는 말도 고치는 것이 어떠할지 상정소와 함께 의논하여 아뢰라."

세종의 전지가 있고 5일 후인 윤8월 27일 신하들 간에 토론이 벌어졌다. 상정소 제조 황희와 허조는 이렇게 말했다. 일종의 반대론이다.

"중국에서 비록 '신(申)' 자를 가지고 신하들이 서로 존대하는 말로 삼기는 하나, 모두가 아랫사람으로서 윗사람을 존대하는 말이지 서로 대등하는 말은 아니옵니다. 또 우리나라에서는 고려의 국초부터 임금과 신하 사이에만 썼고 신하끼리는 쓰지 아니하여 이미 위아래의 혐의를 피하게 되고, 국초에도 고려 때의 제도를 그대로 하여 이제에 이르도록 변함이 없사오며, 더구나, 지금 『속육전』에 기재하여 중외에 반포한 지가 미처 한 달도 넘지 않았고, 백성에게도 큰 폐단이 없사온데, 경솔하게 고친다면 『육전』이 장차 온전한 서적이 되지 못할 조짐이 되고, 그리하여 백성에게 위신을 보일 수 없을까 실로 두렵사옵니다."

반면에 맹사성은 찬성론을 편다.

"『홍무예제』와 『대명률』에 쓴 '신(申)' 자는 모두가 신하들이 자기네끼리 서로 존대하는 말이요, 임금에게 아뢰어 올리는 말이 아닙니다. 바라옵건대, '선신(善申)'을 '선계(善啓)'로 하고, '신정(申呈)'을 '상언(上言)'으로, '근신(謹申)'을 '근계(謹啓)'로, '신문(申聞)'을 '계문(啓聞)'으로, '지신사(知申事)'를 '도승지(都承旨)'로 고치는 것이 어떠할까 하옵니다."

이에 대해 정초(鄭招)는 맹사성을 지지하는 입장을 보였다.

"고려 때는 중엽 이전에는 무릇 신하가 의논하여 청하는 것은 '주(奏)'라 하고, 임금이 가하다고 승낙하는 것을 '제가(制可)'라고 함이 중국과 다름이 없사옵더니, 원나라를 섬기게 된 이후로 진동성(鎭東省)을 설립하고 국왕을 승상으로 삼으면서 일을 모두 깎아내려서 비로소 아문의 예와 같이 하여, 신하가 '계(啓)'하는 것을 '신(申)'이라 하고, 임금의 '재가(可)'하는 것을 '판(判)'이라 하였었는데, 이제 우리 조정에서 이미 '판(判)'을 '교(敎)'로 고치고 오직 '신(申)' 자는 예전 그대로 하고 있어서 말이 순편하지 못하오니, 바라옵건대, 맹사성의 의논대로 고쳐 일컫는 것이 어떨까 하옵니다."

이런 논의는 이조에서 취합하여 맹사성과 정초의 의견을 받아들이는 쪽으로 결론이 난다.

세종 15년 9월 11일자 기사다.

"이조에서 아뢰기를, '신(申)이라는 글자는 신하들끼리 서로 높이는 말이요, 임금에게 아뢴다는 말이 아니온데, 국초에 고려의 제도를 그냥 따라서 모든 아뢰는 일에 모두 신(申) 자를 써와서 지금까지 고치지 아니함은 진실로 부당한 것입니다. 바라옵건대 '선신(善申)'을 '선계(善啓)'로, '신정(申呈)'을 '상언(上言)'으로, '근신(謹申)'을 '근계(謹啓)'로, '신문(申聞)'을 '계문(啓聞)'으로 고치고, '지신사(知申事)'를 국초 관제에 따라 '도승지'로 일컫고, 모든 '대언(代言)'을 '승지'로 일컫는 것이 어떠할까 하옵니다' 하니, 그대로 따랐다."

세종의 지적이 옳았던 것이다. 이처럼 세종은 원래 남들이 당연시하는 것들에 대해서도 기꺼이 질문을 던지는 성격이었던 데다가 언어에 대한 남다른 감각이 있었기 때문에 이 같은 문제점을 발견할 수 있었을 것이다.

김화의 살부(殺父) 사건에서 훈민정음 논쟁까지

훈민정음 창제 사실이 알려진 다음해인 세종 26년 2월 20일 집현전에서 오래 근무한 최만리 등의 폭로성 상소가 올라오자 극히 이례적으로 세종은 진노했다.

"너희들이 이르기를, '음(音)을 사용하고 글자를 합한 것이 모두 옛글에 위반된다'고 하였는데, 설총의 이두도 역시 음이 다르지 않으냐. 또 이두를 제작한 본뜻이 백성을 편리하게 하려 함이 아니었겠느냐. 만일 그것이 백성을 편리하게 한 것이라면 이제의 언문도 백성을 편리하게 하려 한 것이다. 너희들이 설총은 옳다 하면서 군상(君上)이 하는 일은 그르다 하는 것은 무엇이냐. 또 네가 운서(韻書)를 아느냐. 사성칠음(四聲七音)에 자모(字母)가 몇이나 있느냐. 만일 내가 그 운서를 바로잡지 아니하면 누가 이를 바로잡을 것이냐. 또 소(疏)에 이르기를, '새롭고 기이한 하나의 기예라' 하였으니, 내 늘그막에 시간을 보내기 어려워서 서적으로 벗을 삼을 뿐인데, 어찌 옛것을 싫어하고 새것을 좋아하여 하는 것이겠느냐. 또 전렵(田獵)으로 매사냥을 하는 예도 아닌데 너희들의 말은 너무 지나침이 있다. 너희들이 시종하는 신하로서 내 뜻을 밝게 알면서도 이러한 말을 하는 것은 옳지 않다."

자칫 정확한 전후 맥락을 모르면 세종의 이 같은 진노가 다소 엉뚱해 보일 수도 있다. 같은 날의 기사 중 다른 대목이다. 앞서의 진노가 최만리를 향한 것이었다면 이번의 분노는 정창손을 겨냥하고 있다.

"임금이 말하기를, '전번에 김문(金汶)이 아뢰기를, '언문을 제작함에 불가할 것은 없습니다' 하였는데, 지금은 도리어 불가하다 하고, 또 정창손은 말하기를, 『삼강행실』을 반포한 후에 충신·효자·열녀의 무리가 나옴을 볼 수 없는 것은, 사람이 행하고 행하지 않는 것이 사람의 자질 여하에 있기 때문입니다. 어찌 꼭 언문으로 번역한 후에야 사람이 모두 본받을 것입니까' 하였으니, 이따위 말이 어찌 선비의 이치를 아는 말이겠느냐. 아무짝에도 쓸데없는 용렬한 선비이다' 하였다. 먼젓번에 임금이 정창손에게 하교하기를, '내가 만일 언문으로 『삼강행실』을 번역하여 민간에 반포하면 어리석은 남녀가 모두 쉽게 깨달아서 충신·효자·열녀가 반드시 무리로 나올 것이다' 하였는데, 정창손이 이 말의 꼬리를 잡아 계달한 때문에 이제 이러한 하교가 있는 것이었다."

특히 정창손에 대해서는 세종이 단단히 화가 났다. 그것은 『삼강행실도』 번역에 세종이 그만큼 큰 비중을 두고 있었다는 뜻일 것이다.

"임금이 또 하교하기를, '내가 너희들을 부른 것은 처음부터 죄주려 한 것이 아니고, 다만 소(疏) 안의 한두 가지 말을 물으려 하였던 것인데, 너희들이 사리를 돌아보지 않고 대답하니, 너희들의 죄는 벗기 어렵다' 하고, 드디어 부제학 최만리, 직제학 신석조, 직전 김문, 응교 정창손, 부교리 하위지, 부수찬 송처검, 저작랑 조근을 의금부에 내렸다가 이튿날 석방하라 명하였는데, 오직 정창손만은 파직시켰다."

세종이 볼 때는 사대주의적 관점에서 비판한 최만리보다 훈민정음의 교화 무용론을 주창한 정창손이 더 미웠던 것이다.

김화의 살부 사건과『삼강행실도』그리고 훈민정음 창제

왜 세종은 항거성 상소를 주도한 최만리도 풀어주면서『삼강행실도』번역을 반대한 정창손은 파직시킨 것일까? 이 의문을 풀기 위해서는 적어도 16년은 거슬러 올라가야 한다. 세종 10년 9월 27일 근정전에 그 해답이 있기 때문이다. 이날 형조에서는 "진주 사람 김화(金禾)가 제 아비를 죽였사오니, 율(대명률)에 의거하여 능지처참하소서"라고 계를 올렸고 세종은 그렇게 하라고 지시했다. 그러나 세종은 곧바로 자신을 탓하면서 "계집이 남편을 죽이고, 종이 주인을 죽이는 것은 간혹 있는 일이지만, 이제 아비를 죽이는 자가 생겨났으니, 이는 반드시 내가 덕이 없는 까닭이로다"라고 말한다.

일주일 후인 10월 3일자 기사는 김화의 사건으로 받은 세종의 충격을 좀더 사실적으로 묘사하고 있으며 그 대책으로 세종이 대중요법보다는 근치(根治)에 주안점을 두었음을 보여준다. 법치보다는 덕치였다.

"임금이 일찍이 진주 사람 김화가 그 아비를 살해하였다는 사실을 듣고, 깜짝 놀라 낯빛이 변하고는 곧 자책하여 여러 신하를 소집하여 효제(孝悌)를 돈독히 하고, 풍속을 후하게 이끌도록 할 방책을 논의하게 하니, 판부사 변계량이 아뢰기를, '청하옵건대 『효행록(孝行錄)』 등의 서적을 널리 반포하여 항간의 영세민으로 하여금 이를 항상 읽고 외게 하여 점차로 효제와 예의의 마당으로 들어오도록 하소서' 하였다. 이에 임금이 직제학 설순에게 이르기를, '이제 세상 풍속이 박악(薄惡)해져서 심지어는 자식이 자식 노릇을 하지 않는 자도 있으니, 『효행록』을 간행하여 이로써 어리석은 백성들을 깨우치려고 한다. 이것은 비록 폐단을 구제하는 급무가 아니지만, 실로 교화하는 데 가장 먼저 해야 할 것이니, 전에 편찬한 24인의 효행에다가 또 20여 인의 효행을 더 넣고, 전조(前朝)와 삼국시대의 사람으로 효행이 특이한 자도 또한 모두 수집하여 한 책을 편찬해 이루도록 하되, 집현전에서 이를 주관하라'고 하였다."

먼저 『효행록』에 대한 약간의 이해가 필요하다. 『효행록』은 고려 말에 권준이 아버지 권보(權溥)와 함께 중국의 역대 효행 62건을 모아 책으로 엮은 것이다. 책으로 간행된 것은 태종 5년(1405년) 권준의 손자인 권근이 주석을 붙여 펴낸 것이 처음이다. 이것을 바탕으로 중국과 고려의 사례를 추가해 만든 것이 바로 『삼강행실도』이다. 세종 14년 6월 9일 집현전에서 『삼강행실도』를 편찬하여 올렸다. 세종 16년 4월 27일자 기사는 우리가 확인하고픈 대목, 즉 김화의 사건에서 『삼강행실도』를 거쳐 훈민정음으로 나아가게 되는 일련의 과정이 충분한 근거를 갖고 있는 것임을 보여준다.

"임금이 말하기를, '삼강은 인도(人道)의 대경(大經)이니, 군신·부자·부부의 벼리를 마땅히 먼저 알아야 할 것이다. 이제 내가 유신(儒臣)에게 명하여 고금의 사적을 편집하고 아울러 그림을 붙여 만들어 이름을 '삼강행실'이라 하고, 인쇄하게 하여 서울과 외방에 널리 펴고 학식이 있는 자를 선택하여 항상 가르치고 지도하여 일깨워주며, 장려 권면하여 어리석은 백성으로 하여금 모두 알아서 그 도리를 다하게 하고자 하는데 어떻겠는가' 하니, 도승지 안숭선 등이 아뢰기를, '성상의 하교가 지당하시옵니다' 하였다. 이에 중추원사 윤회에게 명하여 교서를 짓게 하니, 그 글에 이르기를, '내가 생각건대, 하늘이 준 바른 덕과 진심 그리고 의젓하게 타고난 천성은 생민이 똑같이 받은 것이라, 인륜을 두텁게 하여 풍속을 이루게 하는 것은 나라를 가진 자의 급선무이다.

세상의 도리가 이미 떨어지고 순박한 풍속이 예전과 같지 않아, 천경(天經)과 인기(人紀)가 점점 진실을 잃어버림으로써 신하는 신하 된 도리를 다하지 못하고, 아들은 아들 된 직책을 바치지 못하고, 아내는 부덕(婦德)을 온전히 못하는 자가 간혹 있으니, 진실로 가탄(可嘆)할 뿐이로다. (중략) 오직 오전(五典)을 두텁게 하여 오교(五教)를 펴는 도리에 밤낮으로 마음을 다하고 생각을 두었으나, 어리석은 백성이 향하여 갈 바를 몰라 흐리멍덩하게 본받는 바가 없으므로, 이에 유신에게 명하여 고금의 충신, 효자, 열녀 중에서 뛰어나게 본받을 만한 자를 뽑아서 그 사실을 따라 기록하고, 아울러 시찬(詩贊)을 저술하려 편집하였으나, 오히려 어리석은 백성들이 아직도 쉽게 깨달

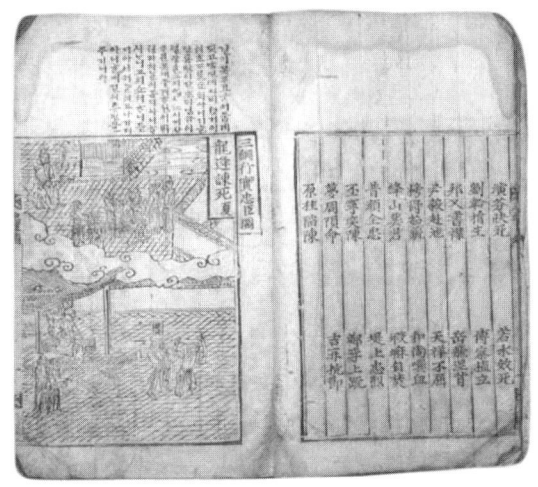

『삼강행실도』_ 세종 시대에 『효행록』을 바탕으로 삼강에 모범이 될 만한 충신, 효자, 열녀의 행적을 모아 만든 책. 훈민에 대한 세종의 의지를 엿볼 수 있다.

아 알지 못할까 염려하여, 그림을 붙이고 이름하여 '삼강행실(三綱行實)'이라 하고, 인쇄하여 널리 펴서 거리에서 노는 아이들과 골목 안 여염집 부녀들까지도 모두 쉽게 알기를 바라노니, 펴보고 읽는 가운데에 느껴 깨달음이 있게 되면, 인도하여 도와주고 열어 지도하는 방법에 있어서 도움됨이 조금이나마 없지 않을 것이다.

다만 백성들이 문자를 알지 못하여 책을 비록 나누어주었을지라도, 남이 가르쳐주지 아니하면 역시 어찌 그 뜻을 알아서 감동하고 착한 마음을 일으킬 수 있으리오. 내가 『주례(周禮)』를 보니, '외사(外史-관직 이름)는 책 이름을 사방에 펴 알리는 일을 주관하여 사방의 사람들로 하여금 책의 글자를 알게 하고 책을 능히 읽을 수 있게 한다'고 하였으므로, 이제 이것을 만들어 서울과 외방에 힘써 회유의 방술을 다하노라.

서울의 한성부 오부(漢城府五部)와 외방의 감사(監司)·수령(守令)은 널리 학식이 있는 자를 구하여 두터이 장려를 더하도록 하되, 귀천을 말할 것 없이 항상 가르치고 익히게 하여, 부녀까지도 친속(親屬)으로 하여금 정성껏 가르쳐 분명히 깨달아 모두 다 알도록 하고, 입으로 외우고 마음으로 생각하여 아침에 더하고 저녁에 진취하여, 그 천성의 본연을 감발하지 아니하는 자가 없게 되면, 아들 된 자는 효도를 다할 것을 생각하고, 신하된 자는 충성을 다할 것을 생각하며, 남편 된 자와 아내 된 자도 모두 자기의 도리를 다하게 되어, 사람들은 의리를 알고 스스로 새롭게 하려는 뜻을 진작할 것이니, 교화가 행하여지고 풍속이 아름다워져서 더욱 지치(至治)의 세상에 이르게 될 것이매, 오직 너희 예조는 나의 지극한 마음을 받아 중외에 널리 전하라' 하였다."

이미 방향은 정해진 것인지 모른다. '백성들이 법률을 몰라 곤욕을 치른다. 법률을 쉽게 하면 억울한 피해를 입는 백성은 줄 것이다. 그런데 교화가 뒷받침되지 않는다면 범법은 계속 이어질 것이다. 교화를 해야 하는데 백성들이 한문을 익힌다는 것은 사실상 불가능하다. 가능한 한 누구라도 쉽게 익힐 수 있는 문자를 만들어 사용케 한다면 교화를 입을 것이요, 범죄를 저지르는 일은 줄어들 것이며, 혹시 죄를 짓는다 하더라도 문자를 몰라 억울하게 부당한 처벌을 당하는 일은 없을 것이다. 본격적으로 우리글을 만들어야겠는데 과연 어떻게 하나? 신하들의 반대는 불 보듯 뻔하니 극비리에 믿을 만한 몇 명만을 데리고 하자. 필요에 따라 중국에 운학을 공부하러 보내야 하는데 그런 명목으로 보낸다면 신하들의 의심이 이어질 것이다. 중국어나 이문 공부를 위해 보낸다고 하자.'『실록』의 기록만을 바탕으로 세종이 속으로 훈민정음 창제를 결심하게 되는 과정을 재구성해 본 것이다. 누가 이보다 백성을 사랑할 수 있을까?

11장
세종 시대의 빛과 그림자

"사대부 중에서 형벌로 죽은 자가 없었다"

세종이 승하한 지 닷새가 지난 1450년(세종 32년) 2월 22일 중추원 지사 이선 등이 부고를 전하고 시호를 청하기 위해 북경에 갔다. 그때 예부에 상신하기 위해 들고 간 글에 세종의 치적과 관련해 이런 대목이 나온다.

"신하를 예로 대우하여 왕의 세상이 끝나도록 사대부 중에서 형벌로 죽은 자가 없었다."

이 말을 단순히 형을 가볍게 했다거나 온정주의 때문으로 해독하는 것은 지나치게 소박하다. 세종도 사형을 해야 할 때는 피하지 않았다. 여기서 문제가 되는 것은 '사대부'이다. 사대부가 사형을 당하는 경우는 대부분 역모나 반란에 연루됐을 때다. 그런데 세종 치세에 이렇다

할 대역이나 모반은 없었다. 있었다 해도 해프닝 수준이었다. 어떻게 이런 일이 가능했을까? 여러 가지 차원에서 분석이 가능하다. 태종이 화근을 미리 제거한 것, 공의(公義)를 통해 왕위에 올라 집권의 정당성을 확보한 것, 통치 과정에서 정적을 양산하지 않은 것, 세자 책봉을 일찍 한 것 등이 주요한 요인으로 꼽힐 수 있다. 그러나 무엇보다 그의 정치 스타일, 즉 포용의 리더십에 가장 큰 이유가 있었다고 봐야 할 것이다.

『세종실록』을 읽는 사람이라면 누구라도 세종에 대해 비슷한 느낌을 갖게 되는 게 있다. 정말로 세종이라는 사람은 관후하며 원대하고 지독할 정도로 집념이 강하다는 것이다. 그러면서도 결코 유약하거나 우유부단하지 않고, 공허하거나 이상에 치우치지 않고, 고집스럽거나 아집에 사로잡히지 않았다.

그가 개성 강하고 노회한 아버지의 신하들을 무리 없이 품어 자신의 역량을 맘껏 발휘하게 하는 한편, 당장 실무에서 능력을 발휘할 수 있는 인재들은 적재적소에 배치해 국가의 중대사를 맡기고 또한 집현전에서는 20년, 30년 후를 대비한 젊은 엘리트 문사(文士)들을 키워낼 수 있었던 것도 따지고 보면 그 같은 세종의 성품이 뒷받침됐기 때문일 것이다.

태종 대의 인재들은 배제의 정치를 뚫고 나온 인물들인 반면 세종 대의 인재들은 통합의 정치를 통해 길러졌다. 아무래도 태종의 정치는 죽이는 정치이자 원심력이 크게 작용하는 정치였던 반면 세종의 정치는 살리는 정치이자 구심력이 강한 정치였다. 아버지가 만들어놓은 틀을 고스란히 이어받은 듯하면서도 결국 정치인 세종이 정치인 태종을 뛰어넘는 대목도 이 지점이 아닐까? 어쭙잖은 과거 청산을 통해서가 아니라 상처투성이의 과거를 보듬어 안으면서 동시에 더 광대한 미래로 조선을 이끌어감으로써 자신에게 남겨진 역사의 부정적 유산을 창조적 생산적으로 뛰어넘었기 때문이다.

그러나 우리는 정권 후반부로 갈수록, 그리고 세종이 세상을 떠난 후 태종과는 또다른 딜레마에 빠지게 되는 세종의 정치 스타일을 보게 된다. 태종에게도 딜레마는 있었다. 후대를 위해 걸림돌이 될 수 있는 인사들을 사전에 제거하는 것까지는 좋았다. 그러나 그런 왕을 잇는 사람이 또 정치를 그렇게 할 수는 없다. 태종은 말했다. "모든 악업는 내가 지고 간다. 너는 반드시 성군이 되어라." 문제는 성군을 지향하는 임금은 미래를 준비하기 힘들다는 데 있다. 게다가 세종처럼 아버지 세대의 상처를 말없이 껴안으려 할 경우 냉철하게 다음 세대를 대비하는 일에는 아무래도 소홀할 수밖에 없다.

세종 정치의 가장 큰 문제점은 어쩌면 여기에 있었던 것인지도 모른다. 각자가 가진 장점을 취하고 인간의 허물을 폭넓게 이해하려 했던 세종의 태도가 잘못되었다고 할 수는 없을 것이다. 그러나 그것은 세종이 계속 살아 있을 때만 작동할 수 있는 불안한 균형일 뿐이다.

양녕을 지지한 황희도 끌어안다

아버지 태종의 신임을 크게 받았던 황희와 세종의 인연은 그리 순탄치 않았다. 양녕의 폐세자를 불과 한 달쯤 앞둔 태종 18년 5월 서울시장 격인 한성부 판사 황희는 태종에게서 "그대의 간사함을 미워한다"는 가혹한 비판을 받고 경기도 교하군으로 유배를 가야 했다. 왜 하루라도 보지 않으면 안 될 것 같다던 황희를 태종은 이같이 극언을 퍼부으면서 내쳐버린 것일까?

다름 아닌 양녕의 폐세자에 대해 황희가 한사코 반대했기 때문이다.

태종 18년 무렵이면 태종은 이미 마음속으로 충녕에게 세자 자리를 넘기기로 결심을 해가던 때였다. 그런데 자신의 가장 가까운 측근의 한 사람인 황희의 결사 반대는 부담이었다. 게다가 실제로 태종은 자신의 말을 끝까지 거역하는 황희의 이 같은 태도가 어쩌면 이렇게 해서 양녕이 폐세자 되지 않고 왕이 됐을 때 득을 보겠다는 속셈에서 비롯된 것일 수도 있다고 생각했다. 황희를 '간사하다'고까지 비판한 것은 그 때문이었다. 양녕과 가까웠던 민무구 형제를 제거할 때 앞장섰던 황희가 혹시라도 양녕이 왕이 되었을 경우 그것이 문제 될까 두려워 방어막을 쌓기 위해 지금 이처럼 한사코 양녕을 옹호한다고 본 것이었다.

실제로 어떤 마음에서 황희가 양녕 폐세자를 끝까지 반대했는지는 황희 자신만이 알 것이다. 그마나 한양 근처인 교하에 머물던 황희는 결국 세자 교체가 이뤄지자 그의 고향인 전라도 남원으로 멀리 유배를 떠나야 했다.

상왕 태종은 4년 후인 세종 4년 2월 12일 황희를 남원에서 한양으로 불러올렸다. 3월 18일에는 황희의 과전(科田)을 돌려주라고 명했다. 과전이란 벼슬에 따른 논이기 때문에 그의 복직을 예고하는 것이었다. 태종은 생각했을 것이다. 과연 누가 자신의 아들 세종을 충심으로 섬기면서 혹시라도 있을지 모르는 잠재적인 정적들을 제거하는 뛰어난 정치력을 보여줄 것인가? 결국은 황희였다. 황희는 '답을 가진' 인물이었다. 따지고 보면 황희의 폐세자 반대론은 원칙론일 뿐 무슨 역모나 불충(不忠)과 관계되는 것은 아니었다. 그리고 사람들을 남원에 보내 비밀리에 알아본 결과 황희는 근신하면서 아무도 만나지 않고 있다고 했다. 결국 태종은 세종에게 "황희를 중용하라"고 권한다.

세종의 입장에서는 솔직히 난감한 일이 아닐 수 없었다. 따지고 보면 자신의 세자 승계를 반대하다가 유배를 가 있던 사람 아닌가. 당연히 대간에서는 불충죄를 범한 황희를 사형시키지는 못할망정 한양으로 다시 불러들여 복직시킨다는 것은 있을 수 없는 일이라고 주장했다. 세종도 썩 내키지는 않았다. 그러나 부왕의 명이었다. 그리고 세종은 속으로 생각했을 것이다. '아버지가 황희를 중용하라고 하신 데는 분명 그만한 뜻이 있을 것이다. 그 모든 것은 다 나를 위해 하신 조처가 아니겠는가.'

세종 4년 5월 태종이 세상을 떠났다. 그리고 그후 5개월이 지난 10월에 세종은 황희를 의정부 참찬으로 복직시켰다. 오늘날의 국회의원이라고도 할 수 있는 참찬이라는 자리는 정무(政務)직이어서 국왕의 신임도에 비례해 권한을 누릴 수 있는 자리였다. 통상적으로 의정부에는 정1품인 영의정, 좌의정, 우의정이 있었고 그 밑에 종1품인 찬성, 정2품인 참찬이 있었다. 그러나 이때는 의정부 서사제가 아니라 6조 직계제가 시행되고 있었다. 그만큼 의정부 쪽의 권한이 약할 때 참찬 자리를 맡겼다는 사실은 황희에 대한 세종 자신의 신임은 그다지 크지 않았다는 뜻이기도 했다. 게다가 참찬은 황희가 이미 몇 년 전에 지내본 자리였다.

1년도 되지 않아 황희는 뜻하지 않은 기회를 잡았다. 세종 5년 7월 강원도에 혹심한 기근이 찾아왔다. 당시 관찰사 이명덕이 구황의 계책을 잘못 써서 백성들의 고통을 덜어주는 데 실패했다. 이에 풍부한 행정 경험을 가진 61세의 황희를 관찰사로 임명해 기근을 구하라는 특명을 내렸다. 황희는 "마음을 다하여" 백성들을 구휼했다고 한다. 이에 세종은 크게 기뻐하며 그를 숭정대부(종1품) 우군 도총제부 판사로 승진시켰다. 그후 황희에 대한 세종의 신임은 절대 불변이었다. 아버지의 천거 때문이 아니라 황희의 업무 능력을 높이 평가한 결과였다.

세종의 버림을 받은 태종의 '장인' 김점

세종은 태종의 사람이라고 해서 무조건 중용하지 않았다. 또 세종이 무조건 사람을 좋게만 보고 포용 일변도로 사람을 썼다고 보아서도 안 된다. 그도 분노할 줄 알았다. 그리고 그의 포용은 원칙 있는 포용이었다. 능력과 청렴이 그것이었다. 세종은 사람들의 단점을 적나라할 정도로 세심하고 정확하게 파악했다. 일을 당해서는 자신의 감정을 억눌렀다. 개인의 호불호(好不好)를 넘어 사직의 장래를 먼저 생각하고 행동하는 것이 몸에 밴 결과였다. 능력이 있거나 청렴한 사람이라면 얼마든지 기회를 주었다. 능력도 없고 청렴하지 못한 인물은 세종과 함께 일을 할 수 없었다.

태종의 '장인' 김점(金漸)이 그런 경우다. 성주군수를 지낸 김점은 태종 11년 그의 딸이 태종의 후궁으로 들어가면서 왕실과 인연을 맺었다. 그 바람에 그는 하루아침에 공조참의에 오른다. 아들의 과거 시험 부정을 주선하는 등 여러 가지 부정적 행태에도 불구하고 태종 17년에는 의정부 참찬으로 승진한다.

세종 1년 1월 11일 의정부 참찬 김점과 예조판서 허조가 세종 앞에서 논쟁을 벌인다. 김점은 명나라를 본받아 국정을 모두 임금이 주관해야 한다고 했고 허조는 어진 이를 두루 등용하여 방향만 잡아가면 된다고 주장했다. 이런 논란을 지켜본 세종의 생각이 『실록』에 나온다.

"김점은 발언할 적마다 지리하고 번거로우며 노기만 얼굴에 나타나고, 허조는 서서히 반박하되 낯빛이 화평하고 말이 간략하니, 임금은 허조를 옳게 여기고 김점을 그르게 여겼다."

세종 1년 4월 8일 김점은 형조판서로 제수된다. 그런데 같은 날 한성부윤으로 제수된 서선과 함께 4월 9일 세종을 알현하러 온 자리에서 김점은 서선의 아들이 황희의 사위가 되었다는 이유를 들어 조정에 들어와서는 안 되는 인물이라고 소리치며 멱살잡이 일보 직전까지 갔다. 그때만 해도 황희는 양녕 폐세자를 반대하다가 남원에 유배 중이었다.

김점은 경거망동하는 인물이었다. 그해 12월 편전에서 정사를 보던 도중 김점은 갑자기 아들이 아프다며 내약방의 의원을 보내줄 것을 요청했다. 황당한 순간이었고 세종은 진노했다.

"조회하는 전당(殿堂)은 신하를 맞이하여 정사를 모의하는 곳인데, 공공연하게 자기의 사정(私情)을 말하여 부끄러워하지 않으니, 김점은 본디 말할 가치도 못 되는 인물이거니와, 대간의 관원이 곁에서 듣고서도 감히 규탄하지 못하니, 그 또한 비겁한 것이로다."

상왕이 살아 있는 동안 김점은 호조판서, 평안도 관찰사, 돈녕부 지사 등을 역임한다. 그런데 평안도 관찰사 시절 뇌물을 너무 챙긴 것이 문제가 돼 태종 3년 10월 김점은 국문을 당한다. 이때 태종은 공정한 심문을 위해 김점의 딸이자 자신의 후궁인 숙공궁주 김씨를 친정으로 돌려보내는 충격적 조처를 취하기도 했다.

이때 세종이 대언들과 나눈 이야기는 의미심장하다. "김점이 평시에 남의 과실 말하기를 좋아하여, 바르다는 이름을 들었으므로, 나는 그릇 누명을 썼나 보다 하였더니, 이제야 그의 실상이 낱낱이 드러났다." 결국 김점은 세종 시대에 더 이상의 활동을 할 수 없었다.

태종 신하들의 자연스러운 퇴장

황희를 비롯해 맹사성, 허조, 변계량 등과 같은 인물들은 나이나 성품, 자질 등으로 인해 세종의 시대에도 크게 활약한 인물들이다. 반면에 태종 사람들 중에는 사망이나 귀양 등으로 인해 세종 때는 이렇다 할 자취를 남기지 못한 채 역사의 무대 뒤로 사라져야 했던 사람도 많았다. 이 또한 세종 시대 정치 안정에 본의 아니게 기여했다.

누구보다 먼저 충녕이 세잣감이라고 공공연하게 이야기를 하다가 태종에게서 "과감하다, 그 늙은이!"라는 우려 섞인 칭찬을 들었던 남재는 세종이 즉위해 상왕에게 막 국왕 수업을 받기 시작한 1419년(세종 1년) 사망했다. 이때 그의 나이 69세였다.

태종 때 영의정까지 지낸 '정치 고문' 성석린은 세종이 홀로서기를 하던 세종 4년(1422년)에 이미 모든 관직에서 물러나 있었다. 그때 그의 나이가 85세였으니 아무런 역할도 할 수 없었다. 그리고 1423년 세상을 떠난다.

1월 12일 성석린이 사망하고 두 달도 안 돼 이번에는 한상경이 64세를 일기로 세상을 떠난다. 반듯한 처신으로 태조와 태종에게 모두 총애를 받았고 태종이 세종에게 왕위를 넘길 때는 우의정에 있었다. 정치가라기보다는 학자에 가까웠던 그가 좀더 살았더라면 세종에게 많은 도움을 줄 수 있었다는 점에서 아쉬움을 주는 인물이다.

특히 한상경의 집안에 대해서는 약간 언급해 둘 필요가 있다. 그의 형은 한상질로 고려 말 정당문학을 지냈고 조선 개국에 참여해 예문관 학사를 지내며 명나라에 가서 '조선(朝鮮)'이라는 국호를 받아오는 데 결정적인 기여를 했다. 그의 아들 한기는 이렇다 할 벼슬을 지내지 못했지만 손자 한명회는 단종을 내몰고 세조를 등극시킨 계유정난을 주도해 성종 대에 이르기까지 부와 권력과 명예를 맘껏 누렸다.

한상경_ 여말 선초의 문신. 고려 우왕 8년(1382년) 문과에 급제해 예의좌랑이 되고 우정언, 응교, 종부령을 거쳐 태종 15년(1415년) 우의정이 되었으며 이듬해에 영의정에 이르렀다.

　　한상경의 아들 한혜는 함경도 관찰사를 지냈고 손자 대에 가서 집안은 크게 번성한다. 한혜에게는 계윤, 계미, 계희, 계선, 계순 등 다섯 아들이 있었다. 그중 계윤과 계선은 참판을 지냈고 둘째 계미는 세조의 아랫동서로 서원부원군에 책봉됐고 이조판서에 올랐다. 계희는 집현전에서 성장해 예문관 직제학을 지냈으며 막내 계순도 이조판서를 지냈다. 이 집안은 주로 학문을 바탕으로 정치를 했던 분위기였다고 할 수 있다.

　　한편 하륜과 함께 태종 집권의 양대 1등공신 이숙번은 어떻게 되었을까? 태종 말년 공신녹권과 직첩을 다 빼앗기고 경상도 함양에서 오랜 유배 생활을 하던 이숙번을 세종은 1439년(세종 21년) 경기도 안산에 옮겨 살도록 은전을 베푼다. 이때 이숙번의 나이는 이미 67세였고

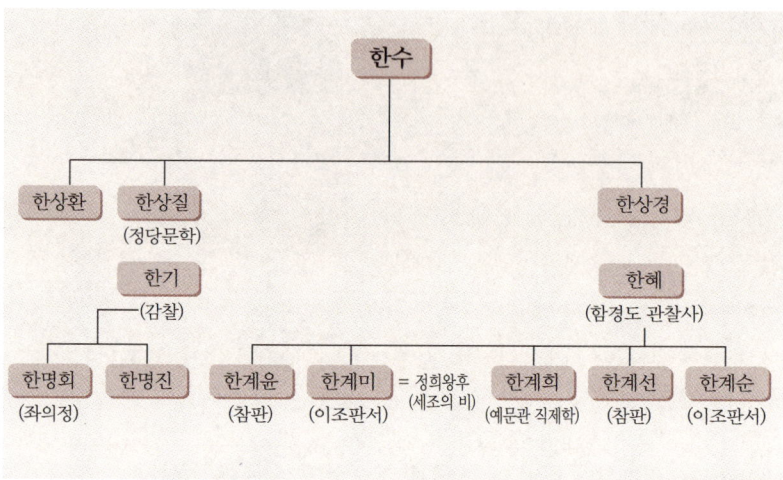

이듬해 세상을 떠난다. 이숙번의 경우 양녕을 충동질해 세종의 왕위를 도모할 수 있는 위험 인물 1호로 찍혀 태종이 먼 지방에 유배를 보냈기 때문에 세종은 그를 다시 불러들여서 쓰지 않았을 것이다. 그러나 아버지가 이숙번의 목숨은 끝내 빼앗지 않았듯이 세종도 힘이 빠진 이숙번에게 마지막 순간에 이 같은 은전을 베풀었다.

'적재적소'의 원칙으로 인재를 길러내다

흔히 황희, 맹사성과 함께 조선 초를 대표하는 3대 청백리라 하여 '선초 3청(鮮初三淸)'으로 불렸던 유관(柳寬)은 고려 말의 명문가인 문화 유씨 집안에서 고려 충목왕 2년(1346년)에 태어났다. 할아버지는 평리를 지낸 유식, 아버지는 삼사 판관을 지낸 유안택이었다. 황희보다는 열일곱 살, 맹사성보다는 열네 살이 많았다.

고려 공민왕 20년(1371년) 문과에 급제한 유관은 전리정랑(훗날의 이조정랑), 봉산군수, 성균 사예 등을 거쳐 사헌부 중승을 지냈다. 조선이 건국되고 원종공신으로 책봉된 것을 보면 적극적으로 혁명에 가담하지는 않았지만 간접적으로 도왔거나 최소한 적극적으로 반대는 하지 않았던 것으로 보인다.

학문에 뛰어났던 그는 태조 밑에서 성균관 대사성을 지냈고 형조와 이조의 전서(훗날의 판서)도 역임했다. 특히 태조가 계룡산으로 천도

하려 할 때 한양천도론을 주장해 관철시켰다. 그후 1차 왕자의 난이 일어났지만 어느 쪽에도 가담하지 않았고 태종에 의해 강원도·전라도 관찰사와 계림부윤(경주시장)으로 임명받았다. 지방관으로서의 재능이 뛰어난 때문이었다. 이때 관리로서의 능력과 함께 청렴함을 태종이 높이 평가했음은 물론이다. 태종 9년(1409년)에는 예문관 대제학에 올라 춘추관 지사를 겸임하며 이듬해 『태조실록』 편찬에 깊이 관여했다. 그후에도 형조판서와 대사헌을 지냈고 1418년 충녕이 왕위에 올랐을 때는 경연 지사가 되어 세종에게 학문의 기초를 가르쳤다. 이때 그의 나이 72세였다.

세종도 진심으로 존경한 청백리 유관

유관은 벼슬이 재상에 이르렀음에도 늘 가난한 삶을 즐겼다. 그의 집은 한양의 숭신방, 지금의 창신동 근처에 있었는데 두 칸 초가집이었다고 한다. 한번은 장맛비가 내려 방안에 빗물이 떨어지자 우산을 펼쳐 비를 피하면서 "이런 우산도 없는 집은 비를 어떻게 피하겠소? 참으로 안타까운 일이오"라고 말하자, 부인은 "우산이 없는 집이라도 우리처럼 비가 새지는 않을 텐데 무슨 걱정이겠습니까?"라고 대답했다. 이에 유관은 "듣고 보니 그렇기도 하구려"라며 너털웃음을 지었다고 한다.

그는 학문뿐만 아니라 시문에도 능해, 경서만을 고집하는 꽉 막힌 유생은 아니었던 것 같다. 물론 그는 대사헌으로 있을 때 강력한 척불상소를 여러 차례 올릴 만큼 숭유억불의 신념을 갖고 있었고, 세상을 떠날 때에도 아들들에게 불공은 절대 드리지 말 것을 당부할 만큼 교조적인 유학자의 면모를 보였다. 그러나 세종에게 3월 3일과 9월 9일을 중양절로 정해 대소 신료들이 경치 좋은 곳을 찾아 놀며 기상을 드높이는 계기로 삼아야 한다고 건의해 관철시킬 만큼 풍류도 아는 사람이었다.

태종 사망 후 세종의 시대가 열리고 세종 5년(1423년)에는 춘추관 지사로 『고려사』 개수의 명을 받았다. 그리고 그 이듬해에는 우의정으로 승진해 『고려사』를 올렸다.

세종 15년(1433년) 8월 그가 세상을 떠났다는 부음을 듣자 세종은 지신사 안숭선이 나서 "날이 저물고 비가 내리니, 내일 거행하도록 하소서"라고 만류했음에도 불구하고 그길로 그의 죽음을 애도했다. "그가 죽자 세종은 백포(白袍)에 오모(烏帽), 흑대(黑帶)를 갖추고 백관을 거느리고 가서 금천교 밖에 장막을 치고 망곡(望哭)의 예를 거행하였다." 유관에 대한 세종의 각별한 존경의 마음이 담겨 있었기 때문에 가능한 일이었다.

조선 500년 최고의 정승 허조

허조(許稠)는 고려 말 판도판서(훗날의 호조판서에 해당)를 지낸 허귀룡의 아들로 고려 공민왕 18년(1369년)에 태어났다. 맹사성과 마찬가지로 권근의 문하에서 공부했고 17세에 진사시, 19세에 생원시에 합격해 관리의 길에 들어섰다. 아마도 이 무렵에 일어난 일인 것 같다. 자신이 과거 시험을 볼 때 좌주였던 염정수가 사형을 당했다. 염정수는 고려의 명신 염제신의 셋째 아들로 목은 이색의 문하이며 하륜, 권근, 정도전 등과도 가까웠다. 우왕 밑에서 지신사, 대사헌 등을 지냈고 최영에 의해 1388년 제거당한 것이다.

당대의 실력자가 우왕과 최영이다 보니 누구 하나 장례를 치르겠다고 나서는 사람이 없었다. 『실록』에 따르면 "(염정수의) 문하생과 옛 부하 직원이었던 관리들이 감히 가보는 이가 없었는데, 허조만이 홀로 시체를 어루만지며 슬피 울고, 관을 준비하여 장사 지냈다." 목숨을 걸지 않고서는 하기 어려운 일이었다. 그는 기개 있는 인간이었다.

어려서부터 맹사성이 음악에 능했다면 허조는 예제(禮制)에 밝았다. 조선을 세운 태조 이성계가 그를 발탁해 봉상시(奉常寺) 승을 맡겼다. 허조의 나이 20대 중반일 때였다. 봉상시란 국가의 제사를 주관하고 왕의 시호(諡號) 등을 정하는 국가 기구로 고제(古制)에 여간 밝지 않고서는 맡기 힘든 자리였다. 그는 철저한 주자학 신봉자였기 때문에 국가의 전례를 주나라의 선례와 주자의 이념에 따라 개혁해 나갔다.

특히 허조가 주위에서 높은 평가를 받은 이유는 그가 이 작업을 하고 있을 때 부모의 상을 당해 그 자신부터 『주자가례』에 따라 상례를 치렀기 때문이다. 당시 대부분의 사대부들은 겉으로는 유학을 숭상한다고 하면서도 집안의 상을 당하면 불교식으로 하는 게 일반적이었다.

그후에는 태조 6년(1397년) 성균관 전적이라는 직책을 맡아 어릴 때의 스승이자 당시 성균관 대사성을 맡고 있던 권근의 도움을 받아 공자에게 제사를 올리는 석전 의식(釋奠儀式)을 원래의 격식에 맞도록 복원했다. 정종 2년(1400년)에 사헌부 관리로 있다가 완산군수로 좌천되었다가 아예 관직에서 물러났다. 『실록』에는 이와 관련된 정확한 기록이 나오지 않지만 사헌부에 있다가 좌천된 것으로 볼 때 당대의 실력자나 그 지인들을 탄핵하다가 밀려났을 가능성이 크다. 그의 곧은 성품을 감안할 때 특히 그렇다.

태종 2년(1402년) 7월 28일 태종은 인사를 담당하는 실무 책임자인 이조정랑이 결원이 되자 후임자 선정을 두고 고민에 빠졌다. 정권 초

이기 때문에 인재들을 충원하는 요직인 이조정랑 자리에는 능력도 있고 믿을 만한 사람을 앉혀야 했기 때문이다. 훗날 이조정랑 자리는 본인이 물러나면서 후임자를 추천하게 함으로써 당쟁의 핵심 요인이 된다. 그러나 이때까지는 국왕이 직접 후임을 고를 때였다.

그때 태종은 후보자들의 명단이 적힌 명부를 보다가 허조의 이름을 발견하고는 기뻐하며 "내가 사람을 얻었다"고 말한다. 그리고 지신사 박석명에게 "허조가 어디 있는가? 이조정랑을 제수할까 하는데 어떻게 생각하는가"라고 묻는다. 박석명은 "좋은 결정"이라며 적극 찬동했다.

태종 7년(1407년) 세자 양녕이 진표사로 명나라에 갈 때 태종은 "특별히" 허조를 사헌부 집의로 임명하여 사신단의 서장검찰관을 맡도록 했다. 이 때에도 허조는 예제 전문가로서의 능력이 발동해 명나라 문묘에서는 원나라 때의 학자 허형을 다시 제사하고 기철학자 양웅을 내친 것을 보고 와서 조선에서도 이와 같이 하도록 건의해서 관철시켰다. 일종의 도통(道統) 정립과 관련된 문제에서 명나라를 그대로 따랐던 것이다.

1408년(태종 8년) 5월 1일 태종은 한성부윤 맹사성을 세자우부빈객으로 삼았고 내섬시 판사로 있던 허조를 우보덕으로 임명했다. 내섬시란 궁중에서 사용되는 음식과 제물, 2품 이상 관리들의 식사를 책임지는 기관이었다. 이곳의 책임자이면서 세자 교육을 책임지는 우보덕을 겸직하게 된 것이었다. 이미 허조는 그 전에도 문학(文學)이라는 비교적 낮은 직책으로 세자 교육을 맡아본 바 있었다. 그래서 이 같은 임명 소식이 전해지자 양녕은 "허 문학이 또 왔다"며 노골적으로 싫은 내색을 했다. 『실록』은 "허조가 일찍이 문학이 되어 곧은 말로 세자의 꺼림을 받았었다"고 전한다. 반면 태종은 이런 인물들을 세자에게 가까이 둠으로써 실행 실덕을 일삼는 양녕의 마음가짐을 조금이라도 잡아주려 했던 것으로 보인다.

태종 11년(1411년) 예조참의로 승진한 허조는 학당과 각종 사당의 제사 예법을 바로 세웠고 신분에 맞는 상제(喪制)를 정립했다. 그래서 태종은 의례상정소 도제조도 겸하도록 했다. 의례상정소란 바로 그런 일만을 전문적으로 하는 기관이었다. 허조의 일처리에 만족한 태종은 허조를 참판으로 승진시켰다가 세종에게 왕위를 물려주던 1418년 허조를 예조판서로 임명한다. 예제 전문가로서 최고의 자리에 오른 것이다.

예조판서 허조는 3년 후인 세종 3년(1421년) 의정부 참찬에 오른다. 이 무렵 태종은 자신이 머물고 있던 풍양이궁에서 신하들을 초대해 주연을 베풀곤 했다. 연회가 끝난 뒤 태종은 허조를 조용히 불러 앞으로 나오게 하였다. 그때 태종은 허조의 어깨를 짚고 세종을 쳐다보면서 "허조는 나의 주석(柱石)이다"라고 말한다. 세종은 그것이 뜻하는 바가 무엇인지를 알고 있었다. 태종은 다시 허조를 보면서 "지금 내가 경을 칭하는 뜻이 무엇 때문인지 아는가?"라고 묻는다. 모를 리 없었다. '내 아들을 부탁한다'는 뜻이었기 때문이다. "허조가 놀라고 감격하여 울었다."

그런데 흥미로운 것은 태종이 허조에게서 예제 정립의 재능을 취했다면 세종은 사람을 고르는 안목을 취했다는 점이다. 세종은 자신이 행사한 첫 번째 각료 인선인 세종 4년 9월 25일 인사에서 허조를 이조판서로 임명한다. 이조는 인사(人事)를 담당하는 곳이다. 그후에도 세종 8년 11월, 세종 14년 6월에 허조는 이조판서로 제수된다.

이조판서 재직 당시 허조는 주변 사람이나 친척이라도 재능이 있는 사람은 기꺼이 추천했다고 한다. 당연히 견제의 목소리가 나왔을 것이다. 세종이라고 이를 몰랐을 리 없다. 그래서 한번은 세종이 허조를 부른다.

"사람들이 말하기를, 경이 사사로이 좋아하는 자를 임용한다고 하더라."

이에 대한 허조의 대답이 걸작이다.

"진실로 그 말과 같사옵니다. 만일 그 사람이 현재(賢才)라면, 비록 친척이라 하더라도 신이 일부러 피하지 않았습니다. 또 만일 그 사람이 불초(不肖)하다면, 신이 어찌 감히 외람되게 사사로이 친하다는 이유로 자리를 주겠습니까?"

세종으로서도 더 이상 할 말이 없었다. 그러나 그의 정승 승진은 아주 늦은 편이었다. 세종이 볼 때 예조나 이조의 특정 업무에는 탁월했지만 성격이 강직해 종합적인 업무 처리가 요구되는 정승 자리에는 어울리지 않는다고 생각한 때문일까? 70세를 눈앞에 둔 세종 20년(1438년)에야 우의정에 오르고 다음해 6월 좌의정으로 승진하지만 10월에 병이 들어 자리에서 물러나고 세상을 떠난다. 그의 졸기 중 허조라는 사람의 인물됨을 보여주는 구절이다.

"성품은 순진하고 조심하여 남의 과실을 말하지 아니하였다. '사서(四書)'와 『소학』과 『근사록(近思錄)』과 성리(性理)의 여러 책과 『명신언행록(名臣言行錄)』을 좋아하여 읽었다. 비록 갑자기 일을 당하여도 당황하는 빛이 없었으며, 제사 받들기를 반드시 정성으로 하고, 형(兄-허주)을 섬기기를 아버지 섬기듯이 하고, 종족(宗族)에게 화목하고, 붕우(朋友)에게 신용이 있었으며, 반드시 경조(慶弔)와 문병(問病)을 친히 하였다."

보기에 따라서는 무미건조하고 꼬장꼬장한 학자의 풍모를 갖고 있었지만 자신에게는 엄격하고 남에게는 관대한 처신으로 인해 초단기 정승 재직에도 불구하고 황희와 더불어 조선 500년 최고의 정승이라는 찬사를 받을 수 있었다.

흔들리는 세종

집권 말년에 이른 세종 30년 7월 23일 집현전 부제학 정창손 등이 앞장선 상소 하나가 올라온다. 세종의 숭불 문제를 말 그대로 성토하는 글이다. 다소 길긴 하지만 당시 신하들이 누린 언로의 자유가 어느 정도였는지를 볼 겸해서 전문을 인용한다.

"신들이 역대의 사서(史書)를 읽어보면, 뜻있는 임금이라 하더라도 처음에는 정신을 가다듬어 다스리기를 도모하지 않음이 없어서 미치지 못할까 두려워하다가도 집권한 지 오래됨에 따라 점점 교만하고 편안한 마음이 생기어 혹은 사냥을 일삼고, 혹은 성색(聲色)을 좋아하고, 혹은 토목(土木)을 일으키고, 혹은 신선을 좋아하고, 혹은 불로(佛老)에 침혹하여, 전일에 이미 이루어진 업을 이지러뜨리는 자가 있으니, 일찍이 팔뚝으로 쳐 책을 덮고 탄식하지 않은 적이 없습니다.

다른 시대의 일이라도 마음의 격렬한 것이 오히려 이러하거늘, 하물며 당대에 있어서 눈으로 보는 것은 어떠하겠습니까? 그러나 유전(遊畋-사냥), 성색(聲色), 토목(土木), 신선(神仙)의 일은 그 폐해가 한 몸 한때에 그칠 뿐이지마는, 불씨 같은 것은 그 흐르는 화가 오래 될수록 더욱 참독한 것입니다. 전하가 즉위하던 처음에 성학에 부지런하고 정치를 함에 뜻을 날카롭게 하여, 이단(異端)을 좋아하지 않을 뿐만 아니라, 또 따라서 배척하여 사설(邪說)이 물러가 쉬고 바른 도가 밝아지니, 삼한(三韓)의 백성들이 모두 태평의 정치를 우러렀습니다. 그러나 근년 이래로 불사(佛事)가 점점 확장되어, 흥천사의 역사를 곧 '태조의 예전 기구를 수리하는 것뿐이라' 하고, 부처에게 아첨함에 있어서는 말하기를, '내 뜻이 아니라' 하고, 대자암(大慈奄)의 일에 이르러서는 말하기를, '동궁은 관계되는 것이 지극히 중하니, 나와 동궁은 참여하지 않는다' 하였으니, 이때에는 전하가 오히려 호불(好佛)하는 것이 나쁜 줄을 알았습니다. 지금은 물리치지 못할 뿐만 아니라, 도리어 그 말에 혹하여, 한마음으로 높이고 믿으며, 매양 용렬한 임금으로 자처하고 부끄러워하지 않아서, 여러 의논을 배척하고 '육전(六典)'을 무너뜨리고 새로 사찰을 창건하여, 감히 만만 무익한 일을 하여 30년 성명의 정치를 더럽히고, 억만 년 무궁한 화를 기초하여, 태종의 부탁의 중한 것을 저버리고도 근심하지 않으니, 가위 통곡하여 눈물을 흘리고 길이 한숨 쉴 일입니다. 어째서 전하의 한 몸으로 앞뒤가 이렇게 서로 반대됩니까.

지금 대신, 대간, 시종, 신료가 각각 분울함을 품어서 그 뜻을 펴지 못하고, 심지어 태학생이 방을 붙이고 파하여 가서, 학사(學舍)가 텅 비었으니, 이것은 작은 사고가 아닙니다. 엎드려 바라옵건대, 전하는 여론에 따라서 급히 이 거조를 파하시어, 한 나라 신하 된 자의 구구한 충분(忠憤)의 지극한 정에 부합하게 하소서."

태종이었다면 애당초 이런 글이 올라오지도 않았겠지만 설사 올라왔다고 해도 거의 역모(逆謀)에 준하는 처벌을 내렸을 것이다. 그러나 이에 대한 세종의 대답은 전혀 엉뚱하다.

"우리는 정도(正道)를 서로 합해 군신(君臣)이 되었을 뿐이다"

사실 문장 하나하나가 세종의 잘못을 후벼 파는 아슬아슬한 내용으로 가득 차 있다. 논리적으로 이를 반박한다는 것은 애당초 불가능했다. 세종은 자신의 부덕을 탓한다. 그러면서 "우리는 정도(正道)를 서로 합하여 군신(君臣)이 되었을 뿐"이라고 말한다. 군신 관계를 천명이 아니라 일종의 계약 관계처럼 설명하고 있는 것이다. 내가 덕을 갖춰서 임금으로 대우를 받고 신하들도 의(義)를 지킴으로써 신하로 대접받는 것일 뿐이라는 것이다. 그런데 신하들이 자신을 임금으로 대우하지 않겠다면 자신으로서도 어쩔 수 없다는 논리를 전개하고 있다.

정창손 등은 일괄 사직으로 맞섰다. 성균관 유생들도 모두 집으로 돌아가버렸다. 사정이 심각하게 돌아가자 도승지 이사철이 나섰다. 신하들의 말을 들어주는 것 말고는 처방이 없다고 말한다. 그에 대한 세종의 대답이다.

"지금 집현전 관원이 사직을 올리고 파하여 가고, 유생이 또한 흩어져 갔으니, 대성(臺省)도 역시 이를 좇아갈 것이다. 내가 이제 이미 독부(獨夫)가 되었구나. 임금이 허물이 있으면 신하 된 사람이 버리고 갈 수 있는 것인가."

세종은 속으로 분노하고 있었다. 좌의정 하연을 비롯한 의정부 고위 관리들을 불러들였다. 하연의 만류에도 불구하고 세종은 성균관의 생원, 진사, 생도 등 20세 이상인 자들을 모두 국문하라고 명한다. 심지어 주동자 색출 과정에서 진실을 이야기하지 않을 경우에는 고문을 해도 좋다고 말한다. 그러나 사대부인 집현전 관원들에 대해서는 아무런 조처를 취하지 않았다. 진퇴만으로도 사대부들에 대한 상벌은 충분하다고 믿었기 때문이다.

넘쳐나는 인재, 흔들리는 원칙

정창손이 상소를 올린 그날 그의 형인 의정부 우참찬 정갑손이 예조판서 허후와 함께 세종을 찾아와 의정부와 6조의 뜻이라며 비슷한 취지의 말을 전했다. 그러나 그 어조는 훨씬 낮고 겸손한 것이었다. 세종의 뜻은 변함없었다.

"내가 한 가지 말로 반복하여 대답하니 마치 아이들이 천자문을 외워 익히는 것 같다. 이 뒤로는 내가 다시 대답하지 않겠다."

그런데 이에 대해 다시 정갑손이 반박하면서 이런 말을 한다. "지금 영의정 황희는 나이 86세이고 좌의정 하연은 72세이며, 그 나머지 여러 신하도 모두 다 늙었고 그중에 가장 젊은 사람이 오십육칠 세 밑으로 내려가지 않습니다." 즉 영의정이나 좌의정은 나이가 들어 세종의 숭불이 가져올 폐해를 볼 일이 없으니 가만히 있는 것이지만 자신들은 그것을 받아들일 수 없다는 맥락에서 나온 말이다.

정부는 늙어가고 있었다. 더 심각한 문제는 세종 30년 치세를 통해 길러낸 인재는 흘러넘치는데 자리를 차지한 인물들은 너무 늙었다는 데 있었다. 필자는 개인적으로 유학이나 불교 어느 쪽에 대해서도 선호도를 갖고 있지 않다. 따라서 세종의 숭불 또한 어느 한쪽의 입장에서 보려는 것이 아니다. 다만 과거와 달리 신하들의 주장에 귀를 기울이려 하지 않는 세종의 모습을 보면서 총명한 성군 세종의 퇴색을 느끼게 되는 것은 분명한 사실이다.

적재적소의 원칙을 통해 길러진 인재가 흘러넘칠수록 능력과 청렴의 원칙은 더욱 강하게 지켜져야 한다. 그러지 않으면 반란까지는 아니어도 불만 세력이 형성되지 않을 수 없기 때문이다. 적어도 세종의 집권 후반기에는 그 같은 원칙이 흔들리고 있었다. 따라서 불만 세력의 형성은 어쩌면 자연스러운 것인지도 몰랐다. 이런 점에서 세종의 집권 후반기에 세종의 '귀'를 장악했던 두 인물을 살펴볼 필요가 있다.

세종의 귀를 막은 도승지 조서강

세종 23년 3월 9일부터 세종 25년 9월 3일까지 2년 반 동안 도승지로 재직한 조서강(趙瑞康, ?~1444년 세종 26년)에 대한 『실록』의 평가는 다소 부정적이다. 도승지로 있으면서 세종의 눈과 귀를 막았다는 이유에서다.

조서강은 개국공신으로 문하부 참찬사를 지낸 조반(趙胖, 1341년 고려 충혜왕 복위 2년~1401년 태종 1년)의 둘째 아들이다. 태종 14년 문과에서 마지막으로 두 개의 최상위 답안지가 태종 앞에 주어졌을 때 태종이 임의로 고른 것은 정인지의 것이었다. 나머지 하나가 바로 조서강의 답안지였다. 촉망받는 신진 엘리트였던 셈이다.

관리로서 그의 경력은 주로 사헌부, 사간원에서 쌓았다. 사헌부 감찰로 있을 때인 세종 10년 10월 22일 세종은 종친의 문제를 부적절하게 비판했다는 이유로 사헌부 관리들을 대거 유배하거나 파직했다. 이때 조서강도 강음이라는 곳으로 유배를 가야 했다. 그러나 죄가 중하지 않아 다음해 2월 3일 석방되고 세종 13년 6월에는 국무총리 비서실장에 해당하는 의정부 사인(舍人)에 제수되었다. 그리고 이때 춘추관 기주관이 되어 『태종실록』편찬에도 참여한다.

2년 후인 세종 15년 6월 3일 우사간이 되고, 3년 후인 세종 18년 10월 18일 좌사간으로 승진한다. 이어 중추원 첨지사, 경상도 관찰사 등을 거쳐 세종 21년 3월 우승지, 세종 22년 8월 좌승지를 거쳐 마침내 세종 23년 3월 9일 도승지에 오른다.

조서강은 그다지 강직하다거나 직언할 줄 아는 위인이 아니었다. 우승지로 있던 세종 21년 11월 3일 세종의 넷째 아들 임영대군 이구가 궁중의 음식물과 물품을 관장하는 내자시(內資寺)의 종 가야지와 간통한 것이 발각되어 문제가 됐다. 세종은 진노하며 가야지를 제주도로 보내야 한다고 말한다. 그러나 우승지 조서강이 나서 "남녀간의 욕심은 인지상정인데다가 임영대군은 나이도 어리니 크게 문제 삼을 것이 없습니다"라며 "가야지를 제주도에 보내게 되면 말이 밖으로 퍼질 수 있으니 대신 그 아버지에게 죄를 물어 멀리 유배를 보내는 것이 좋겠습니다"라고 말한다. 명백한 아첨이었다. 재미있는 것은 이런 조서강의 아첨을 세종도 반기고 있다는 것이다.

"내 여러 아들 중에서 이구만이 유독 음탕하고 방자하여 걱정이 많은데 너희들이 '연소한 사람의 음탕 방자는 이구만이 그런 것이 아니니 책할 만한 것이 못 된다'고 하니 내가 너희들의 말을 옳게 여긴다."

언제나 교언영색(巧言令色), 아첨은 멀리하고 직언(直言)에만 귀 기울일 것 같던 세종도 어쩔 수 없이 사람이었다. 아첨에 늘 넘어가는 것은 아니지만 자식이나 가족 문제 앞에서는 세종도 어쩔 수 없었던 것이다. '위인(偉人)' 세종대왕만을 떠올리는 사람들에게는 다소 실망스러울지 모르겠지만 이런 사례는 계속된다.

세종 22년 2월 8일 양녕대군이 서울에 집을 짓자 대사헌 윤번과 사간원 지사 황수신이 궐문 앞에서 부당함을 상소했다. 그러나 우승지 조서강은 세종이 양녕 문제와 관련된 대간의 말은 전하지 말라고 했다며 이들에게 노골적으로 상소문을 세종에게 계달하기 어렵다고 말한다. 두 달 후인 4월 23일에는 신하들의 반대를 무릅쓰고 중건한 흥천사 재건을 축하하기 위한 잔치에 국고를 지원하겠다고 하자 승지들은 찬성한다는 입장을 밝혔다. 대신들의 척불과 정면으로 배치되는 결정이었다. 『실록』은 "조서강 등이 왕의 말을 출납하는 데 있어 아첨하고 뜻을 맞추어 조금도 비판적 의견을 내거나 말리지 않아서 임금(세종)이 부처를 높이는 행사를 이루게 되었다"고 직격탄을 날린다.

문과 출신 종친 이사철에 대한 맹목적 총애

조선 초에는 외척뿐만 아니라 종친들의 정치 참여를 막는 방법의 하나로 종친들의 과거 응시를 제한하는 등 다양한 조처를 취했다. 그 중에는 높은 수준의 학문 연마를 직·간접적으로 금하는 것도 있었다. 세자가 아닌 왕자들에게 깊은 학문을 가르치지 않았으니 다른 종친들에 대해서는 말할 것도 없었다. 태종은 병적일 만큼 이런 원칙을 고수했다.

그러나 세종은 비교적 관대했다. 이사철(李思哲, 1405년 태종 5년~

1456년 세조 2년)은 종친에 대한 세종의 이 같은 개방적인 방침의 혜택을 맘껏 입은 대표적인 인물이다. 이사철의 할아버지 이천계(1333년 고려 충숙왕 복귀 2년~1392년 태조 1년)는 태조 이성계보다 두 살 많은 사촌 형이었다. 굳이 따진다면 집안의 종손이었다. 그 때문에 자신이 적통이라며 개국 과정에서 이성계를 견제하다가 이성계의 부하들에게 죽임을 당했다. 그러나 포용력이 컸던 이성계는 이를 애석하게 여겨 이천계의 자식들을 후하게 대우할 것을 명하였다. 그 아들이 대호군, 동지총제 등을 지낸 이란(李蘭, 1357년 고려 공민왕 6년~1428년 세종 10년)으로 이사철의 아버지다. 굳이 따지면 세종과 이사철은 8촌간이었다.

이사철은 세종 14년(1432년) 28세의 늦은 나이로 문과에 급제했다. 곧바로 집현전 박사(정7품)로 발탁됐고 2년 후인 세종 16년 집현전 부수찬(종6품)으로 승진했다. 해마다 승진을 거듭해 세종 17년에는 수찬(정6품), 세종 18년에는 집현전 부교리(종5품)에 오르고 세종 21년에는 종4품 응교가 된다. 승진도 승진이지만 이 무렵 경력을 집현전에서 쌓을 수 있었던 것은 그의 학문적 능력 외에 세종의 특별한 배려라는 큰 배경이 있었기 때문이다.

세종 22년(1440년) 7월 21일 세종은 국경의 지방관인 함길도 경력(종4품)으로 가게 된 이사철을 특별히 불러 다음과 같이 당부한다.

"나의 족속(族屬)은 모두 학문을 모르므로, (종친인) 네가 학문에 힘쓰는 것을 깊이 아름답게 여겨 내가 오래도록 집현전에 두고자 하였다. 그러나 너는 나를 시종한 지가 오래되어 나의 지극한 마음을 아는 까닭에, 특별히 너를 보내어 그 임무를 전적으로 맡기는 것이니, 너는 가서 게을리 하지 말라."

이사철에 대한 세종의 애틋한 마음이 고스란히 묻어난다. 그리고 1년 반 후인 세종 24년(1442년) 2월 이사철은 사헌부 장령이 되어 중앙으로 복귀한다. 다음해 9월 동부승지가 되어 승정원에 들어간 이사철은 우부승지, 좌부승지를 거쳐 세종 29년(1447년) 도승지에 오른다.

실록에 따르면 그는 키가 크고 용모가 출중한 반면 어눌하여 말이 적고 두주불사(斗酒不辭)로 술을 잘 마셨다고 한다. 그러나 결단성이 부족해 늘 중요한 사안이 발생하면 주변의 눈치를 보는 바람에 당대 사람들의 비판을 받았다.

세종이 훙하고 문종이 즉위하고서도 그의 고공 행진은 계속된다. 도승지에 이어 이조판서에 오른다. 세종과 문종의 은혜를 크게 입은 셈이다. 그리고 단종 1년 10월 수양대군이 한명회, 권람 등과 함께 김종서, 황보인을 제거할 때 우찬성 이사철은 좌의정 정인지, 좌찬성 한확 등과 함께 큰 공을 세워 정난공신 1등에 오른다. 그후 좌찬성으로 승진한 그는 단종을 몰아내고 세조가 왕위를 차지한 직후 우의정에 제수된다. 마침내 정승의 자리에 오른 것이다. 그리고 세조 2년 단종 복위 운동이 발각되어 성삼문 등을 제거할 때 앞장서 좌익공신 2등에 책록되고, '대역 죄인'인 이현로의 아내 소사, 민보창의 아내 두다비, 김유덕의 아내 금음이와 딸 옥시를 '하사품'으로 받았다. 그리고 얼마 후 좌의정에 오른다. 이때 영의정은 정인지, 우의정은 정창손이었다. 그러나 이사철은 좌의정이 된 그해에 52세의 나이로 세상을 떠났다.

수양대군에게 『역대병요』 편찬을 맡기다

세종은 집권 말년인 세종 26년 무렵 중국과 우리나라의 역대 군사 제도와 장수 및 병졸 운용 등을 집대성하는 『역대병요(歷代兵要)』의 편찬을 집현전에 명하면서 편집 책임자인 총재관을 문무에 능했던 수양대군에게 맡겼다.

물론 이런 중대한 일을 세자가 아닌 수양대군에게 맡겼다는 사실 자체의 위험성은 불 보듯 뻔했다. 고양이에게 생선을 맡긴 격이었기 때문이다.

집권기 때 북방의 여진족을 토벌해 압록강 안에 네 고을을 세우고 두만강 일대 6진을 개척한 세종이다. 그로서는 자신의 이 같은 강력한 국방 의지가 이론과 실무 양면에서 영구히 이어지기를 바랐다. 그런 염원을 담은 것이 바로 30여 만 자에 이르는 방대한 『역대병요』이다.

그런데 수양대군이 깊숙이 관여한 『역대병요』에는 훗날 수양의 쿠데타와 관련된 많은 이야기들이 담겨 있다.

먼저 수양을 도와 이 책의 편찬에 참여한 집현전 학사들의 면면을 살펴보자. 이석형(李石亨, 1415년 태종 15년~1477년 성종 8년)은 세종 23년(1441년) 생원과, 진사과에 이어 문과에서도 내리 장원을 한 '3과 장원' 엘리트였다. 곧바로 6품직인 사간원 좌정언 보직을 받았고 바로 다음해인 세종 24년 집현전 부교리(종5품)로 발탁됐다. 이때부터 그는 경연에도 참석하면서 줄곧 전형적인 집현전 학사의 길을 걸었다. 4년 뒤인 세종 28년 교리로 승진한 그는 『역대병요』 편찬에 깊이 관여한다. 이 무렵 그는 집현전에서 함께 일한 박팽년, 신숙주, 이개, 성삼문, 하위지, 김수온 등과 친교를 나누었다. 이들 중에는 친(親)수양파와 반(反)수양파 인사들이 두루 포함돼 있다.

이석형에 대한 『실록』의 평가는 양면적이다. "성품이 온화하고 순후하여 집안사람 중에서 가난한 자는 모두 도와주었다"고 되어 있는 반면 "호패법 실시의 책임을 맡아 양민 중에서 무적자(無籍者)들을 종으로 삼았다"는 비판도 있다. 그는 세조가 즉위하는 과정에서 별다른 기여를 하지 않았지만 세조의 크나큰 총애를 받았다. 그리고 성종 때에는 우리나라 사례를 추가한 『대학연의집요』라는 책을 쓰기도 했다. 전형적인 학자형 관리였다.

이석형이 중립적 인물이었다면 하위지는 대표적인 반수양파 인사였다. 그도 이때는 『역대병요』를 편찬하며 수양대군과 친분을 맺고 있었다. 이석형보다 세 살 많았던 하위지(河緯地, 1412년 태종 12년~1456년 세조 2년)는 세종 20년(1438년) 문과에 장원급제하여 일찍부터 집현전 학사로 발탁돼 활약했고 『역대병요』 편찬에서도 중추적인 역할을 했다. 그러나 수양대군과의 관계가 그리 원만하지는 않았다. 단종 1년 4월 22일 사헌부 집의 하위지는 수양대군이 인맥 형성 차원에서 『역대병요』 편찬에 참여한 사람들에게 가자(加資-자급을 올려주는 것으로 특진을 말한다)하려 했으나 자신은 국가가 아니라 사사로이 내리는 가자는 받을 수 없다고 밝힌다. 수양에 대한 은근한 거부였다. 그후 수양이 김종서와 황보인을 제거할 때 하위지는 성삼문과 마찬가지로 일단 수양 편에 섰다. 그러나 마음속은 갈등하고 있었다. 수양의 길은 불의(不義)의 길이었기 때문이다.

하위지는 "사람됨이 침착하고 과묵하였으며 항상 공손하고 예에 밝아서 대궐을 지날 때는 반드시 말에서 내리고, 비가 와서 질척질척하더라도 통행이 금지된 곳으로는 가지 않았다"고 한다.

1455년(세조 원년) 윤6월 세조는 즉위했고 하위지는 그 밑에서 예조참판에 올랐다. 그리고 2개월 후 세조는 세종 18년부터 시행되어 오던 의정부 서사제를 혁파하고 국왕이 전권을 행사하는 6조 직계제를 통해 왕권 강화에 나서려 했다. 이때 하위지가 강하게 반대했다. 주나라의 모범을 따라 의정부 서사제를 유지하는 것이 올바른 길이라고 강변한 것이다. 세조와 신하들의 논쟁이 계속되는 가운데 신하들은 하나둘 세조의 뜻에 굴복했다. 그러나 하위지만은 달랐다. 그렇게 해서라도 세조 집권의 정당성 결여를 지적하고 싶었던 것일까?

세조는 눈앞에서 하위지의 관(冠)을 벗기도록 명한 다음 곤장을 치게 하고 의금부에 가둬 추국토록 했다. 세조로서는 예전부터 포섭을 시도했으나 늘 삐딱하게 나오는 하위지를 더 이상 끌어안고 갈 수 없다고 판단했을지 모른다. 급기야 하위지를 참(斬)할 것을 명했다. 그나마 종친을 비롯한 조정 대신들이 만류하고 사면을 청하는 바람에 하위지는 일단 목숨을 구할 수 있었다. 그러나 결국 하위지는 단종 복위 운동에 가담해 사육신의 한 명이 된다.

반면 『역대병요』로 해서 일생일대의 행운을 잡은 이가 있다. 한명회와 함께 수양을 도와 세조 등극을 이루는 '문제아' 권람이 그다. 권람(權擥, 1416년 태종 16년~1465년 세조 11년)은 권근의 손자이자 우찬성을 지낸 권제의 아들로 말 그대로 권문세가 출신이었다. 학자 집안의 영향으로 어려서부터 독서를 좋아해 학문이 넓었고, 뜻이 컸다. 그러나 시험 운이 없었던지 35세까지 과거에 급제하지 못하다가 문종 즉위년(1450년)에야 문과 장원으로 급제해 관직에 나섰다. 뒤늦게 집현전 교리가 되어 『역대병요』 편찬에 참여하게 되는데 이때 수양대군과 운명적인 조우를 하게 된다.

그후 한명회와 함께 계유정난에 앞장서 정난공신 1등에 책록되고 이후 세조 즉위에도 공을 세워 좌익공신 1등에도 올랐다. 세조 때 최고의 권세를 누린 인물 중 하나로 좌의정에까지 오르게 된다. 그의 입장에서 보자면 『역대병요』는 자신의 운명을 바꿔놓은 책이라 할 수 있다.

『역대병요』 편찬에 깊이 관여한 인물 중에는 정수충(鄭守忠, 1401년 태종 1년~1460년 세조 6년)도 있다. 일찍부터 경사에 통달해 과거에 급제하기도 전에 궁궐에 초빙되어 환관의 교관(教官)이 되었다. 실은 그의 아버지 정제가 뇌물을 받은 죄로 과거에 응시할 수 없게 되자 그의 재주를 아낀 세종이 편법으로 작은 관직을 주어 환관들뿐만 아니라 막내인 여덟째 아들 영응대군의 공부를 돕도록 했다. 그가 문과에 급제한 것은 나이 쉰을 맞은 세종 32년(1450년)이었다. 그는 곧바로 승문원 부교리를 거쳐 집현전에 들어갔으며 『역대병요』 편찬에 투입됐다. 관직의 길은 늦었으나 『역대병요』 편찬을 계기로 수양대군과 인연을 맺음으로써 계유정난에 참여했고 공신이 되어 성균관 사성, 집현전 직제학 등을 거쳐 중추부 첨지사에까지 올랐다. 그에 대한 『실록』의 평은 후한 편이다. 아마도 청렴하고 검소했기 때문으로 보인다.

이런 인물들이 참여한 『역대병요』는 결국 세종과 문종 때에는 완성을 보지 못하고 단종 즉위년(1452년) 5월 26일 완성되어 총책임자 수양대군이 단종에게 올린다. 문종이 훙한 지 정확히 12일 만이었다.

세종 권한 밖의 신하, 한확

태종 17년(1417년) 8월 6일 황씨와 한씨가 공녀(貢女)로 선발돼 명나라에 갔다. 이들을 데리고 간 명나라 사신은 황엄과 해수였다. 그중 한씨는 곧바로 당시 명황제 영락제의 눈에 들어 후궁이 되었다. 그가 바로 고려의 비라는 뜻을 가진 여비(麗妃)이다. 명을 세운 주원장의 아들이자 세 번째 황제였던 영락제의 어머니도 공교롭게 고려 공녀 출신인 석비(石妃)였다.

누나가 공녀로 뽑혀 명나라에 들어갈 때 남동생인 한확(韓確, 1403년 태종 3년~1456년 세조 2년)은 15세의 나이로 진헌부사가 되어 동행했다. 그리고 이듬해 명나라로부터 봉의대부 광록시 소경이라는 관직에 제수되었다. 동생 한진은 조선에서 의영고 승이라는 7품 관직을 특별히 하사받았다. 그들의 아버지 한영정은 순창군수를 지낸 것이 벼슬의 전부였다. 벼락출세였다.

이때, 즉 1418년은 태종이 첫째아들 양녕을 세자에서 폐하고 셋째 충녕에게 왕위를 물려준 해다. 이는 명나라로서는 석연치 않은 대목이었다. 조선의 입장에서는 이를 설득하는 것이 중대한 외교 사안이었다. 영락제는 태종의 요청을 받아들여 세종의 즉위를 허락하게 되는데 그때 책봉을 알리는 사신으로 한확을 조선에 보냈다. 군수의 아들이 하루아침에 명나라의 사신이 되어 세종의 즉위를 승인하는 외교 업무를 떠맡은 것이다. 그때가 세종 1년(1419년) 1월이다. 그러나 한확은 명나라 신하이기에 앞서 조선의 백성이었다. 1월 19일 열린 연회를 앞두고 의례 절차를 둘러싼 약간의 승강이는 한확이 처했던 곤란한 입장과 그의 사려 깊은 처신을 함께 보여준다.

"상왕(태종)은 태평관에 와서 사신과 인사를 나누고 수강궁으로 돌아갔다. 임금은 사례를 행하고 나와서 악차에 들러, 앉아서 여러 신하와 예를 행하였다. 예식이 끝나니, 한확은 악차 앞에 와서 네 번 절하는 예식을 거행하였다. 임금은 잔치를 베풀어 사신을 위로하고 안장 갖춘 말과 의복을 선사하였다. 임금이 사신과 더불어 행례할 적에 한확은 "감히 그럴 수 없다"며 사양하는데, 임금이 강권하여 자리에 앉게 되었다. 그러나 잔치에 나오지 아니하였다. 한확은 조선 사람인데, 그 누이가 황제의 후궁으로 뽑혀 들어가서 총애를 받고 있었다. 그 까닭으로 황제는 영화를 보여주기 위하여 북경으로 불러들여 고명을 주어 돌려보낸 것이었다."

영락제의 배려는 이것으로 그치지 않았다. 한확이 노모가 고국에 있다는 이유로 사양하기는 했지만 아들(영락제를 잇게 되는 인종)의 딸과 결혼을 시키려 했다. 그렇게 됐다면 한확은 명나라 황제의 사위가 될 뻔했다. 그러나 한확은 자기 분수를 아는 인물이었다.

세종, "이 사람은 내가 죄줄 수 없는 사람이다"

세종 7년 9월 28일 사헌부에서 장군 절제사라는 국내의 벼슬을 맡고 있던 한확을 시녀를 간통했다는 이유로 탄핵했다. 그러나 세종은 "이 사람은 내가 죄줄 수 없는 사람이다" 하며 처벌을 윤허하지 않았다.

세종 9년 5월에는 한영정의 막내딸, 즉 한확의 막내 여동생이 명나라 사신 창성과 윤봉의 추천에 의해 명나라 선종의 후궁으로 들어가게 된다. 인물이 뛰어난 집안이었던 것이다. 『실록』은 한확의 외모에 대해서도 "풍채와 용모가 출중하고 반듯했다"고 기록하고 있다.

한확의 여동생이 한양을 떠나던 세종 10년 10월 4일 그의 행차를 지켜보던 한양 사람들은 "언니 한씨가 영락의 궁인이 되었다가 순장을 당한 것만 해도 애석한 일인데 이번에는 동생까지 가게 되는구나"라며 안타까워했다고 한다. 실제로 여비는 1424년 영락제가 사망했을 때 순장을 당했다.

한확이 세종에 의해 정2품 중추원 부사라는 조선의 관직을 받게 되는 것은 세종 17년 7월 20일이다. 물론 명나라 황친(皇親)이라는 배경이 작용했음은 물론이다. 『실록』은 이날 막내 누이의 문제와 관련해 다음과 같이 비평한다.

> "손아래 누이는 벌써 시집갈 시기가 지났었고, 한확은 재산이 넉넉하면서도 누이를 시집보내지 않고 북경에 데리고 갔으므로, 사람들은 한확을 천하게 여기고 그 손아래 누이를 슬피 여겼는데, 이때에 와서 특별히 이 관직에 임명되었다."

그리고 한 달 후 중추원 지사로 승진한다. 황친의 초고속 출세에는 거칠 것이 없었다. 중추원이란 곳이 무임소 장관 비슷한 것이었기 때문에 한확은 주로 명나라에 사신으로 가거나 명나라 사신이 오면 접대를 담당했다. 또 한확은 이조판서를 지낸 홍여방의 딸과 결혼해 3남 6녀를 두었다. 2년 후인 세종 19년 12월에는 그의 딸 하나가 계양군 이증(李 增)과 결혼을 함으로써 조선의 왕실과도 혼맥을 형성한다. 이증은 세종과 신빈 김씨 사이에서 난 아들이다.

세종 21년(1439년) 4월 25일 세종은 한확을 한성부 판사로 임명한다. 처음으로 실직(實職)을 맡게 된 것이다. 얼마 후 경기도 관찰사를 거쳐 세종 22년 8월 12일에는 병조판서에 임명되며, 병권을 거머쥔다. 이것은 황친이라는 이유보다는 세종의 신임을 얻은 때문으로 봐야 한다. 이때부터 한확은 탄탄대로였다. 잠시 함길도 순찰사로 나갔다가 다시 한성부 판사를 지냈고, 세종 27년 이조판서를 거쳐 다시 오랫동안 병조판서를 지냈다. 세종 말기에는 평양부윤 겸 평안도 관찰사로 있다가 중추원 판사에 오른다.

수양의 사돈, 정난공신 1등이 되다

단종 즉위년(1452년) 12월 10일 한확은 좌찬성에 오른다. 좌찬성이란 의정부 종1품직으로 우의정 바로 아래의 정무직이었다. 그가 좌찬성이 되었다는 것은 본격적인 중앙 정치의 핵심 인물로 떠올랐다는 뜻이다. 그러나 그의 전공 분야는 역시 대명 외교였다. 명나라에서 사신들이 방문하면 반드시 그가 영접을 맡았다. 장차 대권을 꿈꾸는 수양대군으로서는 '쿠데타 정당화'를 위해 명의 지원을 끌어내는 일이 필수적이었고 이 일을 성사시키는 데 한확만큼 긴요한 인물도 없었을 것이다.

이때를 전후해 한확의 딸 하나가 아직 왕위에 오르지 않은 수양대군의 장남인 도원군 이숭(李崇, 1438년 세종 20년~1457년 세조 3년)과 결혼을 한다. 세조가 즉위한 1455년 한확의 딸 한씨는 세자빈에 오른다. 이제 중궁의 아버지가 되는 것은 시간문제였다. 그 딸이 바로 소혜왕후(昭惠王后) 한씨(1437년 세종 19년 ~1504년 연산군 10년)로 둘 사이에 아들 둘이 있었고 그중 작은아들이 예종의 뒤를 이어 왕위에 오르는 성종이다. 이숭은 훗날 덕종으로 추존된다.

그러나 세조 3년 의경세자(이숭)가 사망하고 해양대군이 세자를 이었다. 게다가 한확도 같은 해 사망하는 바람에 국왕이 되는 성종의 외할아버지라는 영예를 누리지 못했지만 소혜왕후 한씨는 남편의 요절로 좌절됐던 꿈을 마침내 아들을 통해 실현하게 된다. 성종 즉위 때 인수대비가 된 한씨는 사서삼경을 통달했고 불교에도 조예가 깊었으며 엄격한 여성 윤리를 강조한 『내훈(內訓)』이라는 책을 지은 것으로 유명하다. 그러나 며느리 윤씨의 폐비 및 사사(賜死)에 깊이 관여했다가 훗날 친손자인 연산군에게서 봉변을 당한 끝에 비참한 종말을 맞게 된다.

단종 1년 10월 11일, 김종서, 황보인을 제거한 쿠데타 '계유정난' 다음날, 사실상의 국왕인 수양대군은 한확에게 우의정을 시키겠다고 하자 정중하게 사양한다. 대군이 수상(首相)이 되었는데 사돈인 자신이 우의정을 맡으면 세론이 좋을 수 없다는 게 이유였다. 그러나 나흘 후인 10월 15일 한확은 세조, 정인지에 이어 세 번째로 정난공신 1등에 책록되고 우의정에 오른다. 좌의정은 정인지였다. 공신들의 세상이었다. 세 사람은 세종의 자식 또는 자식 같은 신하들이었다.

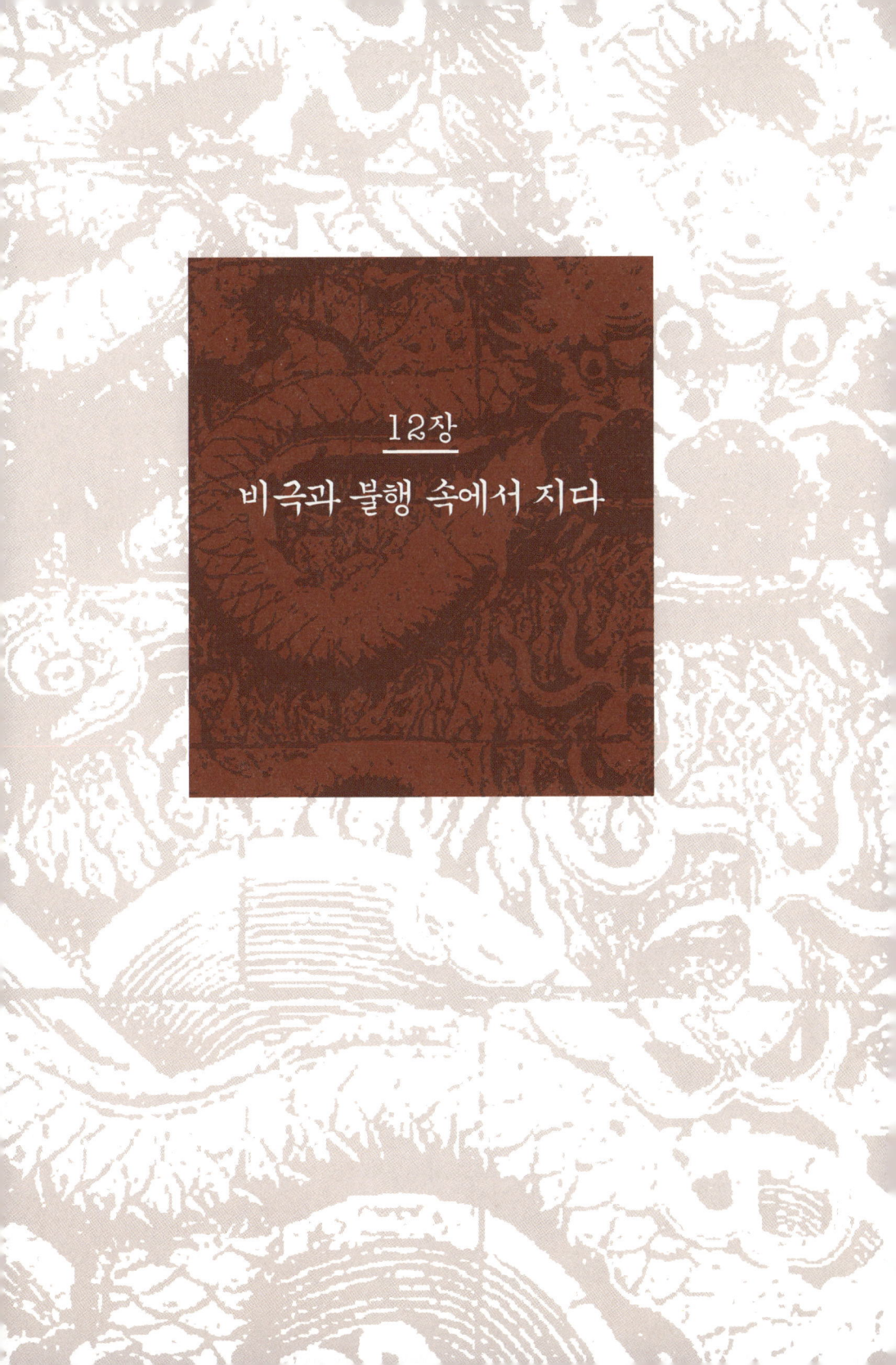

12장
비극과 불행 속에서 지다

세종과 가장 가까웠던 세 여인

백성이나 신하들에게 세종은 성군(聖君)이었는지 모르지만 세종 자신은 가족사의 측면에서 보면 너무나도 불행했던 군주라 할 수 있다. 어려서 외삼촌 네 명이 아버지 태종에 의해 몰살당하다시피 했고 어머니 원경왕후는 그것을 뼈에 사무치는 고통 속에서 지켜봐야 했다. 이런 어머니를 자식의 입장에서 그저 지켜봐야만 했다는 것은 그 자체로 큰 비극이다.

어머니, 원경왕후 민씨

어머니 원경왕후 민씨(1365년 고려 공민왕 14년~1420년 세종 2년)는 고려의 명문가 출신으로 전형적인 '고려의 여성'이었다. 담대했고 뜻이 컸다. 남편 이방원을 도와 그를 왕위에 올리는 데 남동생들과 함께 결정적인 기여를 했다. 그러나 태종은 계모 강씨의 행태를 보면서 외척에 대해, 그리고 정도전과 남은 등의 행태를 보면서 공신에 대해 가혹하리만치 냉정한 태도를 견지했다. 민씨의 두 남동생 민무구와 민무질은 1, 2차 왕자의 난 때 큰 공을 세웠다. 하지만 유감스럽게도 왕위에 오른 태종에게 민무구와 민무질은 외척이자 공신이었다. 결국 두 사람은 석연치 않은 이유를 빌미로 사형당했다. 또 민무회와 민무휼도 두 형을 옹호하려다가 제거되었다.

민씨가 느껴야 했던 배신감은 말로 표현할 수 없었다. 게다가 외척의 힘을 분산시켜야 한다는 명분으로 태종은 열 명이 넘는 후궁을 맞아들였다. 때로는 민씨가 정면으로 반발했지만 태종은 이에 전혀 개의치 않았다. 두 사람의 불화는 너무나도 깊었다. 한때 태종은 원경왕후를 폐비 하려고까지 했다. 신하들의 반대로 그냥 넘어갔지만 두 사람의 관계가 어떠했는지를 단적으로 보여준다.

민씨는 오로지 세자 양녕에게 마지막 남은 기대를 걸었다. 효령이나 충녕에게는 양녕만한 애정을 보여주지 않았다. 맏이기도 했지만 다른 아들들과 달리 양녕만 자신의 친정집에서 키웠기 때문에 더 정이 깊었는지 모른다. 그러나 어머니의 이런 속을 아는지 모르는지 세자 양녕의 패덕(悖德)은 날이 갈수록 심해져갔고 그다지 정을 주지 않았던 셋째 충녕이 '세잣감'으로 떠오르고 있었다. 세자를 폐하는 마지막 순간까지 민씨는 폐세자에 반대하면서 굳이 세자를 폐하려면 양녕의 아들 중에서 세자를 골라야 한다고 주장했다. 충녕은 안중에도 없었던 것이다.

세종이 이런 어머니에 대해 서운함을 느꼈는지는 알 길이 없다. 그러나 세종이 훗날 보여주는 품성으로 봐서는 그랬을 것 같지는 않다. 분명 그는 어머니의 굴곡진 삶에 대해 한없는 동정심을 가졌을 것이다. 자신이 왕위에 오르던 그해 초 자신의 동생이자 부모가 모두 너무나도 아꼈던 막내 성녕대군이 열네 살의 어린 나이에 홍역으로 세상을 떠났다. 그때부터 삶의 의욕을 모두 상실한 어머니는 경기도 벽제에 있는 성녕의 묘 옆에 대자암이라는 암자를 짓고 한을 달래며 지내다가 세종이 왕위에 오른 지 2년이 되던 1420년 7월 10일 56세를 일기로 한으로 얼룩진 생을 마감했다. 『실록』은 어머니의 서거 소식을 접한 세종의 깊은 슬픔을 이렇게 표현하고 있다.

> "임금이 옷을 갈아입고, 머리를 풀고 신발 벗고, 부르짖어 통곡하니, 상왕이 거적자리에 나아가 미음을 전했다. 이때 임금이 음식을 진어하지 않은 지 이미 수일이라, 상왕이 눈물을 흘리며 울면서 권하였다."

세종은 몇 날 며칠을 거적자리에서 지냈다. 새벽에는 땅에서 습기가 차오르자 이를 보다 못한 신하들이 거적 밑에 기름종이를 깔았으나 세종은 이를 치워버렸다. "어머니가 돌아가셨는데 내가 죽고 사는 게 무슨 문제인가?"

7월 17일에는 대비의 능에 절을 두는 문제로 부자간에 의견이 갈린다. 상왕 태종은 자신이 능에 가지 않아도 되면 모르지만 자신이 가야 한다면 능에 절을 설치하지 말 것을 명한다. 그러나 세종은 건원릉(태조의 능)에도 이미 절이 있지 않으냐며 절을 두어도 무방하다고 신하들에게 밝힌다. 세종 특유의 불심도 있었겠지만 어머니를 박대한 아버지에 대한 서운함의 표현으로 읽어내는 것은 지나친 해석이 될까?

부인, 소헌왕후 심씨

　태종 8년(1408년) 열두 살의 충녕군과 결혼할 때만 해도 열네 살의 심씨는 자신이 왕비라 되리라고는 꿈에도 생각지 못했을 것이다. 할아버지 심덕부는 태종 이성계와 함께 조선을 세우는 데 크게 기여한 1등 공신이었다. 아버지 심온도 일찍부터 심덕부를 도와 개국에 공을 세웠다. 게다가 작은 아버지 심종은 태조의 딸 경선공주와 결혼해 왕실과 밀접한 관계였다. 결혼 10년 후 양녕의 폐세자에 이은 충녕대군의 급작스런 즉위만 없었다면 행복한 삶이 펼쳐졌을 것이다. 세종과 심씨 두 사람의 온후한 심성을 볼 때 특히 그런 생각이 든다.
　운명은 소헌왕후 심씨(1395년 태조 4년~1446년 세종 28년)에게 가혹했다. 세종이 왕위에 오른 해인 1418년 12월 25일 아버지 심온은 사약을 받고 세상을 떠났다. 세종을 위한 사전 준비 차원에서 이뤄진 외척 제거의 일환이었다. 어머니와 여동생들은 하루아침에 천인(賤人)으로 신분이 떨어졌다. 태종이 해준 배려는 "역사(役事)는 하지 않도록 하라"는 것이었다. 사실 이때 유정현을 비롯한 신하들은 심씨도 중궁 자리에서 내쫓아야 한다고 상왕에게 주청을 올렸다. 태종의 단호한 거부가 아니었다면 심씨 자신의 신세도 어떻게 될지 모르는 상황이었다. 10년을 가까이 지켜보았기 때문에 태종은 심씨의 조신함을 잘 알고 있었다. 태종은 늘 며느리 심씨에 대해 "나뭇가지가 늘어져 아래에까지 미치는 덕이 있다"고 칭찬했었다.
　또 한 가지, 이때 이미 세종과 심씨 사이에는 세 아들이 있었다. 다섯 살인 문종, 두 살인 수양, 돌이 안 지난 안평이 그들이다. 그리고 두 사람 사이에 금실이 좋았던 것도 심씨가 폐비에 이르지 않은 이유의 하나였다.
　태종은 여기서 그치지 않았다. 세종의 뜻과 관계없이 상호군 조뇌의 딸 조씨를 의정궁주, 이운로의 딸 이씨를 혜순궁주, 최사의의 딸 최씨를 명의궁주, 박의동의 누이 박씨를 장의궁주 등으로 봉해 세종의 후궁으로 삼았다. 훗날 세종은 다섯 명의 후궁에게서 10남 2녀를 두게 된다. 심씨에게는 또 하나의 고통이 아닐 수 없었지만 결코 내색을 하지 않았다. 심씨는 후궁들과 그의 자식들을 자기 식구와 다름없이 대했다고 한다. 세종 18년 10월 세종이 사정전에서 신하들과 이런저런 이야기를 하다가 이런 말을 한다.

"중궁은 성품이 매우 유순하고 언행이 훌륭하여 투기하는 마음이 없다."

자신 때문에 아버지를 잃은 부인을 평생 지켜봐야 했던 세종의 미안한 마음은 얼마나 컸을까? 이런 부인을 위해 세종이 해준 것은 유정현이 세상을 떠나자마자 장모 안씨를 관비의 신분에서 풀어준 것이다. 심온은 세종의 재위 기간 내내 죄인의 신분을 벗지 못했다. 부인을 위해 아버지를 부정할 수는 없는 일이었다.

장녀, 정소공주

자식이 죽으면 가슴에 묻는다고 했던가? 세종 6년(1424년) 4월 10일 장녀 정소공주(貞昭公主, 1412년 태종 12년~1424년 세종 6년)가 졸하였다. 그런데 『실록』을 보면 세종은 그 다음 날부터 하루도 빠지지 않고 정사를 보거나 경연을 열고 있다. 그리고 4월 15일 공주를 경기도 고양현에서 장사를 지냈다는 것으로 끝이다. 얼핏 보면 세종이 냉혈한처럼 받아들여질 수도 있다.

그러나 2년 후인 세종 8년 4월 12일 사자(死者)와의 인연을 마지막으로 정리하고 다시 일상으로 돌아가는 담제(禫祭)를 지낼 때 세종은 손수 제문을 지어 장녀 정소공주의 죽음을 애도한다.

"장수와 단명은 하늘의 운명에 달렸으니 예로부터 피하기 어렵지만, 부녀간의 정은 언제나 변할 리가 없는 것이다. 사랑하고 귀여워하는 마음은 천성에서 나오는데 어찌 네가 내 앞에 있고 없고에 따라 다름이 있다 하겠는가. 아아, 네가 죽은 것이 갑진년(甲辰年-1424년)이었는데, 세월이 여러 번 바뀌매 느끼어 생각함이 더욱더 절절하도다. 이제 담제일(禫祭日)이 닥쳐오매 내 마음의 슬픔은 배나 절실하며, 나이 젊고 예쁜 모습을 생각하려 하나 영원히 유명(幽明-저승과 이승)이 가로막혔도다. 아아, 제도는 비록 한정이 있지마는 사람의 정에는 한정이 없도다. 영혼이여, 어둡지 않거든 와서 흠향하기를 바라노라."

야사에는 정소공주가 죽었을 때 세종이 너무 슬퍼한 나머지 시신을 부여잡고 우느라 염을 하는 데 큰 곤란을 겪었다고 한다. 재위 32년 중 각종 상(喪)으로 인해 10년 이상 상복을 입은 채로 지내야 했던 세종이다.

세종을 쏙 빼닮은 장남 문종

태종이 양녕을 폐하고 충녕을 세자로 바꾸면서 여러 가지 이유를 열거했다. 그중 하나가 충녕에게는 "제법 자란 아들이 있다"는 것이었다. 제법 자란 아들이 바로 훗날의 문종인 이향(李珦)이다.

이향은 태종 14년(1414년) 충녕대군과 심온의 딸(훗날의 소헌왕후) 사이에서 장남으로 태어났다. 어려서부터 총명하고 학문을 좋아했다. 그리고 세종 3년(1421년) 일찌감치 세자의 자리에 올랐다. 모든 게 아버지를 쏙 빼닮았다. 근면 성실했고 호학(好學)이었다. 『실록』은 그의 성품을 "관인(寬仁)하고 명철(明哲)하며 강의(剛毅)하고 간묵(簡默)했다"고 평하고 있다.

세자 이향은 성색을 멀리하고 성리 학문에만 전심했다. 더불어 역사를 널리 보고 치란(治亂)의 기틀을 강구하는 데 조금도 게을리 하지 않았다. 『실록』은 또 세자 이향이 "천문, 역상(曆象), 성률(聲律), 음운

(音韻)에 이르기까지 통달하지 않은 것이 없었다"고 기록하고 있다.

이같이 든든한 세자의 존재는 세종에게 큰 힘이 되었다. 세종이 후사(後嗣) 문제를 고민하지 않고 국정에 전념할 수 있었던 것도 세자 이향의 공이 컸다. 어쩌면 세종이 수양과 안평에 대한 경계를 게을리 한 것도 문종의 넉넉한 인품과 능력을 믿었기 때문인지 모른다.

그의 효성은 지극했다. 직접 복어를 요리해 병중에 있던 아버지 세종에게 올리는가 하면 후원에 손수 앵두를 심어 세종이 맛볼 수 있도록 하였다.

이런 세자를 세종은 너무나도 아꼈다. 『실록』에 보면 『주역』과 『예기』는 세종이 직접 세자에게 가르쳤다고 한다. 천문과 역상에 대한 두 사람의 관심은 함께 공부했던 『주역』과 무관치 않다.

세자 시절 이향은 목척(木尺-나무 자)에 이런 글귀를 남겼다. '이처럼 평범한 물건도 제대로 쓰면 굽은 것을 바르게 하는 데 사용할 수 있다. 천하의 정치도 사정(私情)만 없다면 누가 복종하지 않으리오!' 차기 국왕으로서의 강한 자의식이 느껴진다.

세자 이향은 병약했지만 문약(文弱)은 아니었다. 세자가 활을 겨냥하여 쏘면 과녁에 반드시 맞았다. 그는 훗날 직접 『진법(陣法)』 9편을 지어 군사 훈련을 직접 관리 감독했고 중앙과 지방의 군사 제도까지 정비하는 면모를 보여주었다. 세자는 동생들이 마땅치 않았다. 그가 남긴 이 말은 훗날을 예견한 듯하다.

"남녀 관계와 음식의 욕심은 사람에게 가장 간절한 것인데, 부귀한 집의 자제들은 이것 때문에 몸을 망치는 이가 많게 된다. 내가 늘 여러 아우들을 보고는 이 점을 경계하도록 곡진하게 타일렀으나 과연 내 말을 따르는지는 알 수가 없다."

6조 직계제에서 의정부 서사제로

세종 21년 6월 21일 세종은 도승지 김돈과 함께 세자의 강무(講武) 여부에 대해 의논하면서 이렇게 말한다.

"내가 젊어서부터 한쪽 다리가 치우치게 아파서 10여 년 동안 고통을 받다가 조금 나았다. 또 등에 부종(浮腫)을 앓은 지 오래다. 아플 때를 당하면 마음대로 돌아눕지도 못하여 그 고통을 참을 수가 없다. 지난 계축년 봄에 온정(溫井)에 목욕하고자 하였으나, 대간(臺諫)에서 폐가 백성에게 미친다고 말하고, 대신도 그 불가함을 말하는 이가 있었다. 그런데도 두세 사람이 청하기에 온정에서 목욕하였더니 과연 효험이 있었다. 그 뒤에 간혹 다시 발병할 때가 있으나, 그 아픔은 전보다 덜하다. 또 소갈증(消渴症)이 있어 열서너 해가 되었다. 그러나 이제는 역시 조금 나았다. 지난해 여름에는 또 임질(淋疾)을 앓아 오래 정사를 보지 못하다가 가을 겨울에 이르러 조금 나았다. 지난봄 강무(講武)한 뒤에는 왼쪽 눈이 아파 안막(眼膜)을 가리는 데 이르고, 오른쪽 눈도 어두워져서 한 걸음 앞에 사람이 있는 것만 알겠으나 누구인지를 알지 못하겠으니, 지난봄에 강무한 것을 후회한다. 한 가지 병이 겨우 나으면 한 가지 병이 또 생기매 나의 쇠로함이 심하다. 나는 큰일만 처결하고 작은 일은 세자로 하여금 처결하게 하고자 하나, 너희들과 대신들이 모두 말리기에 내가 다시 생각하매, 내가 비록 병이 많을지라도 나이가 아직 늙지 아니하였으니, 내가 가볍게 말을 낸 것을 후회한다. 다만 강무는 나라의 큰일이고 조종께서 이미 세우신 법이다. 내가 지난번에 세자로 하여금 강무하게 하려고 하였더니 대신들이 말리고 너도 역시 말렸는데, 나는 그 옳은 줄을 알지 못하겠다."

이쯤 되면 말 그대로 움직이는 종합병원이다. 또 자신의 육체적 정신적 곤경을 몰라주는 신하들에 대한 원망이 곳곳에서 묻어난다. 세종은 집권 18년을 넘기면서 심신이 지친 정도가 아니라 피폐해져 가고 있었다. 원래부터 비중(肥重)하였고 사냥이나 운동을 즐기지 않았으며 국정과 학문 연마에 지나치게 몰두하는 바람에 건강은 날이 갈수록 나빠져갔다. 게다가 성품 또한 아버지 태종처럼 외향적인 발산형이 아니라 속으로 삭이는 스타일이었기 때문에 정신 건강 또한 좋을 리 없었다.

세종이 세종 18년(1436년) 4월 12일 나라의 의사 결정 구조를 6조 직계제에서 의정부 서사제로 되돌린 것은 일차적으로 이 같은 '건강'의 맥락에서 봐야 한다. 세종은 이날 교서를 내려 국정의 주요 사안은 일단 의정부에서 거른 다음 자신에게 보고할 것을 명했다. '사형 죄수들의 논결'을 제외하고는 실권을 거의 빼앗겼던 의정부에 다시 권한을 돌려주겠다는 뜻이었다. 그것은 동시에 왕권과 국정 파악에 대한 자신감을 바탕으로 이루어진 결정이기도 했다. 다만 이조와 병조에서 관리를 제수하는 일(핵심 인사권)과 병권 그리고 형조의 판결 문제 등은 일단 국왕인 자신에게 먼저 보고하되 즉시 의정부에도 보고하여 논의토록 하겠다고 밝혔다. 약간의 절충형이었던 셈이다. 세종은 과중한 업무를 덜고 싶었다. 신하들로서야 반대할 이유가 없었다. 자신들의 권한이 커지는 일이었기 때문이다. 일은 그 다음에 터졌다.

첨사원 설치 논쟁

앞서 교지에서 세종은 "내가 가볍게 말을 낸 것을 후회한다"고 했다. 이것은 2년 전인 세종 19년(1437년) 1월 3일 승정원에 다음과 같은 말을 하면서 의논해 볼 것을 지시한 것을 염두에 둔 것이다.

"내가 금년에 기체(氣體)가 불편한 때가 많아서 만기(萬機)를 친히 결단할 수가 없으니, 이조와 병조의 인사 문제와 군국(軍國)의 중대한 일은 내가 친히 들어서 결단하겠고, 그 나머지의 작은 일들은 세자로 하여금 처결하게 하려고 하는데 어떠한가."

당연히 승지들은 결사 반대였다. 1월 9일에도 다시 같은 문제를 던졌고 승지들이 한사코 반대하자 세종은 집현전에서 옛 제도를 상고해 볼 것을 지시한다. 앞에서 보았듯이 세종은 일단 결심하면 무슨 일이 있어도 관철시키는 성격이었다. 시간이 아무리 걸리더라도.

3월 27일 세종은 도승지 신인손을 시켜 세자가 서무를 처결하는 문제를 영의정 황희와 우의정 노한과 의논토록 명한다. 당연히 두 사람은 반대였다. 4월 1일 세종은 세자에게 섭정을 맡기겠다는 더 강한 뜻을 의정부에 전달했다. 물론 의정부는 반대였다. 단계별로 세종의 요청 강도는 강해지고 논의에 참여하는 사람들의 범위도 넓어지고 있다. 그리고 세종의 건강 이야기가 나왔던 세종 21년 6월 21일 강무를 세자로 하여금 대신하게 하는 문제를 통해 우회적으로 세자 섭정을 관철시키려 했으나 신하들의 반대가 워낙 강해 이때도 실현시키지는 못한다. 이때 세종의 나이 43세, 세자 이향의 나이 26세였다. 사실 섭정을 해도 문제가 없지만 태종 때의 선위 파동이 보여주듯 이 문제는 신하들의 입장에서는 그리 간단한 사안이 아니었다. 아무리 온화한 성품의 세종이라 하더라도 임금은 임금이었기 때문이다.

그 이후 3년 동안은 이 문제가 더 이상 크게 불거지지 않는다. 세종의 건강이 어느 정도 호전된 때문이기도 하고, 신하들의 반대를 돌파할 수 있는 뾰족한 수가 없기 때문이기도 했다. 그러다가 세종 24년 5월 세종은 의정부의 황희, 신개, 하연, 황보인과 예조판서 김종서, 도승지 조서강 등을 불러 안질이 심하다는 이유를 들어 다시 한 번 세자 섭정 문제를 제기했다. 이제 신하들의 반대는 무시하기로 결심한 듯했다. 다음달 16일 세종은 승지들에게 일방적으로 통고한다.

"내가 이 일을 하고자 하는 것은 스스로 평안히 지낼 계책으로 하는 것이 아니라, 나의 병세를 보건대, 쉽게 낫지 않을 것 같으므로 휴가를 얻어 정신을 화락하게 하고 병을 휴양하기를 원하는 것이 나의 진정이다. 신하들의 마음도 어찌 나로 하여금 병을 참아가면서 정치에 부지런히 근무하여 병이 더 심한 데에 이르게 하려고 하는 것이겠는가.

대저 군주가 대신을 접견하는 날은 적고, 홀로 근신(近臣)과 더불어 모든 정무(政務)를 출납하는 것도 오히려 옳지 못한데, 하물며 환관을 시켜 출납시키겠는가. 이것은 후손에게 보이는 도리가 아니다. 하물며 이 환관 무리들은 문자를 제대로 알지 못하니 출납할 즈음에 자못 틀리게 되는 실수가 있을 것인데 그것이 옳겠는가. 역대의 군주들이 세자에게 국사(國事)를 감독시키고 군대를 감독시키던 사람도 또한 있었는데, 세자로 하여금 모든 사무를 재결시키는 것이 무엇이 옳지 못한 것이겠는가.

나의 뜻은 이미 결정되었다. 내가 이 말을 꺼내는 것은 그대들과 더불어 그 옳고 그른 것을 의논하려는 것은 아니다. 다만 그대들에게 이 뜻을 다 알도록 하는 것뿐이다."

세종이 이 정도로 강하게 이야기할 때는 이미 밀어붙일 준비가 다

돼 있었다는 뜻으로 봐야 한다. 실제로 7월 28일 도승지 조서강이 의정부와 협의를 거쳐 추진할 것을 간절히 청하는데도 불구하고 세종은 첨사원(詹事院) 설치를 명한다. 근거는 당나라 때 첨사부라는 게 있어 세자가 정무에 참여했던 전례가 있었다는 것이었다.

세종은 신하들과의 정면 대결을 선택한 것이다. 이때부터 신하들과의 지루한 논쟁이 시작된다. 8월 2일 사헌부 집의 이사철이 정면으로 반박하고 나섰다. 다음 날은 대사헌 정갑손을 비롯한 사헌부 관헌들이 대거 이사철을 지원사격했다. 이어 사간원에서도 들고일어났고 반대론은 의정부와 6조까지 확산됐다. 8월 한 달은 거의 첨사원 설치 논쟁으로 보내다시피 했다. 세종의 뜻은 단호했다. 결국 9월 3일 의정부는 첨사 1명(종3품), 동첨사 2명(정4품)을 골격으로 하는 첨사원 설치안을 마련했다. 국고 낭비라는 이사철의 반론에 대해 세종은 첨사원 관리들에게 서연관을 겸직시키는 방안으로 맞섰다.

그래서 9월 18일 마침내 첨사원에 대한 인사 발령이 이뤄진다. 첨사에는 집현전 직제학을 지낸 유의손을 임명했고 2명의 동첨사에는 마찬가지로 집현전 직제학을 지낸 이선제와 예문관 직제학 이사철을 겸직으로 임명했다. 첨사원 설치를 가장 앞장서서 반대했던 이사철을 그 자리에 임명한 것이다. 세종다운 인사였다.

병약한 세자 이향의 불행했던 결혼생활

세종의 장남 이향(1414년 태종 14년~1452년 문종 2년)은 여덟 살 때인 세종 3년 세자로 책봉됐고 세종 9년(1427년) 2월 상호군 김오문의 딸과 혼례를 올렸다. 김오문은 태종의 후궁인 명빈 김씨와 남매지간이었다. 왕실의 인척 중에서 세자빈을 간택한 것이다. 그런데 세자 부부의 결혼생활은 평탄치 못했다. 2년 반 후인 세종 11년 7월 20일 세종은 근정전에서 휘빈 김씨를 세자빈에서 내쫓는다는 내용의 하교를 내렸다. 폐빈(廢嬪)이었다.

이유는 하교에 상세하게 나와 있다. 세자가 가까이하던 시녀 효동과 덕금을 시기 질투했고 교접하는 뱀의 정기를 수건으로 닦아서 사타구니에 차고 있는 등 각종 비방(秘方)을 통해 세자의 사랑을 얻어보려 했던 것이다. 세종이나 소헌왕후 심씨로서는 도저히 받아들일 수 없는 처사였다.

3개월 후인 10월 창녕현감을 지낸 봉여의 딸을 다시 세자빈으로 맞아들였다. 이후 봉여는 벼락출세를 해서 형조·병조·이조의 참판을 거쳐 돈녕부 지사에까지 오르게 된다. 그러나 딸의 결혼생활은 행복하지 못했다. 게다가 두 사람이 결혼한 다음해인 세종 12년에는 세자에게도 후궁을 들이는 제도까지 생겨났다. 그리고 세종은 친히 권전의 딸, 정갑손의 딸, 홍심의 딸을 세자의 후궁으로 봉했다. 세종의 입장에서는 세자의 자손을 많이 보려는 차원이었겠지만 세자빈 봉씨로서는 참을 수 없는 일이었다. 성격도 당당했다. 세심한 세자와 충돌할 수밖에 없었다. 결국 봉씨는 '조선 왕실 최초의 레즈비언 스캔들'이라는 충격적인 사건을 일으킨 끝에 세종 18년 10월 26일 세자빈에서 쫓겨난다. 두 사람 사이에 아이도 없었다.

이날 세종은 도승지 신인손과 동부승지 권채를 사정전으로 부른 다음 "요사이에 한 가지 괴이한 일이 있었는데 이를 말하는 것조차도 수치스럽다"며 며느리의 '음탕한 소행', 즉 동성애 사실을 털어놓았다. 게다가 새로 들인 세자의 후궁 중에서 권전의 딸이 임신을 하자 독설을 퍼붓기까지 했다는 것이다. "권 승휘가 아들을 낳게 되면 우리들은 쫓겨나야 할 거야"라며 소리 내어 우는 소리가 세종의 침소에까지 들리기도 했다. 그래서 중궁과 함께 봉씨를 불러 타이르기까지 했으나 조금도 뉘우치는 기색이 없었다고 했다.

말미에는 『실록』의 사실성을 보여주는 아주 흥미로운 대목이 있다.

"옛날에 김씨를 폐할 적에는 내가 한창 나이가 젊고 의기(意氣)가 날카로워서 빈을 폐하고 새로 다른 빈을 세우는 것은 중대한 일이므로 애매하게 할 수 없다고 여긴 까닭으로, 그 일을 교서에 상세히 기재하였으나 지금은 그렇게 할 필요가 없다. 봉씨가 여종과 동숙한 일은 매우 추잡하므로 교지에 기재할 수 없으니 우선 성질이 질투하며 아들이 없고 또 남자를 그리워하는 노래를 부른 네댓 가지 일을 범죄 행위로 헤아려서 교지를 지어 바치게 하라."

권 승휘가 낳은 아이는 딸이었다. 그리고 곧바로 세 번째 세자빈 간택에 들어가는데 새롭게 선발하기보다는 양원이나 승휘 중에서 선발하는 것이 좋다는 신하들의 청이 있었다. 세종 12년에 마련된 세자의 후궁 제도를 보면 정2품 양제, 정3품 양원, 정4품 승휘, 정5품 소훈이 있었다. 최종적으로 권전의 딸과 홍심의 딸이 후보로 남았다. 『실록』을 보면 세자의 마음은 홍심의 딸에게 있었는데 세종이 권전의 딸을 선택한다. 권씨는 딸을 낳은 후 양원으로 승진해 있었고 홍씨는 승휘였다.

"세자의 뜻은 홍씨를 낫게 여기는 듯하나, 내 뜻은 권씨를 적당하다고 생각한다. 옛날 사람이 말하기를, '나이가 같으면 덕으로써 하고, 덕이 같으면 용모로써 한다'고 했는데, 이 두 사람의 덕과 용모는 모두 같은데, 다만 권씨가 나이 조금 많고 관직이 또 높다. 또 후일에 아들을 두고 두지 못할 것과, 비록 아들을 두되 어질고 어질지 못할 것은 모두 알 수가 없지마는, 그러나 권씨는 이미 딸을 낳았으니, 그러므로 의리상 마땅히 세자빈으로 세워야 될 것이다."

세종은 양원 권씨의 경우 이미 딸을 낳은 것으로 보아 적어도 출산능력에서는 검증이 된 것으로 보았던 것 같다. 그러나 세종의 이 선택은 계속되는 불행으로 이어진다. 세자빈은 다시 딸을 낳은 후 마침내 5년 후인 세종 23년(1441년) 7월 23일 원손을 낳았다. 세자의 첫 번째 혼인 14년 만에 얻은 원손이었기 때문에 세종의 기쁨이 어떠했을지는 짐작하기 어렵지 않다. 대사면이 있었다. 세종은 "원래 사면이란 군자에게는 불행이요 소인에게는 다행이라 내가 오랫동안 행하지 않았다"면서도 자신의 기쁨을 표하기 위해 대사면을 단행한다고 밝혔다. 그래서 대사면을 담은 교서를 근정전에서 발표하는데, "교지 읽기를 끝마치기 전에 전상(殿上)의 대촉(大燭-의전용 촛불)이 갑자기 땅에 떨어졌다." 앞으로 닥쳐올 왕실의 불행에 대한 암시였을까?

바로 다음 날 세자빈 권씨는 산후 후유증으로 세상을 떠났다. 권씨는 문종 즉위 후 현덕왕후로 추존된다. 세자 이향은 다시 홀아비(?) 신세가 됐다. 세종이 다음해인 세종 24년 첨사원을 설치하고 세자의 섭정을 서둘렀던 이유 중에는 세자로 하여금 정사(政事)에 전념케 함으로써 개인적인 방황을 차단하려는 배려도 있었던 것은 아니었을까?

사실상의 임금 '세자 이향'

세종 25년 5월 세자가 신하들의 보고를 받고 정사를 다루는 계조당이 축조되었고 법적으로 섭정을 할 수 있는 기반이 마련되었다. 그리

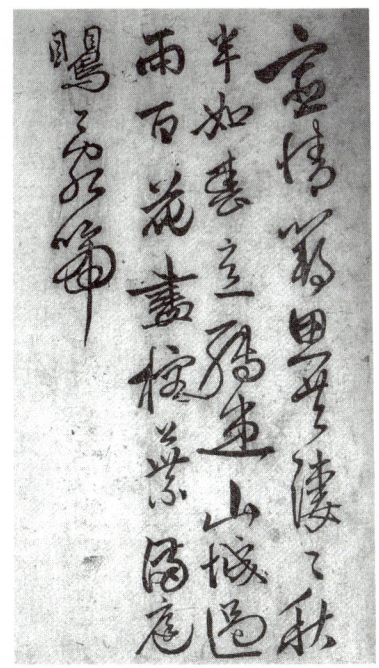
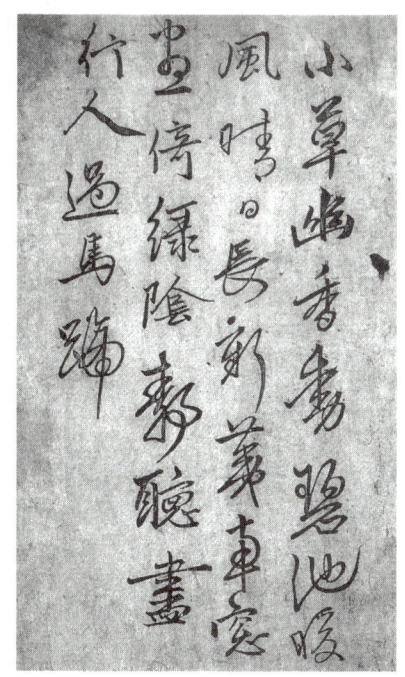

문종의 친필_ 아버지 세종을 쏙 빼닮았던 세자 이향. 넉넉한 인품과 학문의 깊이가 남달랐다. 『琅玕居士筆法』에서.

고 이때부터 사실상 세자의 섭정(攝政) 시대가 열렸다. 이제 주요 국사를 세자에게 보고하면 그중 중요한 사안만 추려서 세자가 세종에게 다시 보고하는 체제가 작동하기 시작했다. 그래서 우리는 흔히 문종의 시대를 2년으로만 보지만 이때부터 실질적인 국왕의 권한을 행사한 것을 감안한다면 문종 시대를 10년 정도로 봐도 무방할 것이다.

세종 27년 1월 16일 세종의 일곱째 아들 평원대군 이임(李琳)이 열아홉의 나이로 세상을 떠났다. 심신이 피폐한 세종에게는 또 하나의 충격이 아닐 수 없었다. 그래서일까 이틀 후인 1월 18일 세종은 아예 왕위를 세자에게 물려주겠다는 내선(內禪)의 의지를 밝힌다. 그 자리에 있던 신하들은 결사 반대였고 세종은 "앞으로 어떻게 할지는 모르겠지만 일단 그대들의 청을 받아들이겠노라"고 한 걸음 물러섰다.

이 무렵 건강을 상한 세종은 연일 거처를 연희궁으로, 희우정으로 옮겨 다니고 있었다. 그 바람에 세자는 연일 세종이 머무는 곳과 경복궁을 오가며 정사를 처리해야 했다. 연희궁에 머물고 있던 4월 28일에도 좌의정 신개, 우의정 하연, 예조판서 김종서 등이 찾아오자 건강을 이유로 내선할 뜻을 비쳤다. 그러자 이들은 이미 세자가 주요 정사들을 잘 처리하고 있는데 굳이 내선까지 할 필요가 뭐 있느냐며 눈물로 호소했다. 그러나 눈 밝은 신하들은 세종의 전위가 얼마 남지 않았다는 사실을 잘 알고 있었을 것이다.

실제로 사흘 후인 5월 1일 세종은 사실상의 세자 섭정을 지시했다. 흥미롭게도 세종의 이 같은 뜻을 영의정 황희를 비롯한 정승 대신들에게 전달하는 임무를 맡은 인물이 수양대군과 도승지 이승손이었다. 이에 따라 군국중사(軍國重事)를 제외한 일체의 업무는 세자가 맡았고 그 때문에 승지는 모두 첨사를 겸직토록 했다. 세자의 신하가 아닌 승지들이 세자의 명령을 출납하는 것은 제도에 부합하지 않는다는 이유였다. 사실상 세자가 임금이었다.

무(武)의 수양 대 문(文)의 안평

훗날 즉위해 세조로 불리게 되는 세종의 둘째 아들 수양대군 이유(李瑈)는 세종이 즉위하기 1년 전인 태종 17년(1417년)에 태어났다. 양녕대군이 폐세자 되지 않고 세종이 왕위에 오르지 않았더라면 분명 이유의 운명은 다른 길을 걸었을 것이다. 이 점은 연년생으로 1418년에 태어난 셋째 아들 안평대군 이용(李瑢)도 마찬가지다.

어린 시절 세조에 대해 『실록』은 "세조는 어릴 때 민간(民間)에서 자랐으므로 모든 어려움과 사실과 거짓을 자세히 일찍부터 겪어 알고 있었으며, 도량이 성숙하여 다섯 살에 『효경』을 외우기도 하였다. 사람들이 궁마(弓馬)에 대한 일을 이야기하는 것을 들으면 마음속으로 이를 좋아하였으며 항상 활과 화살을 몸에 지니고 다녔다. 또 매 날리는 것을 좋아하여 한 마리의 매만 얻어도 손에서 놓지 아니하였다"고 적고 있다.

두 사람 다 세종 10년 6월 16일 대군의 작호를 받는다. 이유는 진평대군(晋平大君), 이용은 안평대군(安平大君)이 됐다. 더불어 넷째 이구(李璆)도 임영대군(臨瀛大君)의 작호를 받았다. 그리고 4개월 후인 10월 13일 진평대군 이유는 군기시 부정 윤번의 딸과 결혼한다. 12세 때였다. 훗날 정희왕후(貞喜王后)가 되는 윤번의 딸은 이때 이유보다 한 살 어린 11세였다.

윤번(尹璠, 1384년 고려 우왕 10년~1448년 세종 30년)은 고려 말 호조판서 격인 판도판서를 지낸 윤승례의 아들로 문과를 거치지 않고 음보로 벼슬길에 나서는 바람에 신천현감과 군기시 판관을 지낸 것이 전부였다. 그러나 이유를 사위로 받아들인 후 중용되기 시작해 공조참의를 거쳐 세종 16년(1434년)에는 이조·호조참판에 오른다. 세종 21년(1439년)에는 경기도 관찰사와 대사헌을 지내고 그 다음해에 의정부 우참찬과 공조판서에 올랐다. 그러나 세종 30년 65세를 일기로 세상을 뜨는 바람에 피의 정쟁에 휩쓸리지 않을 수 있었으나 동시에 사위가 임금이 되는 것도 보지 못했다.『실록』에서는 윤번에 대해 "이렇다 일컬을 것이 없는데 대군의 장인이 되는 바람에 1품의 지위에까지 올랐다"고 혹평을 하고 있다. 그에게는 아들이 셋 있었는데 첫째 윤사분은 훗날 우의정에 오르고, 둘째 윤사윤은 공조판서를 지내고 재산을 많이 모아 당시 정인지, 윤사로(세종의 사위), 박종우 등과 함께 조선 4대 부호로 꼽혔으며, 셋째 윤사흔도 훗날 우의정을 지낸다. 이들이 부귀영화를 누릴 수 있었던 것은 세종부터 성종 대까지 막강한 권력을 과시한 정희왕후 윤씨(1418년 태종 18년~1483년 성종 14년)의 오빠나 동생이었기 때문이다. 마치 태종 때 원경왕후 민씨의 동생들인 민무구 형제들에 비견될 수 있다.

이용은 세종 즉위 직후인 9월 19일에 태어났으므로 날 때부터 신분이 '왕자'였다. 이용은 형보다 두 달 늦은 세종 11년 1월 20일 좌부대언 정연의 딸과 결혼하였다.

정연(鄭淵, 1389년 고려 창왕 1년~1444년 세종 26년)은 윤번과는 여러 가지 점에서 대비가 된다. 그도 의정부 지사를 지낸 정흥의 아들로 음보로 관직에 나왔지만 강직한 성품이었다. 사헌부 지평으로 있을 때 노비 소송과 관련해 당시 최고 실력자이던 하륜이 관계돼 있음을 확인하고는 하륜을 탄핵하다가 태종의 노여움을 사 고문을 당하는 등 고초를 겪기도 했다. 그러나 태종은 그의 이 같은 올곧은 강직함을 높이 사 사헌부 장령과 선공감 정으로 승진시켰다.

이어 세종 때 좌부대언으로 있다가 딸이 안평대군과 혼인함으로써 세종과 사돈 관계를 맺었고 이후 형조판서를 거쳐 두 차례나 병조판서를 지내게 된다. 『실록』은 그에 대해 "성질이 강경하고 곧아서 악을 미워하였다"고 높이 평가하고 있다. 그에게는 정자원, 정자양, 정자제, 정자숙 등 네 명의 아들이 있었다. 이들은 훗날 안평대군이 제거될 때 어떻게 됐을까? 『실록』을 보면 정자원은 세조 때 호조참판, 성종 때 장례원 판결사 등의 직위에 오른 것으로 보아 계유정난 때 무탈했던 것으로 보인다. 나머지 셋도 정자양이 이조참의를 지내는 등 이런저런 중간 관직을 맡았던 것으로 보아 안평대군 제거 때 참화를 면했던 것 같다.

세자가 아닌 두 아들을 정치인으로 만든 실수

태종은 세자 이외의 아들들이 공부를 좋아하는 것을 어려서부터 말렸다. 자칫 형제간에 분란의 소지가 될 수 있다고 본 때문이다. 반면 세종은 자신이 형제들과 우애 있게 지낸 때문인지 이 문제를 보는 시각이 아버지 태종과 달랐다.

세종 12년 진평대군 이유, 안평대군 이용, 임영대군 이구가 나란히 성균관에 입학했다. 물론 세종의 지시에 따른 것이었다. 안평과 임영은 둘 다 1418년생이었다. 당시 신하들은 세종이 글을 숭상해 이런 조처를 취했다며 "아름다운 일"이라고 감탄했다고 한다. 그러나 그것이 반드시 좋은 교육 방법인지는 생각해 볼 거리를 남겼다.

세종이 이들의 교육에 얼마나 신경을 썼는지는 세종 23년 1월 10일 진양대군(진평에서 함평대군으로 바꿨다가 다시 세종 15년 진양대군으로 바꾸었다) 이유와 안평대군 이용에 대한 교육을 집현전 학사들이 맡게 한 데서도 알 수 있다. 여기서 우리는 임영대군은 탈락해 버린 것을 알 수 있다. 임영대군의 경우 행실에 문제가 많았기 때문이다.

세종은 아들들이 장성하자 점차 정치에 관여토록 한다. 두 사람은 수시로 각종 능을 살피는 일을 중신들과 함께 수행했다. 정치적 재능은 진양이 한 수 위였던 것 같다. 진양은 이미 세종 17년부터 아버지를 대신해 명나라 사신 접대를 하곤 했다. 세종 23년 6월 세종은 중추원 지사 정인지에게 명해서 중국과 조선의 본받을 만한 정치와 경계해야 할 만한 정치의 사례를 정리한 『치평요람』을 짓도록 명하면서 감독 책임을 진양대군에게 맡긴다. 그리고 이때부터는 세종의 중요한 밀명을 받아 해당 신하들에게 전달하는 수석비서관의 임무를 수행하기 시작했다. 본격적인 정치 수업을 시켰던 것이다. 세종 27년 2월에는 진양대군에서 수양대군으로 바뀌었다. 그리고 같은 해 5월 1일 군국의 중대사를 제외한 일체의 업무를 세자에게 넘기겠다는 뜻을 좌의정 황희를 비롯한 핵심 측근들에게 밝히는데 이때 세종의 뜻을 받들어 정승과 판서들에게 전달하는 인물이 바로 도승지 이승손과 수양대군이었다. 이 같은 수양의 '도승지' 업무 수행은 세종이 세상을 떠날 때까지 계속

된다.

한편 세종 26년 2월 세종은 최항, 박팽년, 신숙주, 이선로, 이개 등 집현전 학사들로 하여금 『운회』를 언문으로 번역할 것을 지시하면서 감독 책임을 세자와 진양대군, 안평대군 세 사람에게 맡긴다. 이것으로 볼 때 이들 세 아들은 아버지의 비밀 프로젝트 '훈민정음 창제'에 일찍부터 깊이 관여했다고 할 수 있다.

안평대군은 이때 그 일만 한 것이 아니다. 세종 27년 10월 27일 3년여에 걸친 작업 끝에 기존 의학서들을 총정리한 365권짜리 『의방유취(醫方類聚)』를 편찬해 내는데, 안평대군은 도승지 이사철 등과 함께 이 일의 감수를 맡았다. 이 또한 당시로서는 엄연한 정치 행위였다.

수양과 안평의 깊은 불심

세종은 겉으로는 유학자이면서 속으로는 깊은 불심의 소유자였다. 그러나 국왕이라는 위치로 인해 늘 숭불 문제가 불거지면 수세적 입장에서 방어에 급급했다. 이 같은 모순을 세종은 어쩌면 아들들을 통해 풀려 했는지 모른다.

세종 29년 6월 5일 사간원에서는 훈련 주부 김수온이 서반(무관)에서 동반(문관)으로 발령을 받자 고신에 서경을 할 수 없다고 버텼다. 서경이란 일종의 합의 서명이다. 이유는 김수온의 아버지 김훈이 예전에 불충을 범했기 때문이라고 밝혔다. 세종은 진노했다. 김수온은 원래는 문과 출신인데 훈련원 주부를 맡아 서반으로 임명되었다가 동반으로 돌아온 데 불과했다. 특히 아버지 문제를 걸어 고신에 서경할 수 없다고 버티자 "조정의 신하로서 그만한 흠이 있는 자가 적지 않은데 그렇다면 너희들은 그들을 다 쫓아낼 셈이냐"고 호통을 친다.

평소와 달리 세종이 화를 낼 때는 십중팔구 양녕 문제 아니면 숭불 문제였다. 여기서는 후자였다. 『실록』은 그 배경을 다음과 같이 풀이하고 있다.

"김수온의 형이 출가하여 신미라는 중이 되었는데 수양과 안평 두 사람이 신미를 너무 좋아했다. 두 사람은 신미를 높은 자리에 모셔놓고 무릎을 꿇고 예절을 다했다. 이때마다 김수온은 대군들을 따라 절에 가서 불경을 열람하는 바람에 사람들은 김수온을 비웃었다."

그러나 이런 평가는 엄격한 숭유억불의 성리학적 세계관을 견지했던 『실록』 사관들의 평일 뿐이다. 김수온(金守溫, 1410년 태종 10년~1481년 성종 12년)은 세종 23년(1441년) 문과에 급제하여 교서감 정자로 있다가 세종의 눈에 띄어 집현전 학사로 뽑혔다. 이때『치평요람』편찬에 참여했고 승문원 교리로 있으면서『의방유취』편찬에도 참여했다. 그가 글을 다루는 교서감이나 승문원에 있었다는 것을 보면 일찍부터 그의 문재(文才)가 뛰어났었다는 것을 알 수 있다.

그가 훈련원 주부라는 무관직을 맡았던 것도 군사 업무를 위해서라기보다는 세종이 세상을 떠난 소헌왕후 심씨의 명복을 빌기 위해 석가모니의 일생을 정리한『석가보(釋迦譜)』를 증수하는 일을 수행하기 위해서였던 것으로 보인다. 후에 수양대군은 이『석가보』를 훈민정음으로 번역하게 되는데 그것이 바로『석보상절(釋譜詳節)』이다.

그가 하필이면『석가보』의 증수를 맡았다는 사실은 그도 불교에 깊은 조예가 있었다는 것을 보여준다. 실제로 김수온은 한때 회암사에 들어가 머리를 깎고 중이 되려고 한 적이 있었다.『실록』의 평처럼 대군들에게 아첨하기 위해 절을 찾은 게 아니라 그의 불심도 깊었던 것이다.

그는 세조 즉위 후 공조와 호조판서를 지내는 등 출세 가도를 달렸고 서거정, 강희맹 등과 함께 3대 문사(文士)로 손꼽힐 만큼 글에 뛰어났다. 『실록』은 그의 문장이 중국 조정에서도 유명했다고 적고 있다.

김수온 고신 파동이 있던 그해 9월 24일에는 세종이 얼마나 불심이 깊었는지를 보여주는 흥미로운 기사가 있다. 세종은 이날 안평대군을 시켜 몰래 대궐 안에 들여왔던 불사리를 원래 있던 흥천사 사리각에 갖다 두도록 밀명을 내린다. 다음해인 세종 30년 7월 21에는 생원들이 합동 상소를 올려 "궁 밖에서는 효령대군이 불교를 높이고 안에서는 안평대군이 한마음으로 협력하여 호응하고 있다"며 당장 곳곳에서 벌이고 있는 불사를 중지해 줄 것을 요청했다. 그러면서 지금까지 여러 차례 상소를 올려도 "알았다"고만 하고 답이 없으니 어떻게 하려는 것이냐고 따지듯이 물었다. 이에 대한 세종의 답변은 익살스럽기까지 하다.

"하루에 다섯 통의 상소가 한꺼번에 올라오니 내가 답을 할 수가 없구나."

이 무렵 세종의 몸과 마음은 깊이 병들어가고 있었다. 세종 26년에 다섯째 아들 광평대군, 세종 27년에는 일곱째 아들 평원대군이 연달아 죽고 그 이듬해 세종 28년에는 소헌왕후도 세상을 떠났기 때문이다. 오죽했으면 『실록』도 "임금의 마음이 기댈 데가 없었다"고 적었겠는가? 이런 아버지를 위로하기 위해 세종 30년 8월 수양과 안평은 아버지 침소 옆에 불당을 설치했다가 신하들의 엄청난 비판을 받았다. 『실록』은 이를 "두 대군의 씻을 수 없는 허물"이라고까지 극언하고 있다.

수양과 안평의 경쟁적인 인맥 만들기

세종 말년 수양의 정치적 위상은 앞서 본 대로 '도승지(현재의 청와대 비서실장)' 급이었다면 안평은 '예조판서' 급이었다고 할 수 있다.

자연히 정치 행보는 수양이 앞서 나갈 수밖에 없었다. 세종 28년 3월 24일 어머니인 소헌왕후 심씨가 한 많은 일생을 마감한 것도 궁궐이 아니라 수양의 집에서였다. 세종 말년에 사실상 도승지 역할을 하면서 수양은 실제 도승지였던 이사철과 돈독한 관계를 맺을 수 있었다.

문종 1년 6월 19일에는 문종이 직접 지은 새로운 병법에 관한 진법서(陣法書)를 내놓으며 수양대군과 정인지, 김종서 등에게 교정을 명한다. 진법서 교정을 맡겼다는 것은 수양이 이 분야에 조예가 깊었다는 뜻임과 동시에 문종의 총애가 그만큼 컸다는 뜻이기도 하다. 이어 문종 2년 4월 문종은 "수양이 음악을 모르는 것이 없다"며 음악을 관장하는 관습도감의 도제조에 임명한다. 종친, 그것도 형제에게 관직을 준다는 것은 너무나도 위험한 일임을 문종은 몰랐던 것일까, 아니면 세종처럼 수양을 믿은 것일까? 신하들의 반대가 이어졌다. "『속육전』에는 종친에게 일을 맡기지 아니함으로써 친족을 친애하는 의리를 보전하였으니, 여기에는 반드시 깊은 뜻이 있을 것입니다. 지금 유(수양대군)를 관습도감 도제조로 삼으니 이것은 선대에 이루어진 법을 무너뜨리는 것입니다." 그러나 문종은 단호하게 이를 물리쳤다.

문종 때 도승지는 강맹경이었다. 강맹경도 수양대군과 친밀한 관계를 갖게 됐고 훗날 세조를 도와 영의정에까지 오르게 된다. 수양대군은 곳곳에 자기 사람들을 심고 있었던 것이다.

안평의 정치 행보도 적지 않았다. 세종 32년 윤1월 29일 사헌부에서는 이현로와 이적 등에 대한 사면을 철회해 줄 것을 상소했다. 이현로라는 인물에 대해 『실록』은 "다른 사람이 혹 자기의 뜻에 거슬리면 반드시 오래 두고 슬금슬금 물이 배어 오르듯 참소하여 임금께 들리도록 하니 조정의 선비들이 두려워하였다"고 적고 있다. 술수에 뛰어났던 이현로는 안평대군의 사람이었다. 또 이적의 경우 아비를 욕한 죄로 함경도에 유배를 갔었는데 안평 등이 총애하는 신미의 외삼촌이었기 때문에 사면을 받아낼 수 있었다.

문종 즉위년 5월 13일 정효강이 사간원을 지휘하는 지사에 임명됐다. 이에 대해 『실록』은 "정효강은 부처에게 아첨하고 안평대군에게 아부해서 이 관직에 임명되니 그때 사람들이 정효강은 간사하며 청관(淸官)을 더럽혔다고 하였다"고 평한다. 문종 1년 10월 8일에는 안평이 많은 추종자를 거느리고 충청도 보은에 있는 복천사를 방문해 폐단이 있다는 상소가 올라온다. 거물들은 아니어도 안평에게 아부해서 관직을 얻으려는 사람들이 수없이 몰려들었던 것만은 사실이다. 안평도 그들을 물리치기보다는 감싸 안았다. 그러나 안평의 힘은 결국은 황보인, 김종서와의 연결에서 나왔다.

'안평의 한명회' 이현로와 황표정사

문종이 즉위한 지 2년 만에 39세의 나이로 세상을 떠났다. 이어 12세였던 단종이 대통을 이었으나 너무 어렸다. 문종 치하에서 폭발 일보 직전까지 갔던 수양 세력과 안평 세력의 충돌은 단종 즉위와 함께 본격화되기 시작했다.

앞서 언급된 이현로라는 인물이 그 핵심에 있었다. 수양대군에게 한명회라면 안평대군에게는 이현로였다. 훗날 계유정난 때 큰 공을 세우게 되는 무장 홍윤성의 경우 원래는 이현로의 수하에 있다가 한명회의 수하로 옮겨 가서 승승장구 영의정에까지 오르게 된다.

단종 즉위년 윤9월 8일 수양이 이현로를 구타한 다음 장문의 글을 조카인 단종에게 올렸다. 이유는 이현로가 '북악산 뒤에 궁을 짓지 않으면 정룡(正龍-적장자)이 쇠하고 방룡(傍龍-적장자가 아닌 후손)이 발한다'는 풍수설을 내세웠기 때문이었다. 이는 곧 태종이나 세종 같은 방계가 임금이 되고 문종이 일찍 세상을 떠난 것을 염두에 둔 것이었다.

그러나 이것은 빌미였고 실은 그 무렵 마포에 있는 안평대군의 집에 환관 여러 명을 비롯해 30여 명의 조정 인사들이 무리를 지어 모여들었고 그 수장이 이현로이기 때문이었다.

"이현로가 안평의 파당이 되어 아부하기를 날마다 심하게 하며 항상 몰래 가서 안평을 만나니 혹시라도 국가에 무슨 일을 일으켜 안평으로 하여금 잘못된 그물에 걸리게 할까 두렵습니다."

아우를 탓할 수 없는 처지였기 때문에 어쩔 수 없이 이현로를 들판에 끌고 가서 구타를 했다는 것이 수양의 명분이었다.

이런 가운데 이날 집에 누워 있던 이현로에게 한명회가 찾아온다. 한명회와 이현로는 예전부터 알던 사이였다. 한명회가 방에 들어가자 이현로는 누운 채로 "거처가 누추하지만 예전에 사랑하던 사람이니 뭐가 부끄럽겠는가?" 하며 맞아들였다. 한명회가 왜 매를 맞게 되었느냐고 묻자 이현로는 "수양이 나를 염병처럼 미워하여 반드시 없애버리려고 하는 때문"이라고 답한다. 한명회가 "도대체 그게 무슨 말인가"라고 묻자 이현로는 "큰일을 네가 어찌 알 수 있겠는가? 두어 달 지나지 아니하여 저절로 알게 될 것이다"라고 답했다.

더욱 궁금해진 한명회는 "나 같은 포의천부(布衣賤夫-벼슬하지 못한 비루한 사람)는 국사에 참여할 길이 없는데 어찌 그대는 말 한마디를 아껴 옛 친구와 사이가 벌어지려 하는가"라고 은근히 대답을 유도했다. 이에 이현로는 "너는 포의로서 네 이름을 아는 이가 없어 내가 이미 안평대군에게 추천했으니 한번 가서 뵙는 게 좋겠다. 평생의 길을 얻는 것이 모두 여기에 있다"고 답한다. 그러나 이미 한명회는 두 달 전 권람의 주선으로 수양대군의 사람이 되어 있었다. 한명회의 선택은 수양이었다.

이때 황표정사(黃標政事)라는 말이 생겨났다. 이것은 임금이 어리다는 이유로 이조와 병조의 당상관들이 의정부와 의논해 세 명의 후보를 올리면서 그 밑에 노란 딱지를 붙이면 단종은 형식적으로 낙점을 한다 해서 생긴 말이었다. 이 누런 쪽지를 황첨(黃籤)이라고 했다. 수양대군 측에서 안평을 비롯해 황보인과 김종서를 비난하는 근거의 하나로 이 황표정사가 종종 인용되었다. 어린 임금을 마음대로 좌우하기 위한 수단이었다는 것이다. 그리고 그 배후에는 이현로가 있었다는 것이다.

이런 상황에서 계유정난, 즉 단종 1년 10월 10일의 쿠데타가 일어났다. 결국 현실은 수양이 안평을, 한명회가 이현로를, 정인지가 김종서를 꺾었다. 그러나 역사는 안평과 김종서를 높이 평가하고 수양과 한명회를 가차없이 깎아내렸다.

'해동요순(海東堯舜)' 세종과의 작별

말년의 세종을 보고 있으면 과연 이 사람이 우리가 그동안 탐색해 온, 혹은 그동안 알고 있던 바로 그 세종이 맞는지 의심이 갈 정도다. 쉽게 분노하고 신하들을 노여워하고 심지어 스스로를 학대하는 모습에서 오히려 초라한 고집쟁이 노인을 보게 된다. 여러 가지 이유가 있겠지만 결정적인 계기는 너무나도 아꼈던 부인 소헌왕후의 죽음이었다.

세종 28년(1446년) 3월 10일 왕후는 중병에 걸렸다. 세종은 즉시 동궁과 나머지 아들들로 하여금 산천과 신사(神祠) 그리고 사찰에 가서 기도를 드리도록 했다. 그래도 차도가 없자 세종은 13일 자신의 부덕(不德)을 탓하며 대역 모반죄, 조부모나 부모를 살해한 죄, 처첩이 남편을 살해한 죄 등을 제외한 나머지 죄수들을 사면토록 한다. 그리고 이날부터 승려 49명이 정근(精勤) 기도에 들어갔다. 정근 기도란 불교에서 누군가의 이름을 부르며 자신의 간절한 소원이 성취되기를 비는 것이다.

세종의 이 같은 염원에도 불구하고 왕후의 병은 깊어만 갔다. 3월 15일에는 승려 80명을 더 불러들였고 세자를 비롯한 대군들의 팔뚝에 쑥 등을 놓고 불을 놓았다. 3월 23일 왕후의 병이 위독한 지경에 이르자 동궁은 아예 먹지도 않고 자지도 않았다. 세종 또한 마찬가지였을 것이다. 세종과 자녀들을 남겨둔 채 현모양처의 전형이었던 소헌왕후는 24일 둘째 아들 수양대군의 집에서 한 많은 생을 마감했다.

늘 사랑과 연민으로 부인을 대했던 세종의 정신적 충격은 말할 수 없이 컸다. 이 점은 그의 장례 절차를 둘러싸고 신하들과 벌인 논쟁에서 다양하게 드러난다.

먼저 중궁을 위로하기 위한 불경을 만드는 문제로 신하들과 충돌한다. 중궁이 세상을 떠난 지 이틀 만인 3월 26일이다. 세종은 이미 수양대군이 책임자가 되어 불경을 만들기로 했다고 승정원에 통보한다. 예상했던 대로 승지들이 한결같이 불가하다는 의견을 올렸다.

세종은 화가 났다. "그대들은 불경을 만드는 것을 그르게 여기는데, 어버이를 위하여 불사(佛事)를 하지 않는 사람이 누구인가?" 좌승지 황수신을 비롯해 좌부승지 박이창, 동부승지 이순지 등은 "불경을 만드는 것이 돌아가신 중궁에게 아무런 도움도 없을 것이니, 그만두기를 청합니다"라며 강경했다. 세종의 심사는 뒤틀리고 있었다. "그대들이 모두 의리를 밝게 알고 있는데도, 나는 도리를 알지 못하는 사람으로서 잘못 그대들과 의논하였으니, 대성(臺省)과 집현전의 관원을 불러오라." 한마디로 '너희들 잘났다'는 비아냥이자 일종의 자학이었다.

그러나 집현전 관원이라고 해서 세종 편을 들 리 만무했다. 오히려 이념적으로 보자면 더욱 강경한 척불론자들의 기지가 바로 집현전이었기 때문이다. 예상대로 세종 앞에 불려온 집현전 집의 정창손과 교리 하위지는 승지들보다 훨씬 강하게 세종을 몰아세웠다. 특히 정창손이 강경했다. 예전에는 태종의 명이 있어 자신도 불경을 만드는 데 참여한 적이 있지만 지금은 안 된다는 것이다. 세종은 "태종의 명과 나의 명이 다른가?"라고 따진다. 둘 다 임금 아닌가? 그러면서 세종은 이들에 대해서도 쏘아붙이듯이 말한다. "그대들은 고금의 사리를 통달하여 불교를 배척하니 현명한 신하이고 나는 의리를 알지 못하고 불법만을 종중하여 믿으니 무지한 임금이구나!" 결국 세종은 신하들의 반박을 물리치고 불경 간행 사업을 밀어붙인다. 『석보상절』이 바로 그것이다.

"문소전 서북쪽에 불당을 복원하라"

2년 후인 세종 30년(1448년) 세종은 경복궁 내 문소전 서북쪽에 불당을 세울 것을 승정원에 명한다. 문소전은 태조와 신의왕후 한씨의 신주를 모시는 곳으로 종묘 못지않은 상징적인 장소였다. 당연히 신하들이 벌떼처럼 들고일어났다. 세종도 지시를 내리며 이미 이 같은 반발을 예상한 듯 "내 뜻은 여기에 그치고 더 이상 다른 말을 하지 않겠으니, 의정부에 이르라"고 덧붙였다. 도승지 이사철을 비롯한 승지들의 반발이 계속되자 세종은 "내가 무슨 말을 하겠는가. 만일 하나하나 대답하면 인군(人君)이 말이 많은 데에 이르게 되니, 가하겠는가"라며 일방적 통보로 끝낸다. 작은 일에도 일일이 신하들의 다양한 의견을 들으려던 세종의 모습은 온데간데없다. 불교에 대한 찬반을 떠나 세종의 이 같은 모습은 분명 독선이라는 비판을 면하기 어렵다.

다음 날 집현전 직제학 신석조를 비롯한 의정부와 6조의 대신들이 친견(親見)을 청하자 세종은 싸늘하게 반응했다.

"나의 친형제와 늙은 대신이라도 능히 친히 보지 못하는데, 너희들은 무슨 물건이기에 반드시 나를 인견(引見)하기를 원하는가."

이때부터 시작해 세종과 그의 아들들을 제외한 종친, 의정부, 6조, 대간, 심지어 성균관 학생들까지 연일 불당 설치의 불가를 아뢰는 상소를 올렸다. 하루에 열 개 이상의 상소가 올라오는 날도 있었다. 세종은 딴소리를 하거나 묵묵부답이었다. 신하들의 간청으로 중단되기는 했지만 7월 23일에는 학교를 파하고 집으로 돌아간 학생들에 대해서는 고문을 해서라도 주동자를 색출하라는 명을 내리기까지 했다.

7월 26일에는 영의정 황희까지 노구를 이끌고 불당 설치 불가를 아뢰는 상소를 올렸다. 세종은 거부했다.

이런 가운데 세종은 8월 4일 좌참찬 정분을 불러 불당 짓는 일을 맡긴다. 신하들의 상소에 아랑곳하지 않겠다는 의지의 표현이기도 했다. 또 이날 목효지라는 풍수가가 나서서 현재 위치에 불당을 지으면 맥을 상할 수도 있다면서 철회 상소를 올렸다. 평소에는 풍수를 못마땅하게 생각하던 신하들도 목효지의 말을 인용하며 철회를 거듭 요청했다. 이에 대해 세종은 "효지의 사람됨은 자신이 한 것이 아니면 늘 잘못되었다면서 훼방을 놓으니 그의 말을 따를 필요가 없다"고 일언지하에 거절한다. 심지어 얼마 후 전농시의 종으로 신분을 낮춰버리기까지 했다. 목효지는 원래 전농시 종이었다가 풍수를 잘한다고 해서 세종이 특명으로 벼슬을 내렸던 인물이다.

흥미롭게도 세종이 이처럼 대궐 안에 불당을 짓기로 한 데 결정적 영향을 준 사람은 다름 아닌 수양과 안평이었다. 8월 5일자 『실록』이다.

"임금이 만년에 병으로 대신과 접견하지 못하였는데, 광평(廣平)과

평원(平原) 두 대군(大君)이 연하여 죽고, 소헌왕후가 또 승하하니, 임금의 마음이 힘입을 데가 없었다. 이에 수양대군과 안평대군이 사설(邪說)에 혹하여 먼저 뜻을 열고 인도하여 궁금(宮禁-대궐) 옆에 불당을 두므로, 일국의 신료가 극진히 간하지 않는 사람이 없었으나, 오히려 하늘을 돌이키지 못하여 성덕에 누를 끼쳤으니, 이것은 실로 두 대군이 남긴 큰 허물이었다."

한편 세종의 강한 의지에 신하들도 결국 포기를 했는지 8월 중순이 되면서부터 불당 설치 불가 상소는 사라졌다.

교대로 병치레하는 세종과 세자

세종이 세상을 떠나기 1년 전인 세종 31년 후반기로 가보자. 9월 24일 세종은 몸이 불편하여 금성대군의 집으로 거처를 옮겼다. 이때 세종은 당상관 이상의 인사 업무도 세자에게 넘기려고 했으나 신하들의 반대로 뜻을 이루지는 못했다. 10월 25일에는 세자에게 등창이 생겼다. 결국 세자의 병이 깊어지자 11월 14일 세종은 모든 서무를 자신이 직접 결재하겠다고 밝힌다. 그러나 세종의 건강 또한 말이 아니었다. 다행히 한 달쯤 고생한 끝에 11월 25일 세자의 병이 나았다. 12월 3일 세종은 신하들에게 온천을 가겠다면서 자신의 건강 상태를 털어놓는다.

"나의 안질(眼疾)은 이미 나았고, 말이 잘 나오지 않던 것도 조금 가벼워졌으며, 오른쪽 다리의 병도 차도가 있음은 경 등이 아는 바이다. 그런데 근자에는 왼쪽 다리마저 아파져서, 기거(起居)할 때면 반드시 사람이 부축하여야 하고, 마음에 생각하는 것이 있어도 제때 떠오르지 않고 늘 놀라고 두려워서 마음이 몹시 두근거리노라."

육체의 병에다 마음의 병도 깊어지고 있었다. 그런데 12월 중순에 세자에게 또 종기가 나 보름 정도 고생을 했다.
해가 바뀌어 세종 32년 1월 14일에는 세종과 세자가 함께 앓아누웠다. 이날 세종은 신하들을 불러 이런저런 이야기를 하다가 자칫 명나라 사신이 오는데 부자가 앓아누워 '더벅머리 선비'들이 놀림감으로 삼을지 모르니 그런 일이 없도록 잘 처리할 것을 당부한다. 이 날짜 『실록』에는 세종이 말한 '더벅머리 선비'의 유래와 관련해 세종의 불심(佛心)이 어느 정도였는지를 설명해 주는 기사가 나온다.

"처음에는 임금이 돈독하게 유술(儒術)을 숭상하여 학문을 좋아하기를 게을리 하지 않아, 비로소 집현전을 설치하고 문사를 모아서 강관(講官)에 충당시키고 밤마다 3, 4고(鼓)가 되어야 비로소 취침하며, 중관(中官)을 보내어 숙직하는 곳에 가서 고문(顧問)하기를 끊이지 아니하므로, 당직을 맡은 사람은 반드시 밤새도록 의관(衣冠)을 단정히 하고서 기다려야 했다. 중년에 이르러 연속하여 두 아들을 잃고, 소헌왕후가 또 별세하니, 불자(佛者)들이 비로소 학설(學說)을 드리게 되어, 임금이 그만 불교를 숭상하게 되었고, 불당을 세우게 하매, 시종과 대간, 유신들이 그 옳지 아니함을 극언하였으므로, 임금이 몹시 미워하여 자주 물리치면서 '실지의 일에 쓸모없는 선비〔迂儒〕'라고도 하고 '더벅머리 선비〔竪儒〕'라고도 했다."

1월 23일 세종의 병이 깊어지자 조정에서는 중들과 신하들로 하여금 명산대천에 기도하게 했다. 세종의 병은 윤1월 2일 경에야 나았다.

영릉_ 세종대왕과 소헌왕후의 합장릉. 사적 195호. 경기도 여주군 왕대리에 소재.

그러나 여전히 몸이 좋지 않았기 때문에 결국 사신 접대는 수양대군이 맡았다. 윤1월 20일에는 세자의 병이 깊어진다. 2월 16일에는 세종의 병이 위독한 지경에 이른다. 그리고 다음 날 막내인 여덟째 아들 영응대군 이염(李琰)의 집 '동별궁'에서 숨을 거둔다. '해동요순(海東堯舜)' 세종의 마지막은 쓸쓸했다. 인생무상(人生無常). 그나마 "멀고 가까운 곳에서 그 소식을 듣고 울지 않는 이가 없었다"는 『실록』의 한 구절이 약간의 위안이 될 뿐이다. 그리고 『실록』은 세종의 생애를 이렇게 요약하고 있다.

"임금은 슬기롭고 도리에 밝으매, 마음이 밝고 뛰어나게 지혜롭고, 인자하고 효성이 지극하며, 지혜롭고 용감하게 결단하며, 사저에 있을 때부터 배우기를 좋아하되 게으르지 않아, 손에서 책이 떠나지 않았다. 일찍이 여러 달 동안 편치 않았는데도 글읽기를 그치지 아니하니, 태종이 근심하여 서적을 거두어 감추게 하였는데, 사이에 한 책이 남아 있어 날마다 외우기를 마지않으니, 대개 천성이 이와 같았다. 즉위함에 미쳐, 매일 새벽이면 옷을 입고, 날이 환하게 밝으면 조회를 받고, 다음에 정사를 보고, 다음에는 윤대(輪對)를 행하고, 다음 경연에 나아가기를 한 번도 조금도 게으르지 않았다.

또 처음으로 집현전을 두고 글 잘하는 선비를 뽑아 고문(顧問)으로 삼고, 경서와 역사를 열람할 때는 즐거워하여 싫어할 줄을 모르고, 희귀한 문적이나 옛사람이 남기고 간 글을 한번 보면 잊지 않으며 힘써 다스리기를 도모하기를 처음과 나중이 한결같아, 문(文)과 무(武)의 정치가 빠짐없이 잘 되었고, 예악(禮樂)의 문(文)을 모두 일으켰으매, 종률(鍾律)과 역상(曆象)의 법 같은 것은 우리나라에서는 옛날에는 알지도 못하던 것인데, 모두 임금이 발명한 것이고, 구족(九族-주변 나라들)과 도탑게 화목하였으며, 두 형에게 우애하니, 사람이 이간질하는 말을 못하였다. 신하를 부리기를 예도로써 하고, 간(諫)하는 말을 어기지 않았으며, 대국을 섬기기를 정성으로써 하였고, 이웃 나라 사귀기를 신의로써 하였다. 인륜에 밝았고 모든 사물에 자상하니, 남쪽과 북녘이 복종하여 나라 안이 편안하여, 백성이 살아가기를 즐겨 한 지 무릇 30여 년이다. 거룩한 덕이 높고 높으매, 사람들이 이름을 짓지 못하여 당시에 해동요순(海東堯舜)이라 불렀다. 늦으막에 비록 불사(佛事)로써 혹 말하는 사람이 있으나, 한번도 향을 올리거나 부처에게 절한 적은 없고, 처음부터 끝까지 올바르게만 하였다."

이랬던 세종이기에 그의 인간적인, 너무나 인간적인 말년과 죽음이 오히려 더 동정을 불러일으키는지 모른다. 게다가 그의 죽음 이후는 처참했다. 세종은 자신이 총애했던 자식과 신하들이 서로 옥좌를 놓고 골육상쟁을 벌이게 되리라는 것을 꿈에도 상상하지 못했을 것이다. 그러나 역사는 세종의 바람과는 정반대의 방향으로 흘러가게 된다.

| 사진 출처 |

19쪽_ 조말생 한국학중앙연구원
21쪽_ 선원계보기략 서울대학교 규장각 한국학연구원
29쪽_ 익선관 ⓒ두산세계대백과사전 엔사이버
62쪽_ 효령대군 경기도 과천시 문원동 연주암 효령각 소장
73쪽_ 세종대왕 표준 영정 경기도 여주시 능서면 왕대리 세종대왕 유적관리소 소장
122쪽_ 세종대왕 왕자 태실 ⓒ두산세계대백과사전 엔사이버
126쪽_ 백악산의 옛 그림 안중식, 〈백악춘효(白岳春曉)〉 국립중앙박물관 소장
133쪽_ 대학연의 ⓒ두산세계대백과사전 엔사이버
137쪽_ 대학 국립중앙도서관 소장
147쪽_ 성리대전 서울대학교 규장각 한국학연구원
164쪽_ 통신사, 일본 에도성에 들어가다 국립중앙박물관 소장
171쪽_ 압록강 국경 지도 국립중앙박물관 소장
187쪽_ 경기감영도 중 영은문 부분 삼성문화재단 호암미술관 소장
201쪽_ 경복궁 수정전 ⓒ두산세계대백과사전 엔사이버
205쪽_ 변계량의 필적 한국학중앙연구원
212쪽_ 독서당계회도 서울대학교 박물관 소장
214쪽_ 진관사 ⓒ강종현
228쪽_ 신숙주 충북 청원군 가덕면 구봉영당 소장
243쪽_ 자치통감 국립중앙박물관
248쪽_ 사정전 ⓒ두산세계대백과사전 엔사이버
251쪽_ 동국사략 서울대학교 규장각 한국학연구원
261쪽_ 길재 영정 한국학중앙연구원
278쪽_ 김종서의 필적 한국학중앙연구원
282쪽_ 고려사 연세대학교 도서관 소장
283쪽_ 고려사절요 서울대학교 규장각 한국학연구원
295쪽_ 편경과 편종 한국학중앙연구원
357쪽_ 하연 한국학중앙연구원
378쪽_ 세종어제훈민정음 서강대학교 도서관 소장
405쪽_ 삼강행실도 서울대학교 규장각 한국학연구원
417쪽_ 한상경 한국학중앙연구원
482쪽_ 영릉 ⓒ한성희

본문에 쓰인 사진과 그림 자료들은 위에서 밝힌 소장처와 권리자들에게 허락을 구하여 사용한 것입니다. 권리자를 찾지 못해 미처 허락을 얻지 못한 몇몇 자료들의 경우, 추후 연락을 주시면 사용에 대한 허락을 구하도록 하겠습니다. 자료를 협조해 주신 분들께 감사드립니다.

세종, 조선의 표준을 세우다

초판 1쇄 2006년 4월 17일
초판 8쇄 2012년 2월 25일

지은이 | 이한우
펴낸이 | 송영석

편집장 | 김수영
책임편집 | 이혜진　**외부교정** | 조율아트
기획편집 | 이진숙 · 장한맘 · 김윤정 · 문미경 · 박지영 · 이현정 · 김영은 · 한지은
외서기획 | 박수진
디자인 | 박윤정 · 황선정 · 박새로미
마케팅 | 이종우 · 김정혜 · 이인택 · 한명회 · 황지현 · 김유종
관리 | 김희경 · 정미희 · 송우석 · 황규성 · 김지희

펴낸곳 | (株)해냄출판사
등록번호 | 제10-229호
등록일자 | 1988년 5월 11일

서울시 마포구 서교동 368-4 해냄빌딩 4 · 5 · 6층
대표전화 | 326-1600　**팩스** | 326-1624
홈페이지 | www.hainaim.com

ISBN 978-89-7337-741-1

파본은 본사나 구입하신 서점에서 교환하여 드립니다.

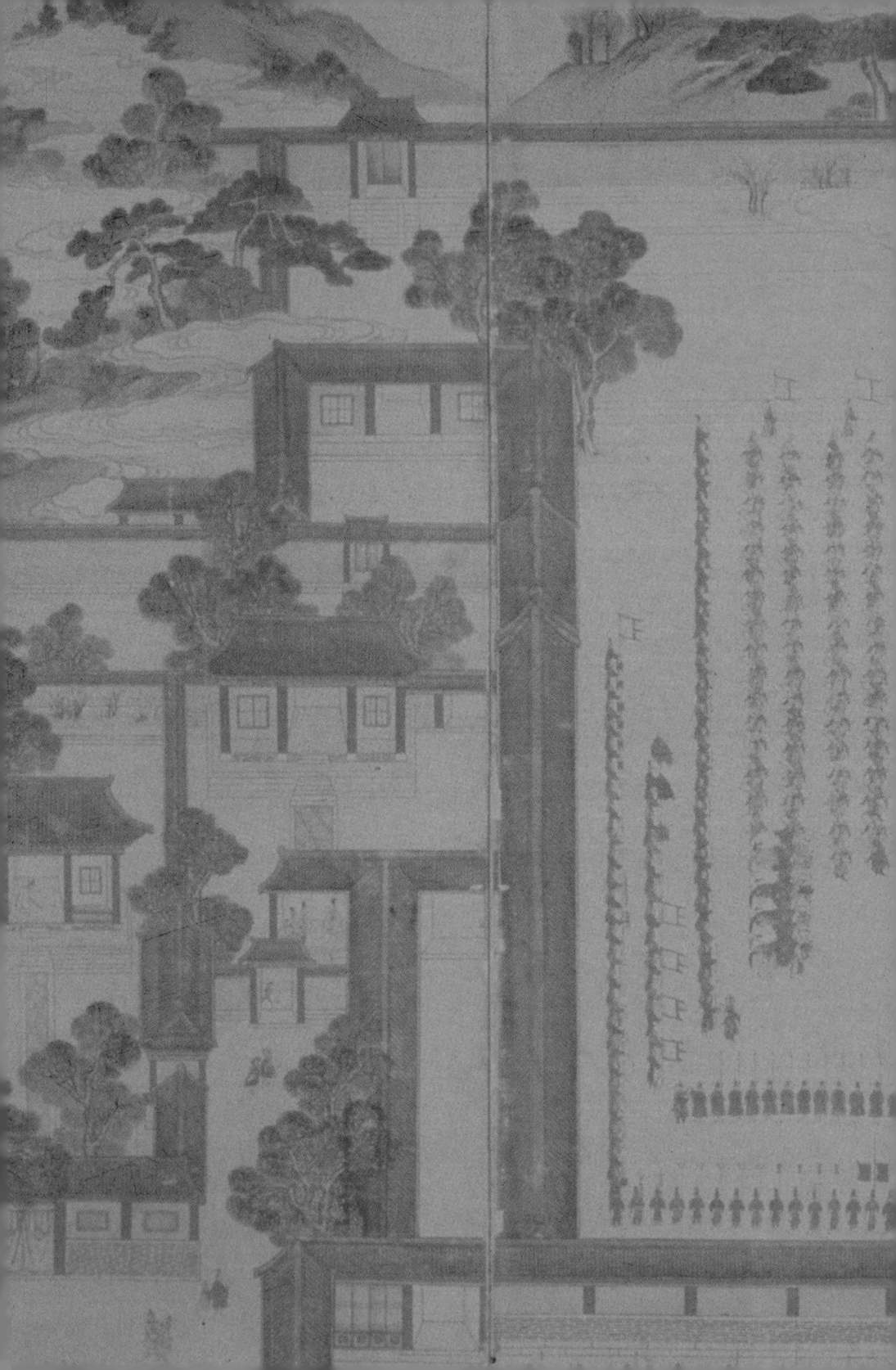

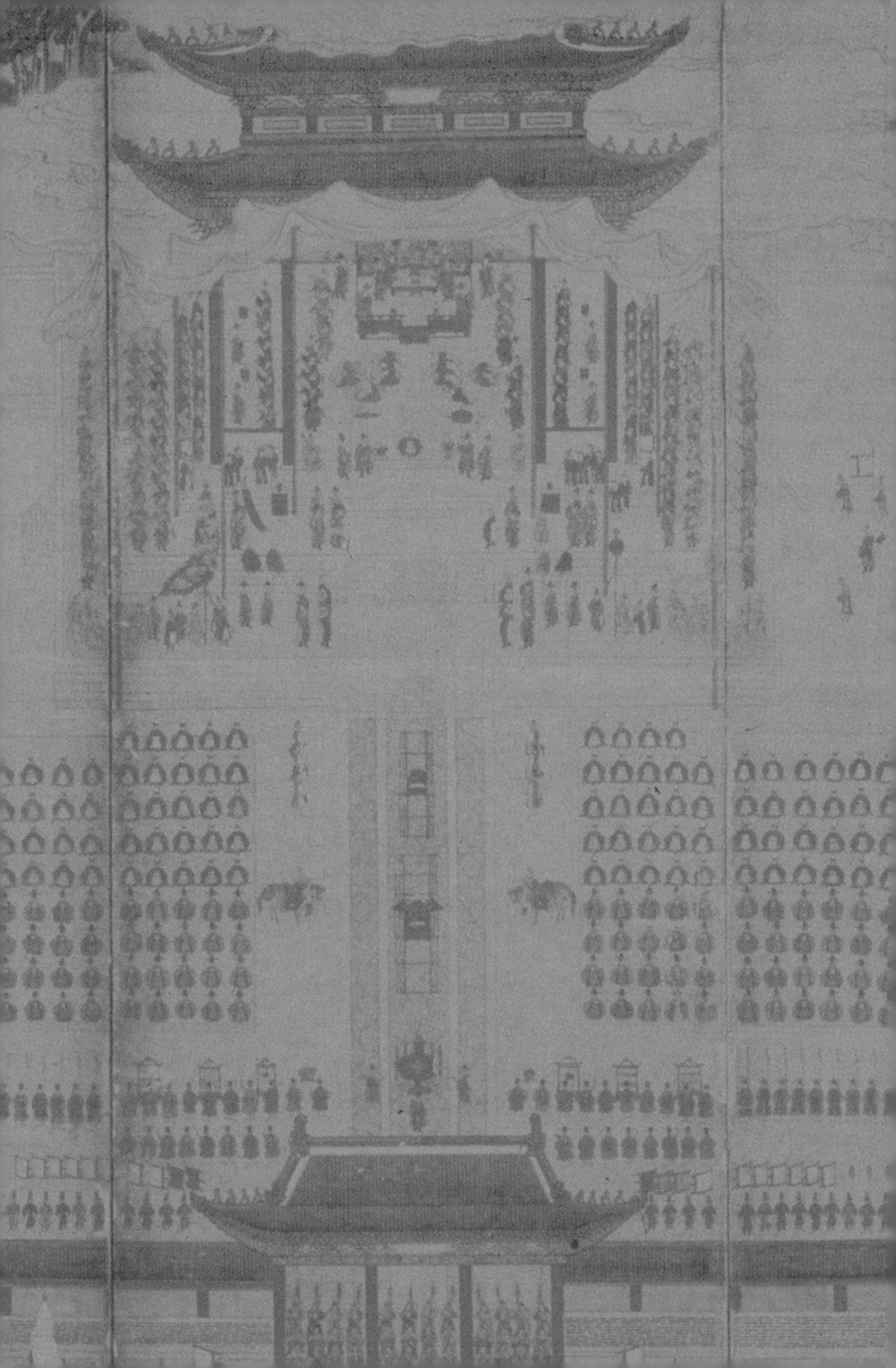